书山有路勤为径，优质资源伴你行
注册世纪波学院会员，享精品图书增值服务

PRODUCT DEVELOPMENT AND MANAGEMENT BODY OF KNOWLEDGE

A GUIDEBOOK FOR TRAINING AND CERTIFICATION, SECOND EDITION

产品经理认证（NPDP）知识体系指南

（第2版）

美国产品开发与管理协会　著

楼　政　译

陈　劲　王小刚　审校

电子工业出版社

Publishing House of Electronics Industry

北京·BEIJING

图书在版编目（CIP）数据

产品经理认证（NPDP）知识体系指南：第 2 版/美国产品开发与管理协会著；楼政译. —北京：电子工业出版社，2022.4

ISBN 978-7-121-43140-1

Ⅰ. ①产… Ⅱ. ①美… ②楼… Ⅲ. ①企业管理－产品管理－指南 Ⅳ. ①F273.2-62

中国版本图书馆 CIP 数据核字（2022）第 045716 号

责任编辑：刘淑敏

印　　刷：北京盛通数码印刷有限公司

装　　订：北京盛通数码印刷有限公司

出版发行：电子工业出版社

　　　　　北京市海淀区万寿路 173 信箱　　　邮编 100036

开　　本：880×1230　　1/16　　印张：30.5　　字数：575 千字

版　　次：2017 年 5 月第 1 版（原著第 1 版）

　　　　　2022 年 4 月第 2 版（原著第 2 版）

印　　次：2025 年 9 月第 12 次印刷

定　　价：168.00 元

凡所购买电子工业出版社图书有缺损问题，请向购买书店调换。若书店售缺，请与本社发行部联系，联系及邮购电话：（010）88254888，88258888。

质量投诉请发邮件至 zlts@phei.com.cn，盗版侵权举报请发邮件至 dbqq@phei.com.cn。

本书咨询联系方式：（010）88254199，sjb@phei.com.cn。

前言

定义产品创新的概念；概述本书内容；介绍产品开发与管理协会和产品经理认证

本书介绍

产品开发与管理协会（Product Development and Management Association，PDMA）推出了产品经理认证（New Product Development Professional，NPDP）。为了给产品经理认证考试提供教材，专门开发了该知识体系指南。

本书共 7 章，与产品经理认证考试的七个主题完全一致，包括：

（1）战略

（2）组合管理

（3）产品创新流程

（4）产品设计与开发工具

（5）产品创新中的市场调研

（6）文化、团队与领导力

（7）产品创新管理

本书介绍了产品和服务行业普遍适用的产品创新和开发基本原理，为个人和组织的不断学习及持续改进提供了基础知识。

由于行业千差万别，产品创新和产品管理方法因产品或服务的类型、市场、组织规模和结构而异。因此，本书无法将所有行业中的全部具体实践和流程都囊括其中。本书重点介绍了在众多行业和组织中成功开展产品创新和产品管理所应用的基本原理。同时，本书也提供了将这些基本原理应用于产品和服务创新中的实践案例。

作为 NPDP 的基础知识体系，本书适用于大多数企业中的创新和产品开发项目，包括：

- 公司级新产品或服务项目。
- 产品线延伸项目。
- 降低成本项目。
- 产品或服务改进项目，包括特性、功能或外观的改进。

第 2 版更新内容

本书在 2017 年出版的《产品经理认证（NPDP）知识体系指南》（第 1 版）的基础上，更新了一些内容，具体如下：

- 将各章顺序改为战略，组合管理，产品创新流程，产品设计与开发工具，产品创新中的市场调研，文化、团队与领导力，产品创新管理。
- 将可持续性管理从第 1 版中的第 7 章分散放入本版中的第 1、2、3 和 5 章中，将其与战略、组合管理、产品创新流程及产品设计与开发工具中的相应部分融为一体。

- 在第 1 章中，增加了商业模式画布和数字化战略，扩写了开放式创新。

- 在第 2 章中，增加了敏捷组合和具体的组合管理度量指标，包括延误成本概念。

- 在第 3 章中，增加了设计思维和混合型产品创新流程。

- 在第 4 章中，重点介绍了设计与开发工具，增加了一系列新工具，包括卡诺（Kano）模型、制造与装配设计、田口方法、可用性设计、原型法和生命周期分析（可持续性）。

- 在第 5 章中，重点介绍了社交媒体和新一代市场调研工具。

- 完全改写了第 7 章，将该章重点放在产品创新管理上。第 7 章分为三个部分，分别是产品创新管理的作用、在产品生命周期中的创新管理及产品创新管理的关键工具（可行性分析、财务分析、项目管理和度量持续改进的绩效指标）。

- 更新了术语表。对书中用到的关键术语进行了定义，以方便读者快速查找和引用。

- 对产品经理认证考试中涉及七个章节的试题比例进行了重新分配，与该知识体系中各章内容的权重保持一致。

什么是产品创新

创新就是把创意转化为价值。

产品创新就是创造产品或服务并将其商业化，可以是开发全新的产品或服务，也可以是对现有产品或服务进行改进。

本书中的产品创新是一个外延很广的概念，包括新产品开发和管理。它涵盖了从战略、初步创意到商业化的各个方面，包括整个生命周期所需的流程和工具。这里的新产品包括公司级新产品、产品线延伸型新产品、降低成本型新产品和改进型新产品等不同类型的新产品。尽管"产品创新"一词中有"产品"二字，但本书中介绍的大多数原理和方法同样适用于服务（无论服务本身是可交付成果，抑或服务是产品中的一部分）。

↘ **"组织"一词的含义**

"组织"一词在本书中贯穿始终，它包括商业公司、私营公司和非营利性组织。事实上，组织是任何参与产品和/或服务创新和营销的实体。

产品创新的范围

宏观视角

简而言之，成功的产品创新是选择正确的产品（做正确的事），并运用正确的流程、方法和工具来开发产品（正确地做事）。

图 0.1 是产品创新的总体框架，其中的基本要素包括人员（文化与氛围、组织）及作为持续改进基础的绩效度量指标。

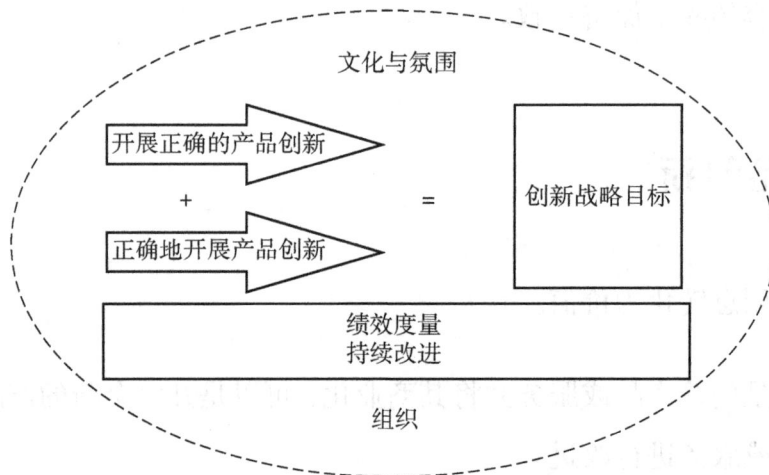

图 0.1　宏观视角下的产品创新

项目视角

图 0.2 描述了项目视角下产品创新的范围。

（1）始于问题、挑战或机遇。可以是产品功能中存在的问题，也可以是充分利用产能或者顺应市场趋势等的挑战或机遇。

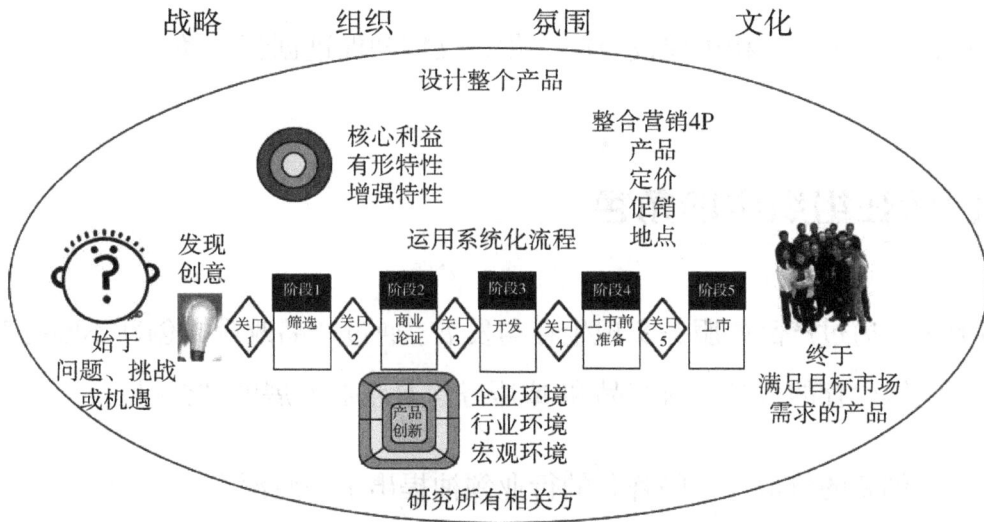

战略　　组织　　氛围　　文化

设计整个产品

核心利益
有形特性
增强特性

整合营销4P
产品
定价
促销
地点

发现
创意

运用系统化流程

始于
问题、挑战
或机遇

阶段1　筛选　阶段2　商业论证　阶段3　开发　阶段4　上市前准备　阶段5　上市

关口1　关口2　关口3　关口4　关口5

产品创新

企业环境
行业环境
宏观环境

终于
满足目标市场
需求的产品

研究所有相关方

图 0.2　项目视角下的产品创新

（2）识别目标市场。客户是谁？客户有什么特点？有什么需求？想要什么样的功能和收益？

（3）定义产品的核心利益、有形特性和增强特性。目标市场真正看重的是什么？向市场提供哪些产品特性才能满足核心利益需要？哪些增强特性（如保修、售后服务等）可以为产品增加价值？

（4）识别并了解所有相关方。组织内部相关方包括高级管理层、营销部门、制造部门、采购部门和技术部门等，外部相关方包括竞争对手、渠道商、监管机构和客户等。

（5）运用系统化流程。选择适用于特定产品和组织的流程。通过加强沟通来确保整个组织充分理解所采用的流程。

（6）在开发产品的同时就要制定营销策略。包括：定出目标市场可以接受的产品价格；策划促销活动，提供与产品收益相一致的信息，从而打入目标市场；通过正确的分销渠道进入目标市场等。

（7）制定清晰明确的战略，确保新产品与组织目标保持一致。

（8）在合理的组织结构中建设组织文化，支持和促进创新活动。

产品创新在组织中的角色

大多数组织通过产品或服务实现生存与发展。通过产品改进或创新不断提升和改进产品供给是组织生存的根基。新产品和/或服务也是组织发展的"命脉"。

针对产品创新的价值，一些著名的行业领袖提出了一些洞见：

"在困难时期投资开发新产品和增加产品种类，既是难事也是要事。"

——比尔·休利特和戴维·帕卡德（惠普公司联合创始人）

"我宁可在愿景上押注，也不做'跟风'产品。"

——史蒂夫·乔布斯

"我们是东道主，客户是受邀嘉宾。我们必须让客户在各个方面的体验都更好一些。"

——杰夫·贝佐斯（亚马逊创始人）

"我看到很多公司将工程人员安排在独立隔间中工作。结果他们被孤立了，不再认为自己是相互依存的大型复杂网络和流程中的一分子了。"

——吉姆·摩根（精益企业研究院高级顾问）

产品开发与管理协会介绍

产品开发与管理协会成立于 1979 年，总部位于美国，在欧洲、南美洲、中美洲及亚太地区设有 16 个分支机构。产品开发与管理协会是首个覆盖全球的产品管理专业人士的组织。产品开发与管理协会成员包括从业者、学者和服务提供商。

产品开发与管理协会会员范围

产品开发与管理协会的会员在产品和服务行业内具有广泛代表性，包括企业对企业（Business-to-Business，B2B）与企业对消费者（Business-to-Consumer，B2C）群体。会员来自各行各业，包括：

- 消费品行业。
- 重型机械行业。
- IT 与软件行业。
- 金融行业。
- 医疗保健行业。
- 咨询行业。
- 其他行业。

产品开发与管理协会知识体系基础

经过多年努力，产品开发与管理协会会员中的学术研究者、从业者和服务提供商共同开发出一个知识体系（Body of Knowledge，BoK）。

具体来说，该知识体系来源于以下几个方面：

学术研究成果。产品开发与管理协会的学术会员遍布全球，他们专注于研究产品创新与产品管理的实践和流程。大多数研究成果发表在产品开发与管理协会的双月刊《产品创新管理》（*Product Innovation Management*）上。

杰出创新企业奖。产品开发与管理协会为产品管理专业人士提供了向杰出组织学习的机会。在过去的 30 多年中，产品开发与管理协会向在产品创新实践中表现优异的企业颁发了杰出创新企业奖（Outstanding Corporate Innovator Award，OCI），获得过该奖的公司有星巴克（Starbucks）、贝克休斯（Baker Hughes）、施乐（Xerox）和杜邦（DuPont）等。

专业会议。产品开发与管理协会每年在美国召开国际会议，也在印度、荷兰、意大利、印度尼西亚和韩国等国举办区域会议。

全球交流平台。产品开发与管理协会通过会议、年度研究论坛、虚拟会议和网络会议等方式，为全球交流提供了平台。

产品开发与管理协会的特色

- 提供了联系全球产品管理专业人士的沟通网络。
- 提供以下方式，帮助相关方持续了解产品创新和产品管理中的最佳实践及相关知识体系：
  - 学术研究成果和出版物（如《产品创新管理》杂志和研究论坛）。
  - 向领先公司学习（如杰出创新企业奖获得者）。
  - 促进不同组织及行业领袖间交流思想和知识。
- 提供国际认可的专业认证——产品经理认证。

产品经理认证介绍

可以在产品开发与管理协会网站中"认证"（Certification）一栏获取有关产品经理认证的详细信息。

产品经理认证价值

个人价值：熟练掌握产品创新的方法与最佳实践，提升专业水平，获得更好、更多的工作和发展机会，提高薪资待遇。

管理者价值：识别掌握产品创新技能和知识的人才，将其提拔到领导岗位。

组织价值：应用更好的产品创新方法并进行实践，交付更多成功的新产品。

申请认证所需条件

（1）学历和经验需满足以下两组条件中的一组。

↘ 条件一：

学历：大学本科（或同等学力）及以上学历。

经验：至少 4 年工作经验，其中至少 2 年产品创新专业工作经验。

↘ 条件二：

学历：大专及以下学历（或同等学力）。

经验：至少 8 年工作经验，其中至少 5 年产品创新专业工作经验。

（2）在中国大陆报名考试的考生，需完成由中国国际人才交流基金会认证培训机构和认证培训师开展的产品管理相关培训，培训学时不少于 40 小时。可登录中国国际人才交流基金会官方网站查询相关内容。

产品经理认证考试介绍

试卷中共有 200 道单选题（四个选择中只有一个正确答案）。试题覆盖知识体系中的七个主题，具体分布如图 0.3 所示。答对不低于 150 道题，即正确率不低于 75% 才能通过考试。

产品经理认证考试内容

图 0.3 描述了 NPDP 考试的七个主题及每个主题的试题数量和占比。

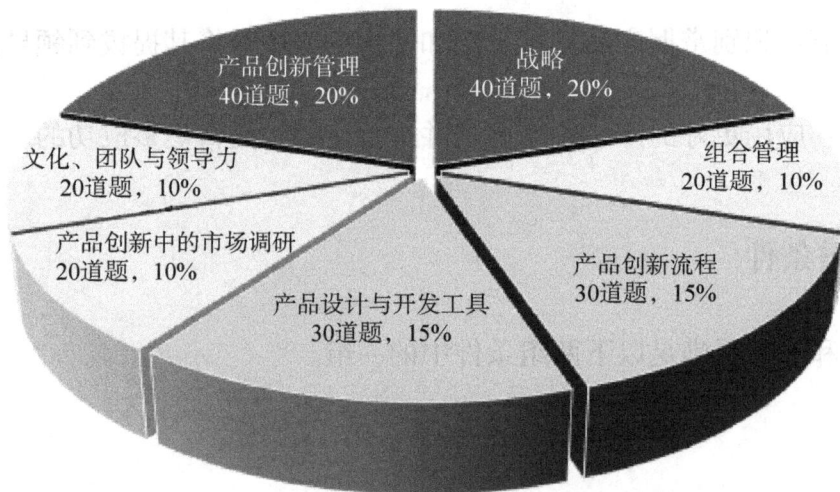

图 0.3　产品经理认证（NPDP）考试试题分布

↘ 备考须知

本书为应试者提供通过考试所需的所有基本信息。每章最后均提供了参考文献清单，给应试者提供了更加广泛和深入的相关内容索引。虽然这些参考文献不是必考内容，但有助于应试者深入理解考试内容。

↘ 本书结构

本书分为 7 章，与考试主题相同。现将每章内容概述如下：

图 0.4 描述了《产品经理认证（NPDP）知识体系指南》（第 2 版）的七个主题。

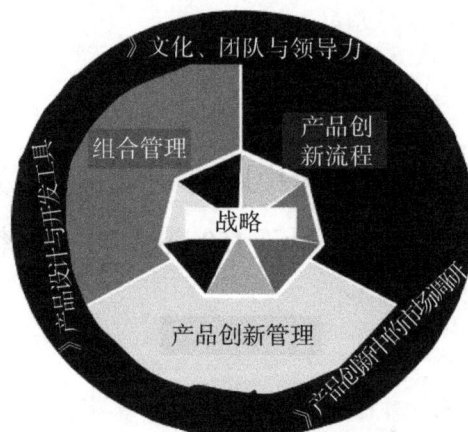

图 0.4　《产品经理认证（NPDP）知识体系指南》（第 2 版）的七个主题

居于中心位置的战略定义了产品创新的方向和目标，为组合管理、产品创新流程及产品创新管理奠定了基础。产品创新中的市场调研，产品设计与开发工具及文化、团队与领导力则与战略、组合管理和产品创新管理进行整合和协同。

第1章　战略（Strategy）

本章涵盖了各种战略——从公司战略、经营战略到职能战略。重点介绍了创新战略，因其为产品创新提供了方向并构建了框架。本章还讨论了各个创新战略框架的优点和缺点，介绍了技术、营销、平台、知识产权和能力等支持战略的作用。这些支持战略受经营战略指导，并为经营战略做出贡献。

第2章　组合管理（Portfolio Management）

组合管理将战略与项目选择紧密联系起来。产品组合是指一组当前和潜在的新产品，它们构成了产品创新项目集的基础，包括改进型新产品、降低成本型新产品、产品线延伸型新产品和公司级新产品。本章介绍了选择项目的方法，包括评估项目潜力的方法、项目优先级排序方法及平衡不同类别的产品并与战略保持一致的方法。组合管理是跨职能活动，通过对新产品开发、上市再到现有产品的持续评审，确保产品创新与战略及资源可用性完全一致。

第3章　产品创新流程（Product Innovation Process）

技术、沟通和市场需求的快速变化给企业带来了巨大压力，对产品创新效率和效果的要求也越来越高。随着对产品创新成功因素的深入了解，适用于特定情境下的一系列产品创新流程应运而生。本章介绍了其中的一些流程，包括门径流程（Stage-Gate）、并行工程、集成产品开发（Integrated Product Development，IPD）、精益方法、敏捷方法和精益创业，并介绍了这些流程的优缺点及适用情境，也简要介绍了成功的产品创新流程所需的工具与绩效度量指标。

第 4 章 产品设计与开发工具（**Product Design and Development Tools**）

在产品创新的各个方面，包括战略制定、组合管理、产品创新流程、产品设计和生命周期管理等都会用到各种各样的工具。其中一些工具较为通用，适用于大多数行业和产品类别，而有一些则是专用工具。本章重点介绍了一些通用工具，包括创意生成、概念开发、实体化设计、制造和装配、可持续性、服务及售后服务等。在战略、组合管理、市场调研和创新管理各章中则介绍各自领域的专用工具。本章介绍各种工具的使用方法，以及这些工具给产品创新和产品管理带来的价值。本书无法囊括所有工具的详细内容，想要深入探究的读者可以根据所提供的参考文献进一步学习。

第 5 章 产品创新中的市场调研（**Market Research in Product Innovation**）

市场调研为战略制定、组合管理、产品创新流程和生命周期管理等方面的决策提供市场相关信息和数据。某些市场调研方法贯穿于整个产品创新生命周期，从最初的创意生成到最终产品上市及上市后评审。本章涵盖了一系列市场调研工具，包括一级市场调研、定性与定量方法、焦点小组、客户现场访问、人种学方法、消费者测评组、社交媒体、大数据、众包、阿尔法测试、贝塔测试及市场测试等。本章讨论了每种工具的优点和缺点，以及其在产品创新流程各个阶段中的使用方法；重点介绍每种工具的准确性和可靠性，以及在阶段决策中带来的价值。

第 6 章 文化、团队与领导力（**Culture, Teams, and Leadership**）

众所周知，仅凭良好的流程并不能确保产品创新成功。产品创新成功与否，取决于人、企业文化和为促进创新而营造的环境。本章概述了创新文化的特征，重点介绍了打造高绩效团队所需的条件，以及在创新环境和不同项目背景下能够支持跨职能合作的团队结构。另外，还讨论了不同层级管理者在产品创新不同阶段的角色与职责。

第 7 章 产品创新管理（**Product Innovation Management**）

本章分为三部分。第 1 部分介绍产品创新管理的作用。第 2 部分聚焦在产品生命周期，以及如何在产品生命周期中进行产品创新。产品生命周期包含四个阶段，分别为引入阶段、成长阶段、成熟阶段和衰退阶段。本部分讨论了每个阶段应采用的产品管理和产品创新战略。为了让读者对产品生命周期中的引入阶段引起足够重视，本部分还列举了多个案例。第3部分介绍了管理产品创新的一些重要工具，包括可行性分析、销售和需求预测、财务分析和项目管理。此外，还介绍了绩效度量指标，它是持续改进产品创新的基础。

产品开发与管理协会出版物

多年来，PDMA 支持并出版了一系列与产品创新相关的书籍。虽然以下书籍不是必读书目，但它们为产品经理认证考试考纲中的多个主题提供了更为丰富的背景知识。

《PDMA 新产品开发工具手册 1》（修订版）

Belleveau、Griffin 和 Somermeyer 等著，2002 年

赵道致 译 楼政、唐晔、马鸿秋等审

该书涵盖了从创意生成到交付最终产品整个产品创新流程的跨职能实践，内容包括对标、产品创新流程优化和产品组合管理。

《PDMA 新产品开发工具手册 2》（修订版）

Belleveau、Griffin 和 Somermeyer 等著，2004 年

赵道致 译 楼政、景海斌、高志兴等审

该书涵盖了产品创新的所有方面，从概念生成、开发、设计直到最终生产、营销和售后服务。

《PDMA 新产品开发工具手册 3》（修订版）

Griffin 和 Somermeyer 等著，2007 年

赵道致 译 楼政、张元、孙志宏等审

该书将产品创新的最佳实践囊括其中，涵盖了产品创新的多个关键领域，从概念生成、开发、设计到最终生产、营销和服务。

《设计思维：PDMA 新产品开发精髓及实践》

Luch、Swan 和 Griffin 著，2015 年

马新馨 译 师津锦 审

该书为在产品创新及其他领域内更好地解决问题和做出决策提供了指导。学习如何从一个全新视角并以系统化、目标导向的思维方式开展产品创新，构建一个可重复的、以人为本的问题解决通道。

《开放式创新：基于 PDMA 的新产品开发要素分析》

Noble、Durmusoglu 和 Griffin 著，2014 年

吴航 译

该书是开放式创新理论与实践的全面总结。

《产品经理认证（NPDP）知识体系指南》（第 1 版）

艾伦·安德森（Allan M.Anderson）主编，2017 年

陈劲 译

该书被用作产品经理认证的培训教材和认证指导书。

《反向创新：PDMA 新产品开发实践精要》

Gurtner、Spanjol 和 Griffin 著，2018 年

楼政、梁楹 译

该书通过将约束变为机会的独特视角，提供了突破个人、组织、市场和社会约束的框架方法。该方法帮助指导管理者识别与创新活动相关的特定约束，并提供相应的工具和实践方法来克服或利用这些约束。

《PDMA 历史、出版物和未来研究活动议程》

Hustad 著，2013 年

该书介绍了 PDMA 的出版物，并探讨了影响 PDMA 未来发展的因素。

《PDMA 新产品开发手册》（第 3 版）

卡恩（Kahn）著，2013 年

马新馨 译

该书为管理者提供了有效产品创新所需的最新全景图。

参考文献

- Anderson, A.M. (2017). *Product Development and Management Body of Knowledge.* A guidebook for training and certification. First edition, Amazon.

- Cooper, R.G. (2013). Chapter 1 in *PDMA HandBook,* Kenneth B. Kahn ed, 3rd Edition, 2013. Amazon.

- Belleveau, P., Griffin, A., and Somermeyer, S. (2002). *The PDMA ToolBook 1* for New Product Development 1st Edition. Wiley.

- Belleveau, P., Griffin, A., and Somermeyer, S. (2004). *The PDMA ToolBook 2* for New Product Development 2nd Edition. Wiley.

- Edgett, S.J. (2011). *New Product Development: Process Benchmarks and Performance Metrics*. Houston, TX: American Productivity & Quality Center; and jointly with the Product Development Institute, Inc., Ancaster, ON, Canada.

- Griffin, A., and Somermeyer, S. (2007). *The PDMA ToolBook 3 for New Product Development* 3rd Edition. Wiley.

- Griffin, A., Spanjol, J., and Gurtner, S. (2018). *Leveraging Constraints for Innovation*. PDMA Essentials Book, the third in this series. Wiley.

- Noble, C., Durmusoglu, S., and Griffin, A. (2014). *Open Innovation: New Product Development Essentials from the PDMA*. Wiley.

- Hustad, T.P. (2013). PDMA History, publications and developing a future research agenda. Amazon.

- Innovation Management Standard, PDMA.

- INNOVATION LITE, TIM Foundation

- Kahn, K.B. (2013). *The PDMA HandBook*, 3rd edition. Wiley.

- Luch, M.G., Swan, S., and Griffin, A. (2015). *Design Thinking: New Product Development Essentials from the PDMA*. Wiley-Blackwell.

- NPDP Certification, PDMA.

《产品经理认证（NPDP）知识体系指南》（第 2 版）编著团队

↘ 总编著者

Allan Anderson，博士、NPDP

Teresa Jurgens-Kowal，博士、PMP、NPDP

⬆ 各章编著者

第1章 战略

Allan Anderson，博士、NPDP

Allan 于 2016 年编著了 PDMA《产品经理认证（NPDP）知识体系指南》（第 1 版）。他在产品开发和管理的各个方面都有超过 30 年的经验，包括服务商、从业者和高级管理者。在 2017—2020 年，他担任产品开发与管理协会主席。

第2章 组合管理

Stephen Atherton，NPDP

Stephen 在世界大型工业技术公司的产品管理、项目管理、工程管理和运营方面拥有超过 20 年的专业经验。最近，Stephen 担任富士胶片公司（Fujifilm）喷墨技术集成集团的高级产品经理，该集团将纳米技术用于工业品的设计和生产中。

第3章 产品创新流程

Jean-Jacques Verhaeghe，MBA-LS、PMP、NPDP

在 28 年的职业生涯中，Jean 涉足金融、ICT、航空旅行和机场、快速消费品、管理咨询、可再生能源、研发、电子、电信和采矿等行业。他是 JV Associates 公司的所有者和管理者。该公司是一家战略解决方案提供商，专门从事 ICT（信息与通信技术。——译者注）、数字化战略和可持续性发展等项目。

第4章 产品设计与开发工具

Carlos M.Rodriguez，博士、理学硕士、MBA

Carlos 是美国特拉华州立大学商学院（College of Business，Delaware State University，USA）营销与量化方法副教授兼创新管理研究中心主任。他出版了一部名为《产品设计与创新：决策分析》的书，该书重点介绍了产品设计流程中关键的设计技术和方法。

第 5 章　产品创新中的市场调研

Karen Dworaczyk，理学学士（化学工程）、NPDP

Karen 是 Insightovation 咨询公司的负责人。她是一位经验丰富的产品管理专业人士，帮助客户进行产品管理和创新，提高客户的生产率和战略影响力。她有超过 35 年的工作经验，其中在宝洁公司的消费者部门和 B2B 配料营销部门工作了 15 年，曾担任 Birds Eye Foods 公司的高级产品营销经理、SentrySafe 公司的产品营销总监和 LiDestri 食品饮料公司的营销总监。

第 6 章　文化、团队与领导力

Teresa Jurgens-Kowal，博士、PMP、NPDP

Teresa 于 2009 年创立了 Global NP Solutions 公司，帮助个人和组织学习、采用、改进和持续创新。在创立 Global NP Solutions 公司之前，Teresa 曾在埃克森美孚化工公司从事研发、工艺技术开发，并担任内部创新专家。

第 7 章　产品创新管理

Jerry Fix，理学学士、MBA、NPDP 和 Allan Anderson，博士、NPDP

Jerry 目前是 Enterprise Holdings 公司的高级产品经理。他拥有 20 多年的专业经验，曾在松下、惠普和波音等全球 500 强公司担任工程、产品管理和营销方面的高级职务。

↘ 参与编著者

Mark Adkins，NPDP

Martijn Antonisse, PhD、NPDP

Peter Bradford, MSTC、NPDP

Jama L Bradley, PhD、PMP、NPDP

Susan Burek, MS, NPDP

Serdar S. Durmuşoğlu, PhD

Ernie Harris, NPDP

Jack Hsieh, NPDP

Nikhil Kumtha, MBA、PMP

Chad McAllister, PhD、NPDP、PMP

Charles H Noble, PhD

Aruna Shekar, PhD

Jelena Spanjol, PhD

Mark Tunnicliffe, PhD

Sophie Xiao, PhD

楼政（Lou Zheng）, MBA、NPDP、PMP

目录

第1章　战略 1

    1.1　什么是战略 4

    1.2　明确组织方向 6

    1.3　经营战略与公司战略 8

    1.4　制定战略前的准备 11

    1.5　创新战略 17

    1.6　创新战略与战略框架 20

    1.7　创新支持战略 28

    1.8　开放式创新 47

    1.9　可持续创新 50

    1.10　本章小结 57

    1.11　本章参考文献 57

    本章试题 60

    本章试题参考答案 63

第2章　组合管理 64

    2.1　什么是产品组合 67

    2.2　组合与战略关系 70

2.3　新产品机会评估与选择 72

2.4　平衡组合 78

2.5　资源配置 81

2.6　组合管理系统应用 85

2.7　组合绩效度量指标 89

2.8　本章小结 91

2.9　本章参考文献 92

本章试题 92

本章试题参考答案 95

第 3 章　产品创新流程 96

3.1　产品创新引论 99

3.2　产品创新章程 103

3.3　产品创新流程模型 107

3.4　产品创新流程模型比较 138

3.5　产品创新流程控制 141

3.6　本章小结 142

3.7　本章参考文献 143

3.8　本章延伸阅读 146

本章试题 149

本章试题参考答案 152

第 4 章　产品设计与开发工具 153

4.1　设计流程引论 156

4.2　创意生成阶段 156

4.3　概念设计阶段 160

4.4　实体化设计阶段 172

4.5　初始设计与规格阶段 176

4.6　详细设计与规格阶段 ……………………………………………… 180

4.7　制造与装配阶段 …………………………………………………… 188

4.8　本章小结 …………………………………………………………… 200

4.9　本章参考文献 ……………………………………………………… 201

4.10　本章延伸阅读 ……………………………………………………… 202

本章试题 …………………………………………………………………… 203

本章试题参考答案 ………………………………………………………… 206

第 5 章　产品创新中的市场调研 ………………………………………… 207

5.1　市场调研引论 ……………………………………………………… 210

5.2　一级与二级市场调研 ……………………………………………… 213

5.3　市场调研方法 ……………………………………………………… 215

5.4　定性市场调研方法 ………………………………………………… 218

5.5　定量市场调研方法 ………………………………………………… 227

5.6　多变量研究方法 …………………………………………………… 235

5.7　产品使用测试 ……………………………………………………… 239

5.8　试销与市场测试 …………………………………………………… 242

5.9　产品创新各阶段的市场调研 ……………………………………… 243

5.10　市场调研中的度量指标与关键绩效指标 ……………………… 247

5.11　本章小结 …………………………………………………………… 249

5.12　本章参考文献 ……………………………………………………… 250

本章试题 …………………………………………………………………… 251

本章试题参考答案 ………………………………………………………… 254

第 6 章　文化、团队与领导力 …………………………………………… 255

6.1　创新文化与氛围 …………………………………………………… 258

6.2　管理职责 …………………………………………………………… 260

6.3　产品创新团队结构 ………………………………………………… 263

组织身份为定义组织愿景、使命和价值观提供了基础。这些特征既体现在组织的日常运营中，又体现在产品创新战略中。

1.2.2　愿景（Vision）

"愿景是运用远见与洞察力展开想象的行为。它既考虑了未来的可能性，又考虑了现实的约束性，是组织最期望的未来状态。"（卡恩，2013 年）

示例：亚马逊公司（Amazon）的愿景

"成为全球最以客户为中心的公司，为人们打造一个能买到任何所需商品的线上平台。"

1.2.3　使命（Mission）

使命是关于组织纲领、哲学、宗旨、经营原则和公司信念的说明，它确保组织的精力和资源得以聚焦。

示例：星巴克公司（Starbucks）的使命

"激发并孕育人文精神——每人、每杯、每个社区。"

1.2.4　价值观（Values）

"个人或组织坚守的精神准则。"（卡恩，2013 年）

示例：费雪派克医疗保健公司（Fisher & Paykel Healthcare）

"生活：坚持不懈地致力于提高病人的生活质量，努力为员工提供高品质生活。

关系：关心病人、客户、供应商、股东、环境和每个人。

国际化：雇员全球化，思考全球化，行动全球化。

承诺：重视能够自我激励并愿意做出真正贡献的人。

原创：鼓励原创，寻求创新性解决方案，创造出更好的产品、流程和实践。"

1.2.5　组织身份与产品创新

组织身份是组织的根基。愿景、使命与价值观不仅定义了组织要实现的目标，还定义了组织的"个性"，即组织是如何行动和如何感受的。在提高产品创新对组织的重要度、明确产品创新聚焦点和选择实施方式等方面，愿景、使命与价值观都起到了显著作用。管理者应确保愿景、使命与价值观为产品创新提供所需的环境和方向。此外，还应确保产品创新流程的各个层面与愿景、使命与价值观之间的相关性和联系。至关重要的是，要定期和参与产品创新的职能部门及员工进行沟通，加强这种相关性和联系。

1.3　经营战略与公司战略

1.3.1　经营战略（Business Strategy，也称业务战略）

波特（1996 年）认为，竞争战略就是"做到与众不同"。他还提到："要有目的、有意识地选择一组与众不同的行动，以提供独特的价值组合。"简而言之，波特认为战略就是竞争定位，就是差异化，要通过一系列与竞争对手不同的做法为客户增加价值。

Tregoe 和 Zimmerman 于 1980 年将经营战略定义为"指导并决定组织性质和方向的框架"。换言之，就是选择所提供的产品（或服务）及市场。

从本质上看，两种定义都有同一个结论，即对大多数企业而言，经营战略就是选择一套完整的行动并提供独特的价值组合，核心就是为企业选定的市场交付这些价值组合。

事实上，产品创新和产品管理是大多数经营战略的核心。经营战略为创新战略和产品创新提供了环境和方向。一般来说，从经营战略落实到产品创新的主要步骤包括：

（1）**制定经营目标。**明确具体产品类别和所聚焦的目标市场，以及相应的增长目标。

（2）**明确产品创新在实现经营目标中的作用。**企业可以通过兼并或收购，也可以通过产品创新来实现上述目标。一旦将产品创新确定为关键手段，那么企业就可以采用内部开发、外部合作、特许制造和（或）特许销售等做法。

（3）**明确产品创新战略重点，通常称为"进攻计划"。**本章后面将介绍一些创新战略框架，这些框架能够指导企业在产品创新的主要领域中做出决策。总体而言，决策中的核心问题包括：在产品创新上，企业愿意承担多大风险？企业想成为市场领导者还是跟随者？企业创新是技术驱动型还是市场驱动型？企业新产品的差异化体现在成本上还是具体特性上？企业面向较宽还是较窄的产品和（或）市场领域？

（4）本章后面将进一步介绍上述战略决策。这些战略决策为产品规划奠定了基础，包括项目选择、产品组合管理和资源配置，并为抓住产品创新机会提供了恰当的方法。图 1.3 进一步总结了这些步骤。

1.3.2　公司战略（Corporate Strategy）

组织在规模和结构上大相径庭。大型组织往往会被划分为多个事业部（Business Unit，也称经营单位），每个事业部专注于一系列特定产品品牌、服务、市场或区域（见图 1.4）。通常，大多数大型多元化组织会通过一个总体战略来指导全局。同时，每个事业部会有各自的战略，事业部的战略要与总体战略或公司战略保持一致。

因此，公司战略是指：

• 多元化组织的总体战略。
• 回答两个问题，即"我们应该在哪些业务领域进行竞争"和"如何将不同的业务协同起来，从而提升整个组织的竞争优势"。

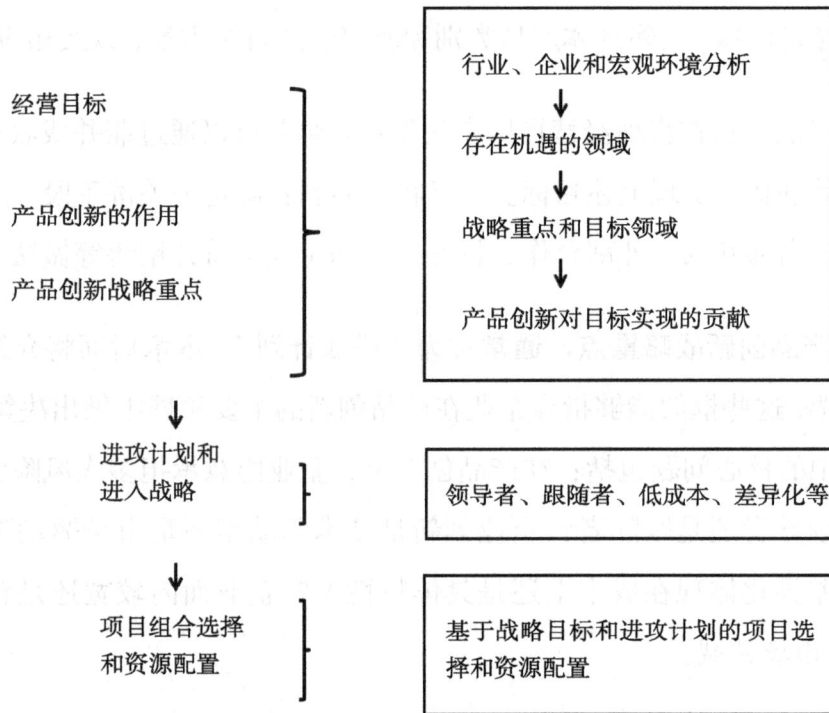

经营目标	行业、企业和宏观环境分析
产品创新的作用	存在机遇的领域
产品创新战略重点	战略重点和目标领域
	产品创新对目标实现的贡献
进攻计划和进入战略	领导者、跟随者、低成本、差异化等
项目组合选择和资源配置	基于战略目标和进攻计划的项目选择和资源配置

图 1.3　作为产品创新依据的经营战略

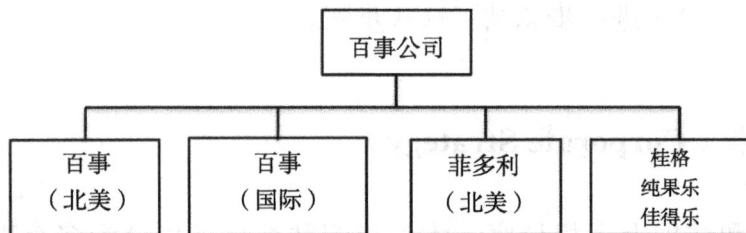

图 1.4　百事公司业务结构示例

在大公司中，产品创新能否发挥作用取决于其组织结构，尤其取决于组织中跨事业部协同的水平，而不是各个事业部的自治程度。客观地说，大多数公司都需要有一个较优并能够提高事业部协同水平的战略，该战略也将影响公司的并购战略和内部创新战略。下面举几个例子：

- 如果一家电脑制造商将战略目标定为"在公司的品牌电脑中导入操作系统"，那么实现该战略目标的方法可以为：公司内部开发，与外部合作开发，或者收购一家拥有所需开发技术或操作系统的公司。

- 一家在 50 个国家中设有事业部的全球化食品生产公司，决定将一个核心技术平台应用于一系列产品中。但要根据不同国家消费者的具体口味偏好对产品配方进行细微调整。为此，公司需要做出决策，即是建立一个大型中央研发中心，还是在多个地区建立各自的研发中心，抑或是将这两种方式进行结合。

- 一家在 80 个国家中设有 20 多个事业部的大型油田服务公司，在世界各地建立了多个研发中心。每个研发中心的研发系统和流程各有不同，在研发中心之间的知识转移较少。公司需要做出一个重大战略决策，即在以下两种方案中进行选择：是采用标准统一的研发管理系统和实践，还是采用"符合当地情况"、高度聚焦、各中心独立的研发管理系统和实践。

1.4 制定战略前的准备

在制定经营战略和企业发展目标之前，需要全面了解企业经营环境，包括企业本身、企业所在行业、更为广泛的区域乃至全球环境，如图 1.5 所示。

制定经营目标和战略时要用到一些结构化方法和工具。下面介绍一些最常用的工具。将这些工具组合起来使用就可以制定战略了。

1.4.1 SWOT 分析

SWOT 由四个英文单词的首字母组合而成，分别是优势（Strengths）、劣势（Weaknesses）、机会（Opportunities）和威胁（Threats）。

- 优势：某企业或项目优于其他企业或项目的特点。
- 劣势：某企业或项目不如其他企业或项目之处。
- 机会：能利用企业或项目优势的要素。
- 威胁：会给企业或项目造成问题的环境要素。

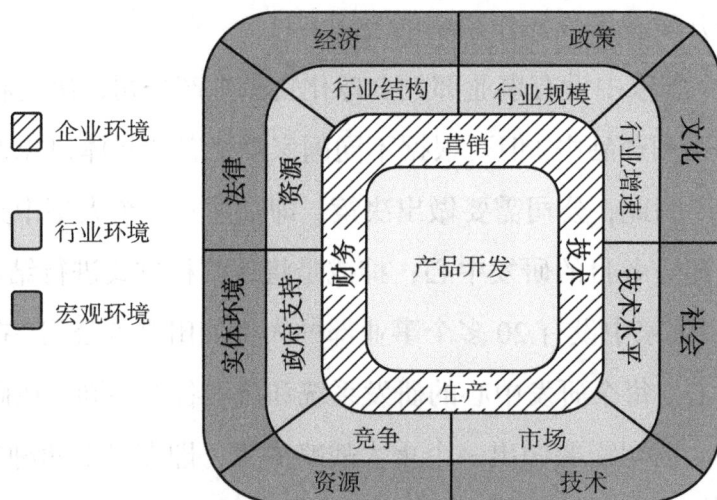

图 1.5　产品创新环境

可以利用机会形成优势，或者确保自己免受威胁，但是很难改变机会和威胁，如很难改变竞争对手、原材料价格和客户的生活方式。可以采用有效和适当的管理流程来降低这些风险（见第 3 章）。

为了有效地开展 SWOT 分析，公司高级管理层必须深入参与该项工作，而不要将其交给他人。但是，公司领导者也不应该独自完成该项工作。为了获得最佳结果，应邀请一些对公司持有不同意见的人参与。应该选择能够代表公司不同方面的人，如来自销售、客户服务、营销和产品创新等部门的人。一些组织在开展 SWOT 分析时，会将目光放在公司之外，从客户那里获取信息，以便在分析中考虑客户的声音。

在 SWOT 分析中，需要考虑的具体因素如图 1.6 所示。

1.4.2　PESTLE 分析

PESTLE 分析是一种结构化的宏观环境分析工具，包括政治（Political）、经济（Economic）、社会（Social）、技术（Technological）、法律（Legal）和环境（Environmental）因素。作为战略框架，PESTLE 分析可以用于更好地了解那些直接影响组织未来趋势的因素，例如，人口统计、政治障碍、颠覆性技术和竞争压力。在开办新业务或进入新的国外市场时，该工具特别有用（见图 1.7）。

S——优势	W——劣势	O——机会	T——威胁
• 公司好的方面,例如技术开发和市场调研 • 公司与竞争对手的区别,例如品牌知名度高 • 公司资源,例如有制造或技术专业人员 • 有形资产,例如公司的知识产权或资本	• 公司缺乏的方面,例如特定技能或资金 • 竞争对手更好的方面,例如分销渠道和消费者关系 • 资源限制,例如在获取特定技能和原材料方面受到限制 • 价值主张不清晰	• 产品供给缺口很大 • 市场竞争较少 • 公司产品创新符合市场趋势 • 可以通过许可或收购的方式获得专业技术知识	• 新的竞争对手出现 • 监管环境变化 • 潜在的颠覆性技术 • 与当前产品特性相反的趋势 • 高价值技能的潜在流失 • 关键原材料可能短缺

图 1.6　SWOT 分析示例

P——政治	E——经济	S——社会	T——技术	L——法律	E——环境
• 政府政策 • 政局稳定 • 对外贸易政策 • 税收政策 • 劳动法 • 贸易限制	• 经济增长 • 汇率 • 利率 • 通货膨胀率 • 可支配收入 • 失业率	• 人口增长率 • 年龄分布 • 教育水平 • 安全重点 • 生活方式和态度 • 文化障碍	• 技术激励 • 创新水平 • 自动化水平 • 研发活动 • 技术变革 • 技术意识	• 反歧视法 • 反垄断法 • 就业法 • 消费者保护法 • 专利法 • 健康和安全法	• 天气 • 环保政策 • 气候变化 • 来自非政府组织的压力

图 1.7　PESTLE 分析示例

1.4.3　德尔菲技术（Delphi Technique）

德尔菲技术是一种基于问卷调查结果的预测方法。在应用该技术时,会发放多轮问卷,每轮问卷结束后将匿名回复进行汇总并与小组分享。它主要用于对未来的预测及长期战略规划。德尔菲技术的目的是通过澄清和扩散问题,识别一致或不一致之处,然后寻求共识。德尔菲技术分为以下七个步骤。

第一步：选定并安排一名主持人

主持人最好是熟谙研究和数据的中立人士。

第二步：选定主题专家

德尔菲技术由专家小组来完成。专家小组成员可以是项目成员、客户或来自组织或行业内的其他专家。专家是指在所调查的特定领域具有专业知识和经验的人。

第三步：定义问题

了解问题是什么。专家们必须很清楚地知道他们在探讨什么问题，才能准确和完整地定义问题。

第四步：第一轮问答

先提出一般性的问题，广泛了解专家对未来事件的看法。可以用问卷或调查的形式提出问题。

接下来，整理和总结专家们对问题的答复，剔除所有不相关信息，寻找共同点。

第五步：第二轮问答

在回答第一轮问题的基础上，提出下一轮问题，进行深入探讨，同时澄清具体问题。仍可用问卷或调查的方式提出问题。然后对结果进行整理和总结，剔除所有不相关信息，寻找共同点。

该步骤的核心目标是在专家之间达成共识。

第六步：第三轮问答

最后一轮问卷调查聚焦在支持决策制定上，专注于达成一致。专家们在什么方面达成了一致？

在某些情况下，为了达成更为一致的共识，需要进行三轮以上的问答。

第七步：采取行动

在三轮问答之后，专家们通常会对未来事件达成共识。预测未来并不是一门精准的科学，但德尔菲技术有助于理解未来事件发生的可能性及它们对具体战略或项目可能产生的影响。

1.4.4 商业模式画布（Business Model Canvas，BMC）

奥斯特瓦德（Osterwalder）等（2010 年）提出了商业模式画布。它是一个简单而有效的可视化战略工具。无论组织规模大小，都可将其用于商业模式创新。商业模式画布是以创业者为中心的经营策划方法，也为精益创业中常用的精益创业画布提供了依据。在战略和创新背景下，组织的商业模式非常关键。如果商业模式不正确或者不支持创新战略、管理战略、技术战略和产品战略，营利性组织就无法实现其最终目标，即创造价值。互联网的快速发展、易用性和全球化为组织带来了动力，促进组织将创新纳入每一个环节中，进而创造价值并实现利润。

需要注意的是，"技术创新并不能确保商业成功，还要进行商业模式创新，并与'走向市场'和'获取价值'战略相结合"（Treece，2010 年）。

商业模式画布的内容包含客户细分、价值主张、渠道通路、客户关系、收入来源、关键业务、核心资源、重要合作和成本结构等。商业模式画布的一个重要特征是可视化，如图 1.8 所示。该图将整个商业模式呈现在一页纸上。其右侧聚焦在客户上，左侧则聚焦在业务上。通过提出和回答关键问题的方式，在画布上写出相关信息。

客户细分

组织的客户范围通常很广。可以将客户分为不同群体，每个客户群都有自己的特定要求和需求。这样就可以为每个细分市场定制价值主张、客户关系和渠道通路。

价值主张

价值主张可以将组织自身与竞争对手区分开来。价值主张一方面体现在数量上，如价格、服务、速度和交货条件等；另一方面体现在质量上，包括设计、品牌地位、客户体验和满意度等。

重要合作	关键业务	价值主张	客户关系	客户细分
谁是重要合作方？谁是重要供应商？从合作方那里可以获得哪些关键资源？合作方开展了哪些关键业务？	价值主张需要哪些关键业务？有哪些销售渠道？客户关系？收入来源？	我们能为客户带来什么价值？要解决哪些客户问题？为每个客户群体提供哪些产品和服务？满足哪些客户的需求？	期望与每个客户群体建立什么样的关系？哪些是明确的？如何将这些关系整合到我们的整体商业模式中？花费需要多少？	为谁创造价值？谁是我们最重要的客户？ • 大众市场 • 利基市场 • 细分市场 • 多样化
	核心资源 价值主张、分销渠道、客户关系、收入需要哪些关键资源？ • 实物资源 • 智力资源 • 人力资源 • 资金		**渠道通路** 客户希望通过哪些渠道通路联系我们？我们现在如何联系他们？如何整合渠道通路？哪些渠道通路最具成本效益性？	
成本结构 商业模式中最主要的成本有哪些？ 哪些核心资源最贵？ 哪些关键业务最贵？			**收入来源** 客户真正愿意为之付多少钱？ 他们现在付多少钱？ 他们愿意付多少钱？ 每种收入来源对总收入的贡献是多少？	

图 1.8　商业模式画布框架

渠道通路

为了将产品交到目标客户手中，需要关注哪些渠道通路？如何整合这些渠道通路？哪个渠道最经济？

客户关系

需要与每个客户群建立什么样的关系？客户的期望是什么？如何建立客户关系？费用是多少？

收入来源

客户为什么愿意付费？产品帮助客户实现了什么价值？他们愿意如何付费？他们现在是怎么付费的？每种收入来源对总收入的贡献是多少？

核心资源

资源可以分为实物资源、智力资源、人力资源和资金。实物资源包括资产，如设备；智力资源包括知识、品牌和专利。

关键业务

需要通过哪些关键业务成功实现价值主张？包括研发、营销、制造和分销渠道。

重要合作

谁是重要合作方或关键供应商？他们提供哪些核心资源？合作方开展哪些关键业务？

重要合作方是企业开展关键业务并向客户提供价值所需的外部企业或供应商。对优化运营和降低商业风险而言，买卖双方的关系是非常重要的。

成本结构

在组织的商业模式中，最重要的成本驱动因素是什么？哪些核心资源和业务活动最为昂贵？业务是成本驱动还是价值驱动？成本驱动型企业希望将所有成本降至最低，而价值驱动型企业则更注重在质量或信誉方面为客户提供更高的价值。

1.5　创新战略

"在艰难时期，创新战略是进行产品创新和实现持续增长的必备工具。"（库珀和艾杰特，2009 年）

"高级管理层应当制定清晰的创新战略，并说明公司的创新工作是如何支持总体经营战略的。这么做有助于进行取舍和决策，从而选择最适当的行动措施。同时对创新项目优先级进行排序，使其与所有职能保持一致。"（皮萨诺，2015 年）

在组织内，创新不只是装满好点子和好方案的"百宝箱"，而是整个组织协同一致努力的结果。创新活动应由经营战略引领，并与经营战略紧密联系。

创新战略明确了整个组织的创新目标、方向和范围。各个事业部及职能部门为实现具体目标会有各自的战略，但这些战略必须与组织的创新战略紧密联系。

1.5.1　良好创新战略的特征

创新战略应当与具体组织相吻合。不存在一个教科书般的标准来定义何为良好创新战略。首先，创新战略要做到如下几点：必须为公司整体协同提供良好基础；必须明确创新项目的优先级；必须做到合理的权衡取舍。

良好创新战略的特征包括：

（1）创新是无序的，所以要拥抱变化（将艺术和科学进行融合）。例如，在实践中，创新往往是非线性的，会涉及一些抽象要素，如创造力和毅力。此外，过程和目标同样重要（有时很难明确哪个是过程，哪个是目标）。

（2）创新是体验式的学习和发展。创新包括反复尝试新事物，吸取教训，然后重新对工作优先级进行排序。

（3）在创新流程中不断产生有价值的信息是成功的关键。

（4）持续保持好奇心，不断寻求所需的设计方案、成果、流程、系统或产品。

（5）归根到底，创新是创造价值，未必一定要新思想和新发明才算创新。

（6）率先上市并不能确保成功。

（7）尽可能并尽早邀请客户参与是非常明智的做法。

（8）创新需要具备整合看似不同（且不明显）要素的能力。

（9）创新是持续的，因此组织需要设计和实施创新支持系统及结构，确保创新能够持续。

Reeves 等（2017 年）提出了信息优势创新战略，包含以下内容：

（1）决定在哪里竞争。

（2）管理复杂性。

（3）了解竞争对手正在做什么和提供了什么。

（4）其他有价值的信息包括实施时间表、对客户的洞察、组织能力和差距。

此外，创新不一定非得是重大突破或创举，也可以是一些小改进，如对产品创新流程的优化（加快创新速度或产生更多收益）。

还有一些学者则提出：

（1）要通过计划来识别、应对和管理不确定性。

（2）创新概念需要有可商业化的价值。因此，关键要将创新者与可商业化资源紧密联系起来。

（3）在组织中拥抱创新。

1.5.2 创新战略与经营战略的关系

本书介绍了支撑总体创新战略且受其直接影响的各种具体战略和流程，包括：

- 技术战略、营销战略、平台战略、开放式创新及知识产权战略。所有这些战略都要遵从并服务于总体创新战略。
- 企业在环境可持续性上的作用和贡献。
- 第 2 章介绍的项目选择流程要遵从创新战略优先级的要求。

- 第 3 章介绍了适用于不同创新战略的各种流程。
- 第 6 章介绍了适用于不同创新战略的各种组织结构。
- 第 7 章介绍了产品生命周期各个阶段及其在创新优先级排序方面的战略重要性。

整合创新战略与经营战略案例

"几年前，百时美施贵宝公司（Bristol-Myers Squibb，BMS）决定将癌症治疗作为其制药业务的重点，该决定是其经营战略定位中的一部分。公司认为，运用生物技术开发出来的药物可能为癌症治疗奠定良好的基础。因此，公司决定将其技术能力从传统的有机化学转到生物技术上。"（Pisano，2015 年）

1.6 创新战略与战略框架

这些年来，制定创新战略的方法和框架层出不穷。下面选择其中的一部分进行介绍。只依靠某个方法或框架不足以制定组织的创新战略，应将其作为基础和起点。

1.6.1 波特竞争战略

波特（Michael Porter, 2008 年）认为，组织的优势最终会体现在以下两者中的一个：成本领先和差异化。波特将这些优势用于或宽或窄的市场范围，定义了三种基本竞争战略，分别为：成本领先战略、差异化战略和细分市场战略（见图 1.9）。

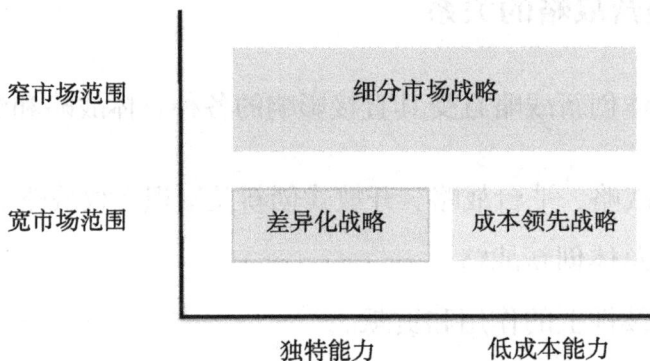

图 1.9 波特的三种基本竞争战略

成本领先战略

成本领先战略的特点：

- 通过吸引价格敏感型客户从而提升公司的市场份额。
- 一些大众消费品公司经常采用该战略。
- 可以通过以下途径实现成本领先：
  - 规模经济，即通过提高产量来降低单位制造成本。
  - 提供"不花哨"或"有价值"的产品，并降低整体制造成本。
  - 优化供应链，将零部件、原材料、包装进行标准化，并采用准时制（Just-In-Time, JIT）交付。

在价格竞争激烈的市场中，成本领先通常是进入市场或者保持市场地位的唯一方法。在这类市场上，因为竞争激烈，所以客户对产品的差异化并不敏感。成本领先战略的劣势在于，持续降低成本会影响产品质量，最终导致部分客户转向竞争对手。此外，由于遭受不断降低成本的压力，利润率就会变低，因此在研发上的投入也就非常有限。

应用成本领先战略进行产品创新的常见做法：

- 在产品创新上的投入水平很低——通常低于销售收入的 0.3%。
- 主要通过细微的产品改变，以降低成本为中心，即通过改变制造流程和原材料来削减成本。
- 很少或基本不重视长期的研究和开发工作。
- 对技术的重视主要体现在对制造系统的改进，如采用自动化和机器人等。

差异化战略

差异化战略的特点：

- 应用于"宽市场范围"。
- 通过交付独特、优质的产品和建立客户忠诚度来获取市场份额。

- 客户通常更关注产品质量和特性。

差异化战略的优势：

- 有利于建立客户忠诚度。
- 具有差异化的产品特性可以带来更高的利润率。

差异化战略的劣势：

- 公司必须持续创新，开发出新的产品特性，才能吸引客户。
- 未能开发出符合价值定位的产品特性会导致市场份额大幅下降。

应用差异化战略进行产品创新的常见做法：

- 在产品创新上的投入水平远高于实施成本领先战略的企业。食品行业在研发上的投入约占销售收入的 2%，电子行业在研发上的投入可占销售收入的 20%（研发投入多少主要取决于产品的具体特点及能够带来高价格的差异化特性）。
- 亲近客户，充分了解他们当前及未来的需求。
- 对短期和中期趋势有良好的预判。
- 根据不同的产品类别及利润率，给予相应的研究和开发重视度。
- 技术发挥着重要作用，但主要聚焦在产品特性和功能实现上。

↘ 细分市场战略

细分市场战略也称为聚焦战略（Focus Strategy）。细分市场战略适用于"窄市场范围"，成本领先战略和差异化战略则聚焦于"宽市场范围"。细分市场战略建立在对关键市场深入了解的基础上，该市场通常具有独特的需求。

细分市场战略的优势：

- 重点聚焦于营销和产品创新工作。
- 深入了解客户，与客户建立良好关系。因此，新进入者会面临很高的竞争壁垒。

- 为提高利润率创造了机会,从而可以增加在产品创新上的投入。

细分市场战略的劣势:

- 过于依赖单一狭窄的市场可能导致风险(将鸡蛋放在一个篮子里)。新技术的出现可能导致现有产品过时。比如,柯达公司专注于胶片摄影技术,以至于错过了后来兴起的数码技术而对其造成了严重影响。

应用细分市场战略进行产品创新的常见做法:

- 与差异化战略或成本领先战略相比,产品创新投入通常更高,但是投入水平取决于产品类别及其带来高利润率的潜力。
- 非常重视亲近客户,充分了解当前目标市场需求并预测未来需求。
- 经常和目标市场中的领先用户小组一起工作,识别新机会,合作开发新产品。
- 在新的产品特性和功能开发上,技术发挥着重要作用。

1.6.2　迈尔斯和斯诺战略框架

虽然迈尔斯(Miles)和斯诺(Snow)战略框架由来已久,但它仍不失为一种有价值的创新战略框架(迈尔斯和斯诺,1973 年)。在该框架中,将竞争者分为四类,分别为探索者、分析者、防御者和回应者(见图 1.10)。

探索者	率先上市,寻求增长,承担风险
分析者	快速跟随者,产品通常更好
防御者	在稳定的市场中守住利基市场
回应者	只有在遭遇威胁时才做出反应

图 1.10　迈尔斯和斯诺战略框架

1. 采取探索者战略的组织

- 敢冒风险,渴望寻求新机会。
- 开发和应用新技术的灵活度高。

- 通过较快的上市速度，获得更大的市场份额。

2．采用防御者战略的组织

- 规避风险，聚焦于某一较窄、稳定的市场和产品类别。
- 聚焦于核心能力，甚至某个单一技术。
- 不做激进式创新。
- 对竞争威胁反应敏捷。
- 在其聚焦的产品类别中拥有全系列产品。
- 产品创新仅限于产品改进。
- 通常在技术上不够进取。

3．采用分析者战略的组织

- 位于探索者和防御者战略之间。
- 能够承担一定风险。
- 经常紧随探索者，开发出仿制产品，也被称为"快速跟随者"。
- 仿制产品的特性或功能更具市场价值。
- 与探索者相比，产品创新成本更低。
- 在对产品和市场进行分析的基础上，将逆向工程和设计改进进行结合，形成产品创新能力。
- 重视技术，但主要是分析和重构，而不是进行激进式创新。

4．采用回应者战略的组织

- 没有清晰的战略目标。
- 应对市场变化时，没有明确的技术开发计划或市场进入计划。
- 通常无法取得长期成功。

1.6.3 延续式与颠覆式产品创新

大多数公司必须做出一个关键的战略决策：产品创新聚焦在延续式创新还是颠覆式创新上？

克莱顿·克里斯坦森（Clayton Christensen）首次提出了颠覆式创新的概念（克里斯坦森，1997 年）。根据他的定义，颠覆式创新和延续式创新之间的区别如下：

"颠覆式技术或颠覆式创新有助于创造新市场和新价值网络，并将最终颠覆现有市场和现有价值网络。人们常常提及颠覆式技术这一概念，但从本质上讲，只有少数技术是颠覆式的。在许多情况下，颠覆式创新才是更有意义的概念。促成和产生颠覆式影响的通常是一个商业模式，而非一项技术。与颠覆式创新相比，延续式创新并不创造新市场或新价值网络，只是通过给现有市场或价值网络增加更高价值的方式，使得公司能够与市场上其他延续式创新展开竞争。"（见图 1.11）

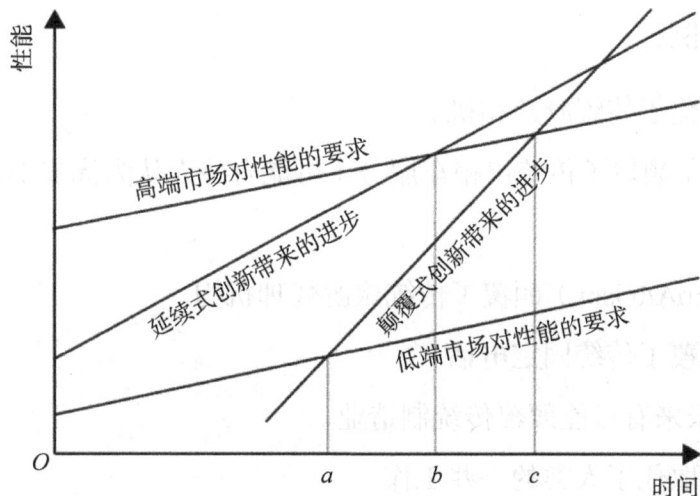

来源：《创新者的窘境》，克莱顿·克里斯坦森，哈佛商学院出版社，2016 年。版权为哈佛商学院出版社所有。

图 1.11 延续式创新与颠覆式创新的对比

组织可以在采用延续式创新战略还是颠覆式创新战略上做出选择。业内影响力最大的组织往往选择颠覆式创新战略。颠覆式创新不会在一夜之间发生。它悄无声息、逐渐影响公司——正因如此，所以也经常被忽略或无视。一个众所周知、有据可查的例子是柯达公司。当其他公司正在开发新的数字技术时，柯达公司却熟视无睹。柯达公司认为胶片的品质是数字技术无法企及的。当时看来的确如此。但是，随着数字技术的缺点被一一攻克后，这一盲目自信的观点就不再成立了。当柯达公司回过神来时，却发现自己已经远远落后于那些拥抱了数字技术的公司，它们已经吞食了原属于柯达公司的大量市场份额。

↘ 颠覆式创新的特点：

- 新产品或新服务聚焦于满足现有产品或市场中细分市场的需求。
- 虽然新产品与现有产品相比在某些方面有所不足，但是新产品为细分市场内的客户提供了他们看重的独有特性，这些客户能够引领或极大地影响整体市场的需求。由此，新产品在市场立足。
- 经过一段时间，新产品的整体特性被改进到一定程度后，越来越多的客户"被转化"。此时，该产品新特性带来的价值远远超过了所有负面特性或性能不足所造成的影响。

↘ 颠覆式创新示例：

- 数码相机颠覆了传统胶片相机。
- 优步（Uber）颠覆了传统出租车服务（可能有些人认为优步不完全符合颠覆式创新模式）。
- 猫途鹰（TripAdvisor）颠覆了传统旅游代理机构。
- 移动电话颠覆了传统固定电话。
- 3D 打印：未来有可能颠覆传统制造业。
- 人工智能：取代了人类的一些工作。
- 加密货币：颠覆了支付服务系统和银行业。

1.6.4　创新景观图（The Innovation Landscape Map）（Pisano，2015 年）

虽然新技术经常成为创新的来源，但并不总是如此。事实上，近年来包括亚马逊（Amazon）、领英（LinkedIn）和阿里巴巴在内的许多领先公司已经掌握了商业模式创新之道。在制定组织创新战略时，要做出一项关键决策，即如何在技术创新和商业模式创新这两个方面有效地分配精力和资源。

在图 1.12 中，皮萨诺（Pisano）将创新划分为四个象限。

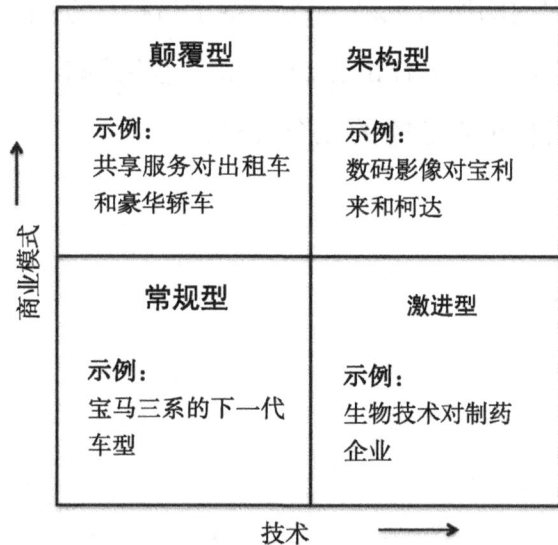

颠覆型 示例： 共享服务对出租车和豪华轿车	**架构型** 示例： 数码影像对宝利来和柯达
常规型 示例： 宝马三系的下一代车型	**激进型** 示例： 生物技术对制药企业

商业模式 ↑　　技术 →

图 1.12　创新景观图

常规型创新（Routine Innovation）。将组织现有技术能力与现有商业模式进行组合的创新，产品创新专注于改进特性和发布新版本或新款产品。

颠覆型创新（Disruptive Innovation）。创新商业模式，但无须新技术。比如，谷歌的安卓操作系统就可能颠覆苹果的操作系统（参考第 1.6.3 节中延续式创新与颠覆式创新的比较）。

激进型创新（Radical Innovation）。该类创新主要聚焦于技术创新。例如，基因工程和生物医药技术对制药企业有重大影响。

架构型创新（Architectural Innovation）。将技术创新和商业模式创新结合。典型案例之一就是数字摄影产品颠覆了柯达和宝丽莱等公司。

1.7　创新支持战略

总体创新战略为组织内的所有创新活动提供了目标、方向和框架。各事业部和职能部门按照各自的战略，逐步实现具体的创新目标。这些战略必须与总体创新战略紧密关联。下面简要介绍支持总体创新战略的几个战略：

- 产品平台战略。
- 技术战略。
- 知识产权战略。
- 营销战略。
- 能力战略。

1.7.1　产品平台战略

产品平台战略是大多数公司开发新产品的基础。产品平台战略是将产品中的一些子系统及接口组成一个共用架构，继而在该共用架构上高效地开发和制造出一系列衍生产品的战略。

> "产品平台技术不是一款产品，而是应用于一系列产品中的一组要素集合。集合中的一个关键要素就是底层核心技术，它是产品战略的基础，其重要性在高科技公司中尤为明显。在这类公司中，许多产品都建立在某项核心技术之上。"（McGrath，1995 年）

产品平台战略的优势

产品平台战略能够为组织带来以下优势：

- 快速、连续地推出一系列产品。

- 从长期视角制定产品战略。
- 大幅提升运营效率。
- 组织与市场都能清晰理解产品平台的底层要素。
- 与竞争产品显著不同。

案例：互联网行业平台战略

谷歌、脸书、苹果和亚马逊都是从单一产品发展到整个生态系统的例子。（Simon，2011 年）

在互联网行业，平台可以是由多项特性集成的架构。例如，谷歌在 1998 年推出了一款出色的搜索引擎。此后，通过添加 Gmail 邮箱、地图、文档、语音和 YouTube，谷歌已经打造出一个真正的平台。

案例：软件行业平台战略

用来编写应用程序并进行测试运行的软件环境就是一个产品平台。该平台包括软件工具，如用于开发应用程序的图形用户界面（Graphical User Interface，GUI）构建器、编译器、类库和实用工具库，以及用于执行应用程序的运行时引擎，它们无法独立运行。Sun 公司开发的 Java 及微软公司开发的 .NET 框架都是主要的软件平台。

案例：汽车行业平台战略

汽车产品平台由一些核心机械零部件组成：

- 车架由底盘、一些结构件及机械零部件组成。
- 前轴、后轴及其间距（轴距）。
- 转向与驱动转向的动力装置。
- 前后悬架。
- 发动机和动力总成部件的布置和选择。

例如，奥迪 TT 和大众高尔夫的多数机械零部件都是一样的，二者的外观却截然不同。

1.7.2 技术战略

技术战略是一份有关技术维护和开发的计划，这些技术能够支持组织未来成长，也有助于组织战略目标的实现。

以下是组织在制定技术战略时要做出的一些决策：

- 在新技术的引进和开发中，应处于领先地位还是跟随地位？
  — 创新的边界在哪（在创新项目中所能承受的最大风险和不确定性水平）？
  — 如果处于跟随地位，是获取还是模仿领导者的技术？
- 在开发和获取新技术方面，投资额是多少？
- 用什么方法来获取和保护技术？是专利、商业秘密、标准还是速度（参见第 1.7.3 节知识产权战略）？
- 哪些要素组成了公司的技术平台，有哪些产品、服务和流程的共用技术？
- 技术来自内部开发还是从外部购买？
  — 向外部开放创新的程度多高？
  — 合作方和供应商在技术开发中的参与度有多大？通过什么方式？
- 如公司内部开发，需要获得哪些核心能力？核心能力是成功开发并应用新技术的关键。

↘ 技术预测（Technology Foresighting）

技术预测是指一个洞察未来、预见技术趋势及其对公司潜在影响的过程。技术预测的工具有很多种，包括头脑风暴（Brainstorming）、专家小组（Expert Panels）、德尔菲技术（Delphi）、SWOT 分析（SWOT Analysis）、专利分析（Patent Analysis）和趋势分析（Trend Analysis）等。在第 7 章中，将进一步介绍其中的一部分工具。图 1.13 描述了技术预测的基本框架。

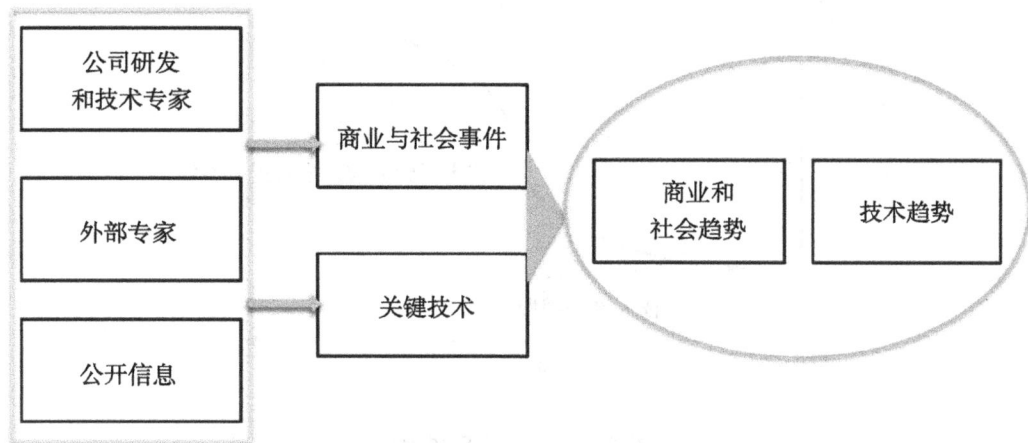

图 1.13　技术预测的基本框架

↳ **技术战略——链接经营战略和创新战略**

在很大程度上，组织的战略聚焦决定了技术战略的作用和重要性：

- 技术驱动型组织通过新颖的、开创性的技术获得竞争优势。
- 市场驱动型组织注重满足客户需求，技术可以是也可以不是其中的核心组成部分。
- 大多数组织处于中间的某个位置，既注重满足客户需求，也通过技术获得竞争优势。

在第 1.6.4 节中，我们介绍了皮萨诺提出的创新景观图。创新战略的四象限划分源自对商业模式和技术的相对重视程度。架构型创新同时聚焦于新商业模式和新技术，而激进型创新专注于新技术。将自身战略定位于架构型创新或激进型创新的组织必须跟踪相关技术（当前技术及未来技术）的状态和趋势。技术生命周期（或称为"技术 S 曲线"）是技术开发和应用的基础。

↳ **技术 S 曲线**

技术 S 曲线基本上体现了大多数技术的生命周期，如图 1.14 所示。

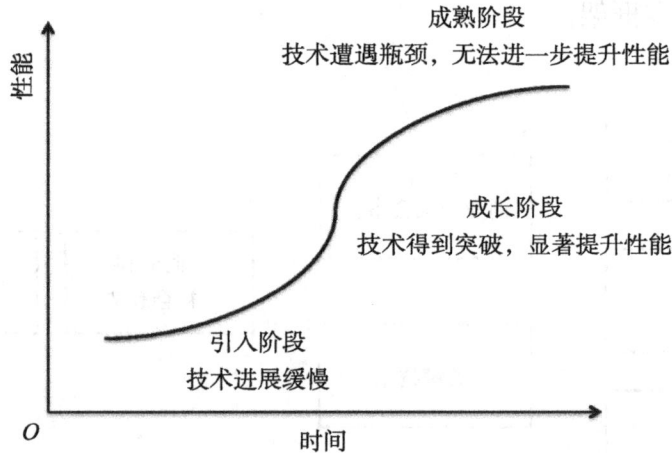

图 1.14　技术 S 曲线

引入阶段：是采用技术的最初阶段。此时，技术性能往往有限。应用该技术的公司要承担较大的风险。由于不愿承担风险，或者害怕产品失败或降低客户满意度，一些组织只采用风险相对较低的创新战略。但是，敢于采用高风险战略的组织认为，引入阶段的技术为自身带来了在市场上获得早期立足点并成为市场领导者的机会。

成长阶段：是技术有了显著改进和性能大幅提高的阶段。此时，越来越多的风险规避型组织会考虑应用该技术。这样一来，基于该技术的产品之间就会出现激烈竞争。

成熟阶段：是技术到达科学极限，无法获得进一步提升的阶段，或是新技术已经取代该技术的阶段（见图 1.15）。

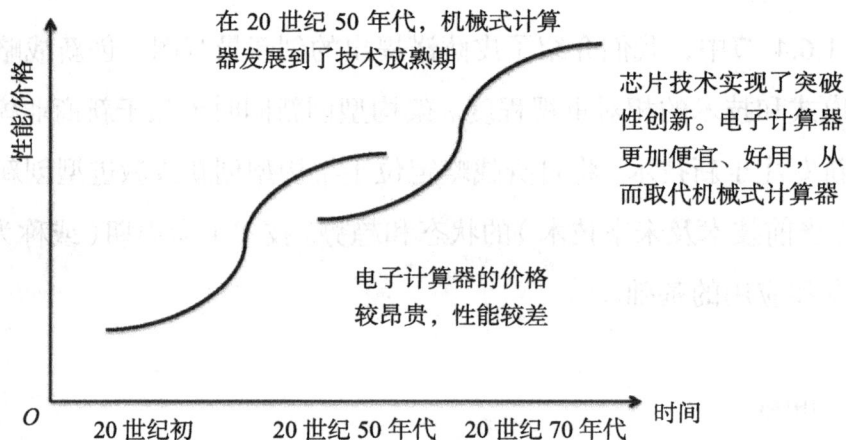

图 1.15　技术颠覆示例——机械式计算器

↘ **技术路线图**

技术路线图是对产品路线图的重要补充，它将技术规划开发与单个产品或一系列产品发布的总体规划统一起来。技术路线图对战略高度聚焦的组织来说尤为重要，尤其在需要技术对创新战略和新产品创新进行支持时更是如此。要了解更多有关技术路线图的详细信息，请参阅第 7 章。

1.7.3　知识产权战略

知识产权（Intellectual Property）是指运用智力创造出来的成果，如发明、文学、艺术、设计、符号、名称和用于商业的图像。像其他产权（土地、建筑物等）一样，知识产权能够被其所有者用来销售、授权、交换或赠送。

在产品创新中，知识产权尤为重要，因为它能使组织从新产品上获得价值。组织可以在制造和销售新产品阶段直接申请知识产权，也可以将具有知识产权的产品授权给另一个组织，也可以出售知识产权。知识产权保护是经营战略中的重要组成部分。保护知识产权的法律途径有很多种，这些途径使得知识产权所有者能够从他们的发明或创造中获得认可或财务收益。

↘ **知识产权类型**

- 专利（Patent）：在一定时间阶段内生效并由政府授权或许可的权利，尤其指禁止他人制造、使用或销售一个发明的独有权利。
- 版权（Copyright）：在一定年限内，给予原创者独有的、指定的法律权利，包括印刷、出版、表演、放映、录制的文学艺术或音乐成果。
- 商标（Trademarks）：用于代表公司或者产品并经法定注册或许可的符号、单词或词组。
- 植物品种权（Plant Variety Rights）：给予种植和销售某种可繁殖植物的独有权利。
- 商业秘密（Trade Secrets）：在组织内保持秘密状态并与知识产权相关的信息。

↘ 知识产权管理方法

近年来，组织将知识产权纳入经营战略的做法已经日臻成熟，从以前只跟踪知识产权开发的被动状态逐步转变为利用知识产权获得竞争优势的主动状态。组织总体目标和运营环境决定了知识产权战略，并通过知识产权驱动总体经营战略。图 1.16 总结了 4 种知识产权管理方法，即被动型、主动型、战略型和优化型。

活　动	方　法			
	被动型	主动型	战略型	优化型
研究与产品创新	后期才考虑知识产权	运用自如	与公司战略保持一致	通过研发投入，利用知识产权形成战略优势
知识产权组合与管理	简单的组合跟踪	将组合管理与经营相结合，形成知识产权意识	将组合管理导入研发与授权中	通过组合管理赢得竞争优势
知识产权并购与货币化	临时应对知识产权授权机会	主动寻找授权伙伴	制定知识产权版税和收入目标	经营驱动，制定知识产权货币化与并购目标
竞争情报	特定或者情境驱动的情报收集	获取行业中关键竞争对手的情报	对全面的知识产权竞争情报进行持续分析	竞争情报是经营战略中的关键
风险管理与诉讼	对意外诉讼做出回应	监控风险，防止侵权	保护知识产权	将知识产品投保并转移风险

图 1.16　知识产权管理方法

图 1.17 介绍了知识产权管理优化方法。该方法将知识产权置于实现组织战略目标的前沿和中心地位，并将知识产权转化为：

- 竞争优势。
- 组合管理的核心标准。
- 公司盈利和成长的关键动力。
- 竞争情报用于制定战略决策并降低风险。

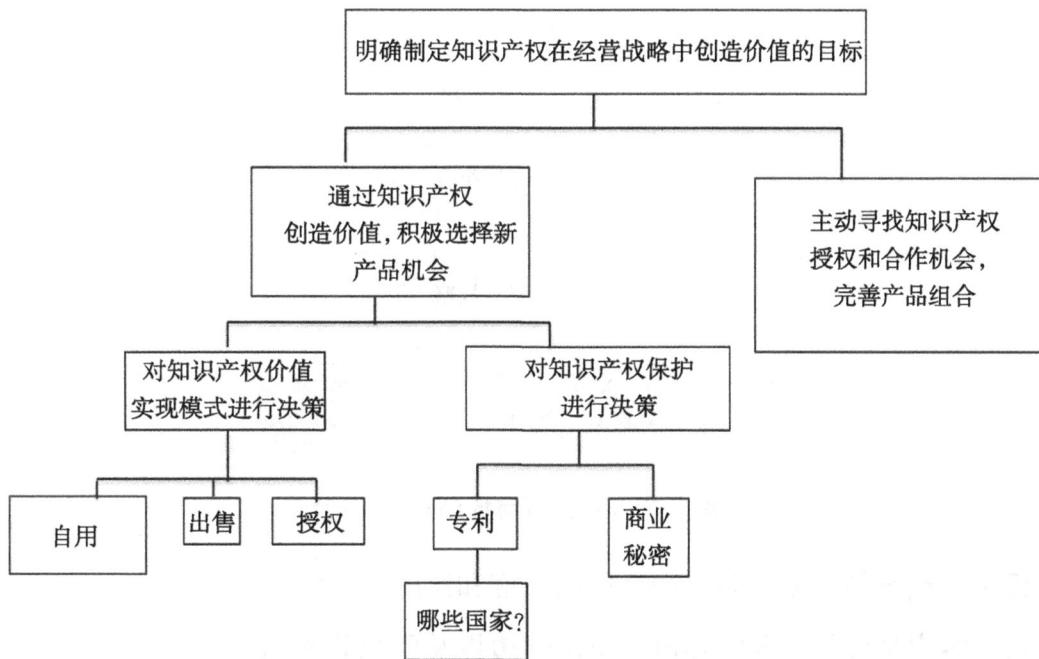

图 1.17　知识产权管理优化方法

1.7.4　营销战略

营销战略是将组织中有限资源集中于最佳机会的一种流程或模型，目的是增加销售额，并获得独特的竞争优势。营销战略必须基于经营目标并与经营目标保持一致。经营目标是根据总体经营战略制定的。因此，营销战略是确保创新战略制定和实施成功的一个重要因素。

经营目标、营销战略和营销计划的层级结构如图 1.18 所示。

- 始于经营目标——在组织的愿景和使命中有所阐述。
- 制定营销战略——为营销活动提供高层级的指引。
- 制定营销组合——包括产品、价格、促销和地点。
- 制订营销计划——设计具体的任务和活动，以实现营销战略和经营目标。

在制定营销战略时，需要回答以下问题：

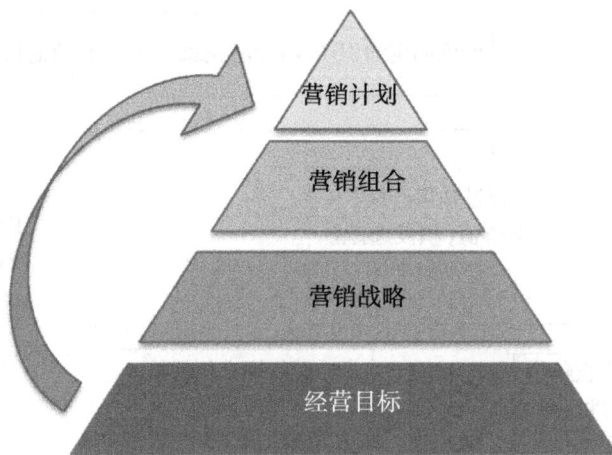

图 1.18　从经营目标到营销计划

- 提供什么产品？需要明确产品线的广度和深度。

- 目标客户是谁？需要明确市场范围和边界及要服务的细分市场。

- 客户如何了解产品的可得性和收益？

- 产品如何触达客户？需要明确具体的分销渠道。

营销组合

营销组合（Marketing Mix）包含了营销产品所需的基本工具。营销组合通常又被称为 4P，即产品（Product）、价格（Price）、促销（Promotion）和地点（Place）。营销组合的构成元素如图 1.19 所示。

制定产品营销组合

在制定产品营销组合时，应考虑以下内容：

- 围绕目标市场的需求和期望，统筹营销组合中的所有要素。

- 价格应与客户所期望的产品价值相一致，用功能和外观来证明产品定价合理。

- 促销应强调核心利益、有形特性和增强特性（参见下一节对核心利益、有形特性和增强特性的描述）。

- 销售地点应与目标市场的产品质量、特性和消费行为保持一致。

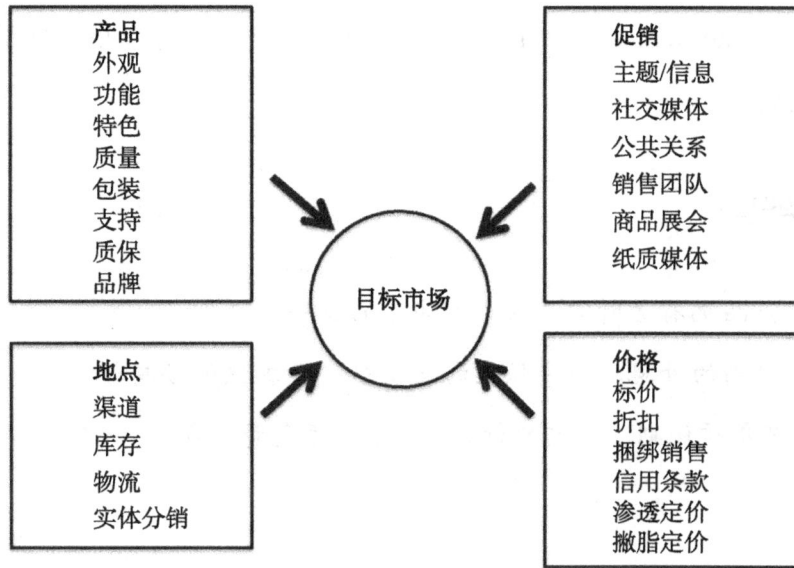

图 1.19　营销组合

第 7 章将进一步介绍营销组合在产品生命周期各阶段，尤其是引入阶段的应用。

什么是产品

可将产品分为三个层次，如图 1.20 所示。

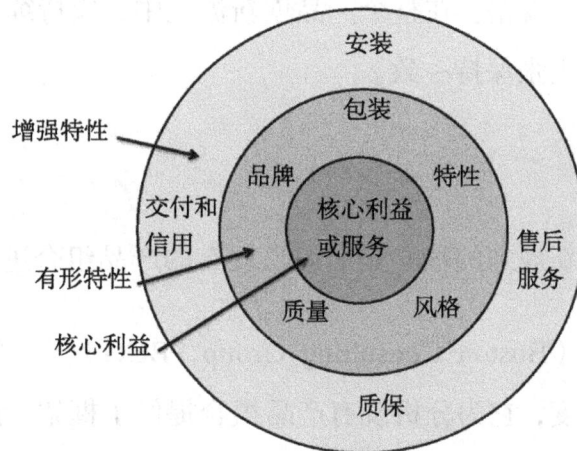

图 1.20　产品的三个层次

- **核心利益（Core Benefits）**：目标市场从产品中获得的收益。
- **有形特性（Tangible Features）**：产品的外观美学特性和物理功能特性。

- 增强特性（Augmented Features）：额外提供的收益，可以是免费的，也可以让产品价格更高。

案例：豪华汽车

> 核心利益：产品拥有者财富、权力和声望的象征。
>
> 有形特性：时尚的外观、功率强大的发动机、可加热的座椅等。
>
> 增强特性：5 年质保期、优惠的付款方式、2 年免费保养。

价值主张

价值主张（Value Proposition）是产品能从哪些方面给潜在客户带来价值的说明，该说明应是精炼、清晰和简洁的。价值的本质是客户从新产品中获得的收益与其所支付价格之比（见《PDMA 新产品开发工具手册 1》第 3 章）。

一款正在开发中的新产品最终能否在市场上取得成功，关键取决于其价值主张的清晰程度。良好的市场调研既为客户需求又为产品价值主张奠定了基础，也有助于定义清晰的概念说明和产品设计规格。在整个产品创新流程中，应持续开展市场调研，从而确保产品设计始终与价值主张保持一致。

分析现有产品组合

产品管理和产品创新规划的核心是对组织现有的产品组合进行分析。

由波士顿咨询集团（Boston Consulting Group，BCG）开发的一种方法包含市场增长率和市场份额两个维度，它为分析现有产品组合提供了框架。该方法将现有产品分为四类，分别为明星产品（Stars）、问题产品（Question Marks）、现金牛产品（Cash Cows）和瘦狗产品（Dogs）。

明星产品是市场增长率和市场份额均高的产品。

问题产品是市场增长率高而市场份额低的产品。

现金牛产品是市场增长率低而市场份额高的产品。

瘦狗产品是市场增长率和市场份额均低的产品。

以上每个产品类别所对应的产品管理和产品创新战略如图 1.21 所示。

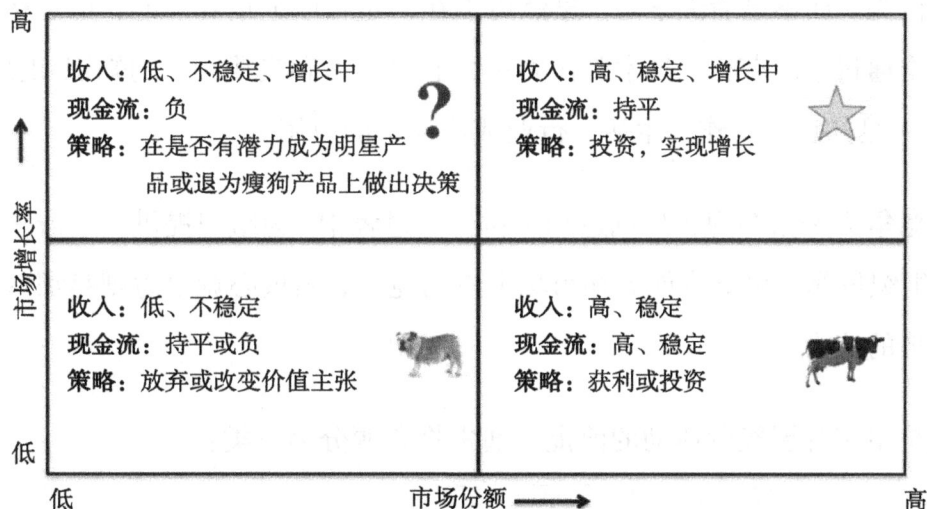

图 1.21　波士顿矩阵（NetMBA.com 授权使用）

↘ 产品路线图

产品路线图是将产品创新的具体解决方案与短期、长期经营目标相匹配以实现这些目标的计划。产品路线图的目的是和团队内、外部相关方就产品方向和进程进行沟通。它展现了总体计划及实施总体计划的步骤。制定产品路线图是贯穿产品生命周期的持续过程。第 7 章中介绍了更多有关产品路线图的信息。

1.7.5　能力战略

制定创新战略后，获得实施该战略所需的能力就成为当务之急。

下面介绍一些重要术语及其定义。

胜任力（Competencies）是技能（Skills）、知识和才能（Ability）的综合。这些技能、知识和才能可以帮助组织实现卓越的绩效，并使组织在市场上具备竞争力。胜任力有两种主要类型，通常称为行为胜任力（或称软胜任力）和技术胜任力（或称硬胜任力）。

行为胜任力包含认知和个性特质，**技术胜任力**则包含通过学习获得的专业知识，如项目管理。行为胜任力包含分析思维、人际交往能力和主动性等特征。才能主要靠先天或内在的行为，而不是后天学习。虽然可以在一定程度上培养才能，但是构成才能的核心部分很难通过学习获得。技术胜任力包含通过学习和实践获得的知识和技能要素。技能（Skills）是知识在工作、生活、行业或职业中的应用。

核心竞争力是指在为客户创造和交付价值过程中，为组织提供一个或多个竞争优势的能力。组织依靠一些基本能力在市场上参与竞争，而核心竞争力则是那些赋予组织真正竞争优势的能力。

资源是组织开展经营活动的前提，通常将资源分为三类：

- 实物资源。
- 人力资源。
- 资金。

能力（Capabilities）是组织为综合利用其资源（实物资源、人力资源和资金）而开展的活动和提供的职能。随着时间推移，能力可以得到锻炼和提升。当能力变得更强大时，组织在具体职能或业务领域的专长也会得到加强。这些专长使得公司在竞争中脱颖而出。

能力战略，也被称为资源基础观。资源和能力为实现组织战略提供了保障，也成为利润的主要源泉。其中一个关键的管理职能是识别需要填补哪些资源和能力空白，以保持竞争优势。

制定产品创新能力战略的基本步骤如下：

（1）明确组织使命、目标、经营战略和创新战略。正如本章前几节所介绍的，这些内容是所有组织的决策基础，如图 1.22 所示。

（2）进行 SWOT 分析，重点分析组织利用机会和应对威胁的能力。具体需要哪些资源，是实物资源、人力资源还是资金？

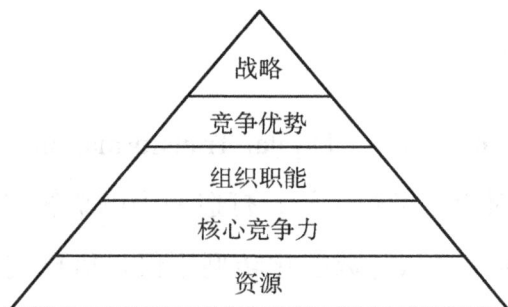

图 1.22 能力战略层级

（3）进行"能力盘点"，对组织当前资源和优势做到心中有数。

（4）识别所需能力与现有能力之间的差距，尤其在以下方面：

- 需要增加哪些新的资源？
- 需要加强哪些现有资源？
- 需要具备什么能力参与竞争？
- 需要哪些核心能力才能形成真正的竞争优势？

（5）组织应如何开发所需能力及获得所需资源？尤其是：

- 内部开发，例如培养或持续培训现有员工。
- 增补或完善现有能力。
- 通过兼并、收购、合资或开放式创新等方式。

1.7.6 数字化战略

数字化经营创新包括应用数字技术以提高运营效率、推动客户参与及为组织开发新产品或服务。

数字化战略的重点是利用技术来提高经营绩效，无论是开发新产品还是优化当前流程。它为组织指明了通过数字技术开创竞争优势的方向，以及如何实现这些变化的方法。

数字化转型

数字化转型协会（The Institute for Digital Transformation）将数字化转型定义为"将数字技术整合到商业中，对组织进行重塑，打造一个围绕客户体验、商业价值和持续变化而重新定位的组织"。该定义认为数字化转型不仅是信息技术的改变，如硬件、软件或数字平台，而且是利用工业化时代所不具备的数字化能力对经营流程核心进行的转型。在数字化经营中，客户需求（包括客户体验）和商业价值都有新的内涵。

数字化转型对产品和服务设计的影响

下面从技术角度介绍数字化转型对新产品和新服务设计的显著影响。

- 智能设备是以传感器或显示器、用户界面、处理能力和数字通信为特征的产品或设备。因此，这些设备本质上是嵌入在产品中并能够实现更多功能的计算机。大多数智能设备还可以定制个人信息或具有可编程功能，用户可以用其与设备建立独特的交互模式。

- 近些年得到迅速发展的物联网（Internet of Things，IoT）也是一种数字技术。物联网的特点是其中的设备、装置、传感器或显示器都具有数字通信功能。物联网通过网络以数字方式将物体进行连接，实现单向或双向通信。

- 分析平台将数据汇集到仪表盘或用户界面中，客户借此监视和控制多个连接设备的运行情况。通过分析排除故障，也可以评估进程中每个环节或步骤的完成状态。

- 数字平台是通过互联网连接不同用户组中独立个体的软件应用程序。通过数字平台，个人或企业可以交换信息、购买产品或服务、推销创意或产品。数字平台可以非常复杂，具备呈现和交换信息的强大共享能力。此外，也可以有很多用户组类别。数字平台也可以非常简单，只聚焦在少数几种信息上。

↘ 数字化转型对产品和服务创新流程的影响

在数字化时代，产品架构的变化会对产品创新流程产生什么影响？

产品创新的关键变化体现为一个新的关键绩效指标（Key Performance Indicator，KPI），即关系管理上。在数字化时代，客户对价值的要求不仅体现在产品性能上，而且更需要与新产品相伴而生的连接和关系。从本质上说，每个产品不仅是功能和特性的组合，更是有关系的服务。通过用户评论或论坛，客户在购买产品前就与之建立了联系。客户在购买产品时希望与制造商或销售商建立联系，以便可以轻松地购买、安装、设置或定制产品，从而实现产品的个性化。许多客户也希望与感兴趣的社区中人建立联系，分享产品使用经验。还希望产品能够通过平台或网络进行连接，以实现远程控制。客户更希望产品能够跟踪他们的使用过程，以便产品能够记住他们的行为和做法，或者提供对其他类似或互补产品的访问通道。所有这些都取决于产品创造关系的能力，与产品的功能和特性几乎没有任何关系。

即使使用非用电或非联网产品，客户也会加入用户组或在制造商网站或社交媒体渠道上进行反馈。关系管理是数字化时代客户价值的重要方面。因此，在设计产品时必须考虑建立和维护数字化关系的便利性。

这就会给产品设计带来根本性的转变，同样也会引起新产品或服务开发流程的重大转变。在工业化时代，企业中的设计与开发者通过焦点小组收集客户需求，然后制作样品，并在实验室或测试设备上测试样品，以确保其达到预期。一旦对设计有信心，他们就开始添置和安装生产设施，进行生产，然后将产品投放市场。在数字化时代，这些步骤将被数字化技术彻底改变。

数字化时代的开发流程始于客户需求，通常采用社交媒体直接向成千上万的用户或潜在用户征询并收集需求信息。该方法比焦点小组更快捷、覆盖面更广。在开发流程中采用快速原型法，可以省去传统产品开发流程中的一些步骤。3D 打印和数字孪生技术的应用也会大幅缩短开发周期。今天有了创意或概念，明天就可以对创意或概念进行验证。这样一来，产品就会很快进入测试和验证阶段。关于用户验收测试的问题可以通过引入实际客户参与的 A/B 测试轻松解决。一旦通过数字孪生阶段，就可以在虚拟环境下进行极端条件和环境测试。这样一来，就极大地缩短了开发时间，并降低了开发成本。此外，由于数字化制造运用柔性制造单元和单批次生产排期方式，因此可以快速完成制造工艺开发工作。将这些方法进行有机结合，数字化时代的公司只需用工业化时代的公司开发时间的一小段，就能将新产品推向市场。

第 7 章介绍了"跨越鸿沟"原理，描述了推出新产品时遇到的困难，也对早期采用者和大众消费者进行了区分。早期采用者愿意尝试一切新事物，会购买新产品，而大众消费者则希望在购买前，新产品能提供他们预期中的所有价值。在工业化时代，该鸿沟又深又宽。为了确保新产品能够跨越鸿沟，同时确保企业在新产品投资中获益，营销人员遭受了巨大压力。

虽然这些都是数字化时代开发新产品的好处，但它也有缺点或者风险，即你的新产品很容易进入市场，竞争对手的新产品也很容易进入市场。因此，数字化时代的公司必须做好建立制高点的相应准备。数字化时代产品的一个有趣的特点就是要定期更新和升级产品。这种不断更新的产品使产品线能够迅速应对市场上的新进入者，并给公司带来一个重新参与并加强客户关系的理由。此外，大多数数字化时代的产品都与其他第三方软件应用程序（如数字平台）有接口。产品必须每隔几个月更新一次以保持兼容。由于这些因素，产品创新流程要确保能够持续增强特性和提升性能。工业化时代的公司可以推出一种新产品，坐等新产品在市场上的地位逐步增长，产品年复一年也没有什么更新，而数字化时代的公司就有所不同了，为了保持市场地位，必须定期（通常是每季度）推出新产品。

↘ 产品创新运营与控制

随着公司从工业化时代过渡到数字化时代，产品创新运营控制方面的变化并不大。当前，几乎所有公司都在采用跨职能团队来开发新产品，并使用结构化控制流程来管理这些团队。这些通行方法在数字化时代仍在沿用，但在每个阶段所花费的时间会大大减少。此外，许多组织已经在 IT 或软件开发项目中使用敏捷项目管理方法，这也是数字化开发的最佳实践。

虽然敏捷并不像适用于软件产品开发那样适用于硬件产品开发，但是 3D 打印和数字孪生等数字化技术的应用使得敏捷在产品创新上的应用成为可能。

↘ 数字化战略框架

在定义和实施数字化战略时，没有唯一的流程或最佳实践。无论是改变现有业务或组合还是创办新企业，都要制定战略，其中最重要的就是要制定数字化战略。图 1.23 列出了数字化战略的一些要素。

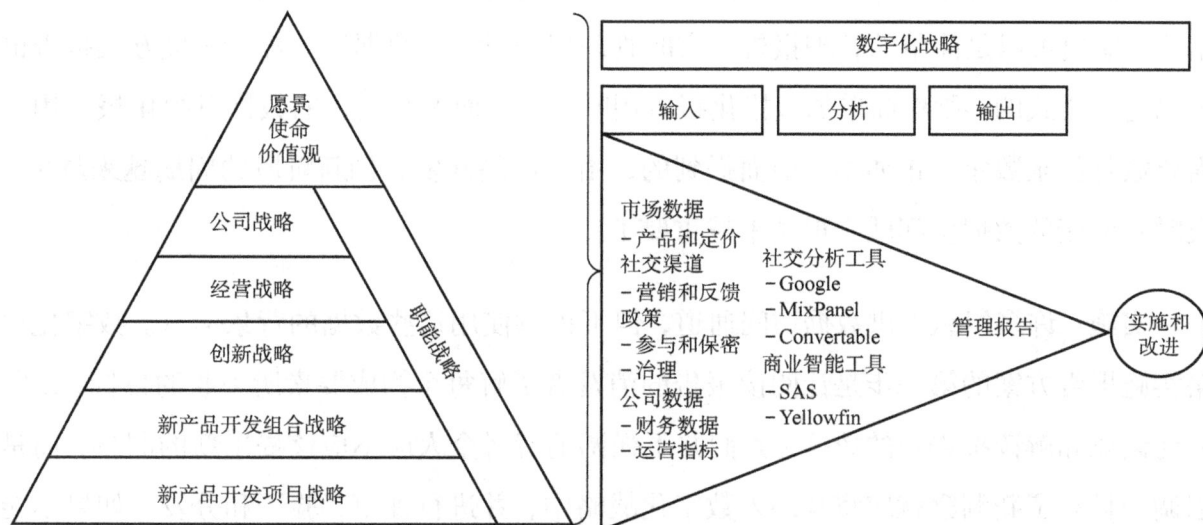

图 1.23 数字化战略框架示例

如第 1.1.2 节所述，数字化战略是现有战略层级的扩展。制定数字化战略前，首先要明确愿景、使命、价值观及支持战略。然后，使用结构化流程制定数字化战略，如图 1.24 所示。

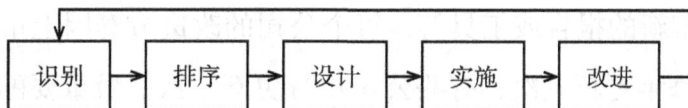

图 1.24 数字化战略制定流程

识别：在该阶段，首先识别数字化战略的输入。输入可以是当前的内部数据资产，如财务数据或运营指标，也可以是当前数据管理政策（包括保密政策）、消费者参与政策（如适用）和一般数据治理政策等。另一个是外部输入，如在 Twitter 或 Facebook 等社交平台上通过推送或发帖的方式获得消费者反馈。此外，还包括市场数据，如价格信息、市场趋势和消费者情绪等。

　　排序：在识别阶段，会产生大量新数据源，你却无暇访问，或者花费大量人力收集了数据源后却没有成本或时间去集成。在该阶段，就要按照总体战略层级结构，为每个数据源进行优先级排序。关键要记住，数据分析是持续获取、改进、评审和优化的过程。

　　设计：在设计阶段，按照输入优先级，对照先前战略评审中的相关目标，设计输出格式。输出可以是简单的管理报告或实时管理仪表盘。与数据源一样，解决方案报告也可以是迭代式的。制作简单的表格化报告用时很短，而撰写复杂的数据可视化报告用时需要数月甚至数年。正如本节前面提到的，由于产品开发和创新阶段的周期越来越短，及时和便捷的数据访问就变得越来越重要了。

　　实施：许多组织提供数据访问通道，但不提供使用这些数据的背景信息。数字化战略实施报告方案的第一步是让阅读报告的消费者了解每个构成要素所关联的目标，以及如何读取和解读报告中的数据。我们并不强调消费者个人应不应该提出新的洞察，而是强调一旦有了新洞察就应将其纳入数字化战略中，并进行评审、验证和分发。如果不能确保消费者理解度量指标的含义，组织就很容易变得低效，甚至可能失效。

　　改进：在设计阶段，要事先制订数字化战略的改进计划，确保与相关方达成共识，同时按照数据源路线图交付成果。通常，每季度对数字化战略进行反馈、评审、改进和增强。例如，一季度启用新战略，实施并产生结果，然后制定决策并收集反馈。二季度进行实时评审，发布新的报告或工具等。每个公司的改进节奏因上市速度和产品生命周期而异。有些公司每年更新一次，有些公司每月更新一次。最重要的是，改进活动要与战略层级结构保持一致。

1.8　开放式创新

1.8.1　开放式创新的基础

开放式创新（Open Innovation，OI）是指组织通过联盟、合作或签约的方式，主动地从外部寻求知识，以补充和增强其内部能力，从而改进创新成果的战略。这些创新成果可以在内部、通过新的商业实体实现商业化，也可以通过向外部发放许可的方式实现商业化。

开放式创新可以带来很多收益，如何用好它却是一个挑战。图 1.25 总结了应用开放式创新的一些收益和挑战，具体内容围绕开放式创新的六个原则展开（Tidd 和 Bessant，2013 年）。

开放式创新原则	收　益	挑　战
利用外部知识，例如通过与客户、大学合作，或采用其他方式的合作	增加知识库；减少对有限内部知识的依赖	如何搜寻和识别相关知识来源；打破内部传统创新观念
和外部研发方合作	可以降低与内部研发相关的成本和不确定性，提升研发深度和广度	不太可能产生独特的能力，更难形成差异化优势；外部研发方可能成为竞争对手
非获利性研究	降低内部研发成本，在外部资源获取和关系维护上投放更多资源	需要足够的内部研发能力，以便识别、评估和适应外部研发
形成更好的商业模式比率先上市更重要	更多的长期盈利能力和成功	先发优势取决于技术和市场环境，改变环境却很难
最大化利用内部和外部创意，而不是生成创意	将资源用于搜寻和识别创意而不是生成创意	大多数公司更善于生成粗浅的创意，而不是寻找长期赢家；在筛选数以千计的创意时，评估成本通常很高
从他人的知识产权中获益（入站开放式创新）　将知识产权转给他人而获益（出站开放式创新）	将知识产权交给最有能力实现商业化的公司	在商业收益或战略方向上发生冲突；需要针对可接受的知识产权授权形式和条款进行谈判

图 1.25　开放式创新的收益和挑战

1.8.2　开放式创新类型

寻找外部合作方（客户、供应商、竞争对手或大学等研究机构）被称为"入站开放式创新"。组织希望成为什么类型的"入站开放式创新者"，取决于其合作方数量和类型（也称"合作方多样性"）及外部创新渠道开放度（也称"开放漏斗"）（Tidd 和 Bessant，2013 年）。图 1.26 按照创新渠道开放度和合作方多样性，划分出了四种开放式创新类型。图的左下角是封闭型创新者，其创新渠道开放度很低，合作方多样性也很低。右上角则是另一极——开放型创新者，其创新渠道开放度很高，合作方多样性也很高。

图 1.26　开放式创新类型

组织在为入站开放式创新配置资源时必须慎重。研究表明，低开放度（对外部创意采取封闭态度）和高开放度（大量采用外部创意）下的创新绩效都不佳，只有开放度适中的企业才能产生优异的产品和流程绩效。

不同类型开放式创新者的关键成功因素和管理风格有所不同（Tidd 和 Bessant，2013 年）。图 1.27 总结了四种开放式创新类型的关键成功因素及相应的管理风格。

开放式创新类型	关键成功因素	管理风格
开放型创新者	技术导向	高度参与式
特殊型创新者	技术、服务、时间和其他	参与式
整合型创新者	质量、服务、时间、品牌和其他	主要为自上而下式
封闭型创新者	质量、服务、时间、品牌、技术和其他	主要为自上而下式

图 1.27　开放式创新的关键成功因素与管理风格

成为一名开放式创新者可以提高创新绩效，不过，效果在很大程度上取决于潜在合作方的数量、对合作方的筛选及公司所处行业环境的不确定性（Lazarotti 和 Manzini，2014 年）。

组织参与创新的方式有四种，分别是寻求者、提供者、中介者或开放者（Ellis、Gianiodis 和 Secchi，2014 年）。图 1.28 中列出了每种参与机制。

开放式创新参与方式	参与机制
寻求者	利用用户创新、外包或联盟
提供者	风险投资、授权许可或联盟
中介者	拍卖或合伙
开放者	外包、联盟、并购、风险投资或授权许可

图 1.28　开放式创新的参与机制

更多关于开放式创新的信息，参见 Noble 等著的《开放式创新》（2014 年）。

1.8.3　开放式创新案例

开放式创新被许多组织所采用，包括很多赢得产品开发与管理协会杰出创新企业奖的组织。诺维信（Novozymes）是 2015 年杰出创新企业奖获得者，该公司是酶和微生物技术领域的领军者，在创新流程的各个阶段都使用了开放式创新。他们在创意生成阶段运用众包方式，即在网上持续两周收集创意，然后对这些创意进行筛选，接着用一个月的时间将所选创意进行完善，最后将成熟的创意作为新项目提案提交给管理层审批。

中国海洋石油工程有限公司（China Offshore Oil Engineering Co.，Ltd，COOEC）是 2018 年杰出创新企业奖获得者，其是全球海洋能源工程领域的领先供应商，为油气田开发提供开创性的综合解决方案。通过与大学研究中心、供应商和客户合作，COOEC 积极应用开放式创新方法。

最后一个例子是在贫穷的印度各邦乡村推出的"智慧村庄"（Smart Village）项目。该项目促成原本在市场上相互竞争的公司进行合作，同时赋予村民权力，使得村民能够进入供应链。此举为村民和公司开创了双赢局面（Darwin 和 Chesbrough，2016 年）。

1.9 可持续创新

1.9.1 什么是可持续经营

可持续经营或绿色经营是指对全球或当地环境、社区、社会或经济的负面影响最小的企业实践。企业通过该实践设法达到"三重底线"的要求（见第 1.9.2 节中"三重底线"的定义）。可持续经营往往要求企业制定不断发展的环境和人权政策。

企业的可持续性通常涉及两个方面：

- 经营对环境的影响。
- 经营对社会的影响。

可持续经营战略目标是对所有领域都产生积极影响。当公司无法承担责任时，就会产生完全相反的结果，如环境恶化、不平等和社会不公等问题。

可持续性有助于迎接全球性挑战，还可以推动经营成功。如今，一些投资者使用环境、社会和治理（Environment，Social and Governance，ESG）指标来分析组织的道德影响和可持续性实践。投资者关注的因素包括公司的碳足迹、水利用、在社区发展上的努力和董事会的多样性。根据麦肯锡的研究，能够激励公司员工采用可持续性思维方式的因素有：与公司的目标、使命或价值观保持一致；建立、维持或提高声誉及满足客户期望和抓住新的增长机会。

1.9.2 可持续性与战略

当今，大多数组织都用总体框架将可持续性纳入标准化的组织运营中，该框架内容包括：

- 组织制订正式的可持续性计划。

- 将可持续性用来获得竞争优势。
- 将可持续性用作创新和开发新产品的驱动力，遵循"三重底线"（利润、人类和地球）。
- 将可持续性纳入组织的使命和价值观中。
- 在实施中跟踪可持续性指标。
- 建立可持续性成熟度模型，并定期跟踪进展。
- 将可持续创新用于合规性、市场驱动、参与和开创未来，也称合规性、回应、主动和目的。

↘ **"三重底线"**

在传统会计中，"底线"（Bottom Line）是指利润表中底层的损益情况。它是衡量企业业绩的关键指标。近年来，一些企业谋求从更广泛的视角评估其绩效，包括考虑对社会和环境的贡献或影响。

"三重底线"要求从三个维度评估绩效，分别是：

- 财务。
- 社会。
- 环境。

这三个维度也被称为 3P，分别是：

- 利润（Profit）。
- 人类（People）。
- 地球（Planet）。

1.9.3 制定可持续经营战略的方法

第 1 步：评估问题并明确目标

推动变革的第一步是评估可持续性对团队、公司、行业和客户意味着什么。其中的每个问题都是非常重要的，因此可以创建一个重要性矩阵，将这些问题进行整理并排序，找出相关方认为重要的可持续性主题及其对组织的影响。

要做好这一步，还需要提出以下问题：

- 对组织的客户而言，哪些社会和环境问题最重要？
- 有哪些社会和环境问题给组织或客户带来了风险？
- 组织的宗旨是什么？
- 组织造成了多少浪费？
- 组织是否有积极主动的文化？
- 招聘中是否吸引了多样化的求职者？
- 组织的产品是否说明了重要性矩阵中的重要主题？
- 组织对当地社区有什么影响？

回答这些问题将有助于明确组织的可持续性目标，并提高 PESTLE 分析中输入内容的质量（参见第 1.5.2 节）。

第 2 步：在组织使命中纳入可持续性

明确具体的可持续发展目标，并确保这些目标体现在公司的使命中。确保这些目标成为使命中的一个组成部分，也是企业更具可持续性的核心所在。下面两家公司都将使命聚焦在可持续性上，分别是：

Alignable 公司

"我们相信本地企业团结在一起会更强大。我们的目标是帮助小企业主建立长期稳固的关系，带来更多的口碑推荐，并开启获取本地企业界集体智慧的大门。"

Patagonia 公司

"打造最好的产品而不造成任何伤害，运用商业手段去激发、实施应对环境危机的解决方案。"

公司的价值观是什么？如何将价值观付诸行动？上述两个例子让人一目了然。

第 3 步：制定可持续战略

在制定可持续经营战略时，首先要明确可持续性会给组织使命带来什么贡献。

在制定可持续经营战略时，确保组织盈利是非常重要的，也是第一要务。在可持续性上进行投入可以提高盈利能力，该结论已经被许多组织证明。

试想：如果员工离开了办公室，组织会让电器和暖气继续开着吗？如果最后离开办公室的人把它们关掉，可以节约多少成本或能源啊！消费者是否愿意为可持续性产品付更高的价格呢？联合利华（Unilever）在 2017 年开展的一项研究发现，33%的消费者希望购买"在社会或环境方面做得更好"的品牌或产品。这就为可持续产品市场创造了蕴藏的机会。

针对具体行业，可以运用一些战略来提高运营效率，提升社会和内部价值。致力于建立坚实的可持续发展战略，就可以从长远上造福组织和环境。

1.9.4　可持续产品创新

鉴于可持续发展是社会责任之一，生物经济正欣欣向荣并引人注目。企业和组织有责任通过可持续经济来促进可持续性，并让社会和消费者都参与进来。产品管理专业人士也应该面对这一新的现实，将可持续性作为产品创新战略和流程的组成部分。接下来介绍实现可持续创新要将哪些要素整合到常规产品创新中。

可持续发展是"既满足当代发展需要，又不损害后代满足自身需要能力的发展模式"。（布伦特兰委员会，1987 年，世界环境与发展委员会报告《我们共同的未来》）。

可持续产品创新是在开发新产品或服务并将其商业化的过程中，在经济、环境和社会等方面体现可持续发展特征，并在产品生命周期的采购、生产、使用和服务结束全阶段都得以落实。可持续创新需要全球视野，并超越产品或服务的主要生命周期，并且要考虑所有相关方。

可持续性对产品创新的重要性。近年来，可持续性在产品创新中变得越来越重要。2011 年全球可持续性和创新研究总结报告称，70%的受访组织将可持续性永久列入管理日程并对其进行投资（Haanaes 等，2012 年）。

在 2012 年产品开发与管理协会开展的比较绩效评价研究（Comparative Performance Assessment Study，CPAS）中，三分之一的公司认为可持续性对其利润做出了贡献（Markham 和 Lee，2013 年）。

图 1.29 为可持续性成熟度模型，该模型描述了组织在可持续性上从"初始级"到"领先级"所对应的特征。

案例：可持续性和战略

耐克（Nike）等公司已经意识到，将可持续性纳入企业运营中能够带来竞争优势。

- "可持续性与业务增长是互补的。"（耐克，2013 年）通过开发创新型可持续产品，耐克已经减少了 3%的温室气体排放，同时增加了 26%的收入。
- "材料很重要。"耐克在研发上投入巨资，与美国国家航空航天局等组织合作开发下一代突破性材料。
- "从声誉管理转变为寻找创新机会。"耐克认识到，与其花费人力和物力去管理声誉，不如通过行业合作、合作关系和提升透明度等方式创造变革机会。

↘ 外部性（Externalities）

外部性是指产品对人或环境的影响，而该影响并未反映在产品的市场定价中。外部性是许多公司应考虑的因素，可以通过政府政策或法规的方式将外部性纳入产品价格。碳定价是制定政策将外部性（温室气体排放）纳入产品价格（电力）的一个例子。

阶段 1 初始级	阶段 2 改进级	阶段 3 成功级	阶段 4 领先级
☐ 公司政策尚未考虑三重底线（财务、社会和环境）可持续性战略聚焦的最低要求	☐ 设置了集中汇报可持续性的职能	☐ 在整个公司持续落实并提升三重底线可持续性的最佳实践	☐ 公司发布可持续性年度报告，包括三重底线的各个方面
☐ 低于遵守法律法规的整体环境	☐ 在环境、健康和安全政策中公布了相关指标和目标	☐ 在公司层面建立可持续性度量指标，并与公司的商业成功进行关联	☐ 将可持续性政策与其他公司政策融为一体，将可持续性作为驱动成长和盈利的重要杠杆
☐ 在设定新产品目标和规格时，很少考虑可持续性	☐ 建立并度量工厂层级的碳、能源和水消耗数据	☐ 在新产品开发流程的全部关口评审中考虑和鼓励可持续性	☐ 扩大产权影响，通过供应链、知识产权销售、合资等方式，使得可持续性创意和知识产权得到更广泛的利用
☐ 供应商评估政策中未考虑可持续性	☐ 在整个组织中积极沟通法规和政策问题	☐ 公司将重点从遵守法律法规的最低要求转变为做到更好（设计支持）	☐ 组织强调研发创新，开发出能低影响产品整体环境影响的技术和设计方法
☐ 很少设计和采用可持续性指标	☐ 在事业部和产品战略中，都会预测客户未来在可持续性方面的行为和趋势	☐ 了解供应链对公司可持续性目标的影响，并展开改进活动	☐ 公司大多数产品获得基于行业标准和第三方评审的认证
	☐ 供应商评估中包括对供应商的可持续性政策的评估	☐ 根据环境和可持续性政策及其努力程度选择供应商	☐ 广泛使用产品可持续性度量指标，并将其视为竞争优势来源
	☐ 通过核对单和其他工具检查新产品开发流程中新产品的可持续性		

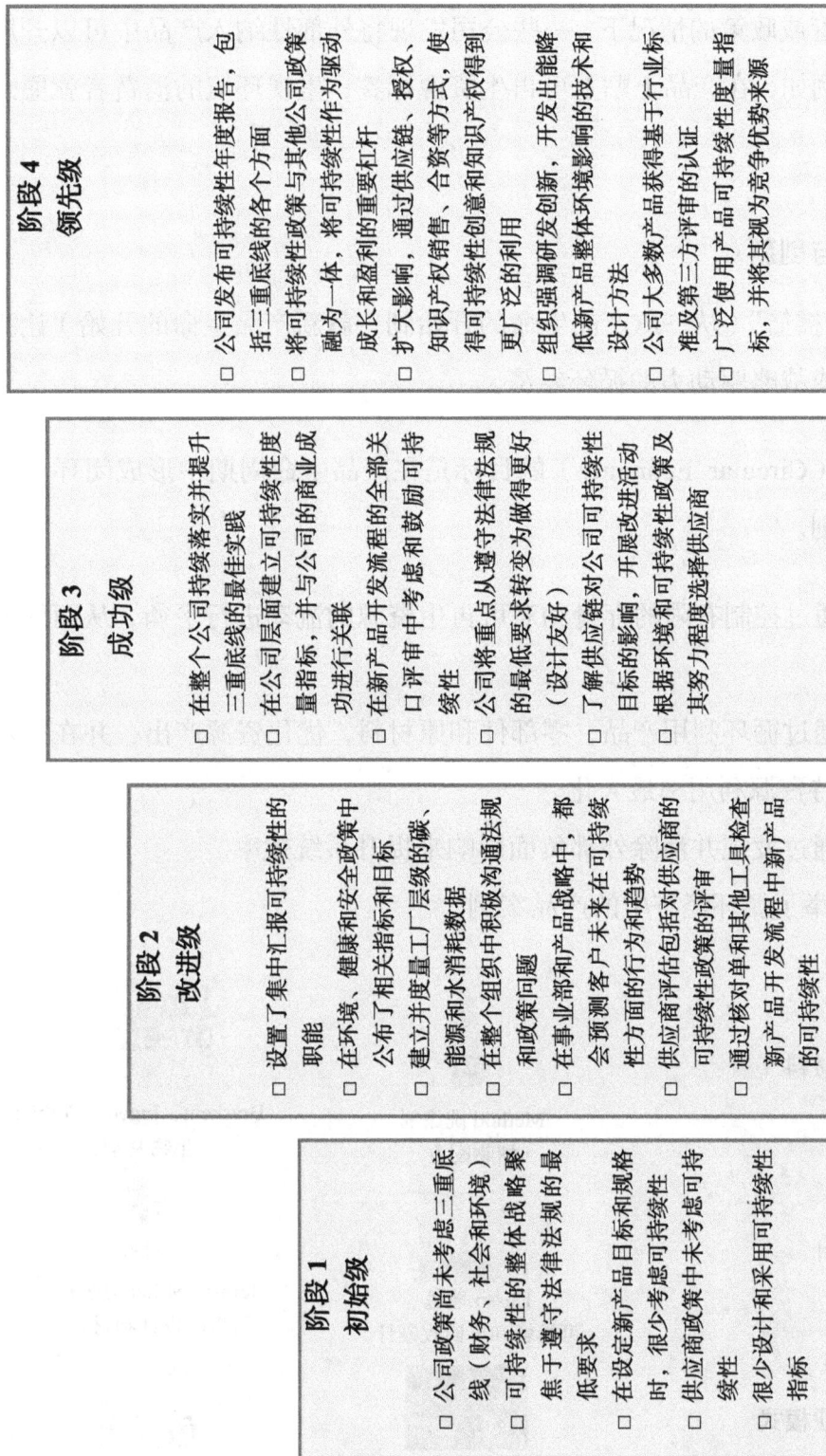

图 1.29　可持续性成熟度模型

在缺乏监管或政策的情况下，一些公司发现将外部性纳入产品中可以开展更为有利的价值营销。例如，在产品上贴上可再生资源标签，重视环境的消费者就愿意接受更高的产品售价。

循环经济与创新

"从摇篮到摇篮"（从一款产品生命的开始到一款新产品生命的开始）让我们思考或专注于能够形成战略驱动力的循环经济。

循环经济（Circular Economy）的目标是在产品生命周期中形成闭环。循环经济基于以下三个原则。

原则一：通过控制有限的存量和对可再生资源的流动进行平衡，从而保护并增加自然资源。

原则二：通过循环利用产品、零部件和原材料，优化资源产出，并在技术和生物周期中保持资源利用率最大化。

原则三：通过发现并消除外部负面影响来提升系统效率。

图 1.30 列举了循环经济中的产品案例。

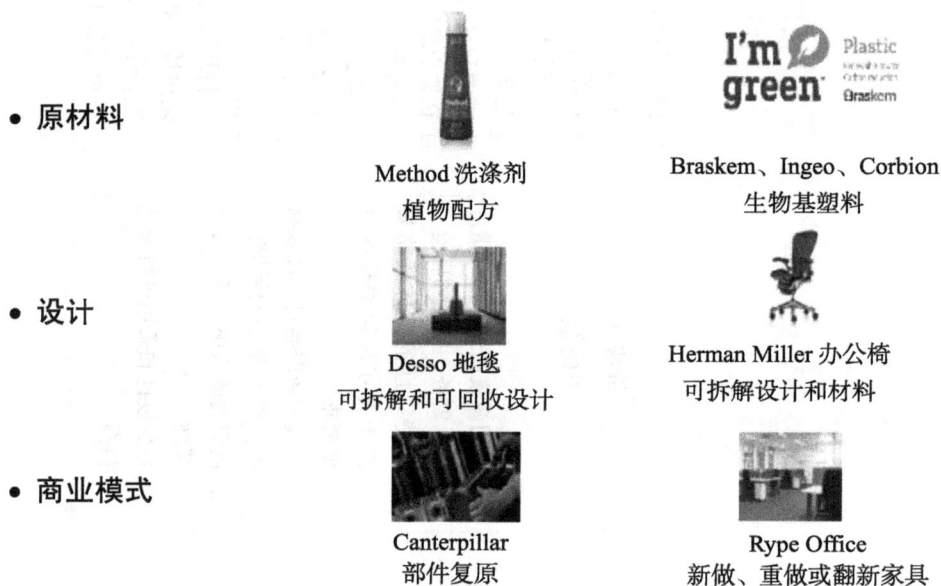

- 原材料

Method 洗涤剂
植物配方

Braskem、Ingeo、Corbion
生物基塑料

- 设计

Desso 地毯
可拆解和可回收设计

Herman Miller 办公椅
可拆解设计和材料

- 商业模式

Canterpillar
部件复原

Rype Office
新做、重做或翻新家具

图 1.30　循环经济中的产品案例

1.10　本章小结

战略是组织生存和发展的核心，它为组织的所有职能和活动奠定基础并提供框架。

- 战略从公司和经营层面开始，并转化为各种职能战略。构建与组织、行业、更广泛的环境、竞争对手和客户相关的知识基础是制定良好战略的关键。在此过程中可以使用一些工具提供帮助，包括 SWOT 分析、德尔菲技术、PESTLE 分析和商业模式画布等。

- 创新战略对大多数组织而言至关重要。它说明了组织创新将如何支持总体经营战略。这为跨产品类别或业务部门的投资权衡及决策提供了依据。

- 有一系列框架可帮助制定组织创新战略，包括创新景观图（2015 年）、波特竞争战略（2008 年）、克里斯坦森颠覆式创新（2003 年）及迈尔斯和斯诺战略框架（1978 年）。

- 创新战略辅之以平台、技术、营销、知识产权和能力战略。所有战略必须协调一致，以实现共同的创新目标。

- 运用内部或外部能力来实现产品战略（包括开发和上市），也可以将两者进行结合。越来越多的组织采用开放式创新战略，积极促进与外部各方合作进行创新。

- 可持续性正日益成为组织整体使命的一个组成部分，在具体战略上重点考虑可持续性。大多数组织现在都提供基于利润、人类和地球的"三重底线"报告。

1.11　本章参考文献

- Chesbrough, Henry W. (2003). The Era of Open Innovation, *MIT Sloan Management Review*, Spring 2003.

- Christensen, C. (1997). The Innovator's Dilemma. *Harvard Business Review Press*.

• Christensen, Clayton M. (2016). The Innovator's Dilemma: "When New Technologies Cause Great Firms to Fail" Harvard Business Press, Boston: Harvard Business School Press.

• Cooper, R.G. (2013). New Products – What Separates the Winners from the Losers and What Drives Success. In *The PDMA HandBook 3rd Edition*, pp 145-171.

• Crawford, M. & DiBenedetto A. (2011). *New Products Management*. 11th Edition, McGraw Hill (Chapter 1).

• Darwin, S. and Chesbrough, H. W. (2016). Prototyping a Scalable Smart Village to Simultaneously Create Sustainable Development and Enterprise Growth Opportunities.

• Ellis, S.C., Gianiodis, P.T., and Secchi (2014). Advancing a Typology of Open Innovation, in *Open Innovation Research,* Management and Practice, editor Tidd, J. Imperial College Press, pp 39-86.

• Haanaes et al. (2012). The Embracers Seize Advantage. *MIT Sloan Management Review,* February 2012.

• Hargadon, A. (2015). Sustainable Innovation: Build Your Organization's Capacity to Change the World.

Oxford Handbook of Innovation Management.

• Kahn, K. (2013). *PDMA HandBook 3rd Edition,* Wiley.

• Kotler, P.(2011). *Marketing Management.* New York: Prentice Hall.

• Lazarotti, V. and Manzini, R. (2014). Different Modes of Open Innovation: A Theoretical Framework and an Empirical Study, in *Open Innovation Research,*

Management and Practice, editor Tidd, J. Imperial College Press, pp 15-38.

- McGrath, M. (1995). Product Strategy for High Technology Companies. McGraw-Hill.

- Markham, S.K. and Lee, H. (2013). Product Innovation and Management Association's 2012 Comparative Performance Assessment Study. *Journal of Product Innovation Management,* Vol 30 no 3.

- Miles, R.E. and Snow, C.C. (1973). *Organizational Strategy, Structure and Process.* New York, McGraw Hill.

- Nike (2013). Inc. Sustainable Business Performance Summary FY12/13.

- Noble, C., Durmusoglu, S., Griffin, A. (2014). Open Innovation: New Product innovation Essentials from the PDMA. Wiley.

- Osterwalder, A., Pigneur, Y., Smith, A. (2010). Business Model Generation: A Handbook for Visionaries, Game Changers, and Challengers. Wiley.

- Pisano, G. (2015). You Need an Innovation Strategy, *Harvard Business Review,* June 2015.

- Porter, M.E. (1996). What Is Strategy? *Harvard Business Review* (Nov-Dec 1996).

- Porter, M.E. (2008). On Competition, updated and expanded edition. Harvard Business School pub.

- Reeves, M., Fink, T., Palma, R., & Harnoss, J. (2017). *Harnessing the secret structure of innovation.* MIT Sloan Management Review.

- Teece, David J. (2010). Business Models, Business Strategy and Innovation, Long Range Planning, Volume 43, Issues 2-3, Pages 172-194, ISSN 0024-6301.

- Tidd, J. and Bessant (2013). *Managing Innovation: Integrating Technological, Market and Organizational Change,* 5th Edition, Chichester, John Wiley & Sons.

- Tregoe, B., and Zimmerman, J. (1980). *Top Management Strategy*. Simon and Schuster.

- Whetten, D.A. (2006). Albert and Whetten Revisited: Strengthening the Concept of Organizational Identity. *Journal of Management Inquiry,* 15:219-234, 2006.

本章试题

1. 以下哪项是平台战略的定义？

    A. 一系列产品的共用营销计划

    B. 一系列产品的共用制造系统

    C. 将一组系统和接口构建成一个共用架构，从中可以有效地开发和制造衍生产品

    D. 连接营销、技术和制造的战略

2. 以下哪项是愿景的定义？

    A. 产品创新项目目标

    B. 关于公司信念的说明

    C. 一整套价值观

    D. 组织最期望的未来的样子

3. 使命有助于组织____。

    A. 集中人力和资源

    B. 提出创意

    C. 制订产品上市计划

D. 低利率融资

4. 以下哪项是战略的定义？

A. 组织哲学

B. 公司为实现长期目标而制订的计划

C. 组织的产品创新计划

D. 组织的价值观

5. 你正在领导一家园艺公司进行战略规划，该公司正在开发一种苹果新品种。公司战略规划中的一个关键要素是优化知识产权收入。在这种情况下，你将申请什么类型的知识产权对其进行保护？

A. 植物品种权

B. 商标

C. 专利

D. 版权

6. 谁负责制定公司战略和经营战略？

A. 流程经理

B. 高级管理层

C. 股东

D. 董事会

7. 你的竞争对手推出了一款新产品。当在制定竞争对策时，你意识到当前产品中所采用的技术已达到极限，无法通过改进性能的方式进行有效竞争，唯一的选择是采用更新颖或更先进的技术取代现有技术。目前处于技术 S 曲线的哪个阶段？

A. 成长阶段

B. 引入阶段

C. 成熟阶段

D. 滞后阶段

8. 一家乳制品制造商发现了一种可能具有显著健康益处的新微生物（益生菌）。公司决定启动一项重要的研究计划来证明益生菌对健康的益处。该公司计划在一系列产品中都使用这种益生菌，包括酸奶、健康饮料和婴儿配方奶粉。这是应用哪种战略的例子？

A. 产品线延伸

B. 技术战略

C. 平台战略

D. 营销战略

9. 以下哪种创新强调技术创新？

A. 常规型

B. 架构型

C. 激进型

D. B 和 C

10. 在波士顿矩阵中，"现金牛"被定义为市场份额高但增长率低的产品。公司对该类产品应该采取什么策略？

A. 尽可能多地从该产品中获得利润

B. 趁产品还在赚钱时将其卖掉

C. 对产品、竞争对手和市场进行详细分析，为产品的未来制定明确的战略

D. 在产品改进方面加大投资

本章试题参考答案

1. C　　6. B

2. D　　7. C

3. A　　8. C

4. B　　9. D

5. A　　10. C

第 2 章

组合管理

建立并保持新产品和现有产品创新项目
间的平衡，使其与经营战略和创新战略保持
一致

↘ **本章学习重点**

　　组合管理确保所有产品创新项目与战略及资源可用性保持一致。本章进一步厘清了产品创新组合与总体经营战略之间的关系；介绍了项目组合中的项目类型，以及选择项目并实现平衡组合的常用标准和方法；重点介绍了组合管理实践中遇到的一些问题，并提供了解决这些问题的方法。

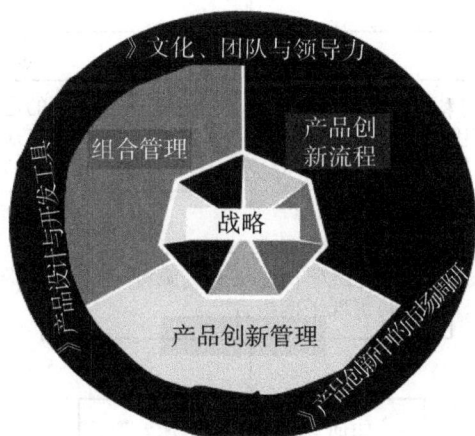

↘ **本章内容一览图**

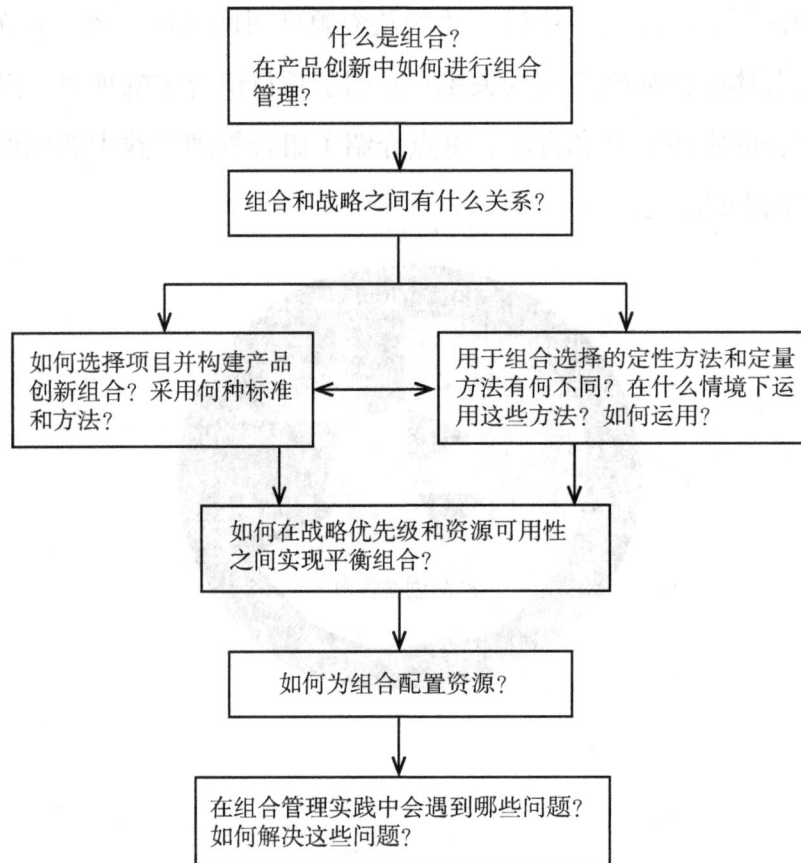

```
          ┌─────────────────────────┐
          │  什么是组合?            │
          │  在产品创新中如何进行组合 │
          │  管理?                  │
          └───────────┬─────────────┘
                      ↓
          ┌─────────────────────────┐
          │  组合和战略之间有什么关系? │
          └───────────┬─────────────┘
             ┌────────┴────────┐
             ↓                 ↓
   ┌──────────────────┐  ┌──────────────────────┐
   │ 如何选择项目并构建产品│←→│ 用于组合选择的定性方法和定量│
   │ 创新组合? 采用何种标准│  │ 方法有何不同? 在什么情境下运│
   │ 和方法?           │  │ 用这些方法? 如何运用?      │
   └────────┬─────────┘  └──────────┬───────────┘
            ↓                       ↓
   ┌──────────────────────────────────────┐
   │ 如何在战略优先级和资源可用性            │
   │ 之间实现平衡组合?                      │
   └──────────────────┬───────────────────┘
                      ↓
          ┌─────────────────────────┐
          │  如何为组合配置资源?     │
          └───────────┬─────────────┘
                      ↓
   ┌──────────────────────────────────────┐
   │ 在组合管理实践中会遇到哪些问题?         │
   │ 如何解决这些问题?                      │
   └──────────────────────────────────────┘
```

　　公司战略、经营战略及创新战略是组合管理的基础。组织在开发和维护产品组合时,总会遇到项目之间争夺资源和资金的情况。通过遵循创新战略,并运用组合管理工具,就可以确保产品创新和产品管理项目的优先级排序合理,从而实现平衡。

2.1 什么是产品组合

产品组合（Product Portfolio）是组织正在投资并进行战略权衡的一组项目或产品。（《PDMA 新产品开发手册》第 3 版，2013 年）

2.1.1 什么是组合管理

"项目组合是指为了实现战略目标而组合在一起管理的项目、项目集、子项目组合和运营工作。项目组合中的项目或项目集不一定彼此依赖或直接相关。"（《项目管理知识体系指南》项目管理协会，2013 年）

在产品创新和产品管理中，"企业可以通过两种途径实现新产品成功：做正确的项目和正确地做项目。组合管理就是做正确的项目"（Belliveau 等，2002 年）。

库珀等（2015 年）提出了组合管理要实现的五个目标。

（1）**价值最大**（Value Maximization）：通过配置资源实现组合价值最大化（各个项目的商业价值总和）。

（2）**项目平衡**（Balance）：根据预设的标准来选择不同类型的项目，并实现项目平衡。标准包括长期与短期、高风险与低风险、产品或市场类型等。

（3）**战略一致**（Business Strategic Alignment）：确保整体组合与组织经营战略及创新战略保持一致，也确保组合中的投资与组织的战略优先级保持一致。

（4）**管道平衡**（Pipeline Balance）：大多数公司在产品组合中囊括了太多的项目，因此要确保资源和聚焦领域不至于太过分散。应确保项目数量合理，以达到管道中资源需求和可用资源供给之间的最佳平衡。

（5）**盈利充分**（Sufficiency）：确保在产品组合中选定的项目能够实现产品创新战略中设定的财务目标。

组合管理通常包括两个独立的活动，即组合选择和组合评审。在实践中，不要将这两个活动割裂开来。新产品与现有产品及其他潜在新产品之间始终存在争夺资源的问题。应当持续开展组合管理，在过程中不断评估产品组合，包括现有产品、新产品、产品改进、维护、支持或研发项目。这也是与战略目标保持一致并使投资回报最大化的过程。图 2.1 描述了组合管理的重要性、应考虑的项目、从创意生成到产品退市整个流程、与项目实施之间的关系、与绩效度量指标之间的依赖关系，以及与财务和资源管理之间的关键联系。

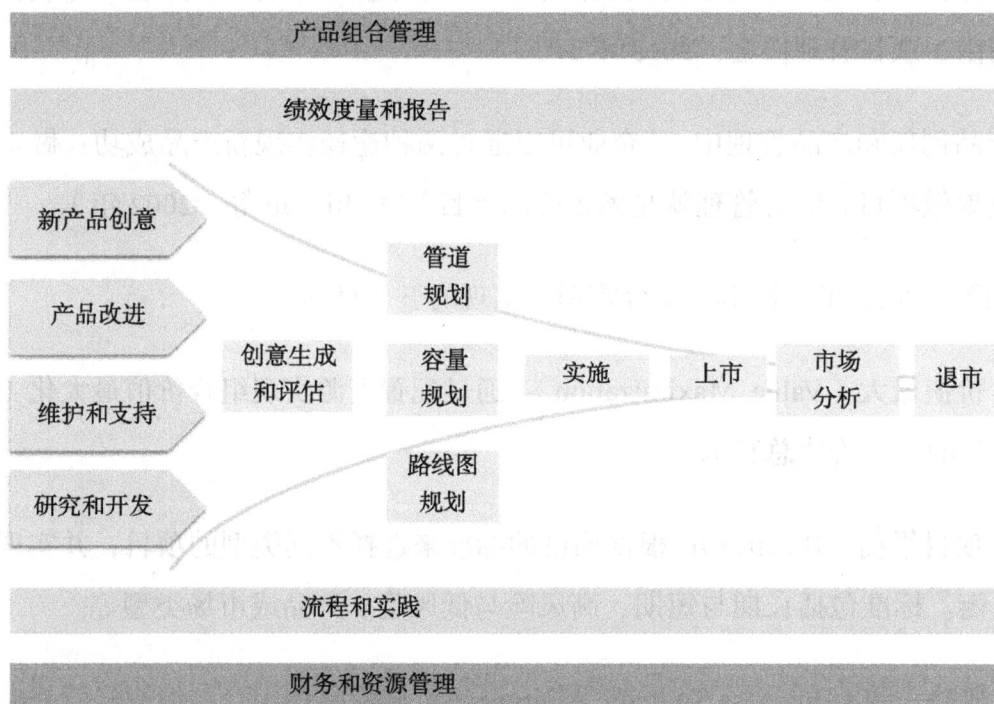

图 2.1　组合管理

2.1.2　组合管理的关键特征

（1）组合管理是处于动态环境中的决策过程，需要持续评审。

（2）每个项目会有不同的完成期。

（3）因为是面向未来的活动，所以不能确保成功。组合管理旨在提高组合中项目或产品的总体成功率。

（4）产品创新和产品管理的资源有限，常常要与职能部门共享资源。因此组织需要配置好资源，以实现最大回报。只有与组织总体目标和创新战略保持一致，才能进行合理权衡并制定正确决策。

2.1.3　组合中的项目类型

为了实现组合管理中的项目平衡，会用到一些项目或产品分类方法。通过运用分类方法，可以确保项目与战略保持一致，并对项目优先级进行合理排序。常见的项目或产品类型如下所述。

突破型项目（Breakthrough Projects，有时也称激进型或颠覆型项目）：向市场推出具有新技术的新产品。此类项目与组织的现有项目有着显著差异，风险很高。

平台型项目（Platform Projects）：开发一组子系统及接口，将其组成一个共用架构，继而在该共用架构上高效地开发和制造出一系列衍生产品。此类项目提供了开发衍生产品或项目的平台（见下文）。风险比衍生型项目或支持型项目要大，但比突破型项目要小。

衍生型项目（Derivative Projects）：由现有产品或平台衍生出来的项目，其可弥补现有产品线的空白。常常通过提高制造成本优势，或运用组织的核心技术等方式来提升性能或增加新特性。风险相对较低。

支持型项目（Support Projects）：对现有产品进行增量改进，或提升现有产品的制造效率。风险很低。

2.2 组合与战略关系

"没有组合管理方法就没有选择项目的战略依据，所选项目也就没有战略方向。"（库珀等，2001 年）

2.2.1 组合与战略的连接方法

库珀等（2001 年）提出了在组合管理中实现战略一致的三个目标：

- 战略匹配——项目与所制定的战略是否一致？例如，如果将某些技术或市场定为战略重点领域，那么这些项目是否在这些领域中？
- 战略贡献——在经营战略中定义了哪些具体目标？如"在现有市场中获得更多的份额"或"进入一个新的产品类别"。这些项目在多大程度上促成了这些目标的实现？
- 战略优先级——组合中分配在项目上的资金是否体现了战略优先级？例如，如果该组织重点放在技术领先上，那么组合中对项目的投资额度及比例就应体现该重点。

库珀（2001 年）提出了用于项目选择和组合评审的三种方法，以确保在战略和产品组合之间建立起清晰的链接：

- 自上而下法。
- 自下而上法。
- 二者结合法。

以上三种方法都有一个共同目的，就是实现最优的项目组合，并利用有限资源实现战略目标。

↘ 自上而下法

如果由组织中的最高权力拥有者（如首席执行官）来决定所有项目，那么就是"自上而下法"，但这么做无法利用组织中其他人员的知识和经验。这里介绍的自上而下法平衡了组织高层级的方向和较低层级的输入，该方法也被称为"战略桶"。用不同的"战略桶"代表项目类型，用"战略桶"的大小代表完成项目所需的资源数量。

运用自上而下法的步骤如下：

1. 明确定义组织战略、经营战略、创新相关的战略目标及优先级。

2. 定义用于整个项目组合的资源水平。

3. 按照在组织中的战略位置，从总体上对事业部或产品类别的优先级进行排序。

4. 给"战略桶"贴上标识，然后确定各事业部或产品类别的相应比例。

   示例 1，按照产品类别放置：突破型项目占比为 20%，平台型项目占比为 50%，衍生型项目占比为 20%，支持型项目占比为 10%。

   示例 2，按照事业部放置：A 事业部占比为 60%，B 事业部占比为 30%，C 事业部占比为 10%。

5. 按照优先级将项目分配到相应的"战略桶"中。

↘ 自下而上法

顾名思义，自下而上法就是从具体项目清单开始，经过严格的项目评估和筛选流程，最终形成与战略保持一致的项目组合的方法。

运用自下而上法的步骤如下：

1. 识别潜在项目。

2. 制定战略选择标准，用于评估项目。

3. 按照选择标准对每个潜在项目进行评估。

4. 项目是否能够入选主要取决于该项目是否满足选择标准，无须考虑事业部或产品类别的优先级，也无须刻意追求在组合中实现项目平衡。

↘ **二者结合法**

该方法结合了自下而上法和自上而下法的优点，运用步骤如下：

1. 列出事业部或产品类别所需资金和战略优先级。

2. 按照战略标准和资金对每个潜在项目进行估算和排序。

3. 不但考虑每个项目的优先级与预算，而且考虑事业部或产品类别的优先级，最后将项目分配到相应的"战略桶"中。

2.3　新产品机会评估与选择

组织应持续不断地寻找新产品机会。新产品机会来自：

- 分析当前产品组合，找出可以进行产品改进或产品线延伸的领域。
- 创意生成工具或创造性思维技术。

2012 年产品开发与管理协会开展的比较绩效评价研究指出，最佳公司中采用组合管理技术的比例明显高于其他公司（Markham 和 Lee，2013 年）。图 2.2 描述了各种项目评估工具及其使用情况。

总体上，可将评估和筛选新产品机会的方法分为两大类——定性评估方法和定量评估方法。

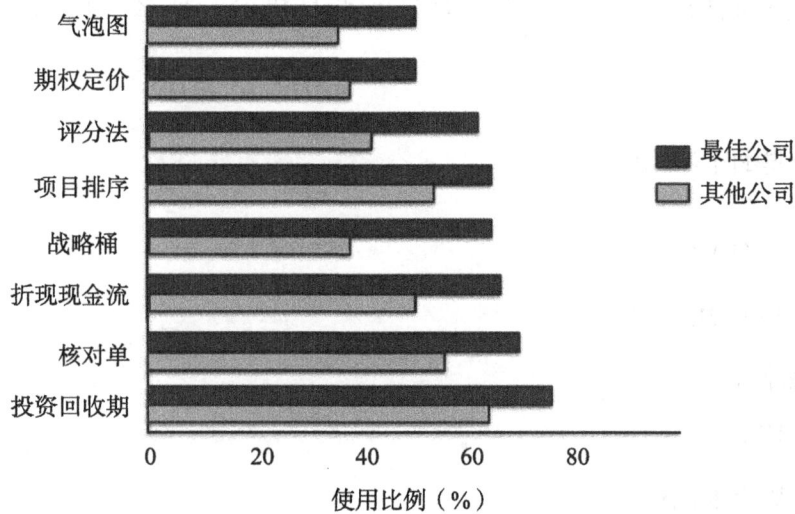

图 2.2　项目评估工具及其使用情况（Markham 和 Lee，2013 年）

2.3.1　定性评估方法

顾名思义，定性评估方法或评分法带有主观性。但有确凿的证据表明，应用评分法的组织在组合管理上取得了显著的成功（Markham 和 Lee，2013 年；库珀等，2001 年）。

近年来，针对新产品成功因素开展了大量研究，研究中发现一些较为关键的成功因素，分别是：

（1）组织拥有独特、出色的产品，该产品有别于竞争对手的产品，能够为客户提供独特收益和显著价值。

（2）聚焦在一个有吸引力的市场，该市场规模较大且在不断增长，利润率高，竞争不激烈且竞争压力小。

（3）善于利用组织内部优势。组织能够利用自身在营销和技术方面的优势、能力及经验开发出相应的产品和项目（库珀等，2001 年）。

大多数成功因素都是众所周知的，也是很好理解的，特别是对传统行业而言。如果直接将这些成功因素作为标准来评估新产品机会，那么得出的结论就会有相当高的置信度。

其他一些评估标准：

- 战略一致性。
- 技术可行性。
- 风险水平。
- 监管影响。
- 短期财务回报。
- 长期财务回报。
- 研发费用。
- 达到盈亏平衡点或实现盈利所需时间。
- 产品或产品线的收益范围。
- 投资资金来源。

↘ 产品组合与可持续性

对许多公司而言，可持续性是战略中的一个部分。选择项目时应考虑项目的可持续性。可持续性方面的标准有：

- "三重底线"。
- 碳排放。
- 符合 ISO 生命周期评估要求。
- 资源再利用或再循环。

图 2.1 描述了一个类似"漏斗"的流程，该流程包含最早期的创意生成一直到最终的产品上市。该"漏斗"流程常用于对大量创意或机会的评估，以便从中筛选出有价值的产品概念，将其纳入创新组合中，并对其投入大量资金和努力。当面对大量新产品机会时，组织应采用通过/失败法来进行快速筛选，以缩小机会清单的规模，从而实现更高

效的组合管理。

通过/失败法（Pass/Fail）

通过/失败法是指产品创意能否满足一些基本标准要求，能否通过"第一关"。采用一些标准对每个创意进行评估，最后得出"通过"（用"P"表示）或"失败"（用"F"表示）的结论。只有符合所有标准要求的创意才能进入下一关。与大多数筛选方法一样，在进行评估时，最好邀请跨职能部门（如营销、技术和制造部门等）的代表来参与评估，以便将其知识和经验应用于评估流程中。图 2.3 是一个简单的示例。

产品创意	现有分销渠道	制造能力	与经营范围的一致性	总体
1	通过	失败	通过	失败
2	通过	通过	通过	通过
3	通过	通过	通过	通过
4	失败	通过	通过	失败
5	通过	失败	失败	失败
6	通过	通过	通过	通过
7	失败	失败	失败	失败

图 2.3 通过/失败法示例

评分法（Scoring）

评分法则更为详细一些，通常用于通过/失败法筛选之后。运用评分法时，需要更多信息才能做出较好的评估。运用评分法的流程如下：

- 制定评估标准，对每个评估标准赋予权重，以体现其相对重要性。

- 按照每个评估标准对产品创意逐一进行评分（通常为 10 分制），计算出每个产品创意的加权分数，并按照分数高低对所有产品创意进行排序。

- 为了确保评分法的客观性，特别是当评估者众多时，非常重要的一点是在分数刻度尺上为每个分数提供说明，将其提供给评分人作为参考。例如，采用 10 分制，以销售潜力为评估标准时，对应的分数刻度尺及说明如图 2.4 所示。

```
0    1    2    3    4    5    6    7    8    9    10
```

无销量或　　　　　　　　10万件或　　　　　　　　　100万件或
无市场份额　　　　　　　30%市场份额　　　　　　　　70%市场份额

产品创意	筛选因素				
	销售潜力/10	战略—致性/10	竞争力/10	加权总分/225	排名
	权重系数				
	（10）	（7.5）	（5）		
1	8	6	8	165.0	3
2	8	9	7	182.5	1
3	6	6	8	145.0	4
4	5	6	5	120.0	6
5	4	7	5	117.5	7
6	8	3	6	132.5	5
7	7	8	8	170.0	2

图 2.4　评分法示例

在图 2.4 中，产品创意的加权总分越高，优先级也就越高。2 号产品创意的加权总分最高，因此在产品组合中的优先级最高。列入考虑的产品创意总数取决于可用资源的总量。

2.3.2　定量评估方法

在产品组合选择和组合评审中，通常用定量评估方法来评估经济性，包括以下两种情况：

- 提供决策依据。新产品在经济上是否可行？是否能够提供令人满意的投资回报率？
- 对项目优先级做出决策。该内容是组合选择或持续组合管理流程中的一部分。

图 2.5 描述了对新产品机会进行财务分析的框架，该框架清楚地表明了财务量化分析所需的信息。

- 收入：基于销量和价格。
- 成本：基于制造和营销成本。
- 资本支出：在建筑物、厂房及设备上投入的资金。

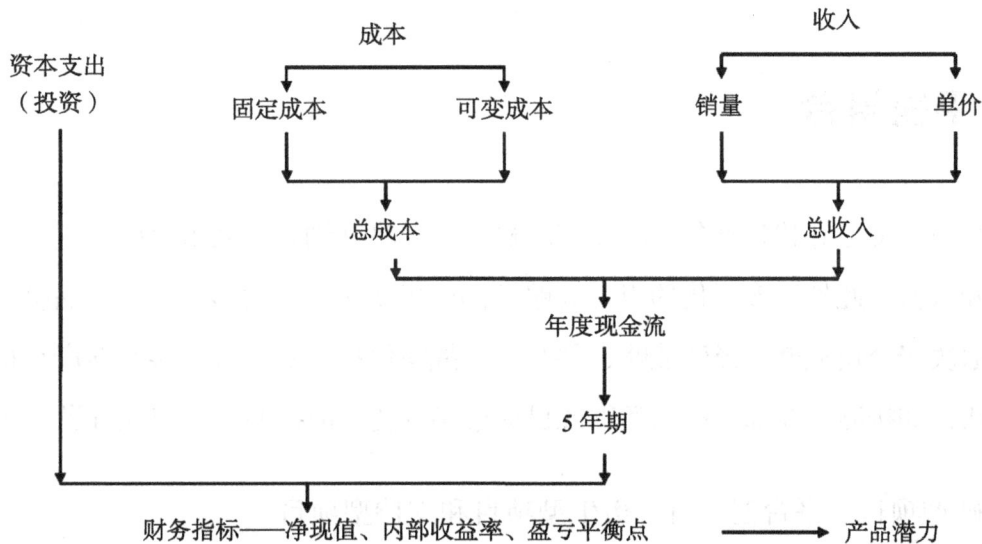

图 2.5 财务分析框架

通过一些具体的财务指标可以明确项目成本（资本支出）和累计净收入（收入减去成本）之间的关系。这些指标有：

- 净现值（Net Present Value，NPV）。
- 内部收益率（Internal Rate of Return，IRR）。
- 投资回报率（Return on Investment，ROI）。
- 投资回收期（Payback Period，PBP）。

一些企业会考虑在短期内获得净收益，以确保财务可行性。例如，虽然大型项目有很高的投资回报率，但是短期现金流很少，那么无论其投资回报率有多高，企业也会因无法支付账款而导致资不抵债。

在早期的评估产品创意阶段，数据来源有限，此时可用较为主观的财务评分法或基于主观估算的财务分析法（例如，销售潜力估算）对创意进行评估。随着开发流程进入资金投入密集期，财务分析就变得越来越有价值，也越来越重要了。基于可靠信息和数据的详细财务分析就成为组合分析中必不可少的工具。在第 7 章中，详细介绍了销售潜力估算和财务分析方法。

2.4　平衡组合

　　大多数组织都会寻找各种各样的新产品机会，并将其纳入产品组合中。这么做有助于平衡风险和收益。此外，多元化的组合能够抵御市场变化造成的影响。新产品机会的范围和比例应取决于公司战略或经营战略，并与创新战略保持一致。有很多对新产品机会进行分类的方法，如按照事业部、产品类别或目标市场分类，或按照项目特征分类，例如：

- 突破型项目、平台型项目、衍生型项目和支持型项目。
- 降低研发成本或商业化成本。
- 潜在的回报或收益。
- 开发阶段或商业化阶段的风险水平。
- 开发或维护的技术难度。
- 从开发到进入市场获得商业回报所需的时间。
- 在厂房和设备上的投资。
- 通过知识产权实现价值的潜力。

2.4.1　实现平衡组合

　　如前所述，在考虑及平衡新产品机会时应确保其与经营战略和创新战略保持一致。这些战略是管理者进行组合管理的依据。

（1）明确组合维度和关键标准。比如，在组合中可分配给高风险产品创意的比例，可分配给帮助组织拓展新市场的新产品机会的比例，以及"组织级新产品"与产品改进型新产品的比例。

（2）应用组合维度和关键标准，实现组合中产品创新机会的最佳平衡，并确保与战略保持一致。

（3）持续进行组合管理，在整个开发管道（Pipeline）和产品生命周期中，始终进行组合管理，确保合理选择项目和项目平衡。

图 2.6 是一个简单的矩阵，说明了组合中对不同产品和市场新颖度的项目进行平衡的情况，不同的项目占比有所不同。

	市场新颖度低	市场新颖度高
产品新颖度低	现有产品改进 30%	现有产品线延伸 15%
产品新颖度中	降低成本型产品 25%	新的产品线 10%
产品新颖度高	重新定位产品 15%	世界级新产品 5%

图 2.6　产品组合示例

2.4.2　将产品组合可视化

在开发和报告时，将产品组合可视化非常重要。气泡图（Bubble Diagram）是一种最常用的可视化工具。

典型的气泡图用 X 轴和 Y 轴两个维度来呈现项目。X 轴和 Y 轴各代表一个维度，如风险和回报。可以根据项目在 X 轴和 Y 轴上的分值来确定气泡的位置。气泡的大小则代表第三个维度，如投资额或资源需求量。

图 2.7、图 2.8、图 2.9 是组合管理中具有不同维度设置的气泡图示例。

在向高级管理层进行报告时，使用气泡图特别有效，汇报者可以相对简单又一目了然地报告组合总体状况，也很容易发现组合中的空白或与经营战略及目标不一致之处。例如，在图 2.8 中，通过采用市场风险和技术风险两个维度对所有项目进行分析，就会发现组织相对重视低、中级风险项目。其中只有一个项目位于高市场和高技术风险区域，且该项目需要较多的资源需求。该总览图有助于管理者在考虑风险的基础上，快速了解组合与总体战略的一致性。

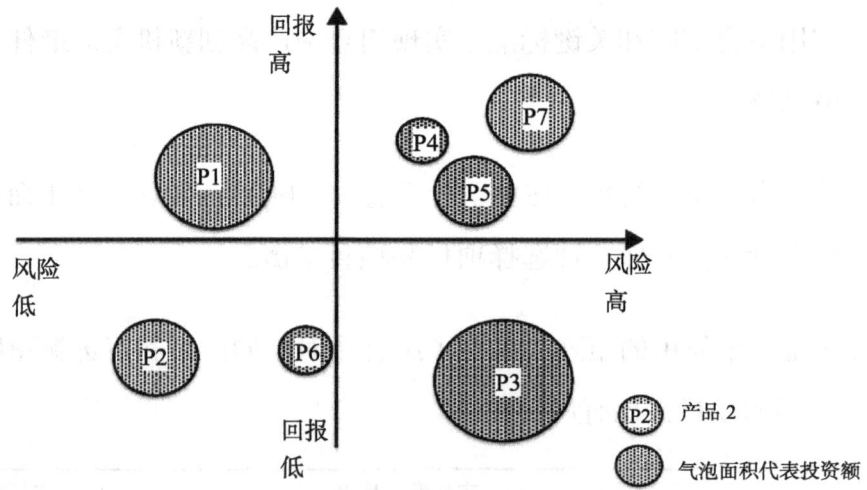

图 2.7　组合气泡图：风险、回报与投资额

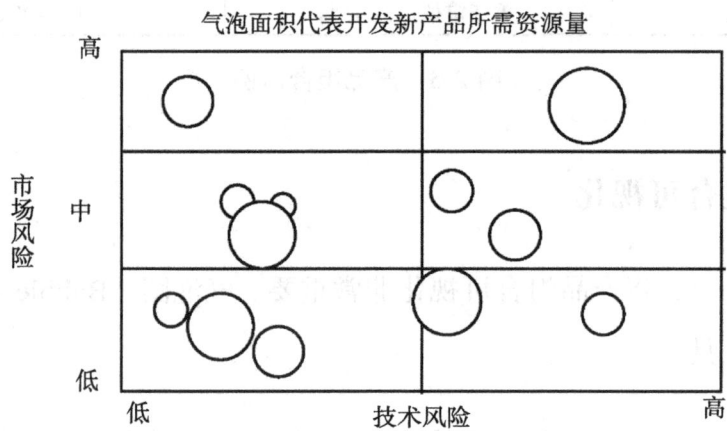

图 2.8　组合气泡图：市场风险与技术风险

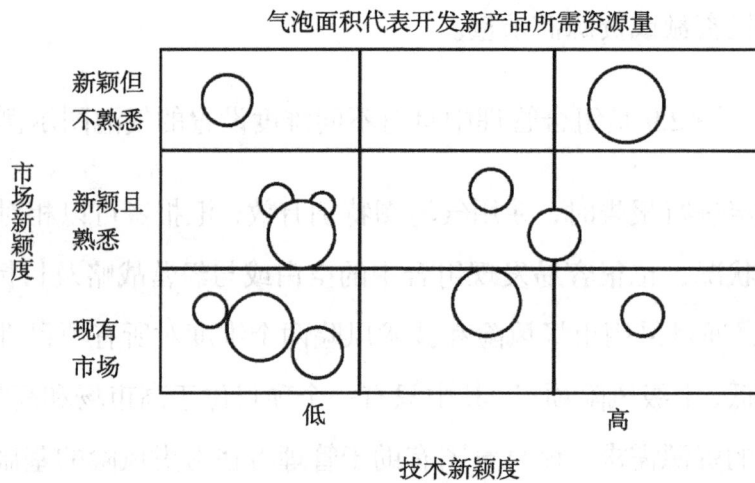

图 2.9　组合气泡图：市场新颖度与技术新颖度

2.5 资源配置

资源配置是组合管理中的一个重要方面。合理配置项目资源非常关键。很多公司发现，产品创新的成功率与产品管理的有效性受到以下几个方面的影响：

- 同一时间段内项目数量太多。
- 糟糕的项目计划和实施。
- 产品创新项目与其他业务争夺优先权。
- 项目延期后，需要巨大的努力才能准时完成项目。
- 在最后关头赶出来的成果却在下一阶段被搁置。
- 任务优先级不断变化，迫使资源配置跟着不断调整。
- 缺乏支持，如材料、供应商和工程部门等。
- 在处理日常工作和紧急问题上，管理者花费了大量时间。

以上情况常常导致上市延期、错失良机或因产品特性和功能不足而被拒收。

资源配置不是对单个问题进行简单相加，而是相对复杂的流程。资源配置要求在合适的时间，为项目配备具有合适技能的合适人选。

合理的资源配置会带来以下益处：

- 更有效的项目流程（更少的项目延期）。
- 更多的成果输出（更多的上市产品）。
- 更高的员工满意度。
- 更有效的组合管理。

创新战略的一个关键要素是能力规划，即内部和外部能力要满足创新目标和创新战略的要求。采用基于创新战略的组合选择标准，为资源配置提供了切实的依据。

2.5.1　资源配置方法

2015 年，库珀等提出了资源配置中的两个基本方法，即基于项目资源需求和基于新产品目标的资源配置方法，这两个方法最好与整个组合管理流程结合起来使用。

基于项目资源需求的资源配置方法和步骤

（1）按现有项目在清单中的优先级（可由评分法或财务分析方法得出），从高到低对项目进行排序。

（2）为每个项目制订详细的计划，可使用项目管理软件。

（3）在项目计划中，分配每类具体资源（如工程人员、设计者和制造人员等）。

（4）按照时间段，对每类资源的总需求进行统计。

（5）将每类资源的供给和需求（包括时间要求）进行匹配。

（6）识别过载的资源，然后：

i.　重新对项目优先级进行排序，或从项目组合中删除一些项目。

ii.　增加资源，如招募更多的人或将项目外包。

基于新经营目标的资源配置方法和步骤

（1）始于新产品目标，先问："希望从新产品中获得多少回报或利润？"

（2）使用财务分析方法计算组合中每个新产品的潜在回报或利润，如经济附加值（Economic Value Added，EVA）或现金流折现。

（3）基于经营目标，对项目及其潜在回报进行排序，选择出累计财务回报能满足经营目标的项目。

（4）对每个项目进行规划，根据资源可用性和时间段确定资源需求。

2.5.2　资源配置流程

若不了解（资源）供给和（项目）需求情况，则无法进行资源规划和配置。

图 2.10 描述了资源规划和配置中的四个重要角色及其责任。图 2.11 则描述了典型的资源配置流程。

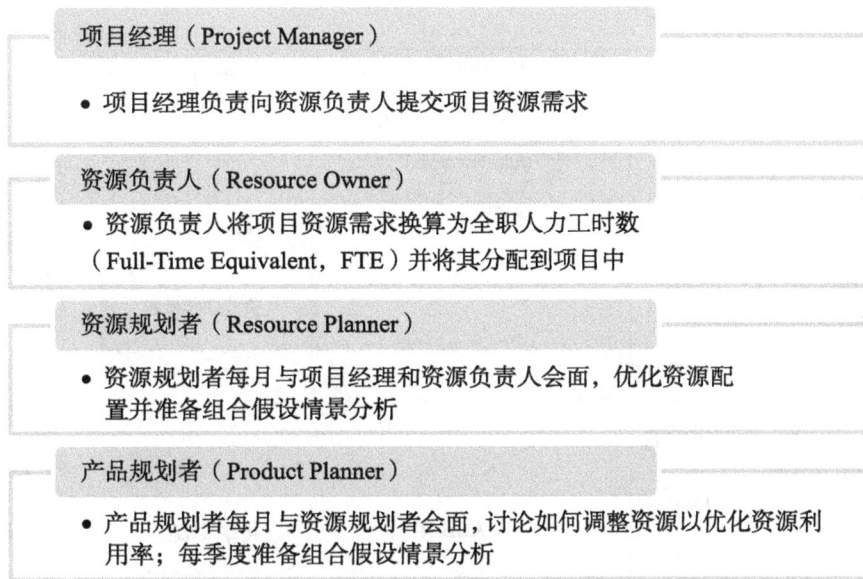

图 2.10　资源规划和配置中的角色和责任

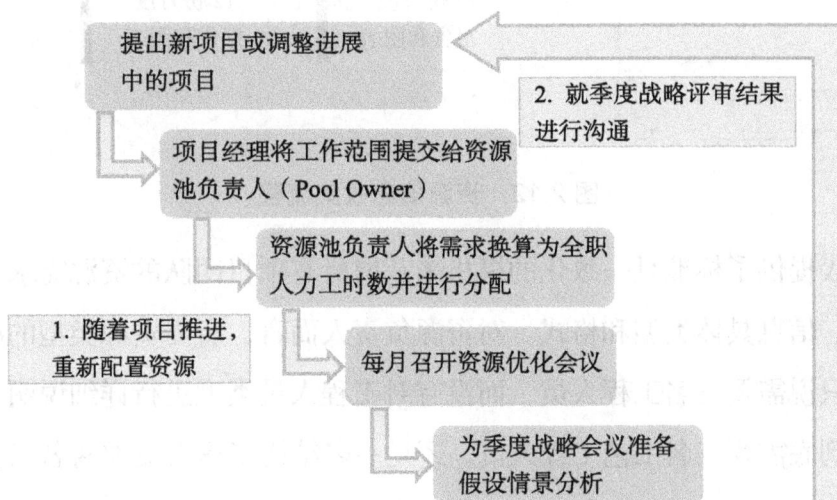

图 2.11　典型的资源配置流程

2.5.3　资源配置工具

在大型组织中，收集有关可用资源的信息是非常困难的。在大量项目中，对有潜在竞争关系的资源进行优化配置也极具挑战性。图 2.12 提供了基于单个项目所需资源和可用资源来收集资源信息的流程。项目经理识别并提出资源需求，资源负责人（职能管理者或部门管理者）则识别并提供可用资源。

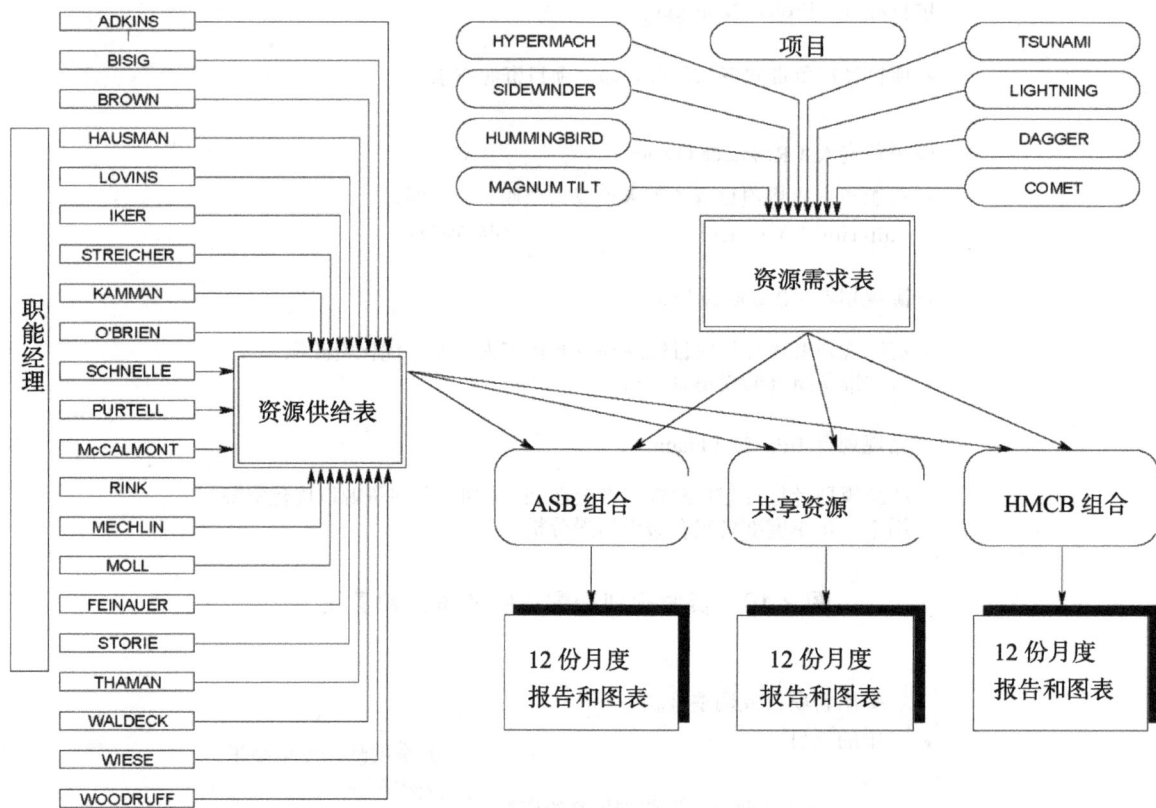

图 2.12　资源信息收集流程

资源需求表提供了标准且一致化的模板来获取所有项目团队的资源需求。此表包含事先定义的内容、信息具体类型和格式。对资源负责人而言，所需资源类型的准确定义非常重要。例如，只说需要三名工程人员，而没有对工程人员类型进行详细说明，那么资源负责人就不知道到底需要三名工艺工程人员，还是一名结构工程人员加两名工艺工程人员。

资源负责人使用资源需求表来汇总项目团队所需的资源。可用资源和所需资源之间不平衡也很常见。

在图 2.13 中，将数据输入表中，以显示哪些类型资源不足或过剩。对"利用率"超过 100% 的资源，就要采取措施填补缺口，如增加资源、缩小项目范围或选择更小的项目。清晰的创新战略和目标为跨部门之间的资源争夺提供了决策依据。

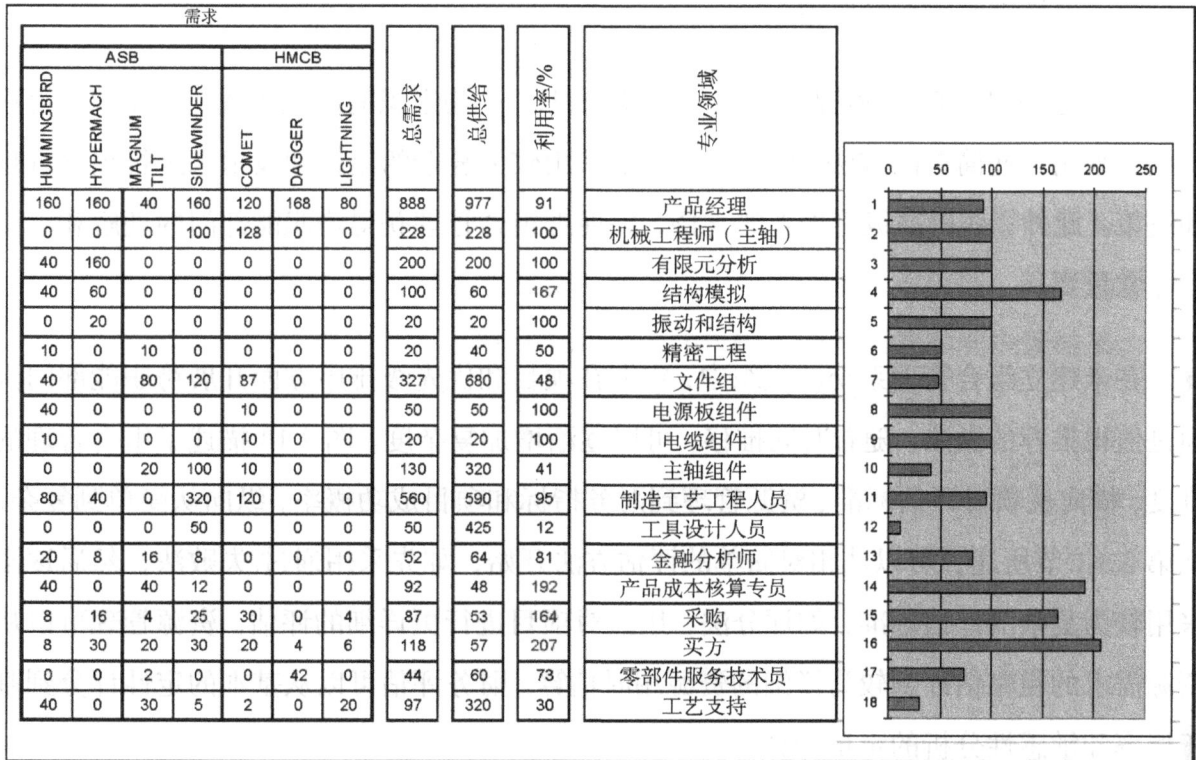

需求											
ASB				HMCB			总需求	总供给	利用率/%	专业领域	
HUMMINGBIRD	HYPERMACH	MAGNUM TILT	SIDEWINDER	COMET	DAGGER	LIGHTNING					
160	160	40	160	120	168	80	888	977	91	产品经理	1
0	0	0	100	128	0	0	228	228	100	机械工程师（主轴）	2
40	160	0	0	0	0	0	200	200	100	有限元分析	3
40	60	0	0	0	0	0	100	60	167	结构模拟	4
0	20	0	0	0	0	0	20	20	100	振动和结构	5
10	0	10	0	0	0	0	20	40	50	精密工程	6
40	0	80	120	87	0	0	327	680	48	文件组	7
40	0	0	0	10	0	0	50	50	100	电源板组件	8
10	0	0	0	10	0	0	20	20	100	电缆组件	9
0	0	20	100	10	0	0	130	320	41	主轴组件	10
80	40	0	320	120	0	0	560	590	95	制造工艺工程人员	11
0	0	0	50	0	0	0	50	425	12	工具设计人员	12
20	8	16	8	0	0	0	52	64	81	金融分析师	13
40	0	40	12	0	0	0	92	48	192	产品成本核算专员	14
8	16	4	25	30	0	4	87	53	164	采购	15
8	30	20	30	20	4	6	118	57	207	买方	16
0	0	2	0	0	42	0	44	60	73	零部件服务技术员	17
40	0	30	5	2	0	20	97	320	30	工艺支持	18

图 2.13　资源供需状况

2.6　组合管理系统应用

2.6.1　组合管理的复杂性

组合管理既复杂又充满挑战，主要体现在以下几个方面：

（1）要选出与战略吻合的项目，应采用哪些标准对项目进行排序和选择。

（2）项目间资源争夺成为常态。

	风险		财务		战略		
	开发成功概率	市场接受度	净现值	未来5年收入	投资回收期	增长潜力	总权重值	总权重占比
标准权重值	5	8	6	12	8	5	44	
财务			6	12	8		26	59%
风险	5	8					13	30%
战略						5	5	11%

图 2.15   评估标准类型——以财务标准为主

	风险		财务		战略		
	开发成功概率	市场接受度	净现值	未来5年收入	投资回收期	增长潜力	总权重值	总权重占比
标准权重值	5	8	*4*	*6*	*4*	10	37	
财务			4	6	4		14	38%
风险	5	8					13	35%
战略						10	10	27%

图 2.16   评估标准类型——财务标准和其他标准结合

（6）估算资源：对资源需求的估算并不总是完美的，尤其在项目开始时更是如此。估算资源存在不同程度的能力和水平。

- 一些人认为，提供估算意味着承诺用估算值交付成果。
- 一些人只在获得完整信息后才开始估算。

如第 3 章所述，使用敏捷方法管理的项目团队往往是自组织的，团队通过简短、频繁、面对面会议进行沟通。虽然这么做有许多好处，但是很难从敏捷团队中获得资源信息，也会存在资源数据丢失或提供资源数据迟缓的问题，这些问题都会阻碍项目组合管理的进程。

较为重要的是，组合管理流程领导者应向资源数据上报者提供工具和方法。美国专业估算师协会（American Society of Professional Estimators，ASPE）出版了估算分类指南，有助于管理对项目不同时点估算准确度的期望。在敏捷项目中，项目组合管理流程的促进者要发挥更积极的作用，同时投入更多时间来获取资源信息，因为强制要求提供资源信息可能无效，也会扰乱敏捷项目的工作节奏。

（7）组合更新周期：组合分析和讨论最好与经营决策保持一致。如果组织每季度更新一次组合，而每周或每月都做经营决策，就应考虑简化组合管理流程。组合管理最好成为经营决策中的一部分，而非独立的分析工作。

运用敏捷方法管理项目的组织（如软件业），需要更频繁地进行项目组合评审，因为敏捷项目范围会快速频繁地变化，即便在开发后期也是如此。因此，不仅项目优先级会因战略变化而变化，而且项目本身的定义和范围也会变化，变得不再像之前一样与经营战略保持一致。

（8）资源调整：项目组合管理流程将导致潜在项目和进展中项目的优先级发生变化。对进展中的项目，要注意由于优先级变化导致的项目资源变化。过于突然或频繁地变更项目资源会给精益方法和敏捷方法（在第 3 章中详细介绍）带来负面影响。虽然精益方法得益于明确的优先级排序，但如果新的资源没有得到有效应用，就会造成浪费并破坏精益方法。敏捷适用于由经验丰富成员组成的小型自治团队。引入经验不足的新成员会扰乱敏捷团队的正常运行，也会造成敏捷团队规模的膨胀。建议项目团队领导者之间通过密切协同来制定资源变更决策，尤其是在运用精益方法和敏捷方法的情况下。

2.7　组合绩效度量指标

组合管理的重点是选择项目，并实现与战略相一致的合理平衡。组合管理也关注组合的平衡和有效性。组合绩效度量指标用于实现这些目标。

用于评估项目的标准也可以用作绩效度量指标，但如果评估标准过多，应用时就会造成困难。例如，开发团队提供的技术风险标准和营销团队提供的经营风险标准各有不同，如果要快速了解组合中的风险水平，就要将这些评估标准合并为一个风险绩效度量指标。

一旦选定了组合绩效度量指标，接下来就要定期记录这些度量值。一个良好实践是：组织定期召开组合评审会议，在会议结束时记录绩效度量值，并与组织战略一起统筹考虑。

使用绩效度量来评估组合是否随战略变化而变化。通过对组合度量值进行趋势分析，查看组合是否响应战略变化及响应速度如何。如果组合没有因战略变化而变化，就说明战略落实不力。如果组合发生了相应变化，但所需时间比预期要长得多，就可以将该响应时间作为未来制定战略变化决策时的参考。

成功实施战略变化可以降低组合风险。如图 2.17 所示，在经营报告中通常用季度作为时间单位。季度是日历年度的四分之一或三个月。从图中可以得知，一个明显的趋势是确定性水平增加（风险降低）。如果该趋势在前几个季度不明显的话，就可以把更多的重点放在寻找更多低风险项目的措施上。从图中可以看出：

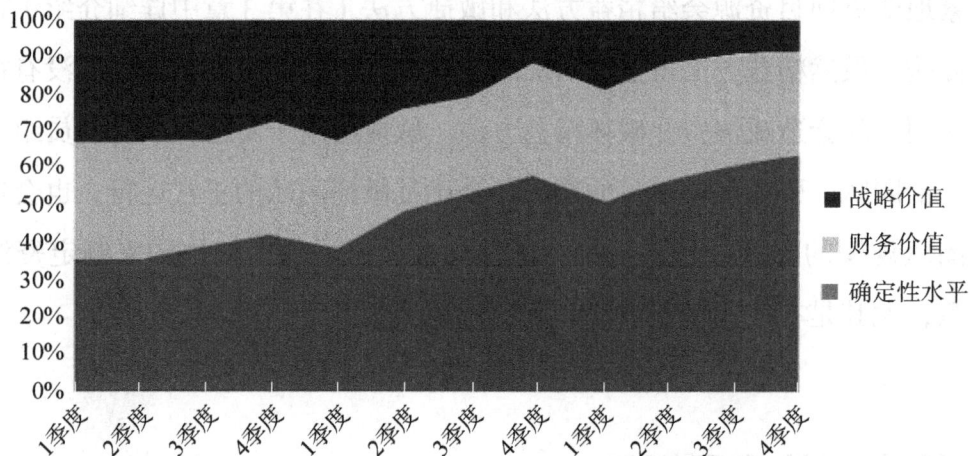

图 2.17　随时间变化的组合绩效度量指标结果示例

（1）战略变化后，需要 3 年时间将确定性水平从 37% 提高到 62%。

（2）战略变化后，战略价值受到的影响比财务价值受到的影响要大。

可以将这些洞察用于很多方面，例如：

（1）如果对组合战略价值的影响高于预期，就要考虑对经营长期增长潜力的影响程度。降低风险的策略是否用得过度，从而引发了新的问题。

（2）如果组织面临在接下来的 12 个月内将财务价值提高到 30%的挑战。那么，根据以上信息，改变组合并不是实现该目标的有效策略。因为改变组合 3 年后，财务价值才能提高到 25%。因此需要寻找其他改善财务价值的方法。此外，调低 30%这一激进目标也不失为一个办法。

2.8　本章小结

"项目组合是指为了实现战略目标而组合在一起管理的项目、项目集、子项目组合和运营工作。项目组合中的项目或项目集不一定彼此依赖或直接相关。"（项目管理协会）

- 产品组合被定义为"组织正在投资的并需对其做出战略权衡的一系列项目或产品。"（《PDMA 新产品开发手册》，第 3 版，2013 年）

- 产品组合管理选择和维护"正确"的产品，并与组织的经营战略和创新战略保持一致。

- 组织的整体战略及相应的创新战略为产品组合选择提供了评估标准。

- 组合中的项目可以来自不同的事业部。公司级新产品、产品改进、降低成本项目在新产品管道和产品生命周期的不同阶段所占的比重有所不同。

- 在通常情况下，组织在创建平衡的产品创新组合时所使用的标准包括：风险与回报、公司级新产品与产品线延伸型新产品、新市场与现有市场等。不论采用哪种标准，所选标准都应当与组织战略保持一致。

- 可以通过自上而下法、自下而上法或二者结合法，将项目选择与战略保持一致，并实现平衡组合。

- 资源配置是组合管理的关键要素。许多组织受困于过多的项目，导致执行不力、上市延期和经营失败。嵌入创新战略中的能力规划为组合管理流程中的资源规划提供了良好基础。

- 为避免组织在启动组合管理系统时不堪重负，一开始应采用较为简单的组合管理流程。随着时间的推移，在此基础上不断增加新的要素。
- 可用于测量和维护随时间而变化的平衡组合，并评估组合对战略变化的响应。通常用组合评估标准来制定组合绩效度量指标。

2.9　本章参考文献

- Belliveau et al. (2002). *The PDMA ToolBook for New Product Innovation,* Ch. 13, Cooper, R.G., Edgett, S.J. and Kleinschmidt, E.K. John Wiley and Sons.

- Cooper, R.G., Edgett, S.J., and Kleinschmidt, E.J. (2001). Portfolio Management of New Product, 2nd Edition, Perseus Book Groups.

- Cooper, R.G., Edgett, S.J., and Kleinschmidt, E.J. (2015). Portfolio Management: Fundamentals for new product success.

- Markham, S.K. and Lee, H. (2012). Product Development and Management Association's 2012 Comparative Performance Assessment Study. *Journal of Product Innovation Management,* Vol 30 No 3.

- Kahn, K.B. ed. (2013). PDMA HandBook, 3rd Edition. Wiley.

- Wheelwright, S.C. & Clark, K.B. (1992). Revolutionizing Product Innovation: quantum leaps in speed, efficiency, and quality. New York Free Press.

本章试题

1. 在组合管理中，项目净现值评估方法的缺点是以下哪项？

A. 不能用于项目排序

B. 不能用于资源配置

C. 不易获得计算工具

D. 很难获得准确的现金流数据，尤其是在项目开发流程的早期

2. 在一组项目中，通过配置资源来优化绩效的方式被称为____。

A. 价值最大化

B. 谋利

C. 合理化

D. 剪裁

3. 自上而下法和自下而上法用于以下哪个方面？

A. 预测

B. 领导

C. 将客户与组织联系起来

D. 将战略和组合联系起来

4. 你是 A 公司的首席执行官。你的公司通过大量收购实现了有效增长。公司目前拥有种类繁多的产品，这些产品也被投放到了各个市场，产品团队也产生了开发新产品的创意。现在要对全部现有产品和将要投资的新产品进行优化，你会怎么做？

A. 告诉团队不要开发任何新产品

B. 给每个团队安排相同额度的资金，让他们持续开发

C. 建立组合管理流程

D. 只批准开发预算低于 50 万美元的项目

5. 在评估产品机会时，下面哪种是财务评估方法？

A. 战略一致性

  B. 投资回报率

  C. 技术可行性

  D. 上市所需时间

6. 在评估产品机会时，下面哪种是定性评估方法？

  A. 风险等级

  B. 净现值

  C. 投资回收期

  D. 内部收益率

7. A 公司最近开展了产品创新实践。在第一阶段使用了一系列的创意生成工具来产生一些新产品创意。现正对 150 种产品创意进行评估和优先级排序，以便进一步评估是否开发。在评估这 150 种新产品创意的阶段，你会推荐使用什么方法？

  A. 通过/失败法

  B. 财务分析

  C. 报告上级

  D. 按照战略标准对每个创意进行详细评分

8. Mary 是 ACE 电子公司的产品经理。高级管理层要求她编制一份标准清单，作为评估产品组合中新机会的依据。她列出的清单中包含了以下内容：

- 潜在市场份额。
- 对公司盈利能力的潜在贡献。
- 产品创新资源的可用性。

Mary 遗漏了哪个最重要的标准？

  A. 首席执行官的支持

  B. 与公司新产品战略保持一致

C. 充足的营销预算

D. 足够的制造能力

9. 以下哪个说法最能代表工程人员从事的项目数量与其生产率之间的关系？

A. 工程人员做的项目越多，生产率就越高

B. 工程人员做五个项目和做一个项目一样好

C. 安排工程人员两个以上项目就会开始降低其生产率

D. 每个工程人员最好只做一个项目

10. 简正在评估 ACME 建筑公司的创新组合。几个同时进行的项目要用到同一群产品创新专家。此外，组合中的许多项目都在延期，并与其他高优先级的业务发生了资源争夺。为了解决这些问题，简应该考虑组合管理中的哪个关键方面？

A. 资源配置

B. 项目流程

C. 敏捷项目开发

D. 战略执行

本章试题参考答案

1. D　　6. A

2. A　　7. A

3. D　　8. B

4. C　　9. C

5. B　　10. A

第3章

产品创新流程

提供用于开发新产品或改进现有产品的
方法，组织接受这些方法并达成共识

↘ **本章学习重点**

在组织中应用结构化和规范化流程是产品创新的成功关键因素。本章介绍了一些常用于产品创新的系统化流程，概要介绍了每种流程并总结了每种流程的优缺点，并对如何选择最适合组织和产品具体情况的流程或流程组合提出了建议。

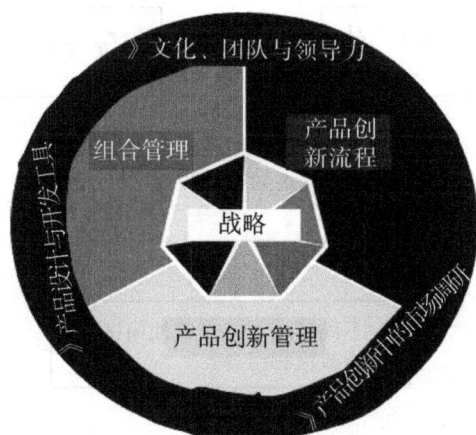

↘ 本章内容一览图

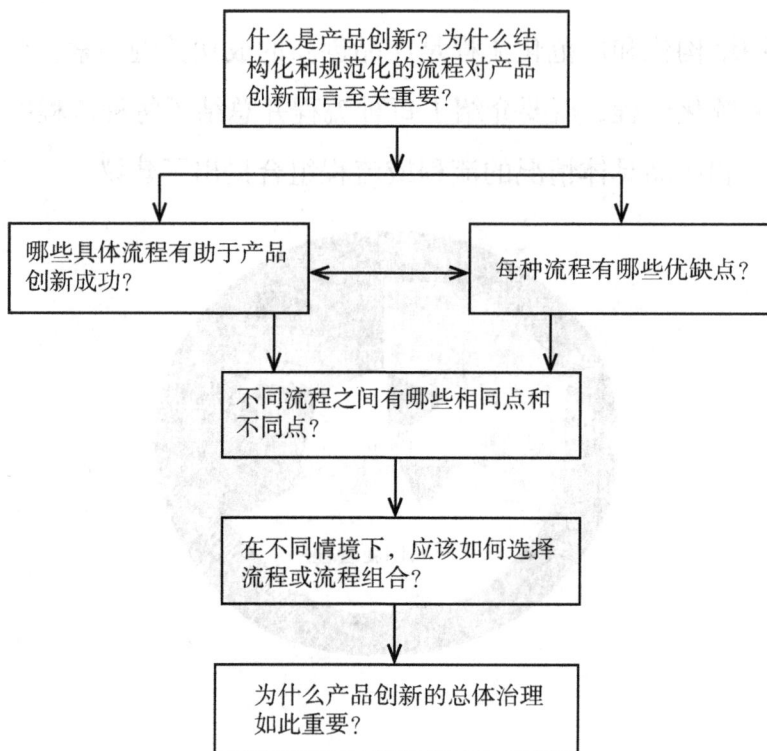

```
              ┌─────────────────────────┐
              │ 什么是产品创新? 为什么结    │
              │ 构化和规范化的流程对产品    │
              │ 创新而言至关重要?          │
              └────────────┬────────────┘
                           │
          ┌────────────────┴────────────────┐
          ▼                                 ▼
┌─────────────────────┐          ┌─────────────────────┐
│ 哪些具体流程有助于产品  │◄───────►│ 每种流程有哪些优缺点?  │
│ 创新成功?            │          │                     │
└──────────┬──────────┘          └──────────┬──────────┘
           │                                │
           ▼                                ▼
         ┌─────────────────────────┐
         │ 不同流程之间有哪些相同点和  │
         │ 不同点?                  │
         └────────────┬────────────┘
                      ▼
         ┌─────────────────────────┐
         │ 在不同情境下,应该如何选择   │
         │ 流程或流程组合?           │
         └────────────┬────────────┘
                      ▼
         ┌─────────────────────────┐
         │ 为什么产品创新的总体治理    │
         │ 如此重要?                │
         └─────────────────────────┘
```

3.1　产品创新引论

3.1.1　什么是产品创新

产品创新是一项涉及多学科的活动，需要综合各方面信息做出合理的决策。一直以来，人们都认为，在组织中采用适当、结构化及一致化的流程是产品创新的成功关键因素。产品创新流程在不断发展，各种各样的流程也在不断涌现，每种流程都有自己的特点，适用于不同的情境。

可以将产品创新流程定义为一系列的活动、工具和技术，包括产品线规划、战略制定、概念生成、概念筛选和研究，最终为客户交付成功的成果——产品（库珀，2001 年）。

卡恩将产品创新流程定义为："一组经过严格定义的任务和步骤，通过运用规范且适用的方法，组织可以不断地将创意转化为可销售的产品或服务。"（卡恩，2013 年）

3.1.2　产品创新是"风险与回报"过程

库珀做了个有趣的类比，他将产品创新比作赌博（库珀，2001 年）。产品创新的过程就是管理风险的过程，其中的规则是：

- 如果不确定性高，就少下赌注。
- 随着不确定性降低，就逐渐增加赌注。

因经受过较高的新产品失败率，大多数组织都倾向于规避风险。因此，对这些组织而言，关键问题是："能否降低失败率？"如果能的话，那么"如何降低失败率"？

这给人一种印象，好像产品创新就是管理风险与回报。事实上，产品创新的主要目标应该是为市场开发适用的产品或解决方案，在满足（也可能超过）客户期望和需求的过程中平衡风险与回报之间的关系。现代产品创新的目标是在风险与回报的平衡中争取更多的"可能性空间"，从而提供最优的"解决方案"。

2012 年，产品开发与管理协会的一项调查显示，新产品成功率为 61%（Markham和 Lee，2013 年）。新产品成功率在很大程度上取决于企业采用的产品创新实践和流程的质量。

- 最佳公司的新产品成功率为 82%。
- 其他公司的新产品成功率为 59%。

显而易见，提升新产品的成功率是完全可能的，也有一些创新实践和流程可以帮助提升新产品的成功率。

3.1.3　管理新产品失败风险

在产品创新流程中，随着时间推移，累积成本会逐渐增加。产品开发者面临的挑战是在不断增加成本的过程中降低产品失败的概率（不确定性水平）（见图 3.1 和图 3.2）。图 3.1 说明了在产品创新项目的开发阶段，产品创新成本如资源、人力、材料和时间消耗的增长趋势。

随着项目不断推进，对产品的定义会越来越明确（项目管理协会称之为"渐进明细"），项目、产品、市场和其他关键因素的不确定性也会越来越少，也更易于预测，产品成功率也会随之增加。

产品创新团队要在项目成功和累积成本两者之间进行平衡。在项目早期阶段，产品创新失败率最高。

累积
成本

| 创意 | 原型 | 规模化 | 产品 |
| 生成 | 开发 | 和商业化 | 上市 |

O

阶段

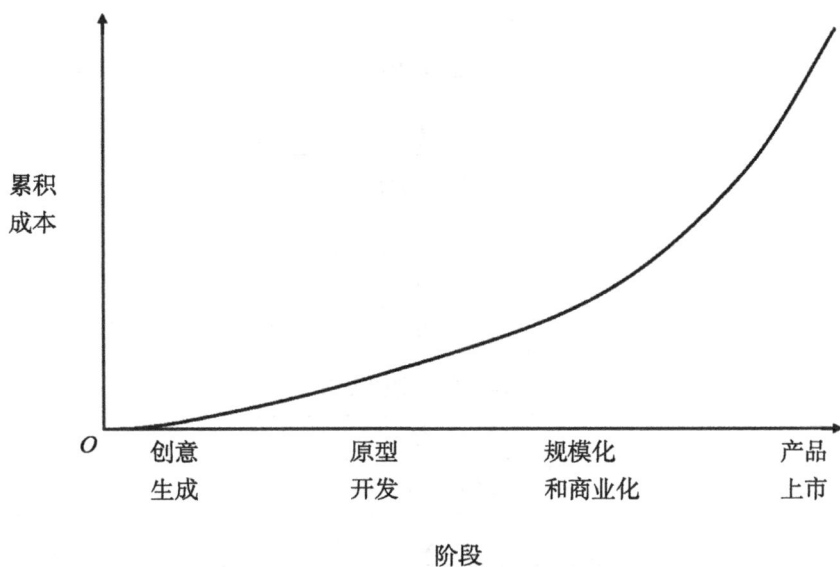

图 3.1　产品创新成本投入水平

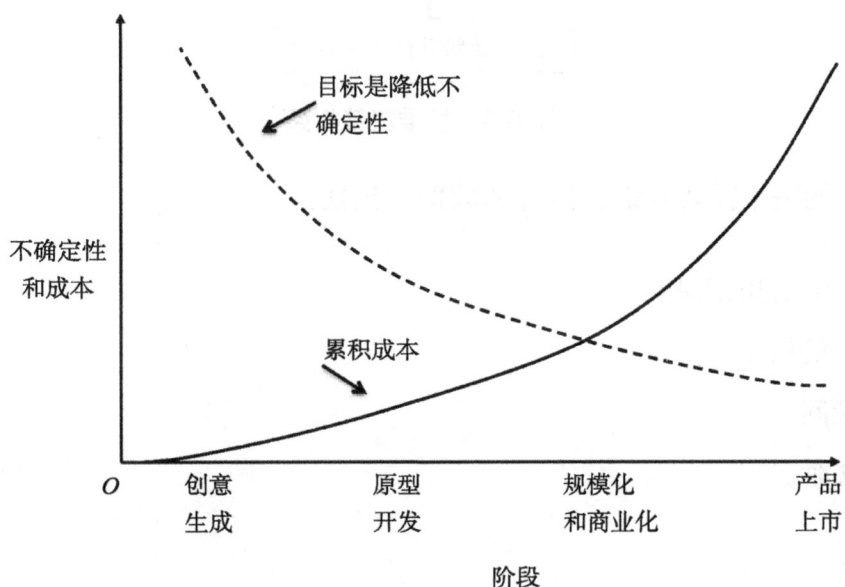

目标是降低不
确定性

不确定性
和成本

累积成本

| 创意 | 原型 | 规模化 | 产品 |
| 生成 | 开发 | 和商业化 | 上市 |

O

阶段

图 3.2　在产品创新生命周期中管理不确定性和成本

3.1.4　运用知识提升决策水平并减少不确定性

图 3.3 是通用的标准决策框架，该框架是接下来要介绍的诸多产品创新流程模型的基础，目的是减少不确定性或提高可预测性。

```
┌─────────────────────────┐
│      识别问题或机会      │
└─────────────────────────┘
             ↓
┌─────────────────────────┐
│        收集信息          │
└─────────────────────────┘
             ↓
┌─────────────────────────┐
│        分析情况          │
└─────────────────────────┘
             ↓
┌─────────────────────────┐
│      提出多个解决方案    │
└─────────────────────────┘
             ↓
┌─────────────────────────┐
│       评估解决方案       │
└─────────────────────────┘
             ↓
┌─────────────────────────┐
│       优选解决方案       │
└─────────────────────────┘
             ↓
┌─────────────────────────┐
│        决策并行动        │
└─────────────────────────┘
```

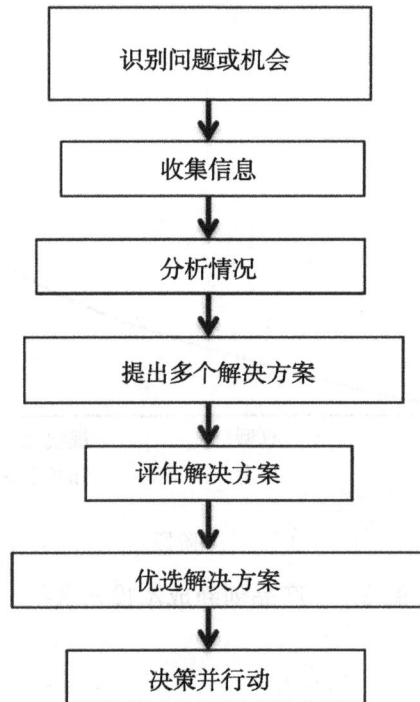

图 3.3　标准决策框架

做出正确的决策需要知识、信息和数据，包括：

- 组织中的历史记录。
- 组织中的员工。
- 外部顾问。
- 公开文献。
- 专利。
- 竞争对手。
- 客户。

在第 4~5 章中，会进一步介绍知识收集技术。

3.1.5　在产品创新流程中"前端"的重要性

产品创新项目的"前端"（Front-End）阶段是成功的关键，也是流程的起点。在进入正式的产品创新流程之前，组织在该阶段识别机会并生成概念。该阶段包括创意生成、初始概念开发及产品创新项目如何为整体产品创新战略做出贡献的总体策划。一些文献将其称为"模糊前端"（Fuzzy Front End，FFE），因为其是项目中定义最不明确的阶段。在该阶段，产品或解决方案的概念还不具体也不清晰，仍在形成中，也未能完整定义价值主张。该阶段也被称为创新前端（Front End of Innovation，FEI），通常会在相关文件中予以说明。

图 3.2 描述了整个产品创新流程中的累积成本。在早期，成本相对较低。在原型开发的后期及从规模化到商业化的过程中，成本开始大幅上升。创新前端也给组织提供了机会，即可以用相对较低的成本更为清晰地探测新产品的潜力。

在早期阶段，基于更多信息做出的决策能够显著减少不确定性，从而为正在进行的项目投资提供信心。

在产品创新项目的早期阶段，要寻求并评估组织项目和产品组合管理流程结果之间的一致性（见第 2 章），其中包括项目选择和评审。为了减少不确定性，在早期阶段就要进行严格评估（Due Diligence），尽可能定义项目或产品，并为下一阶段设定适当的计划详细程度。如果不这么做，就会影响项目，项目组合管理管道流程也会给产品创新或项目带来一些意想不到的后果。

3.2　产品创新章程

通过制定创新战略来明确目标和方向是产品创新项目成功的基础。产品创新章程（Product Innovation Charter，PIC）提供了更为明确的定义。

产品创新章程是一份关键的战略文件，也是组织对新产品进行商业化的核心。它涵盖了项目的立项原因、总体目标、具体目标、准则和范围。它回答了产品开发项目中"谁、什么、哪里、何时、为什么"等问题。在发现阶段，包括对市场偏好、客户需求、销售潜力和利润潜力做出的假设。进入开发阶段后，经过原型开发和市场测试，以上假设会遇到挑战。随着项目的进展，业务需求和市场条件也会产生变化，项目开发者必须确保项目不偏离既定轨道。在开发阶段，必须不断对照产品创新章程，以确保它仍然有效，项目仍然在所定义的范围内，以及发现阶段所假设的机会仍然存在。

产品创新章程的内容

产品创新章程通常是一个相对简短的总括性文件，并包含一些附件，如项目计划和附录等。它包括以下部分：

- 背景。
- 聚焦领域。
- 总体目标和具体目标。
- 特别准则。
- 可持续性。

每个部分的详细内容如下所述。

↳ 产品创新章程——背景（Background）

- 确认项目，包括项目目的、与经营战略和创新战略的关系。组织为什么要做该项目？
- 项目范围，有哪些重点？
- 项目团队在实现项目目标中的角色。
- 项目制约因素，包括资源、资金、制造和营销等任何可能影响项目成功的因素。
- 所有现有和未来的关键技术。
- 环境、行业和市场分析，说明新产品所处背景，包括客户、竞争对手和法律法规等。
- 项目（产品）收益，应是经定义、计划、跟踪、控制和实现的。

↘ 产品创新章程——聚焦领域（Focus Arena）

"竞技场"（Arena）一词主要是指体育比赛或文艺表演的场所。在商业上，该词含义为经营活动的场所。产品创新章程包含：

- 目标市场（比赛场所）。
- 关键技术和营销方法（如何比赛）。
- 实现项目成功的关键技术和市场规模。
- 竞争对手（其他参赛者）的优劣势，包括技术、营销、品牌、市场占有率和制造等。
- 识别并考虑受产品影响的所有项目或产品相关方，如社群或供应链等。

↘ 产品创新章程——总体目标和具体目标（Goals and Objectives）

- 和经营战略相关的总体目标。例如，在新市场中的份额和当前市场份额的增量。
- 除市场和客户细分、社会经济影响之外，还要制定和管理可持续性战略目标。
- 日常经营目标，包括利润、销量、降低成本、增加产量和可持续性目标。
- 项目具体目标，包括财务预算、上市时间、收益跟踪和实现，以及有效的相关方期望管理。
- 每个总体目标或具体目标都要对应具体的、量化的成功标准，即绩效指标（详见第 7 章）。
- 减少对地球和人类的负面影响，例如，对材料使用、再利用和提高社会效益进行策划。

↘ 产品创新章程——特别准则（Special Guidelines）

- 项目团队内的工作关系，包括召开会议的时间和方式。
- 项目汇报，包括频率、形式和具体相关方。
- 预算支出责任。
- 外部机构的参与，如监管机构。

- 与上市时间或产品质量有关的具体要求。
- 项目治理和领导力。

↘ 产品创新章程——可持续性

- 在产品创新流程中，应首先考虑材料再利用和回收利用，并建设该文化。目标应该是减少原材料的使用，减少对社会和地球环境的负面影响，并应对气候变化。
- 考虑为受新产品和社会经济影响的所有相关方创造共同价值。例如，在特定社区运营的公司应有一个共享价值框架，该框架不仅满足股东的要求，还应满足所有其他相关方的要求。
- 提倡循环经济，强调减少（Reduce）、再利用（Reuse）和再循环（Recycle）因素。
- 可持续战略还需要评估供应链"生态系统"和支持十二个可持续发展目标（Sustainability Development Goals，SDG），其中包括：
  - 消除贫困。
  - 没有饥饿。
  - 健康和幸福。
  - 素质教育。
  - 清洁的水和卫生设施。
  - 经济和清洁的能源。
  - 体面的工作和经济增长。
  - 工业、创新和基础设施。
- 将公平贸易、人权和有利的就业条件（如公平劳动）作为产品创新及其管理生命周期的关键组成部分。
- 将可持续性因素作为收益实现管理流程的一部分，对其进行规划、监控、管理和报告。此外，应将规划和管理相关方期望作为流程的一部分。

3.3 产品创新流程模型

在过去 50 年里，涌现了多种流程，对产品创新流程的研究和应用发展迅猛。这些流程都是在不同的行业、产品或市场环境下应运而生的。

必须强调的是，没有一个适用于所有组织或产品的产品创新流程。产品创新流程应当与组织及其产品或服务的具体需求相吻合。

从历史上看，经定义的产品创新流程可以追溯到 20 世纪 40 年代的化工品开发八阶段流程。20 世纪 60 年代，美国国家航空航天局提出了阶段开发的概念，形成了"阶段评估流程"，即将开发项目划分为多个阶段，并在每个阶段结束后都进行评审。

20 世纪 60 年代中期，博思、艾伦和汉密尔顿（Booz and Co.，1982 年）设计了一个由六个基本阶段构成的流程。该流程为近年来出现的众多流程奠定了基础。这六个基本阶段是：

- 探索（Exploration）。
- 筛选（Screening）。
- 商业评估（Business Evaluation）。
- 开发（Development）。
- 测试（Testing）。
- 商业化（Commercialization）。

产品创新流程发展史上的一个里程碑是 20 世纪 80 年代早期由库珀提出的门径流程（Stage-Gate Process）。自该流程起，产品创新流程在各行各业得到了更为广泛的应用。

在过去的 30 年中，为了帮助组织满足在不同的市场环境下所产生的不同产品需求，许多产品创新流程应运而生。接下来介绍其中一些产品创新流程，以及在具体环境下应用每个流程的优缺点。这些流程包括：

- 门径流程。
- 集成产品开发（Integrated Product Development，IPD）。
- 系统工程（Systems Engineering）。
- 敏捷方法（Agile）。
- 精益方法（Lean）。
- 精益创业（Lean Startup）。
- 设计思维（Design Thinking）。

在本书中，姑且将敏捷方法、精益方法、集成产品开发和设计思维称为流程，当然它们也被称为哲学或系统方法。

3.3.1 门径流程

库珀和艾杰特在 20 世纪 80 年代早期首先提出了门径流程。随着行业需求的不断变化，该流程也在不断更新。图 3.4 是门径流程的基本框架。

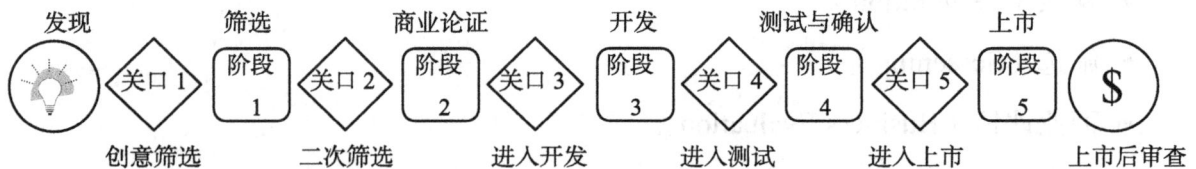

图 3.4 门径流程的基本框架

门径流程的主要阶段：

- 发现（Discovery）：寻找新机会和新创意。
- 筛选（Scoping）：初步评估市场机会、技术需求及能力的可获得性。
- 商业论证（Business Case）：筛选阶段之后的一个关键阶段。在该阶段要进行更为深入的技术、市场及商业可行性分析。

- 开发（Development）：产品设计、原型制作、可制造性设计、制造准备和上市规划。

- 测试与确认（Testing and Validation）：测试产品及其商业化计划的所有方面，以确认所有假设和结论。

- 上市（Launch）：产品的完整商业化，包括规模化制造及商业化上市。

在门径流程中，阶段数量应根据具体情况进行调整，这取决于：

- 新产品上市的紧迫性。时间紧迫就要缩短流程，减少阶段数量。

- 与新产品不确定性或风险水平相关的技术和市场领域的知识储备。储备的知识越多，风险就越小，阶段数量也就可以越少。

- 不确定性水平。不确定性越多，所需的信息越多，就要采取相应的风险应对策略，这会导致流程变长。

通用电气公司的例子说明了如何根据具体要求调整门径流程。如图 3.5 所示，通用电气公司的流程包括四个基本阶段和十个子阶段。一个基本阶段可以由几个子阶段组成。阶段名称和经典的门径流程有所不同（Phillips 等，1993 年）。

阶段 1 初步概念开发	客户需求
	概念定义
	初步可行性研究
阶段 2 设计与开发	初步设计
	最终设计
阶段 3 确认	关键生产率指标
	市场测试
	制造可行性研究
阶段 4 产品上市和支持	上市前准备
	上市及后续工作

图 3.5　门径流程应用示例（Philips 等，1993 年）

当时，通用电气公司选择该十个子阶段门径流程，主要目的是在全面生产和上市之前，推动跨职能部门关注早期市场需求。另一个目的是强调遵守"项目管理技术中的原则"（Phillips 等，1993 年）。

↘ 什么是阶段（Stage）

阶段是整个产品创新流程中的一系列过程和活动，包括产品创新领导者和团队按照项目计划及进度表要求，完成项目相关工作。通常，组织会按照预定的方式或方法，利用资源和时间开展项目。大多数活动由跨职能协同和强矩阵结构的团队来完成，团队共同努力并实现共同的阶段目标。

在所有阶段中，项目领导者和团队都要评估和分析项目进度及产品问题，并解决相应问题。在阶段中获得的结果和度量能够帮助团队采取正确的行动方案。最后，所有阶段的可交付成果都应提交给决策部门或组织，以便他们根据具体的关口标准进行评估。

↘ 什么是关口（Gate）

关口是产品创新流程中的预定节点。在关口处要做出项目下一阶段的关键决策，包括：

在门径流程中，前一个阶段输出的可交付成果将作为下一个阶段的输入。如上所述，每个关口都预先设定了关口评审标准。关口评审标准可以是技术、财务和/或定性标准。关口输出是做出的决策（通过/否决/搁置/重做）和下一阶段计划，计划中包含要交付的成果、进度表和阶段性工作成果。

关口是产品创新控制和管理（治理）流程的组成部分，只有满足某些条件才能通过关口，从而进入下一阶段。

↘ 门径流程的优点和缺点

优点

- 为产品创新提供准则和约束条件。
- 强调高质量的决策。
- 对所有参与者保持公开透明。
- 适用于各类组织。

缺点

- 会导致过度官僚化。
- 如未得到充分理解，就会变得僵化和成本高昂。
- 准则和硬性要求会扼杀创造力。

门径流程的发展和应用

在门径流程推出的早期，其显示出明显的线性化和串行特点，但这并不是原创者的本意。近年来，为了适应不同的产品创新情境及满足不同的公司需求，库珀撰写了大量文章，介绍门径流程的新发展。库珀强调，虽然门径流程的基本原理没有改变，但需要对门径流程进行调整以适应具体情境。（库珀，2014 年；库珀等，2018 年）

库珀提出的门径流程得到了进一步发展和应用。

（1）并行流程：传统的门径活动路径（线性化和串行）被"压缩"成并行活动路径，目的是加快每个阶段中的活动进程。这些活动在战略决策关口汇聚。并行流程要求组织在同一时间段内为活动配置更多的资源。

（2）可循环设计和产品管理：该方法的重点是可持续性。包括在产品创新设计阶段早期邀请客户和用户参与，目的是优化设计，实现材料再利用，减少产品创新和使用过程中的浪费，以及产品使用后可以回收。

（3）快速门径流程：也称为敏捷门径流程（库珀等，2016 年）。该流程将 IT 行业中的敏捷方法（如 Scrum、冲刺、待办列表）引入制造业中。在考虑制造业特点的基础上，对敏捷方法进行调整，以适用于制造业。这种混合型流程旨在促进创新，最大限度地降低风险，加快决策，最终加快产品创新和上市速度。

敏捷门径混合型（Agile-Stage-Gate-Hybrid）流程的优点和缺点。

制造业采用敏捷方法（通常应用于软件开发公司）所带来的收益和局限性，与其要做出的成果有关。敏捷门径混合型流程将门径流程和敏捷方法两者的优点进行结合，即门径流程的聚焦、结构化和控制，以及敏捷方法的速度、灵敏性和生产率（库珀等，2018:17）。以下内容摘自库珀和 Friis Sommer 于 2018 年发表的研究报告。

优点

- 产品设计更为灵活。
- 产品上市速度更快。
- 生产率更高。
- 应对市场变化的能力更强。
- 主动响应客户需求的能力更高。
- 沟通和协同更好，团队士气更高。
- 更为聚焦，项目成果更多。

缺点

- 管理层将信将疑，因为他们不了解敏捷方法及其所需的思维方式。
- 资源配置和参与强度增加（可能积极，也可能消极）。
- 管理不断变化的产品定义和/或设计（"模糊性"）会很困难。
- 需要管理不断变化的开发计划。
- 敏捷团队往往变得很孤立，会与组织的其他部门脱节。
- 与组织现有流程和/或绩效制度发生冲突，例如，组织允许尝试和失败的程度，或对质量完美程度的要求。此外，还涉及短期规划和长期规划之间的冲突。

库珀等（2018 年）建议谨慎且深思熟虑地实施敏捷门径混合型流程。每个组织的环境和项目都有所不同，所以"放之四海而皆准"的方法是不存在的。他们建议，一开始成立小型团队，精简当前流程，然后管理和解决过程中遇到的问题。所有参与人员都要认识到该方法还是新事物，需要大家一起尝试、评估和不断改进。

（4）物联网产品创新。传统的产品创新流程（如门径流程）是否可以应用于物联网

产品创新及新服务开发（New Service Development，NSD）？对此，Lee 等
（2018 年）对此进行了严格的评估。应当指出，不同于其他产品，数字技术和
产品的特点是可重新编程、数据具有同质化并且可自我引用（Lee 等，
2018:2286，引用 Yoo 等，2010 年）。因此，虽然数字化产品在客户体验和效用
方面有所不同，但它们共享相同的数据，并在实物和虚拟场景中相互连接，与
其他设备进行交互（"数字物质化"）。因此，"与具有固定、离散边界和特性组
合的传统产品不同，物联网产品的显著特征是可延展、可编辑、可开放和可转
移"（Lee 等，2018:2287）。

　　要将产品创新流程应用于数字化产品（实物和虚拟），就需要它是没有尽头的和非
线性的（见图 3.6），并且发现、定义和开发阶段要短。这样一来，组件就可以不断地反
馈到"产品创新系统"中，以确保数字化产品得到不断优化。

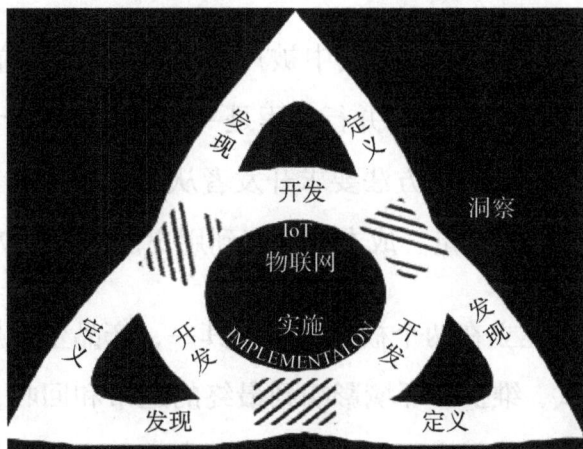

图 3.6　适用于物联网和数字化技术及产品的产品创新流程

案例：根据具体情境调整门径流程

　　1. 一家历史悠久、技术和制造能力都较强的冰激凌公司要进行一个简单的产品线延
伸项目。在这种情境下，开发复杂度很低，成功概率较高，失败风险也较小。该公司只
需要一个简短的流程即可，包括初步商业论证，然后是迭代规划（或设计），再是产品测
试，最后是产品上市。开发周期预计为 1～3 个月。

2. 一家在目标市场内累积了一定经验但技术能力有限的公司，希望开发一款适合10～12岁儿童的玩具车。目标市场所期待的产品特性和潜在需求有较大的不确定性。在这种情境下，不仅在产品概念和设计规格阶段有较多的不确定性，而且在设计和制造阶段也是如此。此时，门径流程应有更多的阶段，也更重视关口评审，以确保决策正确，并减少不确定性。此时，应当特别聚焦于位于"模糊前端"的概念开发阶段和初步商业分析阶段。在流程中还要对可制造性设计、市场测试、最终可行性分析和规模化制造投入更多精力，以确保产品成功上市。开发周期预计为六个月至两年。

3.3.2 集成产品开发

集成产品开发的定义为："系统地运用由多功能学科集成而得的团队成果，有效果、有效率地开发新产品，以满足客户需求的一种理念。"（卡恩，2013 年）

集成产品开发由 20 世纪 90 年代中被广泛应用于航空航天行业中的并行工程（Concurrent Engineering）发展而来。"并行工程是一种集成、并行设计产品及其相关过程的系统方法，包括制造和支持。该方法要求开发者从一开始就要考虑产品生命周期中的所有要素，从概念到退市，从质量、成本、进度到用户需求。"（Winner 等，1988 年）

并行工程的基本前提建立在两个概念之上。其一，产品生命周期中的所有要素，从功能、制造、装配、测试、维护、环境影响到最终的退市和回收，都应在早期设计阶段被逐一考虑。其二，考虑到并行流程能显著提高生产率和产品质量，这些设计活动都应同时进行，即并行。这样一来，就可以在早期设计阶段，即项目仍具灵活性时，发现错误并优化设计。尽早识别和解决问题可以避免因后期错误造成的高昂代价，尤其当项目推进至更复杂的测试阶段和硬件生产阶段时更是如此。

并行工程取代了传统的瀑布模型（Waterfall Model）。瀑布模型的推出首先要归功于温斯顿·罗伊斯（Royce，1970 年）。在 21 世纪初，瀑布模型被广泛应用于软件行业。

瀑布模型的五个典型阶段是：

- 需求：了解用户需求和产品所需的功能、目的等。
- 设计：设计产品的特性和功能，确保能够在实施阶段满足客户需求，包括可行性分析和规划。
- 实施：按照产品设计方案进行开发。
- 验证：确保产品符合客户期望。
- 维护：通过客户确定产品设计中的不足或错误，开展优化工作。

瀑布模型是集成产品开发模型的基础之一。近年来，瀑布模型在软件行业中的普及度有所下降。

图 3.7 是集成产品开发模型及其阶段的示例。其结构类似于瀑布模型和门径流程，即前后两个阶段通过决策点相连。在项目生命周期中，按照逻辑顺序依次推进项目。

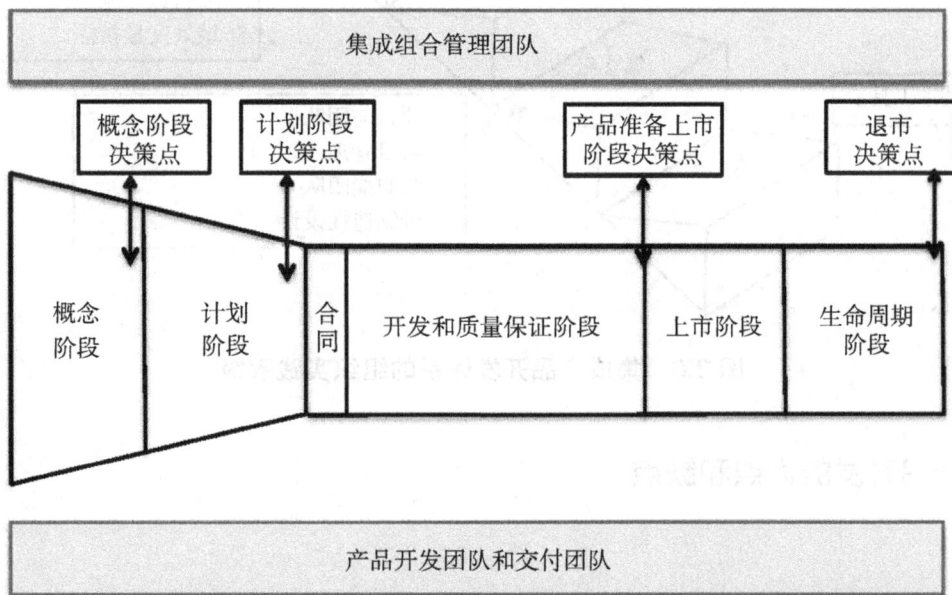

图 3.7 集成产品开发模型及其阶段的示例

近来，有人认为用集成产品开发模型开发产品或项目太慢了。一些组织对整个框架进行了调整，应用了混合型方法，既不改变总体框架，又融入了更具灵活性的迭代方法，从而加快了开发速度。这些项目的团队通常规模较小，且在一起办公。

近年来，一些组织致力于以集成产品开发原则为核心，逐步完善整个产品创新体系，从而实现以下目标，即从应用产品创新基本工具到项目管理，然后到客户之声，再到战略一致，最终形成学习文化（见图 3.8）。

图 3.8 说明集成产品开发更是一个产品创新体系，而不仅仅是一个模型或流程。该体系囊括了大多数常见产品创新流程中的基本原则，重点在于学习和持续改进。

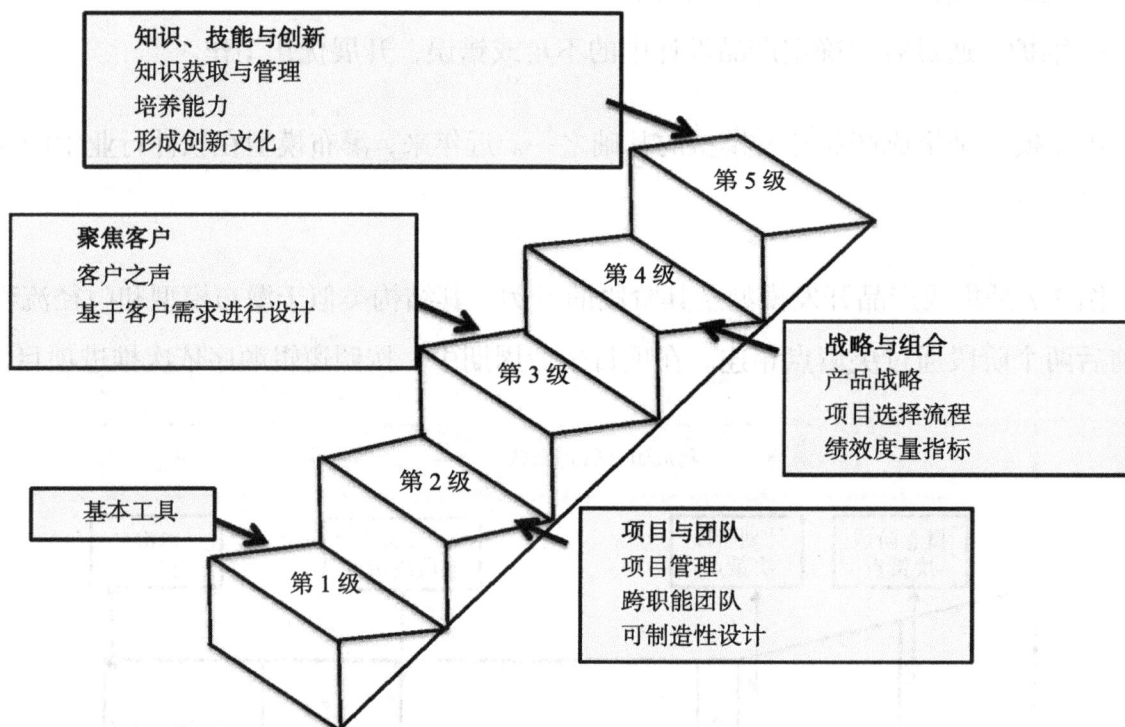

知识、技能与创新
知识获取与管理
培养能力
形成创新文化

第 5 级

聚焦客户
客户之声
基于客户需求进行设计

第 4 级

第 3 级

战略与组合
产品战略
项目选择流程
绩效度量指标

第 2 级

基本工具

第 1 级

项目与团队
项目管理
跨职能团队
可制造性设计

图 3.8   集成产品开发体系的组织实践等级

集成产品开发的优点和缺点

优点

- 组织遵循集成产品开发步骤，逐步提升能力和成熟度，产品创新和交付会变得更为高效。

- 将效率的提升转化为成本管理的改善和盈利能力的提高。

- 由于在模糊前端阶段非常强调设计（定义产品或项目目标），因此产品定义更清晰，在产品创新生命周期中风险管理更有效。

- 高质量、主动的风险管理及对客户需求的关注，确保了准确交付价值。

- 在产品创新项目中，通过有效协同多功能团队（包括内部和外部）可以将技能和能力聚焦到共同目标上。

- 提供了一种具体方法来落实可持续性和循环经济，也使得各相关方积极参与并将上述理念纳入产品创新和产品生命周期中。

缺点

- 需要在开发阶段的早期明确客户需求，以便为后续阶段创造和实现价值提供依据，而要做到这些必须有相关方的积极参与。

- 需要最新的工具和方法。

- 需要在流程中配置相应的能力（人员和技能）。

- 如果团队无法有效协作和共同创造，那么相关方协作会遇到障碍并会导致问题复杂化。

- 需要对前端创新和设计控制进行适当平衡，这对项目成功而言至关重要，否则就会导致效率低下，最终会延误产品交付（Naveh，2004 年）。

↘ 在集成产品开发中纳入可持续性的示例

雀巢是一家成功地将可持续性纳入集成产品开发的公司。Espinoza Orias 等（2018年）介绍雀巢公司的做法是"以基于尊重的价值观为指导，与合作方和相关方进行合作，在公司的所有活动中创造共享价值（Create Shared Value，CSV），这些活动为社会做出贡献的同时确保我们的业务长期成功"，该承诺在范围和进度上与可持续发展目标完全保持一致。

3.3.3　精益产品创新方法

精益产品创新方法（简称精益方法或精益。——译者注）建立在丰田首创的精益生产系统（Toyota Production System，TPS）的基础上。精益生产系统是基于消除浪费

（Muda）的。在日语里 Muda 的含义是无用，即无效、闲置或浪费。精益生产系统的主要目的是从制造流程中消除浪费。这个原理被应用到产品创新流程中。

精益产品创新方法的核心概念和原则包括消除浪费及预先收集尽可能多的信息和知识。重要的是要不断和不懈地学习，并在整个产品创新生命周期中寻找改进机会（见图 3.9）。因此，精益产品创新方法的核心内容包括：收集和增加产品知识，在产品创新流程早期就让团队充分参与。

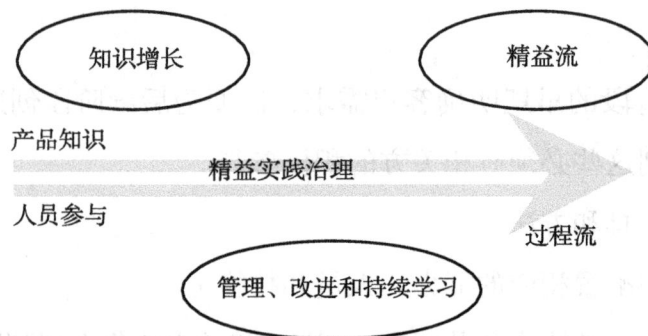

图 3.9　精益产品创新方法的理念

精益产品创新方法对提升组织生产率能够起到关键作用（Mascitelli，2011 年），用以下指标进行度量：

- 每小时（或每单位时间）产生的利润。
- 设计者或开发者的有效利用率。
- 更快的上市速度。
- 单位时间内完成更多的项目。
- 在一定时间内获得更多满意的客户。
- 更少的无效活动。

潜在的浪费来源包括：

- 混乱的工作环境。
- 资源短缺。
- 没有明确的优先级。

- 跨职能沟通障碍。

- 糟糕的产品需求定义。

- 早期没有考虑可制造性。

- 过度设计。

- 过多的无效会议。

- 过多的电子邮件。

詹姆斯·摩根（James M. Morgan）和杰弗里·莱克（Jeffrey K. Liker）在《精益产品开发体系——丰田整合人员、流程与技术的 13 项精益原则》一书中，对精益产品创新给出了以下建议：

（1）明确由消费者定义的价值，将增值与浪费区分开来。

（2）在产品开发流程前期充分研究可选方案，因为此时设计改动的空间最大。

（3）建立均衡的产品开发流程。

（4）利用严格的标准化减少变异，创建柔性和可预测的产出。

（5）建立自始至终领导项目开发的总工程师制度。

（6）建立适当的组织结构，找到职能部门内技术专长与跨职能整合之间的平衡。

（7）为工程人员构造尖塔型的知识结构。

（8）将供应商完全整合到产品开发体系中。

（9）建立公司内部学习和持续改进机制。

（10）建立追求卓越、锐意进取的企业文化。

（11）调整技术以适应人和流程。

（12）利用简单和可视化的沟通达成一致。

（13）运用强大的工具做好标准化和组织学习。

> ↘ **精益产品创新方法的优点和缺点**

优点

- 流程的重点在于信息的顺畅流动，而非严格的治理。
- 通过均衡驱动的方法简化合作和优化设计。
- 强调对进度、成本、性能和质量等风险进行主动管理。
- 适用于各种规模的项目。
- 用简单和可视化工具获取知识、追踪进度、进行优先级排序和解决问题。

缺点

- 需要专职且经验丰富的人员，这样才能为系统改进提出建议，并对系统变化做出积极响应。
- 需要改变组织结构和文化，特别是组织应有统一且有承诺的项目文化及合理且支持创新的组织结构。
- 需要强有力的供应商管理。若要使用精益产品创新方法或实现准时交付，就要与供应商进行良好的沟通和协同。
- 组织有意愿且有能力接受项目目标和方向上的变化。

3.3.4　敏捷产品创新方法

敏捷产品创新方法（简称敏捷方法或敏捷。——译者注）是在合作环境下，由自治式团队进行产品迭代开发的一种方法。通过渐进式的迭代工作（也称冲刺），团队可以应对不可预知性。敏捷方法在软件行业的应用非常普及，也用在敏捷门径混合型流程中（见第3.3.1节），敏捷门径混合型流程通常用于开发有形产品。与硬件不同，软件是不断变化的。如要了解更多的敏捷方法，推荐阅读 Pichler（2013 年）和库珀（2016 年）等的著作。

敏捷软件开发宣言

2001 年 2 月，17 位软件开发者在犹他州开会，讨论轻量型开发方法，并发布了敏捷软件开发宣言。

"我们正在寻找更好的软件开发方法。我们这么做的同时，也帮助别人这么做。我们提出以下价值声明：

- 个体和互动高于流程和工具。
- 可工作的软件高于详尽的文档。
- 客户合作高于合同谈判。
- 响应变化高于遵循计划。

我们认为右侧的事项有价值，但左侧的事项更重要，价值更高。"

虽然流程、工具、文档、合同和计划都是重要且有价值的，但是敏捷实践者更要优先考虑个体和互动、可工作的软件、客户合作和积极互动，以及适应计划变动（响应变化）的能力，以此作为产品设计与开发的指导原则，进行产品发布。

敏捷产品创新方法的关键要素

虽然敏捷产品创新方法的具体应用会因组织和环境而有所不同，但基本要素大体都是相同的，这些基本要素有：

- 产品待办列表（Product Backlog）。
- Scrum。
- 冲刺（Sprint）。
- 评审（Demo）。
- 回顾会（Retrospective Meeting）。

- 产品负责人（Product Owner）。
- 敏捷教练（Scrum Master）。
- 敏捷团队（Scrum Team）。

↘ 产品待办列表

产品待办列表包含系统的需求，其中的产品待办项（Product Backlog Items）按照优先级进行排序。需求包括客户提出的功能性和非功能性需求，以及由技术团队提出的需求。产品待办列表有多种来源。产品负责人负责对产品待办列表进行优先级排序。一个产品待办项是团队在一次冲刺迭代周期中要完成的最小工作单元。

↘ Scrum

Scrum 是由杰夫·萨瑟兰（Jeff Sutherland）在 1993 年创建的一种方法，灵感来自橄榄球比赛中的"争球"（Scrum）。（Sutherland，2014 年）

Scrum 是最常用的敏捷框架。团队以 Scrum 为框架，在一系列固定周期的迭代中开发产品，并以固定的节奏发布软件。

↘ 冲刺

冲刺是指完成特定任务，由开发阶段进入评审环节的一个时间段。

↘ 评审

在每个冲刺完成时，项目相关方（如客户或公司管理层）将对该冲刺中交付的产品（增量）和/或新特性进行评审。这就需要团队对产品进行演示。评审的目标是确认成果，并开启下一个冲刺。

↘ 回顾会

在每次冲刺结束后召开回顾会，目的是识别并记录从上一次冲刺中吸取的经验教训。通过绩效评估，帮助团队持续改进。在回顾会上，通常会讨论以下问题：

- 哪些工作进展顺利及为什么（继续做有效的工作和/或将新的工作纳入进来）。
- 哪些工作进展不顺利及为什么。
- 如何处理进展不顺利的工作，并为冲刺规划提供依据。

图 3.10 说明了在冲刺规划会议期间和之后预期的事件、角色和结果。规划会议中的输入和计划的结果包括：

- 产品待办列表。
- 团队能力。
- 商业条件。
- 技术。
- 现有产品。

最终，团队商讨并制定下一个冲刺目标，并处理和/或更新冲刺待办列表。

冲刺规划会议是每次冲刺的起点。在该会议上，产品负责人（分配工作的人）和开发团队商讨并确定本次冲刺所要完成的工作。冲刺周期由敏捷教练决定。冲刺开始后，产品负责人退出，由开发团队主导工作。冲刺结束后，团队将已经完成的工作成果提交给产品负责人。产品负责人按照在冲刺会议上制定的验收标准，接受或拒收这些工作成果（见图 3.10）。

↘ 产品负责人

在对产品待办列表的优先级和需求进行排序时，产品负责人是代表客户利益并拥有最终决策权的人。团队必须能够随时联系到产品负责人，尤其在冲刺规划会议期间。冲刺开始后，产品负责人不应再管理团队，也不应再提出变更。产品负责人的主要职责是平衡相关方之间互相竞争的利益。

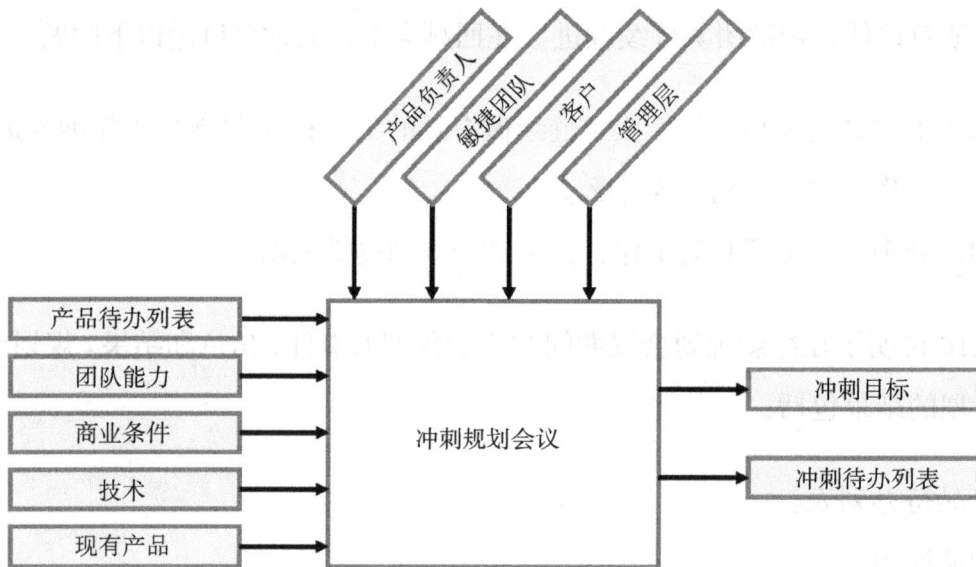

图 3.10   冲刺规划会议

↘ 敏捷教练

敏捷教练是团队和产品负责人之间的促进者。敏捷教练不是管理团队，而是通过以下方式协助团队和产品负责人：

- 清除团队和产品负责人之间的障碍。
- 激发团队创造力，并给团队授权。
- 提升团队生产率。
- 改善工程工具和实践。
- 实时更新团队进展信息，确保各方都被知会。

↘ 敏捷团队

敏捷团队通常由七个人组成，也可在此基础上增减两个人。为了实现冲刺目标，团队成员通常由多个职能部门（跨职能团队）的人员组成。软件开发团队成员包括软件工程师、架构师、程序员、分析员、质量专家、测试员及用户界面设计师等。在冲刺期间，团队通过自组织的方式实现冲刺目标。团队在实现目标的方法上享有自主权，并对这些目标负责。

图 3.11 描述了敏捷团队为实现产品和冲刺待办列表而采用的流程。敏捷团队每天（或根据需要）召开一次会议，通过会议汇总信息并在以下方面达成一致：

- 已经完成的成果。
- 尚未完成的成果。
- 下一步要做的工作。

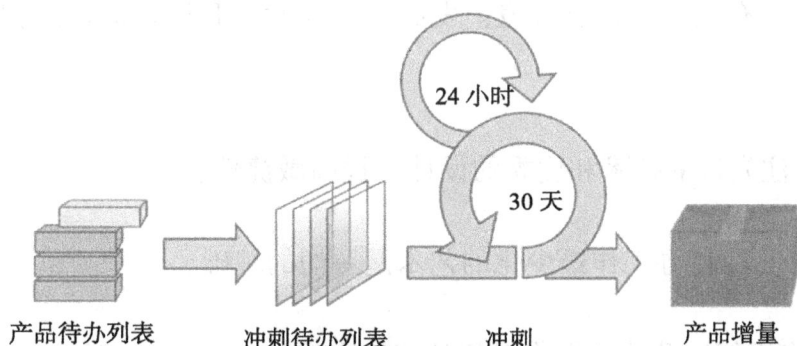

图 3.11　敏捷产品创新方法

一个冲刺周期通常不超过 30 天。在冲刺中，完成产品和冲刺待办列表中的待办事项，并交付产品增量。通常，将冲刺所交付的成果称为最小可行产品（Minimum Viable Product，MVP）。虽然还没有包括所有产品特性，但它已经是具备功能的产品了。产品待办列表则为后续开发提供了新的来源。

↘ 敏捷产品创新方法关键原则

以下是敏捷产品创新方法的 12 条原则：

（1）我们的首要任务是通过尽早和持续交付有价值的软件来满足客户。

（2）即使在开发后期，我们也欢迎需求变更。敏捷方法将这些变更转化为客户的竞争优势。

（3）频繁地交付可运行的软件，数周或者数月交付一次，时间间隔越短越好。

（4）项目期间，业务人员与开发者共同工作。

（5）招募积极主动的人员来开发项目，为他们提供所需的环境和支持，相信他们能做好自己的工作。

（6）开发团队里最省时有效的信息传递方式是面对面交流。

（7）可运行的软件是衡量进展的主要标准。

（8）敏捷方法有利于可持续开发。发起人、开发者和用户应始终保持固定的前进步伐。

（9）持续关注先进的技术和优秀的设计，提高敏捷性。

（10）简洁——令待办工作最少化的艺术是一切的基础。

（11）只有自组织团队才能做出最好的架构和设计。

（12）团队定期反思如何提高效率并调整工作流程。

敏捷产品创新方法的优点和缺点

优点

- 在很难提供业务需求文件（Business Requirements Documentation，BRD）或很难对项目进行量化时，就可以应用敏捷方法。
- 应用敏捷方法，可以在大量变化中进行前瞻性开发，也可以快速进行编码和测试。一旦出现错误，可以很容易地对其进行纠正。
- 通过定期会议经常性地更新工作进展。敏捷方法是一种轻量型方法，可视化也很好。
- 任何一种敏捷方法的本质都是迭代，需要通过用户的持续反馈进行开发。
- 由于冲刺周期短、反馈及时，团队更容易应对变化。
- 通过每日站会可以评估个体生产率，从而提高每个团队成员的生产率。
- 通过每日站会可以提前识别问题，然后迅速解决问题。

- 敏捷方法可用于任何技术或程序语言开发，尤其可用于快速发展的 Web2.0 或新媒体项目。
- 在流程和管理上投入的费用非常少，可以更快、更省地交付成果。

缺点

- 敏捷方法是导致范围蔓延的主要原因。除非有明确的截止日期，否则相关方会不断要求团队交付新功能。
- 如果对任务定义不明确，就无法准确估算项目成本和时间。遇到这种情况时，可以将任务分为多个冲刺。
- 如果团队成员没有全力以赴，就无法结束项目，甚至导致项目失败。
- 因为敏捷方法由小型团队完成，所以只适用于快速变化的小型项目。
- 敏捷方法需要有经验的团队成员。如果团队中有新手，会导致项目无法按时完成。
- 若敏捷教练信任团队，敏捷项目管理的效果就会不错。若敏捷教练对团队成员实行过于严格的控制，将给团队带来极大的挫败感，团队会因此缺乏动力，进而导致项目失败。
- 在开发流程中，任何一个团队成员的缺席都会对项目开发产生较大的负面影响。
- 除非测试团队能够在每次冲刺后都进行回归测试，否则项目质量管理很难得到落实和量化。

3.3.5　系统工程

不同地区的人会采用不同的产品创新流程。例如，在亚太地区，集成产品开发很受欢迎；在一些地区，系统工程就很流行；非洲地区则会采用各种流程。系统工程将系统思维与系统流程模型结合起来，通过系统、集成化的设计流程及项目管理方法、工具开发出解决方案。所有系统都由具有属性或功能的部件或元素［基础模块（Building Block）］组成，这些元素通过特定关系相互链接。多系统由一个系统与另一个系统相关的多个元素组成，也称大系统或环境。系统的复杂度由系统或子系统的动态性、可变性、种类、多样性和规模所决定。

系统工程综合了许多以技术和人为中心的学科。在系统生命周期中，系统工程将工业、机械、制造、控制、软件、电气、土木工程及控制论、组织研究和项目管理整合起来。通过技术和管理流程，确保实现系统用户的需求。

以下是系统工程设计框架中的步骤（Pahl 等，2007 年）：

（1）规划产品和选择任务。

（2）明确任务，编写需求清单。

（3）识别要解决的基本问题。

（4）构建功能结构。

（5）研讨和采用工作原则。

（6）选择合理的解决方案组合。

（7）确定原理解（Principle Solution）。

（8）评估原理解。

上述每个步骤都涉及各种各样的方法，如选择方法、趋势研究、测试、测量、头脑风暴、设计目录、质量保证和成本计算方法。

系统工程的特点包括：

- 预先、有目的和深入的设计思考。
- 通过从一般分析到具体分析来界定"问题"。
- 跨学科。

- 复杂度管理。
- 降低成本。
- 降低风险。
- 加快项目进度。
- 优化。
- 改进产品质量。

系统工程确保综合考虑项目或系统的所有方面，并将这些方面整合到一起。

与制造流程完全不同，系统工程流程是一个发现过程。制造流程的重点是以最少的成本和时间实现高质量产出的重复性活动。系统工程流程则必须从发现需要解决的实际问题开始，然后确定最有可能发生或影响最大的故障，再应用系统工程找到针对这些问题的解决方案。

系统工程的优点和缺点

优点

- 多系统优势明显且极具价值。
- 与设计相关的决策非常详细，并可在客户深度参与下提前做出决策。
- 在项目早期就有学习机会（随着项目进展而逐渐增加专业知识），可将知识传播给所有相关方。
- 容易识别和管理即将发生的变化。

缺点

- 对问题的过度分析和过多的预设细节会造成延迟风险，也会导致将重点放在不恰当的解决方案要素上。
- 随着项目进展，需求可能过时，变得不再合适或需要，因此初始需求会有变化。
- 类似问题也会出现在规划工作上，长期计划和/或开发风险也会造成解决方案过时。

- 由于对项目的运营和资源做出承诺，所以当产品创新流程进入尾声时，有效应对变化的能力会越来越弱。

针对上述缺点，Haberfellner 等（2019 年）提供了以下有价值的建议：

（1）摒弃规模庞大、需要数年时间才能实施的超级集成解决方案，特别是当处于动态环境中且受到不确定条件的影响时，更应如此。针对问题，最好采用小型解决方案，并尽快实现收益。

（2）在总体概念上体现灵活性，追求"敏捷"，即尽可能做到可适应、可扩展和可拆除。制订模块开发计划，用更好或更高效的模块替换现有模块。对扩大或减少机会持开放态度。

（3）哪怕会增加投资，也要做到计划灵活或用途多样。

（4）先交付一部分成果，并提供一部分收益。

（5）不去优化没有价值的细节。

（6）如果有不确定性因素时，在不违背流程要求的前提下，尽可能晚做决策。

上述第 2 项和第 3 项也称可变更性设计（Design for Changeability，DFC），该方法允许系统在其整个生命周期内发生变更，尤其适用于汽车业中的产品平台开发。参见延伸阅读部分中 Fricke 等（2005 年）的文章。

3.3.6　设计思维

"设计思维是一种创造性的问题解决方法，或者更全面地说，是一种系统化、协作式的方法，用来识别问题并创造性地解决问题。"（卢更斯等，2015 年）

设计思维是产品创新流程吗？如果按照定义的严谨性来要求，可能不是。但设计思维包含了许多关键原则，这些原则是本章前述流程的基础。它还包含了本书中介绍的许多工具。

IDEO 公司的首席执行官蒂姆·布朗（Tim Brown）给设计思维下了一个定义："设计思维是一种以人为中心的创新方法，从设计者的工具库中汲取灵感，将人的需求、技术的可能性和商业成功的要求结合起来。"

设计思维是一种解决问题的非线性方法。设计者通过生成解决方案，制作简易原型，获得客户反馈，重新设计，再制作原型等多次迭代，找到最终的解决方案。设计思维也被称为 D-thinking（斯坦福大学设计学院），它是基于 IDEO 公司提出的"深潜"（Deep Dive）方法。

设计思维的使命

先将观察转化为洞察，再将洞察转化为能够改善生活的产品或服务。

设计思维框架

卢克斯（Luchs）等提出了一个设计思维框架（2015 年），如图 3.12 所示。

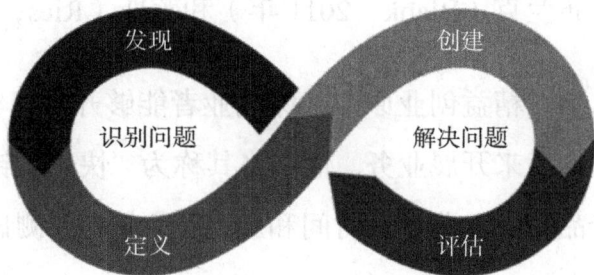

图 3.12　设计思维框架

识别问题

- 发现：通过洞察客户从而发现机会。设计思维的原则要求发现过程是迭代的，同时需要不断地从各种信息来源发现机会。

移情客户是设计思维的关键所在。

— 了解客户，关心他们的生活。

— 观察客户，他们是如何与环境互动的？他们的想法和感受是什么？

— 了解客户做事的方式和原因，他们有什么物质需求和精神需求？他们是如何看待这个世界的？他们认为真正有意义的东西是什么？

- 定义：进一步理解客户需求，将需求与产品关联起来。对客户洞察进行提炼，形成产品设计规格。

解决问题

- 创建：创建一个得到目标市场认同的概念，经过多轮迭代，制作出原型。
- 评估：通过原型收集更多的反馈，并将这些反馈综合起来作为迭代改进的基础。

3.3.7   精益创业

精益创业原本是一种开办新企业的方法，创业者在开发产品时要进行调查、实验、测试和迭代。精益创业的概念起源于 21 世纪初，并在 2010 年前后发展为一种方法论。精益创业由硅谷企业家布兰克（Blank，2011 年）和莱斯（Ries，2012 年）共同提出。

该方法的拥趸们认为，精益创业原则确保创业者能够开发出客户真正想要的产品，而不是采用未经测试的创意来开展业务。他们将其称为"快速试错法和低成本试错法"。精益创业旨在控制在产品创意上花费的时间和成本，尤其是在测试和证明产品创意的潜在价值时。

精益创业要求创业者首先寻找一种商业模式，然后通过测试他们的创意来开始创业之旅。接着，通过潜在客户的反馈来优化他们的创意。精益创业还提倡创业者持续参与该循环——探索并提出假设，然后在客户中进行测试，以获得反馈。这也可以说是一个验证性学习过程。创业者利用客户反馈来重新设计产品。

精益创业公司还提倡使用软件开发行业的迭代或敏捷产品创新概念。一家精益创业公司会快速开发原型，将其推向市场，在不消耗不必要资源的情况下衡量产品是否成功，并使用早期营销测试手段获得的数据来进行下一轮开发。在精益生产中，该方法被称为改善。在软件行业中，该方法称为敏捷方法。

要正确运用精益创业，就要考虑六个关键因素。

1. 开发—测量—学习循环（Build-Measure-Learn）

图 3.13 描述了一个开发和测量假设的循环，通过开发一些产品提供给目标客户使用，测试他们的反应，然后从结果中学习。这是一个持续改进的方法，贯穿整个产品创新流程。实施开发—测量—学习循环时可以使用以下技术：

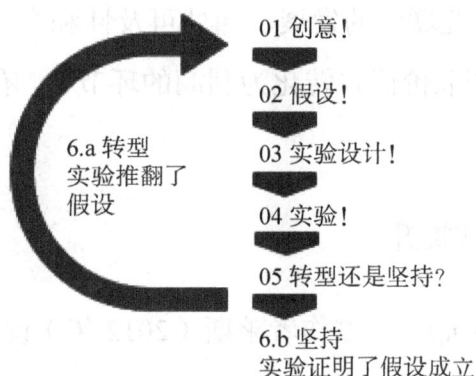

图 3.13　开发—测量—学习循环

资料来源：Alex Cowan《你的精益创业》

- 案头研究。
- 访谈。
- 观察。
- 共创。
- 模仿。
- 测试最小可行产品。
- 线上调查。

- 实物模型。
- 社交网络。

有关创意工具和设计工具的更多信息，请参阅第 5 章。

2. 商业模式画布

奥斯特瓦德（Osterwalder）等（2010 年）提出了商业模式画布。它是一个简单而有效的视觉化战略工具。无论组织规模大小，都可将其用来进行商业模式创新。商业模式画布为精益创业公司中常用的精益创业画布提供了基础，其重点是以创业者为中心的商业策划。在战略和创新背景下，组织的商业模式非常关键。如果商业模式不正确或者商业模式不支持创新战略、管理战略、技术战略和产品战略，那么营利性组织就无法实现其最终目标——创造价值。互联网的发展、随处可及性和全球化为组织创造了动力，促使其将创新纳入每个能够获取价值并转化为利润的环节中。有关商业模式画布的更多详细信息，请参阅第 1.4.4 节。

3. 学习计划——螺旋式提升

《精益创业》（*Lean Startup*）一书作者莱斯（2012 年）说："有效学习是用经验证明团队已经发现了当前创业和未来商业前景的有价值真相的过程。"学习计划描述了如何验证关键假设。完成一项学习计划就是"螺旋式提升"一次，如图 3.14 所示。学习计划分为四个象限，分别为：

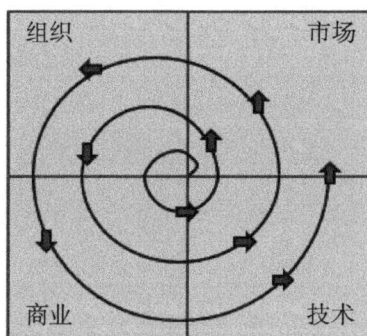

图 3.14 学习计划——螺旋式提升

来源：莱斯《精益创业》

- 市场——例如，患者和消费者。

- 组织——例如，人员配置、预算编制和组织结构。

- 商业——例如，投资和盈利能力。

- 技术——例如，技术、创新和平台。

学习计划不必涵盖所有象限，只需涵盖那些对项目成败至关重要的领域即可。典型的学习计划格式如图 3.15 所示。

	2016年 3季度	2016年 4季度	2017年 1季度	2017年 2季度	2017年 3季度	2017年 4季度	2018年 1季度	2018年 2季度	2018年 3季度	2018年 4季度	2019年 1季度	2019年 2季度
动力												

学习计划1
- 有效吗？
- 在美国可行吗？

完成40人临床试验，显示功效
- 完成法律和监管审查，了解美国市场是否能够接受当前的序列码申请流程
- 完善数字市场营销活动，以便能让人们预约到英国试点
- 与英国的组织进行合作，准备市场测试（分销、客户、交易等）
- 在英国启动IMT供应商合同

投资：60万美元

学习计划2
- 顾客兴奋吗？
- 激励型组织
- 盈利能力
- 美国食品药品监督管理局实际批准

完成IMT供应商协议和采购
开展市场测试
- 分销、销售、服务等
- 获得反馈
- 英国组织实施IMT，预计300～500项采购
- 分销、服务支持
- 促销、培训支持
完善产品
- 开发应用程序
- 后端
- 录制
- 隐私与安全

投资：150万美元

图 3.15　学习计划示例

良好学习计划的特点：

- 良好学习计划失败得快，学得也快；随着阶段的进展，成功概率通常会上升。

- 有没有办法提前验证？你能早点了解低概率事件吗？

- 分阶段为问题解决提供证据或转型点。

4. 创业三阶段：问题和解决方案匹配、产品与市场匹配及规模化

图 3.16 描述了创业三阶段。

1. 问题和解决方案匹配：客户是否有明显的痛点（或收益）值得我们去解决？对

于目标客户来说，有真正的"痛点或收益"是最紧要的。太多早期创意的失败是因为项目团队或领导者热衷华而不实的新技术或解决方案。

2. 产品与市场匹配：产品是否符合市场需求？该阶段不仅对验证产品特性及市场吸引力而言至关重要，而且对走向市场的商业模式也很重要。

3. 规模化：快速增长，实现规模效益。生产、销售、服务和支持是否到位？商业模式是否能够真正带来收益？

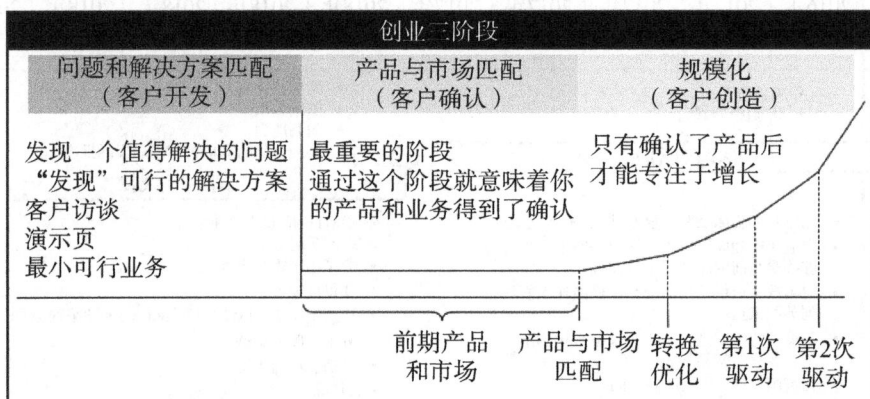

图 3.16   创业三阶段

来源：StartitUp《成为精益创业大师》

5. 最小可行产品

最小可行产品是指具有恰好满足早期客户所需功能，并为未来开发提供反馈的产品。"最小可行产品告诉我们，任何超出开始学习所需的额外工作都是浪费，无论它当时看起来多么重要。"（莱斯，2012 年）。

在收集反馈方面，和具有更多特性的产品相比，开发一款最小可行产品要经济得多。由于某些原因（例如，错误的假设）导致开发失败时，具有更多特性的产品造成的损失和风险也会更高。Frank Robinson 在 2001 年首先提出并定义最小可行产品这一概念，后来由 Blank（2012 年和 2016 年）进行了推广，他增加了初步市场分析等内容。

解决方案可以是一个非常简单的登录页面，也可以是一个纸制模型。通过试验来测试创意，同时与潜在客户一起寻找解决方案。无须真正做出任何实物，只需要验证在产品原型或第一版产品之前做出的假设是否成立即可。

第一版产品通常只包含解决客户问题所需的最低要求，只开发所需的功能。"如果你觉得第一版产品还可以的话，那就说明产品上市已经太晚了。" 创业者不要不敢发布产品，而要尽快发布产品，这样就可以从错误中学习，更重要的是要不断迭代和更新一些有价值的功能。

6. 转型

创业者们发现，新产品或服务的极端不确定性需要不断纠错或转型才能找到成功方法。对此，莱斯提出了 10 种转型方式：

- 放大式转型。将产品中的某一功能转为整个产品。该转型突出了聚焦和最小可行产品的价值，能够快速高效地交付产品。

- 缩小式转型。相反，有时某一功能不足以满足客户总体需求，可以将整个产品转为更大产品中的某一功能。

- 客户细分市场转型。产品会吸引真正的客户，也许不是你最初设想的客户。换言之，要准确定位细分市场，要解决真正的问题，才能获得市场认可。

- 客户需求转型。如果从早期的客户反馈中得知需要解决的问题对客户而言并不重要，那么就要重新定位产品，甚至开发出全新的产品，直到发现真正需要解决的问题为止。

- 平台转型。从应用功能到平台的转型，或反方向的转型。许多创业者未能开发一个"杀手级"的应用功能，就会将解决方案设定为一个未来产品的平台。

- 商业架构转型。许多年前，杰弗里·摩尔（Geoffrey Moore）提出了两种主要的商业架构：高利润/低销量或低利润/高销量。这两者无法兼得。

- 价值获取转型。初创企业获取价值方式的改变会对经营、产品和营销战略产生深远影响。"免费"模式无法获取太多价值。

- 增长引擎转型。如今，大多数初创公司使用三种主要增长引擎：病毒式传播、客户黏性和付费增长模式。选择正确的增长模式可以显著提高增长速度和盈利能力。

- 渠道转型。公司向客户交付产品的机制称为销售或分销渠道。渠道转型通常需要独特的定价、特性和竞争定位。

- 技术转型。使用完全不同的技术来解决问题。最重要的是，新技术能够带来更好的性能和/或价格。

3.4　产品创新流程模型比较

组织不断加深对产品创新成功要素的理解，逐渐发展并改进了流程方法，以满足特定组织环境和产品类别的需求。研究人员和实践者已经认识到，在产品创新流程中"一刀切"的方法显然是行不通的。在前几节中，介绍了一些近年来得到较多应用的主要流程模型。这些流程模型各有优缺点。虽然在某些情境下，可以只选用某一种模型，但在大多数情境下，需要将多种模型进行适当组合。下面，对一些流程模型进行比较介绍。

3.4.1　敏捷方法与精益方法

敏捷方法和精益方法有着显著不同。很多人觉得它们在某种程度上是一样的，实际上并非如此。

精益方法旨在减少浪费，提高运营效率，尤其适用于制造过程中常见的重复性任务。在产品创新中，精益方法的真正价值在于它聚焦于一整套核心原则或指导方针，这些都是产品创新流程的根基。精益方法并不是专注于成功开发新产品所要开展具体活动和任务的明确流程。在第 3.3.3 节中，总结了 13 条精益产品创新原则，丰田公司率先运用了这些原则。

创建敏捷方法的初衷是希望在一个较短的时间周期内执行任务，与客户进行频繁互动，并能够对变化做出迅速响应。在应用于产品或产品部件开发时，敏捷方法对结构、流程和角色都进行了明确定义。简而言之，敏捷方法是一种以时间为中心、不断迭代的理念，推崇以一步一步（增量）的方式开发产品，交付最小可行产品。它的主要优点之一是，在任何阶段都能够适应和改变（取决于反馈、市场条件和公司制约因素等），并只提供市场所需的产品。

因此，精益方法与敏捷方法彼此毫无关联。换句话说，用敏捷方法开发新产品未必是精益的，用精益方法提高运营效率也未必是敏捷的。

3.4.2　敏捷方法与门径流程

门径流程并不是一个项目管理模型或微观规划模型。更确切地说，它是一个全面、完整、从创意到上市阶段的系统，是一个宏观规划流程，也是跨职能的（包括技术和产品开发者、营销、销售和运营部门）。它将重点放在关口上，关口构成了投资决策模型的基础。在关口处要回答的关键问题是：组织在做正确的项目吗？在正确地做项目吗？

相比之下，敏捷方法最初是为快速开发软件而专门设计的。在实践中，开发阶段包括一系列的冲刺，每个冲刺或迭代交付一个产品（可运行的代码或软件）并可以向相关方（客户）演示该产品。一次迭代可能无法为产品赋予足够多的功能或使产品达到上市要求，但在每次迭代结束时都会有一个可用的产品版本，这恰恰是迭代的目标。若要发布产品或新特性，则通常需要进行多次迭代。一次冲刺的周期通常为 3～5 周。

库珀很好地澄清了门径流程和敏捷方法的特点，如图 3.17 所示。他提出了一个得到大众认可的观点：门径流程适用于开发硬件产品，而敏捷方法适用于开发软件产品。他继而得出结论：这两种方法是相对独立的。库珀认为："敏捷方法和门径流程不是互相取代的关系。相反，敏捷方法是一种有效的微观规划工具或项目管理工具，可以用于门径流程中以加快某些阶段，如阶段 3 和阶段 4。"（库珀，2015 年）

图 3.18 描述了在典型的门径流程中如何有效地融合敏捷的理念：持续引入客户/用户参与。

对比项	门径流程	敏捷方法
方法类型	宏观计划	微观计划，项目管理
范围	从创意到上市，端到端	用于开发和测试阶段
组织跨度	跨职能（技术、市场和制造等）	技术部门为主（工程人员、IT 人员）
重点	在市场上发布新产品	开发和测试产品
决策内容	投资决策：高级管理层决策——通过/否决	战术性为主：下一次冲刺所需的行动

图 3.17　门径流程与敏捷方法比较

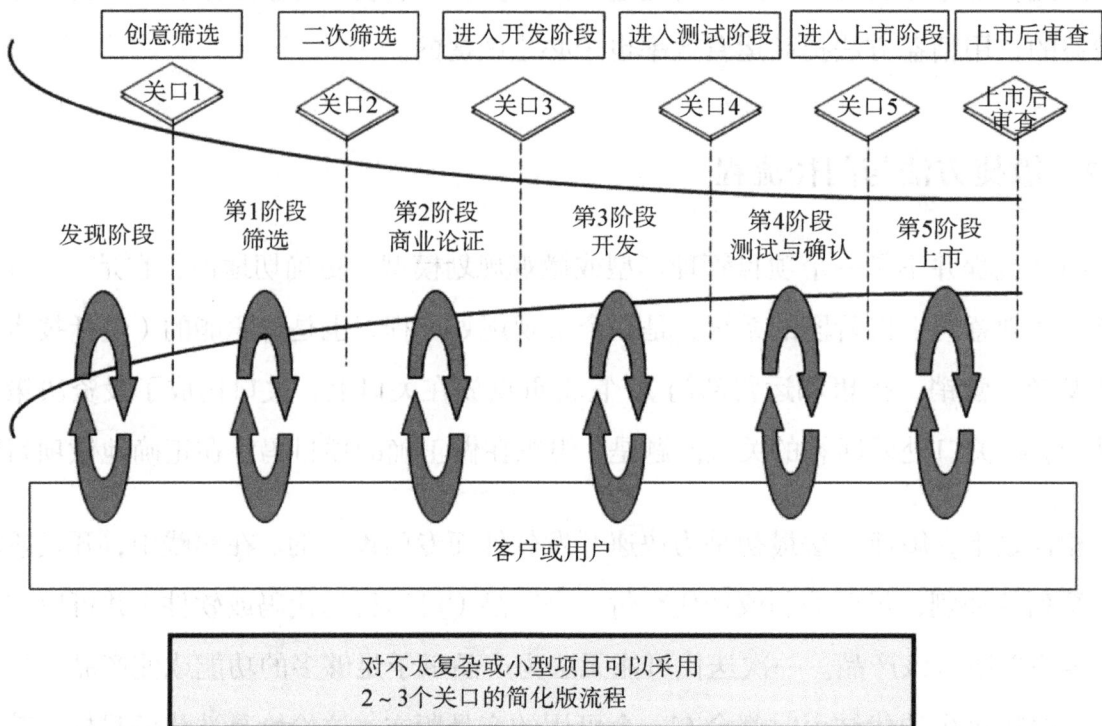

图 3.18　将软件开发中的敏捷方法用于门径流程中（获得授权，库珀，2015 年）

3.4.3　集成产品开发与其他流程

顾名思义，集成产品开发是将产品创新中的功能、角色和活动集成起来的框架。其定义是"系统地运用由多功能学科集成而得的团队成果，有效果、有效率地开发新产品，以满足客户需求的一种理念"（卡恩，2013 年）。

集成产品开发的一个特点是"学习和持续改进"。图 3.8 描述了产品创新成熟度模型。该模型表明，如何从一个专注在产品创新流程和技术上的组织逐渐发展为基于知识的学习型组织。

从逻辑上说，门径流程注重宏观规划和阶段决策，敏捷方法注重微观规划和灵活性，精益方法注重减少时间与人力浪费，这些方法之间是互补的，而不是相互排斥的。将所有这些产品创新方法整合起来建立学习型组织，或将每种模型中的元素融合为一个真正适合产品创新流程的模型，并将学习和持续改进作为重点，才是真正先进的产品创新实践。

3.5　产品创新流程控制

本章介绍的每种产品创新流程在基本结构和基本原理方面都具有明显的优势。每种流程也有自己的应用情境，先有流程然后才有结果。例如，交付团队通常会制定一些所需的文档，如需求文件或架构文件，以通过流程中的关口。高级管理者或管理团队应承担管理（治理）和控制责任，这是确保产品创新流程整体有效性的前提。正确的流程应聚焦在高效和有效地交付正确结果上。

项目管理协会将项目集治理定义为（粗体字表示在产品创新中的重点和应用）："涵盖由发起组织对项目集和战略进行**定义**、**授权**、**监督**和**支持**的**体系与方法**。项目集治理是指发起组织用于确保项目集（在可行的范围内）被**有效和持续管理**而执行的实践和流程。由评审和决策机构来实施项目集治理，该机构负责批准或签署其授权范围内的项目集建议。"（《项目集管理标准》第 3 版，2013 年）

从产品创新治理的角度来看，需要充分回答以下问题：

（1）产品创新流程是否适合组织及其产品或服务的特定需求？整个组织是否对流程进行了良好的沟通、理解和采用？

（2）新产品或服务成果的可测量目标是否已经明确并达成一致？所有参与产品创新流程的人是否都理解这些信息？

（3）是否为产品创新流程中的每个阶段设定了具体度量指标（例如，实际花费与预算、按时完成的里程碑和总开发周期等）？是否将这些度量指标作为学习和持续改进的基础？

（4）管理权限和个人责任之间是否有适当的平衡？

（5）决策规则和流程是否能够确保有效和及时地做出决策？有没有任何重大和不必要的，导致失败和延误的"障碍"存在？

（6）是否按照组织各部门的投入、产出和流程度量指标，定期评审产品创新流程？

（7）是否有具体流程和实例来解决团队成员之间的潜在分歧，尤其是在跨职能团队参与同一项目时？

3.6 本章小结

- 组织是否采用了结构化和一致化的流程，这对产品创新成功而言至关重要。

- 产品创新本质上是一个风险与回报的过程。应用流程和实践旨在降低不确定性程度并提高产品成功概率。

- 在产品创新流程中，随着产品创新的推进，成本会急剧增加，尤其在最终设计、制作原型及从规模化到商业化阶段。最重要的一点是，在产品创新早期阶段（通常称为"模糊前端"）投入的精力越多，做出的决策就更明智，项目成功概率也会更高。

- 本章介绍了多种产品创新流程模型。不同的流程模型各有优点，通常适用于整个产品创新流程的某些阶段。门径流程囊括了从创意到上市的整个流程，而其他大多数流程侧重于整个流程中的某些阶段。

- 应用在特定组织和产品时，门径流程、集成产品开发、瀑布模型、敏捷方法、精益方法、系统工程和设计思维各有优势。深入理解每种模型的原理非常重要。只有这样，才能根据公司具体情境选用最合适的流程模型。通常会综合应用两种或更多的流程模型。

- 所有流程模型都遵循以下共同原则：

  ——注重战略一致性。

  ——基于知识制定决策，以降低产品失败风险。

  ——强调在做设计决策时要考虑相关方反馈。

  ——采用跨职能团队。

  ——整个组织采用结构化流程框架并达成共识。

- 在产品创新方面真正成功的组织理解新产品成功的基本原理，即向他人学习，持续努力，不断改进。

- 产品创新成功的根基是围绕创新战略和具体产品创新项目，清晰地定义目标和目的，并将其纳入产品创新章程。

- 在每个产品创新项目中都要制定可持续性战略和原则，包括减少浪费、再循环及材料再利用。此外，经营中也应考虑利润、人类和地球三重约束。

3.7 本章参考文献

- Anon. (2001). *Agile Manifesto for software development.*

- Blank, S. (2016). *SyncDev methodology.* SyncDev.

- Blank, S., Dorf, B. (2012). *The Startup Owner's Manual: The Step-By-Step Guide for Building a Great Company,* K&S Ranch.

- Booz, Allen, and Hamilton. (1982). *New products management for the 1980s,* Indiana University.

- Cooper, R.G., Sommer, A.F. (2016). *Agile-Stage-Gate: New idea-to-launch method for manufactured new products is faster, more responsive,* Industrial Marketing Management, Volume 59, Pages 167- 180, ISSN 0019-8501.

- Cooper, R.G., Sommer, A.F. (2018). *Agile-Stage-Gate for Manufacturers,* Research-Technology Management, 61:2, 17-26, DOI: 10.1080/08956308.2018. 1421380.

- Cooper, R.G. (2001). *Winning at New Products,* 3rd Edition, p.124, Wiley.

- Cooper, R.G. (2011). *Winning at New Products: creating value through innovation,* 4th Edition, Basic Books.

- Cooper, R.G. (2014). *What's next after Stage-Gate®,* Research-Technology Management, Jan-Feb 2014, pp.20-31.

- Cooper, R.G. (2015) *Stage-Gate® and Agile development: debunking the myths.*

- Cowan, Alex. Your Lean Startup.

- Espinoza-Orias, N., Cooper, K., Lariani, S. (2018). Integrated Product innovation at Nestlé. In: Benetto, E., Gericke, K., Guiton, M. (eds). Designing Sustainable Technologies, Products and Policies. Springer, Cham.

- Haberfellner, R., De Weck, O., Fricke, E., Vössner, S. (1986). *Systems Engineering, Fundamentals and Applications,* Birkhäuser.

- IBM PLM Solutions. (2009).

- Jacobs, N., & Cooper, R. (2018). *Living in Digital Worlds: Designing the Digital Public Space.* Routledge. in press.

- Kahn, K.B. (2005). *PDMA HandBook 3rd ed.,* Wiley.

- Kahn, K.B. (2013). *PDMA HandBook, 3rd ed.,* Wiley.

- Lee, B., Cooper, R., Hands, D. (2018). *Are Traditional PRODUCT INNOVATION*

Processes Relevant to IoT Product and Service Development Activities; a critical examination, Conference: 2018 Design Research Society Conference, At: Limerick, Ireland, Volume: 6, DOI: 10.21606/dma.2018.244.

- Luchs, M.G., Swan, S.K., and Griffin, A. (2015). *Design thinking,* John Wiley & Sons.

- Mackey, W. (2007). *Metrics that matter to new product innovation,* The PDMA ToolBook, Chapter 16, John Wiley & Sons.

- Markham, S.K., Lee, H. (2012). *Product Development and Management Association's Comparative Performance Assessment Study,* Journal of Product Innovation Management, Vol 30 no 3.

- Morgan J.M., Liker, J.K. (2006). *The Toyota Product Innovation System, Integrating People, Process and Technology,* Productivity Press.

- Mascitelli, R. (2011). Mastering Lean Product Innovation: *A practical, event-driven process for maximizing speed, profits and quality,* Northridge, CA: Technology Perspectives.

- Naveh, E. (2004). T*he effect of integrated product innovation on efficiency and innovation,* International Journal of Production Research, Vol 43, 2005, pp 2789-2808, Taylor and Francis, Online.

- Pahl, G., Beitz, W., Feldhusen, J., and Grote, K.H. (2007). Engineering Design: A Systematic Approach. Third edition. London: Springer London.

- Pichler, R. (2013). *Agile Product innovation with scrum: creating products that customers love,* Addison- Wesley Signature Series (Cohn), 1st Edition, ISBN-13: 978-0321605788, ISBN-10: 0321605780.

- Phillips, R., Neailey, K., and Broughton, T. (1999). "A comparative study of six Stage-Gate approaches to product innovation," Integrated Manufacturing Systems, Vol. 10 Issue: 5, pp.289-297.

- Ries, E. (2011). *The Lean Startup: How Today's Entrepreneurs Use Continuous Innovation to Create Radically Successful Businesses.* Crown Business.

- Royce, W.W. (1970). *Managing the Development of Large Software Systems,* Technical Papers of Western Electronic Show and Convention, (WesCon) August 25–28, 1970, Los Angeles.

- StartitUp. Becoming a Lean Startup Guru.

- Sutherland, J., & Sutherland, J.J. (2014). *Scrum: the art of doing twice the work in half the time.* Currency.

- Yoo, Y., Lyytinen, K.J., Boland, R.J. Jr., & Berente, N. (2010, 10 Sep 2017). *The next wave of digital innovation: Opportunities and challenges: A report on the research workshop 'digital challenges in innovation research'.*

- Winner, R.I., Pennell, J.P., Bertrand, H.E., and Slusarczuk, M.M.G. (1991). *The Role of Concurrent Engineering in Weapons System Acquisition, Institute for Defense Analyses Report R-338,* December 1988.

3.8　本章延伸阅读

- Center for Quality of Management, CQM. (1997). *Concept Engineering.* Cambridge, Massachusetts: CQM.

- Cooper, R.G. (2017) *We've come a long way baby,* Journal of Product Innovation

Management, Volume 34(3):387–391VC2017, Product Development & Management Association, DOI: 10.1111/jpim.12372.

- Crawford, M. & DiBenedetto, A. (2003). *New Products Management, 7th Edition,* Ch. 8. Irwin McGraw-Hill.

- Orme, B.K. (2014). *Getting Started with Conjoint Analysis* (Third ed.). Glendale, CA: Research Publishers LLC.

- Dobson, M.S. (2004). The Triple Constraints in Project Management. Management Consultants Inc.

- Fowlkes, W.Y., & Creveling, C.M. (2007). *Engineering methods for robust product design: Using Taguchi methods in technology and product innovation.* Reading, Massachusetts: Addison-Wesley Longman, Inc.

- Fricke, E. and Schulz, A.P. (2005). *Design for changeability (DfC): Principles to enable changes in systems throughout their entire life cycle.* Syst. Engin., 8: no-no. doi:10.1002/sys.20039.

- Hallgrimsson, B. (2012). *Prototyping and modelmaking for product design.* London, UK: Laurence King Publishing.

- Hauser, J.R., & Clausing, D. (1988). The house of quality. *Harvard Business Review* (May-June), 63-73.

- Honour, E.C. (2004, June) *Understanding the value of systems engineering,* In INCOSE International Symposium (Vol. 14, No. 1, pp. 1207-1222).

- IDEO.

- Kano, N. (2001). *Life cycle and creation of attractive quality.* Paper presented at the

4th International QMOD Quality Management and Organizational Development Conference, Linkoping University, Sweden.

- Katz, G. (2007). Quality Function Deployment and the House of Quality in The PDMA Toolbook, Chap. 2, John Wiley & Sons.

- Kaufman, J.J., & Woodhead, R. (2006). *Stimulating Innovation in Products and Services*. Hoboken, New Jersey: John Wiley & Sons.

- Kumar, V. (2013). *101 Design methods*. New Jersey: John Wiley & Sons.

- Ladewig, G.R. (2007). TRIZ: The theory of inventive problem solving, in The PDMA Toolbook, Chap. 1, John Wiley & Sons.

- Laney, D.   "3D Data Management: Controlling Data Volume, Velocity and Variety" (PDF). Gartner. Retrieved 6 February 2001.

- McLennan, J.F. (2004). *The Philosophy of Sustainable Design*. Kansas City, Missouri: Ecotone Publishing Company LLC.

- Nagamachi, M. (2011). *Kansei/Affective Engineering*. Florida: CRC Press Taylor & Francis Group.

- Norman, D.A. (2004). *Emotional design: why we love (or hate) everyday things*. New York: Basic Books.

- Project Management Institute. (2013). A Guide to the Project Management Body of Knowledge (PMBOK Guide), 5th ed.

- Rodriguez, C.M. (2017). Product Design and Innovation: Analytics for Decision Making, Dover, US: CreateSpace Publishers.

- Sato, Y., & Kaufman, J.J. (2005). Value Analysis Tear-Down: *A new process for product innovation and innovation.* New York, New York: Industrial Press, Inc.

- Mattimore, B. (2012). Idea Stormers, John Wiley and Sons.

- TRIZ in detail.

- TRIZ applied to PRODUCT INNOVATION.

- Ulrich, K.T. and Eppinger, S.D. (2016). Product Design and Development, 6th ed.

本章试题

1. 玛丽在一家汽车零部件公司担任产品开发工程师。她的上司一直抱怨产品从开发到上市耗时太长。他希望能够通过定期迭代的方法，更高效地开发新产品。为了缩短上市时间，玛丽应该向她的上司推荐什么类型的产品创新流程？

   A. 瀑布模型
   B. 集成产品开发
   C. 敏捷方法
   D. 门径流程

2. 通常在新产品开发早期存在很多不确定性。该阶段通常被称为____。

   A. 概念生成
   B. 模糊前端
   C. 商业论证
   D. 概念评估

3. 组织中产品创新流程成熟的标志是组织具备什么样的能力？

   A. 在整个创新流程中邀请并整合相关方和高级管理层的参与

   B. 使用迭代和风险管理步骤促进有效和高效地进行产品创新

   C. 不断向产品管道中投放新产品

   D. 从各种模式和经验中开发出适合自己的最佳实践

4. 经典瀑布模型的第一步是需求，最后一步是____。

   A. 开发

   B. 维护

   C. 验证

   D. 实施

5. 敏捷方法中的关键要素包括 Scrum 流程、敏捷教练、敏捷团队、冲刺、产品待办列表及____。

   A. 相关方

   B. 项目经理

   C. 产品负责人

   D. 产品倡导者

6. 一家公司正在开发一款相对简单的产品，该产品是现有产品线的延伸。市场很明确，产品失败风险也很低。在这种情境下，应该用几个阶段的门径流程？

   A. 五阶段流程，重点放在初始商业分析上

   B. 五阶段流程，在决策流程中进行更多市场调研

   C. 相对较短的三阶段流程，重点放在加快上市速度上

   D. 三阶段流程，重点放在上市前的试销上

7. 一种流程模型为团队提供了框架，通过一系列固定长度的迭代来开发产品，以相对固定的频率发布软件，该流程模型被称为＿＿＿。

    A. 冲刺

    B. 精益方法

    C. Scrum

    D. 敏捷方法

8. 关口被定义为"基于可交付成果、标准和输出的决策点"，关口的输出包括以下哪个？

    A. 财务报表

    B. "是或否"的决策

    C. 概率和影响的高低

    D. "通过、否决、搁置、重做"的决策

9. 精益产品创新方法聚焦在以下哪个方面？

    A. 在流程中强调纪律

    B. 使得流程更具灵活性

    C. 消除浪费

    D. 鼓励跨职能协同

10. 指导项目、项目集和项目组合管理活动并提供指导、决定和监督的框架、功能和过程称为＿＿＿。

    A. 治理

    B. 项目管理

    C. 团队领导

    D. 通用管理

本章试题参考答案

1. C　　6. C

2. B　　7. C

3. D　　8. D

4. B　　9. C

5. C　　10. A

第 4 章
产品设计与开发工具

提供产品从创意到制造再到市场化所需
的有效和高效方法

↘ **本章学习重点**

在产品设计与开发的不同阶段，如创意生成、概念设计、实体化设计和详细设计等阶段，都会用到一些特定工具和方法。在每个阶段应用特定工具，可以减少不确定性和模糊性，并确保满足客户需求和设计技术规格。本章介绍了一些常用工具，以及如何将它们应用在产品设计流程各个阶段。

2012 年产品开发与管理协会开展的比较绩效评价研究表明，在使用研发与设计工具方面，最佳公司比其他公司高出 30%~50%（Markham & Lee，2013 年）。

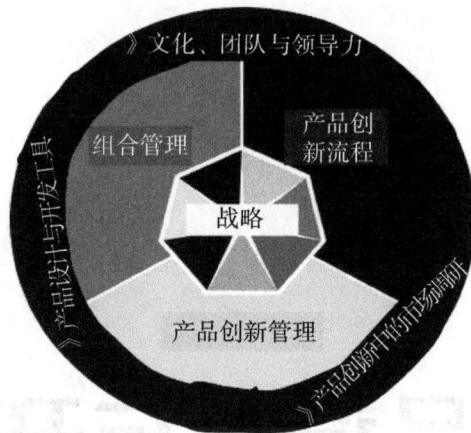

↘ **本章内容一览图**

本章介绍产品创新设计与开发阶段中用到的工具。有些工具可以应用于多个阶段。

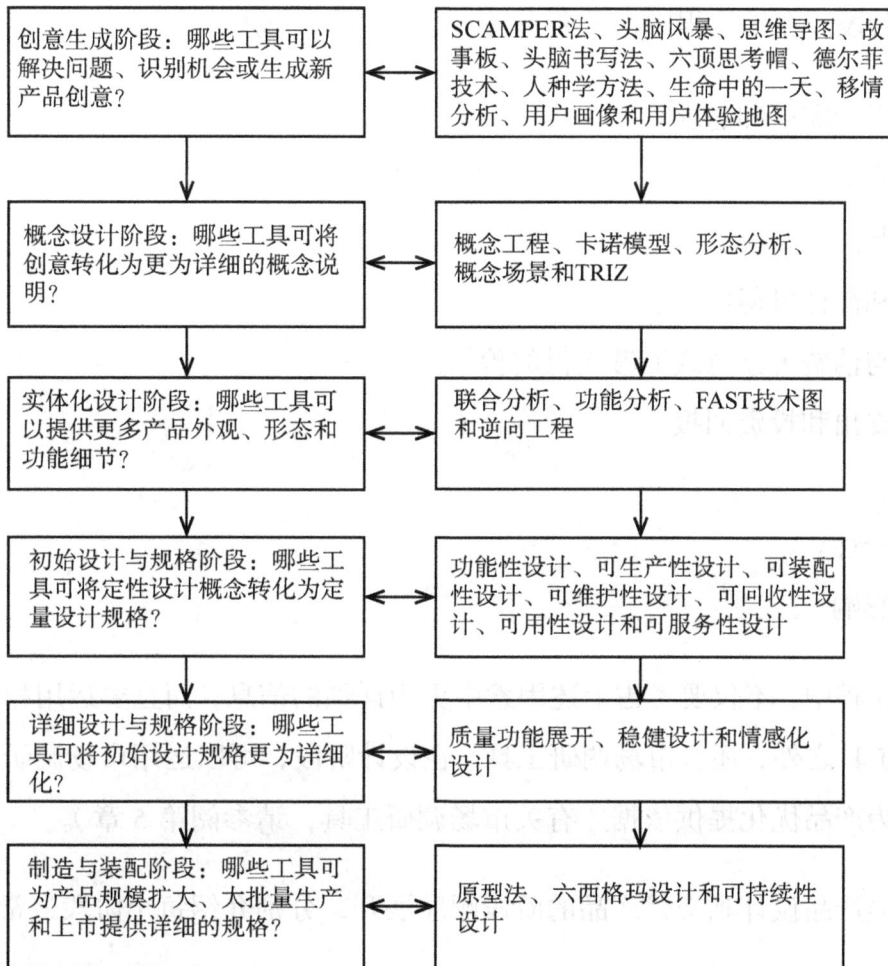

创意生成阶段：哪些工具可以解决问题、识别机会或生成新产品创意？	SCAMPER法、头脑风暴、思维导图、故事板、头脑书写法、六项思考帽、德尔菲技术、人种学方法、生命中的一天、移情分析、用户画像和用户体验地图
概念设计阶段：哪些工具可将创意转化为更为详细的概念说明？	概念工程、卡诺模型、形态分析、概念场景和TRIZ
实体化设计阶段：哪些工具可以提供更多产品外观、形态和功能细节？	联合分析、功能分析、FAST技术图和逆向工程
初始设计与规格阶段：哪些工具可将定性设计概念转化为定量设计规格？	功能性设计、可生产性设计、可装配性设计、可维护性设计、可回收性设计、可用性设计和可服务性设计
详细设计与规格阶段：哪些工具可将初始设计规格更为详细化？	质量功能展开、稳健设计和情感化设计
制造与装配阶段：哪些工具可为产品规模扩大、大批量生产和上市提供详细的规格？	原型法、六西格玛设计和可持续性设计

4.1 设计流程引论

本书将设计流程定义为整体产品创新流程中的一部分，重点关注产品初始创意、制造和上市等阶段。在该流程中，需要考虑一系列因素，包括：

- 消费者的需要和需求。
  - 外观。
  - 功能。
- 材料和部件可得性。
- 成本与消费者愿意或能够支付的价格。
- 资本支出和投资回报。
- 竞争。
- 可制造性。
- 环境影响。

在设计流程中，不仅要考虑上述因素中更为详细的信息，而且要运用相应的设计工具。除设计工具之外，还有市场调研工具。在设计阶段，可以运用市场调研工具提供消费者信息，为产品优化提供依据（有关市场调研工具，请参阅第 5 章）。

本章按照产品设计到交付产品的阶段顺序展开，分别介绍每个阶段最常用的工具。

4.2 创意生成阶段

4.2.1 什么是创意生成

创意生成是产生、开发和交流新创意的创造性过程，也是设计流程的基本组成部分。"创意生成是为了解决消费者问题，从而寻找更多解决方案的所有活动和流程。应用该方法可以在产品创新早期阶段生成产品概念，在中期阶段解决问题，在后期阶段规划上市，以及在退市阶段更好地总结产品在市场中的成败。"（卡恩等，2013 年）

在创意生成中有两种思维方式。

- **发散思维（Divergent Thinking）**：不加判断、不加分析、不加讨论地提出创意和可能性的过程。它是允许自由联想和"打破边界"的思维方式，也是解决没有单一、正确或已知答案的重大问题的创新方法。
- **收敛思维（Convergent Thinking）**：通过分析、判断和决策，对大量创意进行分类、评估和利弊分析，然后做出决策的过程，也称"聚合思维"。

4.2.2 创意生成工具

下面是管理者在创意生成阶段常用的一些工具。

SCAMPER 法

采用一系列行为动词来激发创意的方法，特别适用于改进现有产品或开发新产品，有助于产生创意。SCAMPER 由以下词语的首字母组合而成。

- S（Substitute）——替代。
- C（Combine）——合并。
- A（Adapt）——改造。
- M（Modify）——调整。
- P（Put to another use）——改变用途。
- E（Eliminate）——去除。
- R（Reverse）——逆向操作。

头脑风暴（Brainstorming）

一种常用技术。一群人（通常为 6 ~ 10 人）在一起自由发言而不用担心受到批评，鼓励参与者提出大量创意。可以将创意进行融合，也可以在一个创意基础上生成另一个创意（1+1=3）。IDEO 公司专门为头脑风暴制定了规则，规则包括一开始不对创意进行评判；鼓励疯狂的创意；可以在别人的创意上再生成创意；一次只专注于一个主题；采用可视化方法及重视创意数量而不是质量。

思维导图（Mind-mapping）

用于在各种信息、创意和概念之间建立联系的一种图形化技术。参与者从页面中心区的一个关键词或短句开始，然后以该关键词或短句为中心进行发散，从多个方向生成新创意，最后将这些创意联系起来，构建创意关系图。

故事板（Storyboarding）

讲述消费者使用产品和体验的故事，目的是更好地理解有关具体产品设计属性或新需求的问题或话题。

头脑书写法（Brainwriting）

参与者用书面而非口头的方式写出解决具体问题的创意。然后，每个参与者将自己写好的创意传给下一个人，由下一个人续写创意，写完后再将创意传递给下一个人，以此类推。整个过程大约用时 15 分钟，之后将所有人的创意集中到一起，供小组讨论。还有一种方法是用图形而非文字来生成创意，所有参与者共同完善创意。

六顶思考帽（Six Thinking Hats）

爱德华·德·博诺（Edward de Bono）开发的一种工具，它鼓励团队成员将思维方式分成六种明确的功能和角色，每种角色都有一顶具有象征性颜色的"思考帽"。

- 白色：象征客观，聚焦在事实上。
- 黄色：象征积极，寻找价值和收益。
- 黑色：象征消极，寻找问题或缺陷。

- 红色：象征情绪，喜欢、不喜欢或害怕。
- 绿色：象征创造力，寻找新的创意、可能性和解决方案。
- 蓝色：象征控制，确保遵循正确的流程。

德尔菲技术（Delphi Technique）

通过向专家组发送问卷，然后根据专家匿名回复的结果进行预测的方法。通常向专家发放几轮问卷，每轮问卷结束后，将专家的匿名回复进行汇总并在专家组内公布。它主要用于对未来技术和消费者趋势进行预测和判断（也用作战略规划工具，详见第1章）。

人种学方法（Ethnographic Approaches）（也称 Ethnography。——译者注）

观察用户在自然环境（如厨房、营地、建筑工地等）中行为的一种研究方法。该方法通过"深潜"的方式了解客户的行为、信念、态度和偏好是由哪些维度和因素决定的，同时也了解其中的复杂性。

生命中的一天（A day in the life）

该方法通过观察用户在一天中所从事的个人活动、遭遇的问题和产生的情绪，了解用户在体验产品或服务时的举动、行为和环境。

移情分析（Empathy Analysis）

与客户进行深入沟通，了解客户并与客户建立直接的情感联系。设计者需要将自己置身于客户的世界中，了解客户的问题，并从客户的角度提出解决方案。

用户画像（Personas）

用户画像是对用户群体进行客观和直接观察后所设计的虚构角色。这些角色被称为"典型用户"或"用户原型"。开发者通过这些角色能够预测客户对产品特性的态度和行为。开发者通常运用人口统计、行为、态度、生活方式和偏好等信息勾勒出用户画像，然后用这些特征来识别细分人群或目标人群。根据用户画像，开发者可以了解用户使用产品时的场景，从而对设计进行分析和优化。

用户体验地图（Journey Maps）

用户体验地图是消费者使用产品或服务时的行动和行为流程图。用户接触到产品或服务的那一刻被称为"触点"。用户体验地图包括用户进一步体验时产生的情绪。通过用户体验地图可以识别差距，进而带来创造价值的机会。

4.3　概念设计阶段

在创意生成阶段，通常只对产品概念进行简单描述，对产品的形式、功能、优点和特性等方面几乎没有详细的描述。在该阶段对产品概念进行详细描述的原因有两个。首先，为所有开发团队成员提供说明并促成大家达成一致；其次，向潜在客户说明产品方案，既可以征求客户对产品优点和特性的意见，又可以让客户提出更新或改进产品的建议。

从最初创意到最终商业化过程中，不断将概念清晰化是新产品成功的关键。随着创新流程不断推进，产品规格也应越来越详细，即从相对简单的创意到更为详细的产品概念，最后到规模化生产和商业化所需的量化细节。图 4.1 是设计流程示意图。

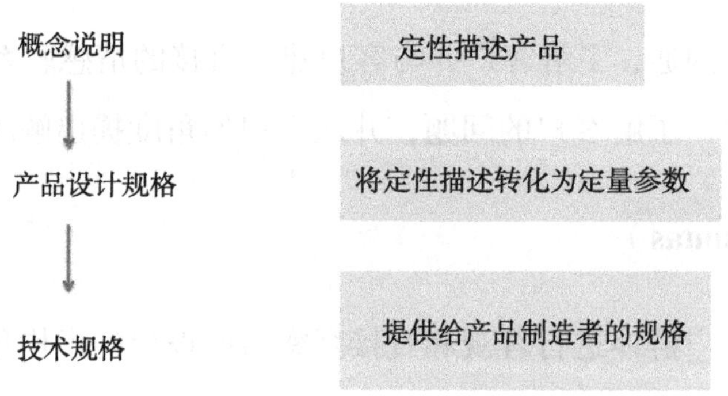

概念说明	定性描述产品
产品设计规格	将定性描述转化为定量参数
技术规格	提供给产品制造者的规格

图 4.1　设计流程示意图

每一款好产品都是从清晰的概念说明开始的。识别和评估概念有几种方法，下面介绍两种常用方法，分别为概念工程和卡诺模型。

4.3.1　概念工程（Concept Engineering Method）

该方法由质量管理中心（Center for Quality Management，CQM）、CQM 会员企业和麻省理工学院合作开发。概念工程是以客户为中心的流程，明确了产品创新流程的"模糊前端"，目的是开发产品概念。该方法可以明确客户在设计中的关键需求，并提出几种满足这些需求的产品概念方案。该方法的步骤和具体活动如下：

第一阶段：**了解客户环境**

了解项目范围并制定路线图，用路线图来指导探索活动，收集客户之声并形成客户环境和产品应用的共同画像。通过客户访问和环境调查深度了解客户使用环境。将收集到的客户之声转化为需求，并纳入产品设计所包含的预期特性中。该阶段要求设计团队用三角互证法（Triangulation of Perspectives）开发客户环境的共同画像。

第二阶段：**将对客户的了解转化为需求**

将客户之声转换为需求说明。应用优先级排序方法明确关键需求。例如，将收集到的 24 个客户需求中的 8 个列为下一阶段的关键需求。最后，围绕相关"主题"对所有需求进行归集，用于指导创造性的探究。

第三阶段：**用专业方法进行落实**

为此前识别的所有客户需求制定质量图（Quality Chart）和可实施的定义。质量图是客户和技术需求（度量指标）之间的关系矩阵。可以使用以下任何一种方法对需求进行优先级排序，如卡诺问卷、重要度自评问卷或关键需求问卷。

此阶段还包括为需求设定通用度量指标。应尽可能地减少需求度量指标的数量，通常给每个需求设定两个度量指标。如果一个度量指标与许多需求（如四个需求）相关，则表明该度量指标过于笼统，难以应用。有效性和易用性是评估度量指标好坏的两个主要标准。质量图将客户需求与需求度量指标联系起来。该图与典型质量屋中的关系矩阵类似。本章后面将介绍卡诺模型和质量屋。

第四阶段：**生成概念**

该阶段为需求到"解决方案"之间的过渡阶段。应尽可能地生成多种不同概念。为此，必须将总体问题分解为子问题，这样做有助于为产品或系统的具体部件提供解决方案。有几种分解方法，如功能分析、FAST 技术图、流程图和度量指标树形图。该阶段结束时，应产生清晰并可实施的概念说明表。

第五阶段：**选择最终概念**

该阶段包括对最可行概念进行量化分析和评估。可以采用卡诺模型进行分析和评估，也可以结合度量指标重要性权重进行评估，最终从客户角度明确产品总体性能。概念工程的最后一步是对整个流程进行总结，包括回顾客户需求收集的一致性，公司所具备的资源和能力，以及设计团队所遵循流程文档的完整性。

4.3.2   卡诺模型（Kano Method）

卡诺模型被广泛应用于工业领域。在识别客户需求和潜在需求，明确功能需求，开发概念作为进一步产品定义的备选方案及分析同类竞争性产品或服务等方面，卡诺模型被证明是很有效的。

卡诺模型将产品需求分为三大类，即基本需求、期望需求和兴奋需求。基本需求是对产品能够实现基本功能的要求，这些需求是基本的，也就是说，没有这些功能，用户就会不满意。期望需求是对产品实现真正收益和用处的要求。它们反映在功能、性能和属性上，体现了差异化。兴奋需求通常是能够带来惊喜的。它们让客户开心，客户满意度非常高。有了它们就会让客户的整体体验更好，但是没有它们也不会带来不满。

通过卡诺模型，就可以识别用户在产品或服务中想要满足的一系列用户需求（也称客户需求）。除上述分类外，卡诺模型还包括四个关键质量要素。

A：魅力属性。具备该属性时，客户就会满意；不具备该属性时，客户也不会不满意。

O：期望属性。该属性为功能和满意度之间的比例关系，更多的功能就会带来更高的满意度。

M：必备属性。该属性是用户期望的最低限度。具备该属性时，客户会认为是理所应当的；而不具备该属性时，客户就会不满意。

I：无差异属性。该属性既不会带来满足感，也不会导致不满意，即有没有该属性均可。

简而言之，卡诺模型将产品聚焦在同类产品中具有竞争力的需求上，并进行相应分析。这些分析包括：

- 卡诺问卷设计。
- 用卡诺评估表将客户需求分为魅力属性、期望属性、必备属性和无差异属性。
- 通过频度分析确定客户需求的优先级和相对重要度，也可通过重要度自评问卷来实现。
- 对客户需求进行分类的稳健性度量指标包括分类一致性、分类强度、总强度，以及通过假设检验中的 t 检验来评估客户需求的顺序。
- 计算每个客户需求的满意或不满意系数。
- 将满意度与不满意度分数进行映射，并将各需求类别进行可视化，从而给团队提供在设计和原型开发阶段应考虑功能的洞察。

4.3.3　形态分析（Morphological Analysis）

当设计者希望应用前期探索阶段收集到的信息来形成可行的概念时，形态分析就非常奏效。用该方法可以生成满足潜在用户需求和期望的系统解决方案，其目的是识别若干解决方案（或设计参数）中的共同要素。

典型的形态分析包括以下步骤：

- 以用户为中心，明确对产品设计而言至关重要的产品要素或维度。
- 将这些要素转化为概念或创意，创意可来源于每个要素的分支。
- 创建形态图，水平方向为要素或维度，在每个要素下有一连串的概念或创意（见图 4.2）。
- 将每个要素下的创意组合起来，形成解决方案，然后进入产品设计阶段。
- 制定具体标准，用其对解决方案进行优选。
- 新产品开发团队讨论可行的解决方案，并进行最终评估。

图 4.2 是一个形态分析示例。在开发酒店概念时，开发者采用了五个关键设计维度对酒店进行设计。图中的灯泡代表设计维度（如适应性、社区等）下的创意。灯泡间的链接代表了概念之间的联系，将创意（灯泡）组合起来就形成了解决方案或概念（解决方案 1、2 等）。

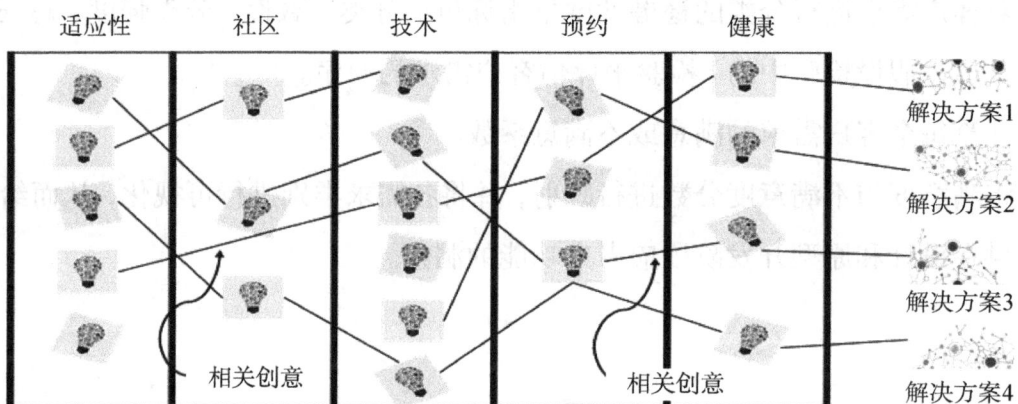

图 4.2　形态分析示例

4.3.4 概念场景（Concept Scenarios）

概念场景是通过生成一些具体场景，了解潜在概念在现实生活中是如何发挥作用的一种技术。产品设计团队收集草图、插图、照片和活动描述，然后设计客户体验场景。场景详细描述了实际参与者、环境、参与者的目标及参与者实现目标的方法。该技术的目的是为所需考虑的每个概念都设计场景。按照以下步骤来设计概念场景：

- 运用一些方法（如卡诺模型或形态分析）开发出概念。
- 围绕每个概念创建并确定一个场景，包括参与者、环境和实现目标的流程。
- 在整个场景中，对概念进行评估并优化。
- 将概念在现实生活中的应用，包括用户、其他参与者和所有活动，用场景的方式体现出来。
- 在相应的场景和用户环境中，针对"概念能够实现哪些价值"展开讨论。

该技术可以减少在下述一些活动上所耗费的时间，从而缩短产品开发生命周期。这些活动包括：识别关键客户需求；介绍用户体验中的产品功能；交流新产品特性及为概念测试提供指导。

4.3.5 TRIZ

TRIZ 是基于逻辑、数据而非直觉的问题解决方法。该方法能够快速提升项目团队创造性解决问题的能力。TRIZ 的结构和算法特点使其成为一种可重复、可预测，也很可靠的方法。TRIZ 是一组俄文单词的首字母缩写，含义是"发明问题解决理论"。它的英文缩写是 TIPS（Theory of Inventive Problem Solving）。1946—1985 年，苏联的阿奇舒勒（G.S. Altshuller）和他的同事们创建了该方法。现在，TRIZ 已经是一门国际性的创造力科学，研究的是问题和解决方案的模式，而不是个人或团队的突发奇想或直觉创造力。Ladewig（2007 年）对 TRIZ 进行了详细介绍。

总之，TRIZ 是一个用处很广的创新流程。它包含一系列活动，既可用于右脑的创造性思维，也可用于左脑的分析性思维。TRIZ 基本概念包括：

- **功能**：引起了什么改变（什么、为什么、何时、如何）。
- **资源**：万物皆为可用资源。
- **理想度**：只寻求有利的方案或者利大于弊的方案。
- **矛盾**：改善一个方面是否会影响另一个方面？
- **趋势**：在单个特性中稍加一点复杂度，可以获得多少自由度？

奠定 TRIZ 基础的研究包括：

- ◆ 在各行各业和不同学科中，一些问题和解决方案是相同的。通过将每个问题的"矛盾"进行分类，就能得到解决该问题的创造性方案。
- ◆ 各行各业和不同学科的技术进化模式是相同的。
- ◆ 某一领域常常借用其他领域的研究成果进行创新。

TRIZ 应用

应用 TRIZ 的重点在于学习解决问题的通用模式，并将 TRIZ 通用模式用于解决具体问题。图 4.3 为 TRIZ 问题解决矩阵。

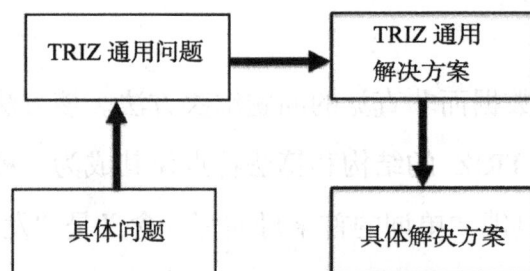

图 4.3　TRIZ 问题解决矩阵

TRIZ 方法

TRIZ 通用解决方案是指经过几十年的 TRIZ 研究已获得的解决方案，这些解决方案以多种方式体现出来。有一些是分析型方法，例如：

◆ 理想度和最终理想解。

◆ 功能分析、功能建模和剪裁。

◆ 定位冲突区域（与六西格玛中的"根因分析"类似）。

还有一些更为规范化的方法，例如：

• 40 个发明原理。

• 分离方法。

• 技术进化法则和进化趋势。

• 76 个标准解。

其中，40 个发明原理是最为常用的方法（见图 4.4）。

1. 分割	21. 快速通过
2. 抽取	22. 变害为利
3. 局部质量	23. 反馈
4. 非对称	24. 中介物
5. 组合	25. 自服务
6. 多用性	26. 复制
7. 嵌套	27. 廉价替代品
8. 重量补偿	28. 机械系统替代
9. 预先反作用	29. 气压或液压结构
10. 预先作用	30. 柔性壳体或薄膜
11. 事先防范	31. 多孔材料
12. 等势	32. 改变颜色
13. 反向作用	33. 同质性
14. 曲面化	34. 抛弃或再生
15. 动态特性	35. 物理或化学状态变化
16. 不足或过度动作	36. 相变
17. 空间维度变化	37. 热膨胀
18. 机械振动	38. 强氧化剂
19. 周期性作用	39. 惰性环境
20. 有效作用的持续性	40. 复合材料

图 4.4　40 个发明原理

↘ TRIZ 在产品创新中的应用

在产品创新中，TRIZ 主要用于开发新产品和改进现有产品的创意生成阶段。《PDMA 产品开发工具手册》（Ladewig，2007 年）中有具体示例，在图 4.5 中也列出了一些示例。

发明原理	解决方案
分割（将一个物体分成多个独立部分）	独立包装的奶酪片
局部质量（为不同用途提供不同包装）	《哈利·波特》成人版书
多用性（一个物体具有多种功能）	用带盖子的玻璃杯装巧克力。吃完巧克力后，可用玻璃杯盛水
嵌套	店中店（在书店里出售咖啡）
空间维度变化（倾斜或者重新定位）	将番茄酱瓶倒放后，用瓶盖立稳瓶身

图 4.5   40 个发明原理在产品创新中的应用

4.3.6   概念说明示例

示例 1：

IDEO 是一家国际化的设计公司，凭借"以人为本"的产品设计理念获得了业界认可。下面是 IDEO 提供的新型购物车的概念说明，该说明考虑了机动灵活性、购物行为、儿童安全和维护成本等问题。

"新型购物车采用嵌套式钢结构框架，取消了底部和侧面钢网以防止被盗（小偷会将有钢网的购物车偷走并改造成烧烤架。——译者注）。车架中可放置移动塑料篮，以方便购物者。该设计一方面有助于保护物品，另一方面提供了一种提高品牌知名度的方法。双座儿童座椅中采用了上翻式的托盘作为玩耍台。另外，增设了一处凹槽，购物者可将一杯咖啡或一束康乃馨花放入其中。

该购物车有一个独特的、可申请专利的特性，即可转向后轮。为了确保购物车的稳定性，一般的购物车的后轮只能直行。但在该设计中，后轮可以轻松地转向，从而使得购物车能够向左转或向右转。当客户推车前行时，车轮又会回到直行方向。"

示例 2：

好的产品概念说明要包含产品的核心利益、有形特性和增强特性，即在第 1 章中所介绍的产品三个层次。下面的例子体现了这一点。在该例中，要开发一款名为"黄貂鱼"（Stingray）的产品。该产品可以解决急救人员（特别是消防员）当前面临的一些问题。该产品包含一个耳机（或与消防员耳机配合使用的蓝牙接收器）和一个无线接收器，可以将其夹在制服上以获得最佳使用效果。产品的具体需求来自对消费者研究的结果，开发者可以通过焦点小组或观察法来获得这些结果。

核心利益

"黄貂鱼"产品使消防队员与其他急救人员能够在远距离情况下实现清晰、方便和可靠的通信。这种通信是保密、安全和可靠的。用户的行动不会受到干扰，无线接收器也不会造成安全风险。

有形特性

"黄貂鱼"产品由两部分组成，分别是无线接收器和耳机。

无线接收器

- 与旧款产品相比，新的无线接收器被设计得更小和更紧凑。无线接收器的弧形轮廓有助于佩戴者将其紧贴在身上。此外，将接收器设计得更低、更平，就不会妨碍佩戴者扭动髋部。
- 无线接收器上有个夹子，用来将接收器夹在腰带或皮带上。也可以将夹子取下，直接将无线接收器放进制服口袋里。
- 升级为数字网络，提升了音频通话质量。
- 外壳材料为高强度塑料——聚醚醚酮（Polyether

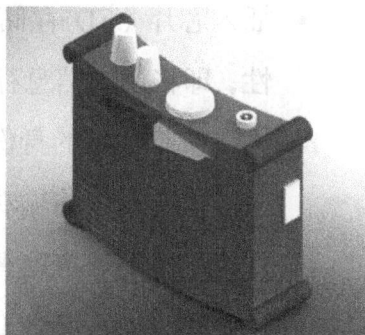

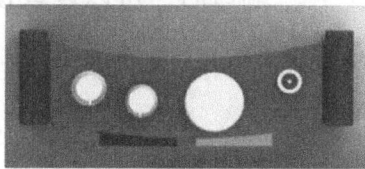

Ether Ketone，PEEK），采用该材料可以防止内部部件因受到碰撞、高温或水浸而损坏。接收器的四角用软橡胶包边，防止产品掉落时损坏。

- 采用全球定位系统（Global Positioning System，GPS）对人员进行实时跟踪。

- 陀螺仪和加速度感应器可以检测是否有急救人员摔倒或者无法移动。一旦发生这种情况，无线接收器将发出紧急信号，包括需要帮助者的姓名、身份及地理位置。

- 无线接收器配有一根铜质天线，可以放在急救人员的背心中。不穿背心的急救人员可以将一根小天线（类似于螺帽天线）拧入无线接收器顶部的同轴连接器中。

- 用经加密的蓝牙信号将无线接收器与耳机连接起来。位于无线接收器顶部的音量和频道控制旋钮与旧款产品相同。这是按照急救人员的需求而设计的，适用于任何情况。不过，新的控制旋钮上增加了锁定功能，以防止意外操作。按下控制旋钮顶部可以解锁。

- 一旦出于某种原因，耳机无法正常工作，就可以启用无线接收器中的内置话筒和耳机作为应急方案。当蓝牙与耳机连接中断时，按下无线接收器顶部的"通话按钮"就可以激活麦克风。

- 紧急按钮位于接收器的侧面。按下此按钮，用户位置、名称或身份信息就会被发送给基站工作人员，由基站工作人员按照应急响应流程进行处理。

- 插入芯片（SD 存储卡）后无线接收器才可以正常工作。新款产品增加了安全特性，即将用户信息存放在芯片中，通过全球定位系统，基站工作人员就知道使用无线接收器者的身份信息。还可以将语音命令存储在芯片中，用来激活或禁用经由耳机的音频传输功能。

- 用可更换的锂电池替换了镍氢电池，既减轻了重量，又延长了电池寿命。

- 位于接收器底部的 USB 端口是无线接收器的连接和充电端口。用 USB 线连上此端口后，可以设置接收器的参数（如频道等）。

↘ 耳机

对消防队员而言，无线耳机是全新的概念和装置，它取代了

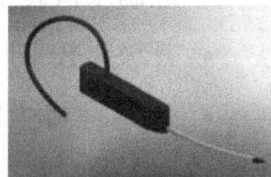

旧款有线耳机。有线耳机曾是消防人员难以忍受的一大痛点。

- 电源按钮用于打开或关闭耳机。耳机通过加密的蓝牙信号与无线接收器连接。
- 耳挂是可拆卸的，每个人都可以装配上适合自己的耳挂，确保耳机与每个用户的耳朵紧密贴合，并防止耳机脱落。
- 在耳机的侧面设计了一个大的通话按钮，用于激活麦克风。当用户腾不出双手时，可以用语音来激活。
- 麦克风紧贴使用者的侧脸，并可延伸到嘴部，从而提高语音质量。
- 将音频源紧贴耳朵，并使用小型表面传感器来提高音频质量。
- 通话按钮边上有电量显示灯，用来显示剩余电量。
- 耳机可以通过底部的 USB 接口充电，并为每个耳机都搭配了 USB 线。

↘ 产品增强特性

"黄貂鱼"产品有以下增强特性：

- 后期服务，包括向用户提供技术培训。
- 不间断的支持服务，包括提供 7 天 24 小时服务的服务台和线上服务门户网站。
- USB 线。
- 放芯片的装置（给用户提供存放空间）。
- 每购买 10 个无线接收器就提供一个 10 端口扩展坞。

图 4.6 和图 4.7 描述了从概念说明到设计规格的过程。

步骤 1：定义用户需求及其相对重要性。可以通过用户调研工具，如焦点小组和观察等方法获得这些信息（见图 4.6）。

步骤 2：将消费者需求转化为工程设计规格，包括单位和目标值。这些目标值综合考虑了用户调研及与竞争者对标的结果（见图 4.7）。要获得更多有关设计规格的示例，可查阅 Ulrich 和 Eppinger（2016 年）的著作。

序　号	需　求		重要性
1	壳体	必须坚固	5
2	壳体	必须防水、防震和耐热	5
3	音量和频道旋钮	要可锁	2
4	耳机	必须有可调节的个性化耳挂	4
5	无线接收器	必须轻便而小巧	4
6	无线接收器	要长续航电池	3
7	无线接收器	要数字化	5
8	无线接收器	必须能够显示剩余电量	3
9	无线接收器	必须能够个性化，这样才可以识别使用者	1
10	无线接收器	必须有 GPS	3
11	无线接收器	必须有充电器	1
12	无线接收器	要有紧急麦克风和扬声器	4
13	无线接收器	必须比现有产品的传输距离更远	5

图 4.6　用户需求和优先级

指标序号	需求序号	指　标	重要性	单　位	目标值
1	1,2,6	高强度、高分子壳体	5	Nm^2 或 Pa	>1 000
2	6	总重量	4	G	<700
3	7,12	电池容量	3	mAh	>2500
4	14	有效传输距离	5	km	>1.5
5	3,4	按钮易操作性	4	主观体验等级	>4（1～5 级）
6	6	无线接收器大小	4	cm^3	<400
7	2	防水性	5	x-bar	>5
8	2,3	产品使用寿命	5	年	>6

图 4.7　设计指标、单位和目标值

4.4　实体化设计阶段

作为设计流程中的一个阶段，实体化设计阶段（Embodiment Design）是从概念定义开始，根据技术和经济性要求不断进行设计，直至达到可用于制造的详细设计阶段。在产品实体化设计中，会用到很多工具。这里挑选了四种工具进行介绍，它们分别是联合分析、功能分析、FAST 技术图和逆向工程。

4.4.1　联合分析（Conjoint Analysis）

该方法已成功用于产品概念开发、产品设计和新产品战略中。联合分析是一种补偿模型。补偿模型是指消费者愿意牺牲产品中的某一属性或收益来增强另一属性的消费行为模式。该方法将偏好程度作为产品关键属性组合（用线性加权的方式）中的一个因素进行评估。例如，消费者在购买酸奶时，会考虑产品的热量、含糖量和天然/有机特点。尽管这种酸奶的价格有些高，但消费者会认为好产品比普通产品价格高是很合理的，因此会选择更贵的酸奶。

联合分析也可与非补偿模型结合使用。在该情况下，产品设计者首先会排除某些属性，这些属性不属于上述补偿模型要考虑的范围。下面举一个非补偿模型的例子。

在购买数码相机时，消费者会考虑一些品牌，如佳能、柯达、尼康、索尼和威达。消费者还会考虑一些其他特性，如型号、价格、分辨率、显示屏大小和变焦倍数。此外，消费者会给这些待选品牌和特性打分。假设消费者用的是 10 分制，只要有一项得分低于 6 分，那么该品牌就会被淘汰。如果索尼品牌在前四个特性上得分为 9~10 分，而在变焦倍数上得分为 5 分，那么消费者就会剔除索尼。在非补偿模型中，只有所有特性都不低于最低分的品牌才能入选。

联合分析还有一些其他形式，如适应型联合分析（Adaptive Conjoint Analysis，ACA）、联合价值分析（Conjoint Value Analysis，CVA）、基于选择的联合分析（Choice Based Conjoint，CBC）、基于选择的适应性联合分析（Adaptive Choice Based Conjoint，ACBC）和层级贝叶斯联合分析（Hierarchical Bayes Conjoint，HBC）。这些技术都可用于产品设计和评价中的具体属性配置。

典型联合分析的步骤如下：

- 识别用户关注的所有产品属性。这些属性可以是物理属性、性能属性和产品收益。
- 将属性量化为等级。等级是指产品中属性的程度或强度。属性等级应该是相对独立的（不应重叠）。

- 制定基本偏好模型，建立产品或概念的个体偏好与产品中每个属性的效用等级之间的数学关系。可以用简单的加法或乘法进行组合。
- 确定将属性进行建模的方式：成分效用值、线性或曲线性。
- 确定成分效用值的估算方法（普通最小二乘法、评级和概率等）。

在第 5 章中，将进一步介绍联合分析。

4.4.2　功能分析

功能分析是价值分析的基础。价值分析的核心目标是以最低的成本实现功能。功能分析用相对抽象的语言代替具体的产品运行和应用描述，这样做更利于提升创造力和设计水平。功能分析认为产品是由几个逻辑相关联的功能所组成的系统。功能的定义由动词加名词构成，如"叠板"。动词"叠"在名词"板"上有一个"动作"。进行功能分析时，假设客户购买产品是因为客户看重产品功能。

在功能分析中，按照不同的划分标准，可将功能分为基本功能和次要功能、外部功能和内部功能、使用功能和美学功能。

问自己一个问题：如果不具备一个功能，其他功能会正常吗？如果答案为"否"，那么该功能就是基本功能。确定了基本功能后，其他功能即次要功能。次要功能并不意味着可有可无。相反，次要功能支持基本功能，共同实现产品功能。

内部功能是产品本身的功能，而外部功能是指用户与产品交互时产生的功能，例如：

- 外部功能：用户按下电视频道切换按钮。
- 内部功能：电视机切换频道。

另一种分类方法是将功能分为使用功能和美学功能。使用功能是产品需要实现的功能，而美学功能要通过五种感觉——视觉、嗅觉、味觉、触觉和听觉中的一种来实现。

4.4.3　FAST 技术图

FAST 技术图是建立在功能分析结果基础上的一种技术。其目的是说明并提供产品系统如何工作的信息，以便识别故障、运行顺序不一致之处或运行中的缺陷。该技术将产品功能之间的因果关系可视化，从而加深对产品工作原理的理解。

FAST 技术图按照"如何-为什么"（How-Why）的逻辑构建，将功能从左到右进行排列。当从左到右进行分析时，要回答一个问题：该功能是如何实现的。对该问题的回答通常会引出几个功能。当从右到左进行分析时，则要回答另一个问题：为什么需要该功能。该方法采用双向分析，即从左到右（如何）和从右到左（为什么）进行稳健设计和功能配置，并通过强化后验分析来重新设计和改进产品。

在应用 FAST 技术图时，可以在左侧边界外定义一个最高阶（Highest-Order）功能。该功能只有一个，是对基本功能存在原因的更抽象定义。一般来说，通过识别最高阶功能可以获得更深层、更具创造性解决方案的来源。

无论是结构化问题还是需要明确识别的问题，功能分析和 FAST 技术图都非常适用，因为它们可以促进产品开发团队内外沟通并找出相应的理论依据。

4.4.4　逆向工程

逆向工程是价值分析中的拆解（Tear-Down）过程，可为产品改进提供思路。该方法的目的是通过对产品、系统、部件和数据进行拆解，来识别其中的功能，从而与竞争对手的产品和生产工艺进行比较。

逆向工程通过识别系统的组成部分，对其进行深层次的了解，着重识别功能，从而激发创新。通过逆向工程来开发新概念是完全可能的。模仿型逆向工程不做任何改变，只通过复制零部件实现预期性能。研究型逆向工程则是通过收集实体化设计中的信息来对设计语言进行解码，同时发挥创造力，将这些信息进行重组，从而开发出新的部件或概念。

4.5 初始设计与规格阶段

概念说明是对产品概念收益和特性的定性化说明，产品设计规格则是定量化说明。例如，概念说明可以将产品的大小描述为"能够装入男士外衣口袋中"，产品设计规格则要描述产品的具体物理尺寸。

产品设计规格使得产品设计更为清晰和具体，也更为量化和客观。通过产品设计规格可以将产品设计需求传达给设计团队中的其他成员，产品开发也得以从设计阶段进入制造阶段。

4.5.1　功能性设计（Design for Functionality，DFF）

功能性设计决定产品的最终性能。功能性设计的内容包括设计要素及其要素组合。功能性设计有安全性设计、简单化设计（平台设计）和重新设计（改进型产品或衍生产品）。

4.5.2　可生产性设计（Design for Production，DFP）

可生产性设计的目的是在确保质量标准的同时，尽量减少产品成本和生产时间。成功的生产流程取决于以下因素：

- 速度：材料、零件和部件通过系统的速度。
- 成本：材料、人员、机器、设备和工具费用。
- 时间：供货时间、库存流动、加工时间和机器设置时间。
- 质量：功能缺失和目标偏离。

制造中所采用的技术会影响制造流程和相关成本，因此选择制造流程时要考虑以下技术，如自动化、自动进料、计算机辅助设计（Computer Aided Design，CAD）软件、机器人、柔性制造系统、模块化制造和计算机集成制造（Computer Integrated Manufacturing，CIM）等。这些技术也可以给产品设计带来创新空间。

4.5.3　可装配性设计（Design for Assembly，DFA）

装配是指将所需零部件组合成产品，包括生产期间和生产后的所有活动。这些活动取决于产品最终设计和布局。

设计者要考虑零部件组装、生产成本及质量。通过可装配性设计可以简化产品设计，降低制造流程中的装配成本。

可装配性设计包括产品的零部件设计、整体设计（系统视角）和装配方法（手动装配、自动装配、固定自动化装配和机器人装配）。可装配性设计旨在简化产品结构、功能和相关零部件，从而降低装配成本。同时将装配各环节产生的效率低下问题降到最低，如装配顺序、准时制流程、生产线进料和物料库存，最终实现可靠性、装配用时和质量要求等目标。

当今，不同的企业会采用不同的装配方法，每种方法都要有具体的指导原则。无论是手动装配、自动装配、固定自动化装配还是机器人装配，都要遵循以下原则：①用系统方式存放零件；②评估零件在装配线上的流动，从而更好地运送零件；③将零件和部件正确定位和放置以便装配；④提供所需的连接件。总之，装配线上的动作应达到结构化、最少化、标准化和简单化的要求。

可装配性设计中的几个注意事项：

- 不同部件中的相似要素。
- 最大程度地减少材料变化。
- 将有害物质进行集中处置。
- 易于识别、分离、组装一些危险或有害的零部件。
- 制造流程中零件的搬运和区分。

业界有三种常用方法，分别为日立装配评估法、卢卡斯法和 BD（Boothroyd-Dewhurst）法。要更深入地了解这些方法，可查找参考文献中的资料。

4.5.4　可维护性设计（Design for Maintenance，DFMt）

产品维护就是通过监控产品实际使用状况，对其进行维护，当产品遇到变化（如磨损、腐蚀、老化及在产品生命周期内的其他变化）时将其复原。维护不足会影响产品的功能、经济性和安全性。总之，可维护性设计专注于产品安全性、人机工程和装配等方面。

产品设计应考虑维护、修理和零部件更换等方面。对材料、零件、部件、组件和装置的选择决定了产品达到使用寿命或发生故障时，检查、维修和复原系统的能力及可维护性。在设计阶段，可维护性设计应考虑便于开展纠正性和预防性维护。可维护性设计评审包括以下内容：

- 设计规格（技术和客户需求）。
- 系统级设计评审（子系统、功能和 FAST 技术图）。
- 易获得、易组装和易拆卸。
- 制造顺序和设备评审。
- 零部件和组件分析。

总之，可维护性设计适用于保护措施（填充、润滑、保养和清洁）、检查措施（包括实体化设计中的安全技术）和技术措施（部件的简化、标准化、模块化原理的应用，简化的服务和检查工具，以及易获得的零部件等）。

可维护性设计中的注意事项：

- 易于识别系统中的零部件。
- 使用标准件。
- 在可拆卸性设计时，要考虑零件易获得性。

- 应用模块化架构。
- 系统可以自我调整。

4.5.5　可回收性设计（Design for Recycling，DFR）

可回收性设计是可持续性设计的一部分。可回收性设计是指采用可回收再利用或可再加工的材料、零部件和产品。可回收性设计方法主要集中在产品再利用和再加工上。在可回收性设计流程中，应遵循一些指导原则，如易拆卸、材料兼容性好、材料易分离及零部件可回收再加工等。

4.5.6　可用性设计（Design for Usability，DFU）

在设计产品时，非常重要的一点是要考虑潜在用户的感知、认知和情绪，以及用户在使用产品满足需求时的行为。了解以下几个方面也非常关键：用户如何与产品（或用户界面）进行交互，如何使用产品，都有哪些行为，在哪里使用产品，以及产品形象（或用户对产品的印象）是如何影响产品功能、性能和客户满意度的。可用性设计包括功能性、可用性、可维护性、易操作性、可靠性、安全性、美观性、使用背景和环境及概念系统的可定制化。总之，可用性设计应该与产品和制造设计流程紧密结合起来。

4.5.7　可服务性设计（Design for Serviceability，DFS）

可服务性设计的重点是提升在维修和排除故障时诊断、拆卸或更换产品的零件、部件、子组件或组件的能力。可服务性设计有助于产品在工作和运行中，迅速进入正常状态，达到规格要求，且不会出故障。

当今，很多产品都有仪表显示功能。在系统出现故障之前或需要维修时，仪表就会发出警报。智能化装置可以提示系统可能出现的故障，甚至具备自我纠错的功能。这些功能都可以确保系统顺利运行，也可以让用户得到及时服务。

缺乏可服务性会产生不必要的成本，例如，机器故障，库存供应不足，产品交付延误，销售出货中断及由此产生的财务成本。

在进行可服务性设计时，设计者和产品开发者应做到以下几点：

（1）识别质量功能展开或卡诺模型中的可服务性功能需求。这些功能需求与每项服务（标准作业、定期维护和维修）所需的具体设计参数相关。

（2）根据产品运行信息和性能，预测设计参数将如何产生作用并影响功能。

（3）对零件、部件和组件进行寿命分析，制定所有可能发生问题的优先级清单（如运用帕累托分析），抓住时机，消除故障诱因。

（4）可服务性总成本包括故障诊断、物流、运输成本及实际服务时间。实际人工成本是可服务性成本的主要组成部分。

4.6　详细设计与规格阶段

4.6.1　质量功能展开

质量功能展开（Quality Function Deployment，QFD）是一种结构化方法，运用矩阵分析的方式将"市场需求"与"如何通过开发满足需求"联系起来。当多功能团队希望将客户需求转化为满足这些需求的产品规格和功能，并期望达成一致意见时，该方法最有效。在质量功能展开中最常见的工具是质量屋（见图4.8）。

↘ 质量功能展开在不同行业中的应用

质量功能展开可以应用于不同行业，包括制造业、软件业和服务业（见图4.9）。

↘ 构建质量屋

按照以下6个步骤来构建质量屋。

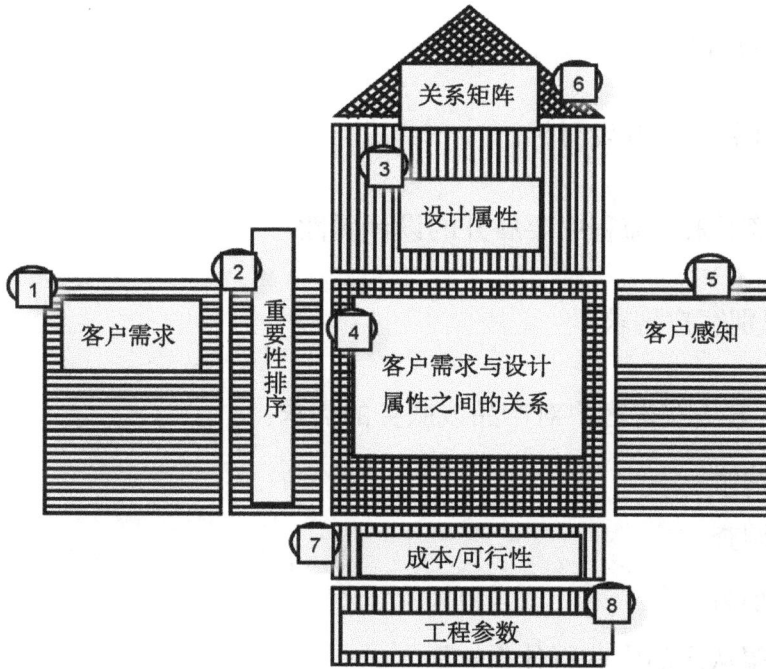

图 4.8　质量屋

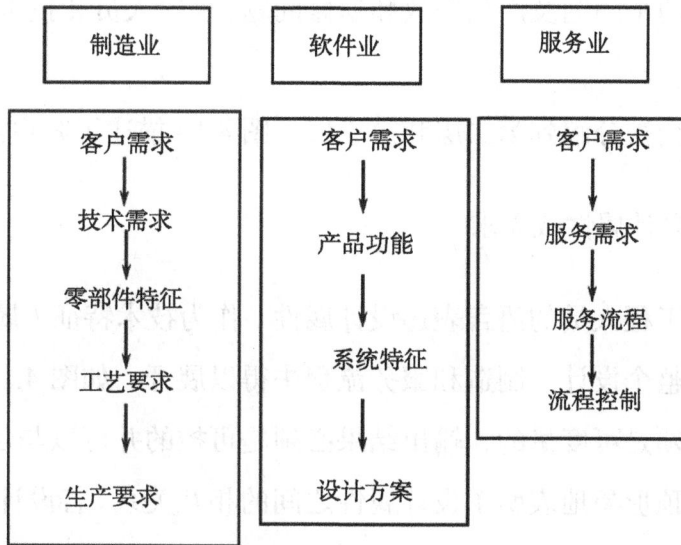

图 4.9　质量功能展开在不同行业中的应用

1. 识别客户需求。

2. 识别设计属性或需求。

3. 连接客户需求和设计属性。

4. 评估竞争产品。

5. 评估设计属性和开发目标。

6. 确定在接下来的流程中要展开的设计属性。

第 1 步：识别客户需求

- 采用以下方法获得客户对产品或服务的需求：
  — 市场调研。
  — 问卷调查。
  — 焦点小组。
- "客户期望从产品中获得什么？"
- "为什么客户会购买该产品？"
- 要回答以上两个问题及产品失效和返修问题，销售人员和技术人员提供的信息是关键。
- 通常，需求会被分解到第二层和第三层，图 4.10 描述了客户需求。

第 2 步：识别设计属性或需求

- 用设计者或工程人员的语言表述设计属性。作为技术特征（属性）的体现，设计属性必须在整个设计、制造和服务流程中得以展开，如图 4.11 所示。
- 设计属性必须是可度量的，输出结果必须是可控的并可以与目标进行对比。
- 质量屋的屋顶形象地表明了设计属性之间的相互关系。若设计属性的目标之间发生了冲突，就需要进行权衡。这些相互关系如图 4.12 所示。

第 3 步：连接客户需求和设计属性

- 判定每个客户需求和每个设计属性之间的相关性，是不相关、弱相关、中相关还是强相关。

"什么"

- 对客户而言，什么最重要
- 对客户需求进行排序

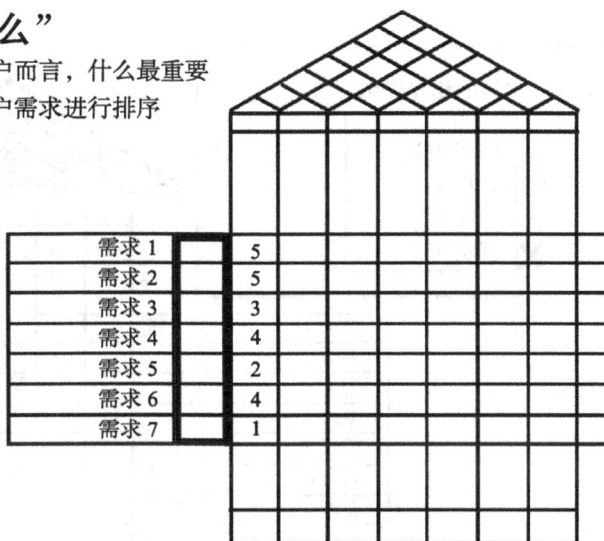

需求 1	5
需求 2	5
需求 3	3
需求 4	4
需求 5	2
需求 6	4
需求 7	1

图 4.10　关键因素：客户需求

"如何"

- 如何满足客户需求
- 产品需求

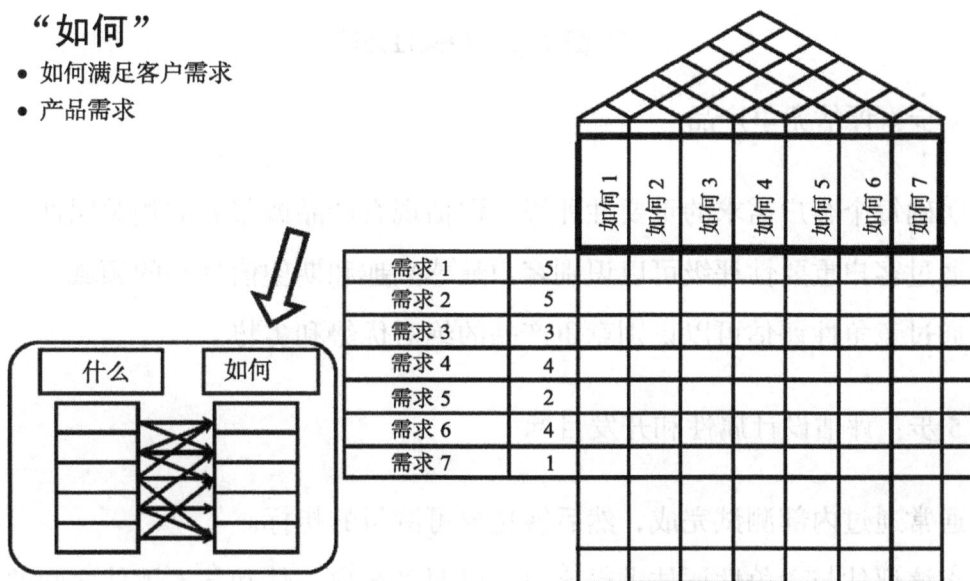

		如何 1	如何 2	如何 3	如何 4	如何 5	如何 6	如何 7
需求 1	5							
需求 2	5							
需求 3	3							
需求 4	4							
需求 5	2							
需求 6	4							
需求 7	1							

图 4.11　关键因素：如何满足客户需求

- 明确最终的设计属性是否充分考虑了客户需求。
- 如果一个客户需求与任何一个设计属性都不是强相关的，则说明该客户需求没有得到应有的重视，或者说明最终产品会难以满足该客户需求。
- 同样，如果一个设计属性与任何一个客户需求都不是强相关的，那么该设计属性就是多余的或不需要的，也可能是设计者遗漏了一些重要的客户需求。

"如何"之间的相互作用

◎ 强正相关
○ 正相关
X 负相关
✗ 强负相关

		如何 1	如何 2	如何 3	如何 4	如何 5	如何 6	如何 7
		↑	↓	↓	↑	↓	↓	○
需求 1	5	H	L			L		M
需求 2	5			H				
需求 3	3				M	M	L	
需求 4	4		H					
需求 5	2				L			M
需求 6	4	M				L	H	
需求 7	1				L		M	
		3 lbs	12 in.	3 mils	40 psi	3	8 atm	1 mm

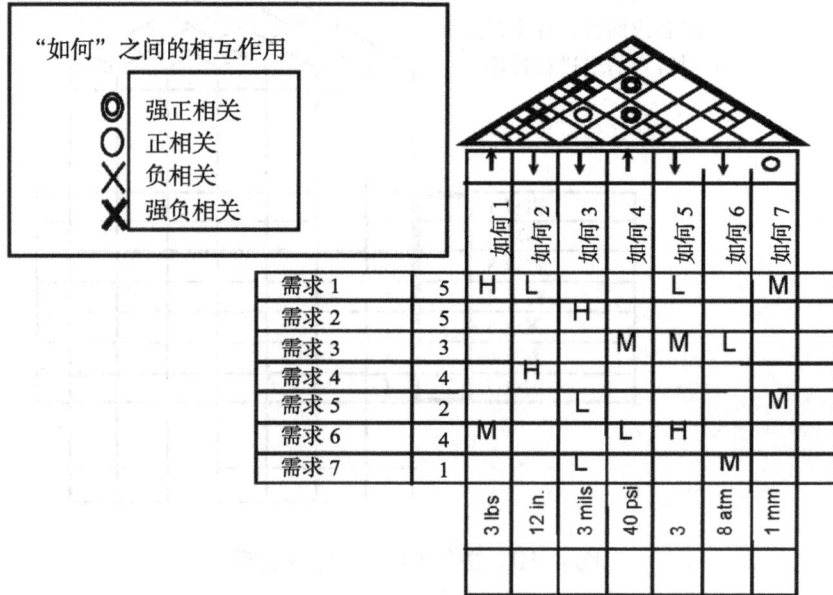

图 4.12　相关性矩阵

第 4 步：评估竞争产品

- 明确每个客户需求的重要性评级，评估现有产品或服务的相关属性。
- 通过客户重要性评级可以识别客户最感兴趣和期望值最高的领域。
- 通过竞争性评估可以识别竞争产品的绝对优势和劣势。

第 5 步：评估设计属性和开发目标

- 通常通过内部测试完成，然后转化成可测量的指标。
- 将该评估与竞争性评估进行比较，以明确客户评估和技术评估之间的不一致性。
- 例如，如果发现竞争产品最能满足客户需求，但对相关设计属性的评估表明并非如此，则说明要么所采用的指标有问题，要么产品存在影响客户感知的问题。
- 根据客户重要性评级和现有产品优劣势，为每个设计属性设定目标和方向，如图 4.13 所示。

- 设立"如何"的目标值
- 注意单位

	重要度	如何 1 ↑	如何 2 ↓	如何 3 ↑	如何 4 ↑	如何 5 ↓	如何 6 ↓	如何 7 ◉	
需求 1	5	H	L			L		M	70
需求 2	5			H					45
需求 3	3				M	M	L		21
需求 4	4		H						36
需求 5	2			L				M	8
需求 6	4	M			L	H			52
需求 7	1			I			M		4
		3 lbs	12 in.	3 mils	40 psi	3	8 atm	1 mm	
		57	41	48	13	50	6	21	

图 4.13　设定客户需求和设计属性目标

第 6 步：确定在接下来的流程中要展开的设计属性

识别出以下设计属性：

- 与客户需求强相关。

- 缺乏竞争力之处。

- 十分吸引人的卖点。

在设计和生产过程中，需要将这些设计属性转化为功能属性，并采取适当的行动和控制措施来满足客户之声，但对那些不重要的属性就无须这么做。

↘ **质量功能展开的优点与缺点**

优点

- 采用团队协作的方法达成一致，以便更好地进行跨职能讨论。

- 确保新产品开发团队聚焦于客户需求。

- 提供了从客户需求出发，逐级定义产品设计规格和工程设计需求的结构化基础。

- 随着开发工作不断推进，通过市场测试的反馈，有助于优化设计，并能够避免忽视最初的概念设计和客户需求。

缺点

- 较为烦琐（要处理大量需求并创建大型表格），并且需要很长的时间来完成整个质量功能展开过程。
- 较为冗长，会让人迷失产品设计所追求的目标。
- 随着消费者需求的不断变化，需要聚焦在定义正确的设计规格上。当产品竞争激烈，需要新技术支持时，要做到这一点并非易事。

4.6.2　稳健设计（Robust Design）

进入原型阶段后，产品设计中的每个属性和功能都要按照质量屋生成的技术规格及目标值展开。日本质量大师田口玄一博士提出了稳健设计这一概念。它强调在不消除变异原因的情况下减少产品质量的波动。换句话说，就是使产品或流程对变异不敏感。变异（有时称为噪声）来自多个方面，有三种主要类型的变异：内部变异（内噪声）、外部变异（外噪声）和部件间变异（部件间噪声）。内部变异是由于诸如机器磨损或材料老化等因素引起的。外部变异来自与环境有关的因素，如温度、湿度和灰尘。田口方法主要应用在产品概念选择和设计参数优化上，目的是将变异的影响降至最低。

田口玄一博士提出了质量损失函数，将每个设计参数偏离目标值的程度与质量损失及其相关成本联系起来。信噪比是稳健性的度量指标，通过实验设计优化流程来确定最佳的设计参数。

4.6.3　情感化设计（Emotional Design）

消费者刚开始使用产品时，会有一些心理感受。消费者会通过感官获得的信息来感知和识别产品功能。产品功能会与消费者头脑中的设计进行情感联系，从而生成一些含义。设计者用情感化设计方法来激发消费者的情绪和感受，创造出良好的情感联想，让消费者对产品产生信任感，从而提高产品的可用性。

根据用户产生情感的程度对情感进行分类。信息处理分为本能（Visceral）、行为（Behavioral）与反思（Reflective）三种水平。本能水平最低，是与用户感觉相关的基本生理反应，如美观和色彩。行为水平居中，是与产品使用相关的记忆和学习，如功能和可用性。反思水平最高，包括感觉、情感和认知，它们决定了用户的理解、解释和推理。在该水平上，产品与自我意识及认同感相联系。

有几种方法有助于设计者评估情感化设计对用户偏好和购买意向的影响。这些方法包括感性工学、PrEmo2、日内瓦情绪轮（Geneva Emotional Wheel，GEW）及更多的分析方法，如情感分析、神经网络法、微软反应卡和突发情绪法等。下面简要介绍其中的几种主要方法。

↘ 感性工学（也称感性工程学或感性工程）（Kansei Engineering）

该方法用于识别产品中的相关设计要素（如颜色、大小和形状等），这些要素决定了用户偏好。该方法需要识别感性词语。所使用的方法包括有声思维梯度法（Think-Aloud Laddering）、数量化理论 I（Quantification Theory I，QTI）、偏最小二乘法（PLS Analysis）及用于估算目的的遗传算法（Genetic）和模糊逻辑（Fuzzy Logic）。

↘ 情感分析（Sentiment Analysis）

该方法用于了解人们在博客或社交网络中对产品的评论和观点，并对这些评论进行分类。可以运用自动化技术来识别评论者在产品特性上表达的意见（正面、中性或负面）。该方法运用了基本贝叶斯和深度学习算法。

↘ 神经网络法（Neural Networks）

该方法利用了反向传播（Back Propagation，BP）技术来建立产品或形状参数与形容词、意象词之间的关系，目的是更改设计参数，直到产品形状被接受为止。神经网络法把反向传播和灰色关联度分析作为优化算法。

↘ 微软反应卡（Microsoft Reaction Card）

该方法用于评估设计或产品的情感反应和期望（视觉吸引力）。参与者从 118 张写有产品词汇的卡片中选出与该产品或设计相关的卡片，并解释为什么所选卡片中的词汇要体现在该产品或设计上，最后得出结论。该方法采用聚类分析、频度分析和词汇云处理技术。

↘ 突发情绪法（Emergent Emotions）

该方法认为情绪是动态、突发和递归的过程。用户对设计的反应模式是由评估结果所驱动的。情绪反应和对产品特性的期望会受到情绪影响，也会由差异化要求而引发。该方法利用人工智能环境下的神经网络和非线性动态建模来解释消费者的情绪过程，日内瓦情绪专家系统（Geneva Expert System on Emotions，GENESE）中描述了该情绪过程。

4.7　制造与装配阶段

4.7.1　原型法（Prototyping）

原型法是将产品概念转为实物模型的一种设计方法，其主要目的是评估产品特性是如何满足用户期望的。因此，原型法是一种解决问题的设计方法。原型近似于设计创意的最初形态。产品开发团队用原型来验证产品的运行、部件、布局、功能、外观和体验。从概念草图到全功能产品都可以是原型。

原型保真度是指设计阶段使用的原型与最终使用的产品一致的程度。在不同阶段，设计团队对原型保真度的要求也会有所不同，例如，在产品概念阶段可以采用低保真原型，但在后期阶段就要采用高保真原型。此外，采用中保真原型对产品设计与消费者体验结果进行评估，就可以提前暴露产品中的问题。

基于不同的复杂度或关注重点，在产品创新流程中有几种不同类型的原型（见图 4.14）。

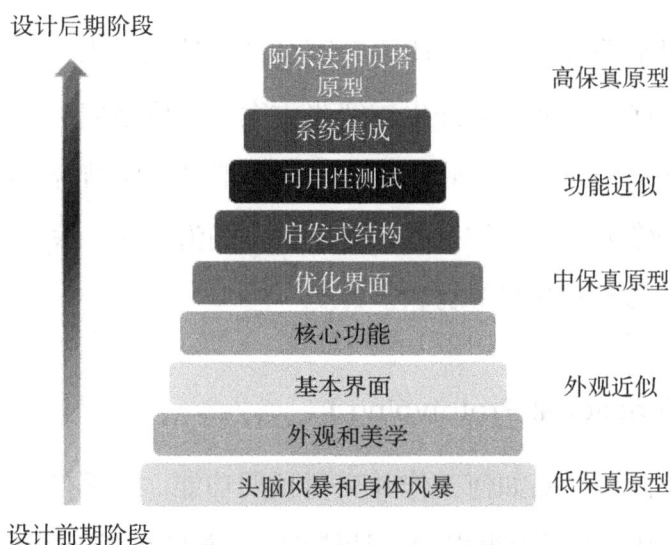

图 4.14　按设计流程展开的测试目标和原型类别

来源：Rodriguez，C.M.（2017 年）

可用两个维度对原型进行分类，即实物原型和分析原型，以及单一原型和综合原型。黏土模型是实物原型，而模拟模型本质上是分析原型。单一原型（如纸质原型）可用于对少数属性进行评估，综合原型（如汽车原型）则可用于对多个变量进行更严格的评审和分析。用这两个维度进行分类的原型如图 4.15 所示。下面简要介绍几种原型法。

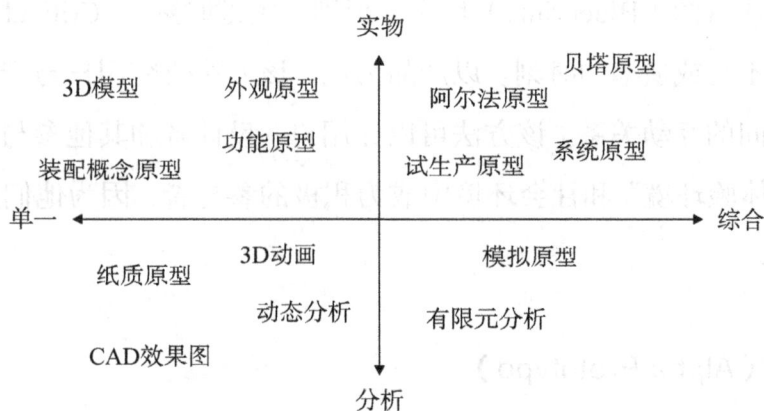

图 4.15　基于设计目标的原型分类

来源：Rodriguez，C.M.（2017 年）

↘ 纸质原型法（Paper Prototyping）

纸质原型法是用来体现概念和创意的最常见形式，目的是评估所设计的外观、感觉、功能和界面是否满足消费者需求。纸质原型不具备设计的技术特征，只是通过图形和纸质外形来生成创意，促进头脑风暴并生成解决方案。纸质原型法有几种，包括用一系列框架图来描述用户界面的故事板。此外，将纸张和塑料界面结合可用于识别产品特性和交互顺序。除用纸张作为原型制作材料之外，还可用泡沫芯、聚苯乙烯泡沫、木材、热塑性片材、聚氨酯、黏土和塑料等材料。

↘ 功能原型法（Functional Prototyping）

功能原型法用于测试产品如何工作并交付预期功能。在所有功能尚未完善的早期阶段，通过可用性测试识别出可能出现的设计错误。该方法有利于帮助用户识别具体任务、已完成的任务及需要改进之处，并根据需要修改原型。总之，通过功能原型实验来评估以用户为中心的设计需求，包括人机工程、认知方面的考虑及用户体验。

↘ 可体验原型法（Experience Prototyping）

可体验原型法适用于产品或服务体验设计。该方法要求用结构化的方式来描述不同交付阶段的产品或服务，以及产品和用户间的互动。在服务行业中，创建服务地图（Service Maps）或蓝图（Blueprints）是为了识别"关键时刻"（Critical Moments）或可能造成价值交付不足或遗漏的时刻。以产品为例，该方法研究用户与产生功能、情绪的产品使用设置之间的互动关系。该方法可以让用户、设计者和其他参与创造、创新和设计流程的人在"体验环境"和社会环境中成为积极的参与者，因为他们能够发现并生成丰富的产品解读。

↘ 阿尔法原型（Alpha Prototype）

阿尔法原型是用于测试目的的非完整功能版本产品。在测试过程中，测试人员会仔细检查所有特性、功能和子系统，并评估产品的工作方式。此外，也会验证系统集成及技术实现方式。通常用较为简单的加工工艺制作该原型（例如，用机械加工而非模压成型），该原型与量产版本产品已经很接近了。

↘ 贝塔原型（Beta Prototype）

贝塔原型是完整功能版本产品，用于在试生产阶段之前对产品进行评估。该原型用于在实际使用环境中与客户、装配商、零部件制造商和零部件供应商一起测试产品，主要目的是评估产品可靠性。贝塔原型是用实际生产设备加工出来的。用该原型可以分析实际生产过程中的需求及所需改善。

↘ 试生产原型（Preproduction Prototype）

试生产原型是最终版产品。在进入设计流程的制造阶段之前，除用试生产原型确定零件和部件规格外，还可以确定所有设计要素，尤其是设计技术要求和规格。在该阶段，用试生产原型来确认装配和制造设计，并确认详细的生产工艺、装配时间、零部件外购与集成、产线平衡和生产改善。

↘ 虚拟原型法（Virtual Prototyping）

虚拟原型法将虚拟环境与工程设计相结合，确保设计者能够对设计敏感性和优化过程进行评估。在生产最终产品之前，可以运用虚拟原型来进行"如果……那么"情景测试。因此，它缩短了开发和上市时间。

虚拟原型法要采用计算机辅助设计来生成三维模型。虚拟原型法可用于形态和形状分析、零部件配合关系、渲染和装配分析。此外，该方法要求输入装置能感知用户交互和运动，输出装置用计算机生成的输入代替用户的感官输入，并用软件进行实时处理、渲染和仿真测试。

虚拟原型法被工业设计者广泛采用，因为设计者的目标是将概念可视化。三维 CAD 软件有 AutoDesk（AutoCAD 和 AutoCAD LT）、Solidworks、TurboCAD、Solidthinking（Inspiron 和 Evolve）和 PTCreo（Direct Modeling、Direct Drafting 和 Direct Model Manager）。

↘ **快速原型法（Rapid Prototyping）**

快速原型法也称实体自由成形技术（Solid Freeform Fabrication，SFF），旨在不影响质量和盈利能力的前提下，缩短产品开发周期和上市时间。快速原型法采用设备技术对设计进行实物建模。与传统的原型制作不同，快速原型制作是通过一层层材料的（如聚氯乙烯片材）沉积来制造出零件和部件的。液态塑料、树脂、纸张和金属板材等很多材料都可用于制作快速原型。该方法在制造业中被称为增材制造（Additive Manufacturing，AM），也被人们称为 3D 打印。

快速原型制作流程：

a）构建 CAD 模型。

b）将 CAD 模型转换为 STL 格式文件（STereoLithography）。通过 STL 文件，将零件信息从 CAD 系统转到快速原型设备中。快速原型的输入是制作实物模型所需的电子信息。

c）验证 STL 文件是否允许生成支持结构。

d）将模型分层。

e）生成实物模型。

f）移除支持结构。

g）将实物模型进行后期处理和优化。

4.7.2　六西格玛设计

六西格方法旨在通过对各种流程的专项改进，来减少业务流程和制造流程中的变异。该方法需要团队所有成员的持续承诺。六西格玛设计是将六西格玛方法应用于产品、服务及其支持流程的设计或重新设计中，以满足客户的需求和期望。

六西格玛——DFSS 和 DMAIC

六西格玛设计（Design for Six Sigma，DFSS）的目标是构建高效利用资源和高良品率，以及对流程变异具有稳健性的设计。图 4.16 描述了 DFSS 和 DMAIC 流程。

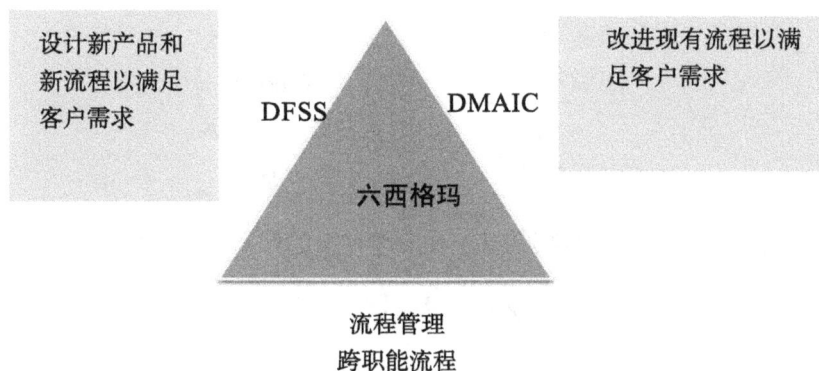

设计新产品和新流程以满足客户需求

DFSS　DMAIC

六西格玛

改进现有流程以满足客户需求

流程管理
跨职能流程

图 4.16　六西格玛设计

DMAIC 是数据驱动的质量战略，用于流程改进。DMAIC 是六西格玛中的重要组成部分，也可以作为独立的质量流程改进方法或其他流程改进方法（如精益方法）的一部分。

DMAIC 由该流程中五个阶段名称的首字母组成（见图 4.17）。

- **定义**（Define）问题、改进活动、改进机会、项目目标和客户（内部和外部）需求。
- **测量**（Measure）流程绩效。
- **分析**（Analyze）流程，确定导致变异和绩效不良（缺陷）的根本原因。
- **改进**（Improve）流程绩效，识别根本原因并解决问题。
- **控制**（Control）改进后的流程和未来流程的绩效。

六西格玛设计方法

运用 DMAIC 可以对现有产品和服务进行改进，使其达到最佳水平，但整体产品或服务绩效会受到设计的限制。为了克服该限制，可运用六西格玛设计，其涵盖了从客户之声一直到上市全流程的产品或服务设计。

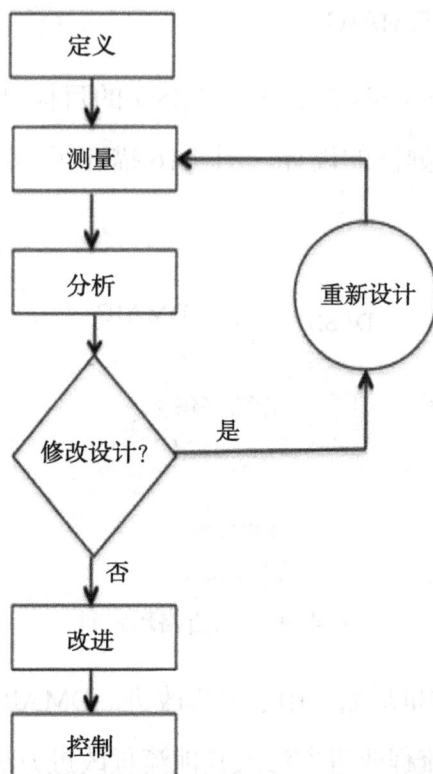

图 4.17   DMAIC 流程

IDOV 是用于新产品和服务设计的六西格玛设计方法，由四个阶段构成。

- **识别**（Identify）：识别客户需求和战略意图。
- **设计**（Design）：评估各种设计方案，生成详细的设计方案。
- **优化**（Optimize）：从生产率（业务需求）和质量（客户需求）角度优化设计并实施。
- **验证**（Validate）：对设计进行试验，根据需要进行优化，准备发布。

4.7.3   可持续性设计（Design for Sustainability，DFS）

可持续性设计要求在设计周期和产品生命周期中，综合考虑环境、社会、经济和其他因素。

在创意生成和概念设计阶段，即设计流程的早期阶段，可持续性设计将发挥重要作用。它也将在产品创新流程后续阶段发挥重要作用。可持续性设计旨在实现产品或服务的可持续产出，要求设计者具备整体观和系统观。可持续性有三大支柱，也被称为"三重底线"（Triple Bottom Line，TBL），即利润（经济）、人类（社会）和地球（环境）（见第 1 章）。当企业的产品设计反映出健康的经济有赖于健康的社会这一理念时，就体现了可持续性，这两者都是在健康的环境中得以持续发展的。

为了识别在产品创新工具中是否考虑了可持续性，就需要对产品生命周期进行扩展定义。产品生命周期（Product Life Cycle，PLC）是指在产品设计和管理过程中，从自然资源的开采到原材料加工，再到制造、分销、包装、使用和处置，以及生命周期结束时对材料、零部件再利用等一系列相互关联的阶段。产品生命周期包含产品系统服务（Product System Service，PSS）模式，该模式从系统角度考虑产品，包括维护产品所需的服务，拓展"质量"的范畴，力求最大程度地消除对环境的负面影响。要想了解使用工具时是否考虑了可持续性，就应评估在产品设计中是否考虑了"三重底线"。

可持续产品设计的原则：

- 使用无毒、可持续生产或对环境影响较低的可回收材料。
- 使用节能的生产流程来生产产品。
- 生产更耐用、功能更好的产品。
- 设计可重复使用、易于拆卸和可回收的产品。
- 使用生命周期分析工具帮助设计更具可持续性的产品。
- 将消费模式从个人拥有产品转变为提供具备类似功能的服务。比如，Interface Carpets 模式（在铺设地毯时无须裁剪，因而浪费更少）、施乐模式（出租而不是出售复印机）和 Zipcar 模式（共享汽车）。
- 材料应选用可再生资源，在其功用耗尽时，可将其制成肥料。

↘ 可持续性方法

在产品生命周期中应用指导原则和工具。指导原则是在创新流程中要考虑的具体问题和具体清单。将这些需要考虑的方面列出清单，让相关方认识到创新流程中的可持续性。下面介绍一些指导原则。

SPSD 框架

SPSD（Sustainable Product and Service Development）意为可持续产品和服务开发。该方法旨在通过在产品生命周期中实现产品和服务的可持续开发，将提供产品转化为提供服务，以减少制造。

ARPI 框架

ARPI（Analysis，Report，Prioritize，Improve）意为分析、报告、排序和改进。该方法提倡开展生态设计，包括对环境进行评估、分析和报告，对相关因素进行排序并提出改进措施。

MDE 框架

MDE（Material，Design，Ecology）是关于材料、设计和生态的指导原则。它强调材料选择及其对产品方法、功能设计、市场需求、价格和环境的影响。

产品可持续性指数（Product Sustainability Index，ProdSI）

产品可持续性指数体现了产品创新中的可持续性水平，包含"三重底线"指标。每个指标类别中都包含若干个因子，如图 4.18 所示。指标类别有相应的权重（从 0 到 100），每个因子的分数从 1 到 10，越接近 10 就表示符合标准的水平越高。

类　别	因　子
产品对环境的影响	• 生命周期（使用寿命） • 环境影响（毒性、排放） • 残留物 • 生态平衡和效率 • 区域和全球影响（二氧化碳、臭氧排放）

图 4.18　产品可持续性指标类别与因子

类　　别	因　　子
产品对社会的影响	• 使用安全 • 健康和养生影响 • 道德责任 • 社会福利（生活质量、心态、生活满意度） • 员工安全与健康 • 教育
产品功能	• 使用寿命和可靠性 • 模块化 • 易用性 • 可维护性或可用性 • 可升级性 • 人体工程学 • 可靠性 • 安全性 • 功能有效性
资源利用率	• 能效和功耗 • 可再生能源的使用 • 材料利用率和效率（成分和有害材料） • 水资源利用和效率 • 安装和培训费用 • 运营成本（劳动力成本、能源和资金等）
产品的可制造性	• 制造方法 • 装配 • 包装 • 运输 • 储存
产品的可回收性或再制造性	• 可拆解 • 可回收和可复原 • 可处置 • 再制造或再利用

图 4.18　产品可持续性指标类别与因子（续）

来源：Jawahir，I.S.，Wanigarathne，P.C.&Wang，X.（2015 年）《产品设计和制造过程中的可持续性》《机械工程师手册》

4.7.4　可持续性分析工具

↘ 生命周期评估（Life Cycle Assessment，LCA）

该方法用于生态设计，已经在行业中应用了 30 多年。生命周期评估提供产品从摇篮（材料提取）到坟墓（退市）的整个阶段对环境影响的定量数据。该方法分为四个阶段：明确生命周期评估的目标与范围；对产品生命周期所有阶段的能源和材料投入进行检查；对生命周期中与输入和输出相关的环境影响进行评估；对结果进行说明并采取纠正措施。生命周期评估流程如图 4.19 所示。

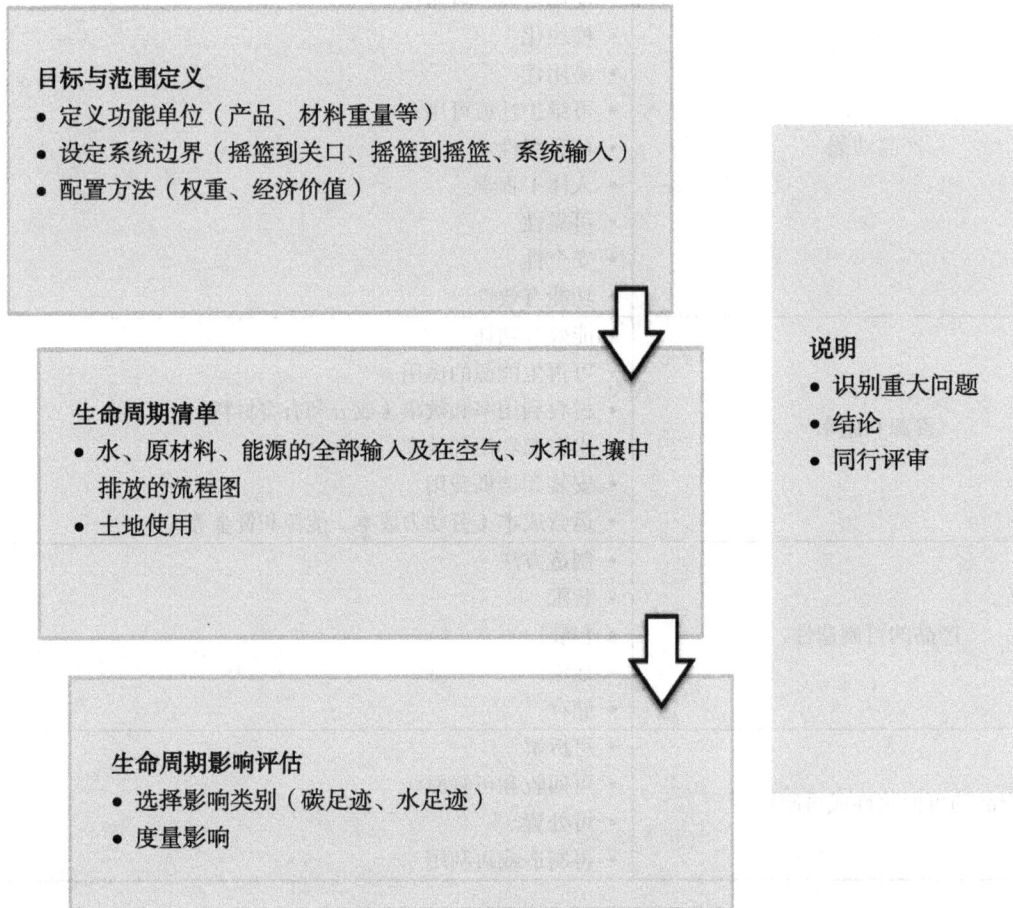

图 4.19　生命周期评估流程

↘ 简化的生命周期评估（Simplified Life Cycle Assessment，SLCA）

一种简化的生命周期评估方法。该方法不对环境影响评估阶段的具体信息和参数（如存货数）进行评审，对数据量要求较少。

↘ 环境质量功能展开（Quality Function Deployment for Environment，QFDE）

该方法综合了质量功能展开、对标和生命周期评估，研究产品及其组成部分对环境产生的影响。环境质量功能展开遵循公理化设计逻辑，认为每项设计都应考虑四个方面，即客户、功能、实物和流程。环境质量功能展开方法首先将质量功能展开中的客户需求与可持续性关联起来，以识别功能需求。这些功能需求有助于识别关键设计参数。该方法通常分为四步：第一步将客户需求与工程指标进行关联，即技术或功能需求；第二步将环境管理系统与产品部件进行关联；第三步进行对标，然后对部件或子系统进行设计；第四步评估工程指标变化对环境质量要求的影响。图 4.20 描述了运用环境质量功能展开进行可持续设计的框架。

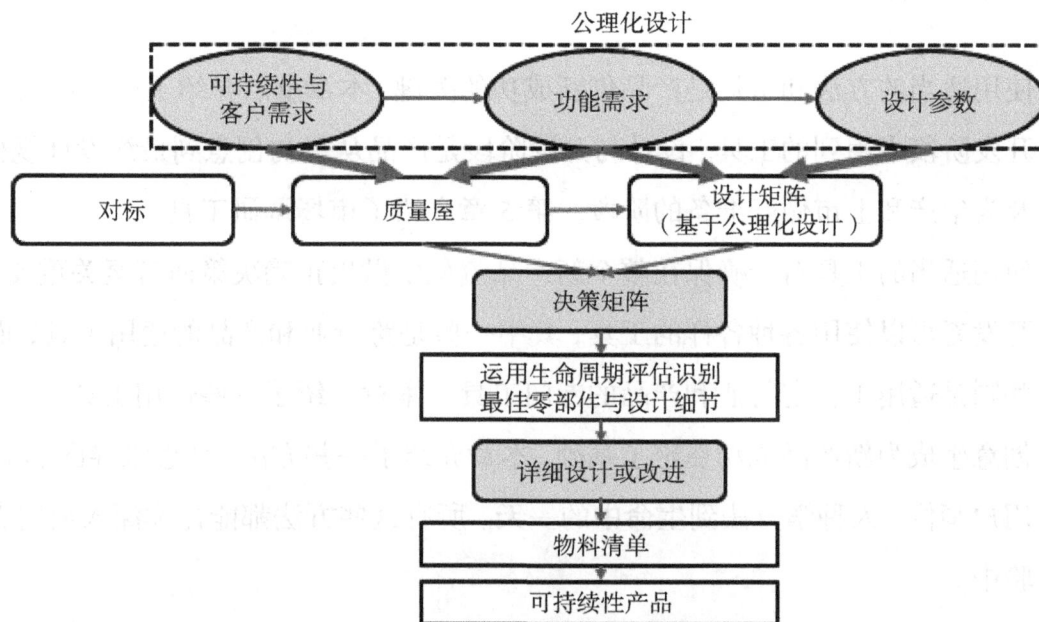

图 4.20　运用环境质量功能展开进行可持续设计的框架

来源：Hosseinpour, A., Peng, Q., 和 Gu, P.（2015 年）

↘ 生命周期成本（Life Cycle Costing，LCC）

运用该方法分析产品生命周期中所有相关方（供应商、制造商和消费者），以及在产品生命周期内产生的与产品、流程和/或活动相关的所有成本。传统的生命周期成本方法忽略了外部成本和生命周期结束成本。该方法则是从摇篮到坟墓全阶段的成本分析。

所有成本都通过折现现金流计算为净现值。此外，还计算了在整个生命周期中资产持有、运营和维护的年度成本，即等效年度成本（Equivalent Annual Cost，EAC）。

生命周期成本可通过三种形式进行估算：传统成本法、环境成本法和社会成本法。环境生命周期成本考虑外部性和相关现金流。总体来说，生命周期评估（关注环境）和生命周期成本（关注经济）是目前可持续性的两个标准支柱。关注社会的方法还在开发中。

4.8   本章小结

- 使用适当的方法和工具是产品创新成功的关键。本章重点介绍了产品创新设计与开发阶段中用到的工具。设计与开发阶段是产品从最初创意到最终设计规格，以及为生产和上市做好准备的阶段。第 5 章介绍了市场调研工具。

- 使用适当的工具对于确保在整个新产品流程中做出正确决策而言至关重要。产品开发者可以使用各种各样的工具，其中一些是跨行业和产品的通用工具，而另一些则是适用于特定行业和产品的专门工具。本章介绍了一些通用工具。

- 创意生成为新产品成功奠定了基础。本章介绍了一些方法，从思维导图、故事板、用户画像、人种学方法到生命中的一天。所有这些方法都能让你深入消费者的体验中。

- 虽然未做详细介绍，但用于产品设计的工具（如联合分析、功能分析、逆向工程、计算机辅助设计、原型、仿真、建模和实验设计）是产品开发者工具箱中的重要工具。

- 从最初的产品理念和概念出发，制定完善和明确的产品设计规格，对于确保新产品在整个创新流程（包括制造和最终上市）中都能始终符合目标而言至关重要。设计规格可以通过质量屋和田口方法制定。

- 在设计流程中必须考虑多个因素。面向生产的设计、面向功能的设计及面向服务、组装和维护的设计为产品设计者提供了成本最小化、产品稳健性、可靠性和达到质量目标的关键方法。

- 在产品设计中越来越强调可持续性，因此必须应用相应的工具和方法，包括生命周期评估、环境质量功能展开和生命周期成本。

4.9　本章参考文献

- Crawford, M. & DiBenedetto, A. (2008). *New Products Management,* 9th Edition, Ch. 11. Irwin McGraw-Hill.

- Dobson, M.S. (2004). *The Triple Constraints in Project Management.* London: Management Concepts Press.

- Hauser, J.R., & Clausing, D. (1988). The House of Quality. *Harvard Business Review* (May-June), 63-73.

- Hosseinpour, A., Peng, Q., & Gu, P. (2015). A benchmark-based method for sustainable product design.

Benchmarking: An International Journal, 22(4), 643-664. doi:10.1108/BIJ-09-2014-0092.

- Jawahir, I.S., Wanigarathne, P.C., & Wang, X. (2015). Product Design and Manufacturing Processes for Sustainability. In M. Kutz (Ed.), *Mechanical Engineers' Handbook.* Hoboken, New Jersey: John Wiley & Sons.

- Kahn, K.B., Evans Kay, S., Slotegraaf, R.J., & Uban, S. (2013). *The PDMA HandBook of New Product Development:* John Wiley & Sons.

- Katz, G. (2007). Quality Function Deployment and the House of Quality in *The PDMA ToolBook,* Chapter 2, John Wiley & Sons.

- Ladewig, G.R. (2008). TRIZ: The theory of inventive problem solving. In *The PDMA ToolBook 3 for New Product Development,* (pp. 3-40): John Wiley & Sons.

- Markham, S., & Lee, H. (2013). Product Development and Management Association's 2012 Comparative Performance Assessment Study, (Vol. 30), 3.

- Project Management Institute. (2017). A Guide to the Project Management Body of Knowledge (PMBOK Guide), 6th ed.

- Ulrich, K.T., & Eppinger, S.D. (2016). *Product Design and Development* (6 ed.). New York, NY: McGraw- Hill Education.

4.10　本章延伸阅读

- Center for Quality of Management, CQM. (1997). *Concept Engineering.* Cambridge, Massachusetts: CQM.

- Fowlkes, W.Y., & Creveling, C.M. (2007). Engineering Methods for Robust Product Design: Using Taguchi methods in technology and product development. Reading, Massachusetts: Adison Wesley Longman, Inc.

- Hallgrimsson, B. (2012). Prototyping and modelmaking for product design. London, UK: Laurence King Publishing.

- Kano, N. (2001). Life cycle and creation of attractive quality. Paper presented at the 4th International QMOD Quality Management and Organizational Development Conference, Linkoping University, Sweden.

- Kaufman, J.J., & Woodhead, R. (2006). *Stimulating Innovation in Products and Services.* Hoboken, New Jersey: John Wiley & Sons.

- Kumar, V. (2013). *101 Design Methods*. New Jersey: John Wiley & Sons.

- Mital, A., Desai, A., Subramanian, A., & Mital, A. (2014). *Product Development* (Second ed.). Waltham, MA: Elsevier Inc.

- Nagamachi, M. (2011). *Kansei/Affective Engineering*. Florida: CRC Press Taylor & Francis Group.

- Norman, D.A. (2004). *Emotional Design: Why we love (or hate) everyday things*. New York: Basic Books.

- Orme, B.K. (2014). *Getting Started with Conjoint Analysis* (Third ed.). Glendale, CA: Research Publishers LLC.

- Rodriguez, C.M. (2017). *Product Design and Innovation: Analytics for Decision Making,* Dover, US: Createspace Publishers.

- Sato, Y., & Kaufman, J.J. (2005). Value Analysis Tear-Down: *A new process for product development and innovation*. New York, New York: Industrial Press, Inc.

本章试题

1. 产品设计规格的主要目的是以下哪项？

   A. 将定性设计特性转化为定量参数

   B. 识别产品核心优势

   C. 识别客户需求

   D. 列出产品有形特性

2. 质量屋将客户之声与以下哪项联系起来?

    A. 营销

    B. 广告

    C. 工程

    D. 制造

3. 在新产品创新中，使用以下哪种创意生成工具可将各种信息、想法和创意联系起来并生成一个图形化的输出?

    A. 思维导图

    B. 头脑风暴

    C. 头脑书写法

    D. 德尔菲技术

4. 一个产生和交流新创意的创造性过程，是设计流程的基本组成部分，其中的创意是想法的基本要素，是可视的、具体的或抽象的。该过程被称为____。

    A. 市场调研

    B. 创意生成

    C. 概念开发

    D. 思维导图

5. 产品设计目标规格必须使用一整套度量指标，以确保设计工作满足这些标准。假如你在设计一辆新车，下列哪项是可接受的产品设计指标?

    A. 座位很舒适

    B. 汽车从 0 英里/小时加速到 60 英里/小时的用时不到 6 秒

    C. 具有拖船功能

    D. 有多种颜色和面料的内饰可供选择

6. SCAMPER 是一种创意生成技术，以下哪项是对 SCAMPER 的正确描述？

    A. 改造、改变用途

    B. 替代、合并、调整

    C. 逆向操作、去除

    D. 以上都是

7. 产品概念说明应包括哪三个要素？

    A. 客户需求、环境因素和客户使用报告

    B. 定性描述、定量参数和技术成果

    C. 核心利益、有形特性和增强特性

    D. 竞争标杆、概念说明和定性度量

8. TRIZ 问题解决矩阵的模式是以下哪项？

    A. 先识别具体问题，再识别通用问题，在得到具体解决方案之前先获得通用解决方案

    B. 先明确具体问题，与目标客户群测试解决方案，生成更多原型，然后选择具体解决方案

    C. 先识别通用问题的通用解决方案，然后选择要解决的具体问题

    D. 组成跨职能团队，与客户一起测试各种产品解决方案，最终选择评分最高的解决方案

9. 杰克是一家制造公司的顾问。他要评估产品的零部件、整体设计（系统）和装配方法（包括手动、自动、固定自动化和机器人装配）。杰克应该使用哪个具体设计工具？

    A. 可制造性设计

    B. 可装配性设计

C. 功能性设计

D. 为生活而设计

10. 哪个工具涉及如下方法：有声思维梯度法、数量化理论 I、偏最小二乘分析、遗传算法和模糊逻辑？

A. 田口方法

B. 六西格玛

C. 感性工学

D. TRIZ

本章试题参考答案

1. A   6. D

2. C   7. C

3. A   8. A

4. B   9. B

5. B   10. C

第 5 章

产品创新中的市场调研

为战略制定、组合管理、产品创新与生命
周期管理中的决策提供市场数据和信息

↘ **本章学习重点**

对产品创新管理各个层面的大量决策而言，市场调研至关重要。本章介绍了一系列市场调研工具和每种工具的优缺点，以及在整个创新流程中如何运用这些工具制定具体的创新管理决策。

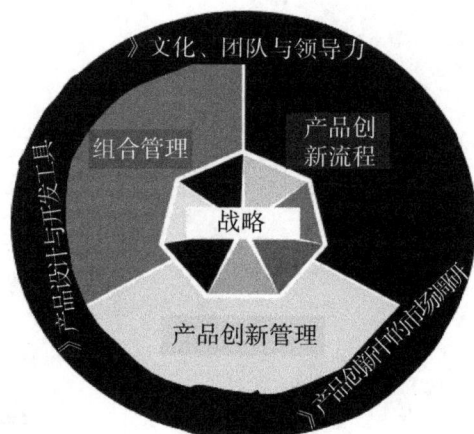

↳ **本章内容一览图**

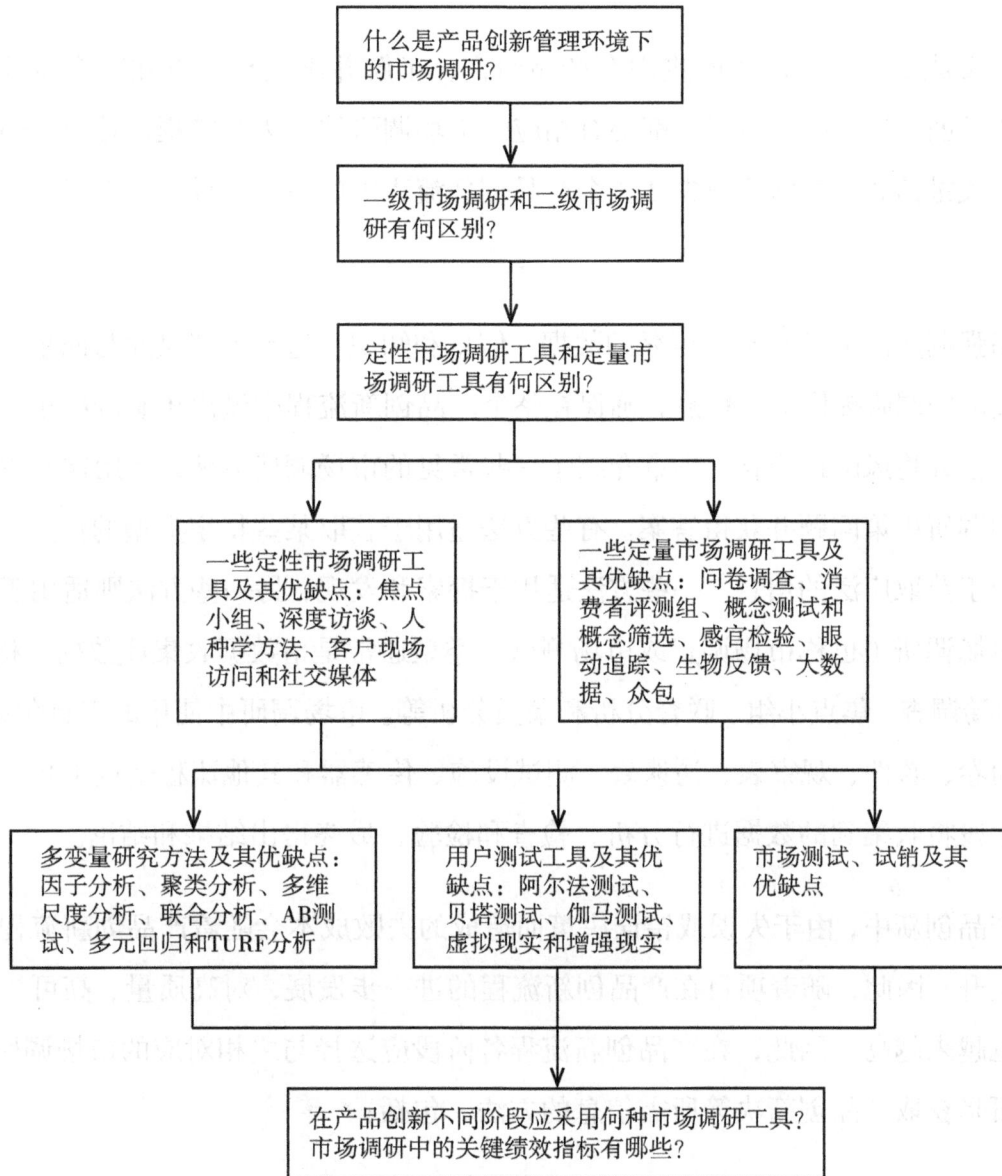

```
┌─────────────────────┐
│ 什么是产品创新管理环境下 │
│ 的市场调研？         │
└──────────┬──────────┘
           ↓
┌─────────────────────┐
│ 一级市场调研和二级市场调 │
│ 研有何区别？         │
└──────────┬──────────┘
           ↓
┌─────────────────────┐
│ 定性市场调研工具和定量市 │
│ 场调研工具有何区别？   │
└──────────┬──────────┘
```

┌─────────────────────────┐   ┌─────────────────────────┐
│ 一些定性市场调研工具及其优缺点：焦点小组、深度访谈、人种学方法、客户现场访问和社交媒体 │   │ 一些定量市场调研工具及其优缺点：问卷调查、消费者评测组、概念测试和概念筛选、感官检验、眼动追踪、生物反馈、大数据、众包 │
└─────────────────────────┘   └─────────────────────────┘

┌──────────────────────┐ ┌──────────────────┐ ┌──────────────┐
│ 多变量研究方法及其优缺点：因子分析、聚类分析、多维尺度分析、联合分析、AB测试、多元回归和TURF分析 │ │ 用户测试工具及其优缺点：阿尔法测试、贝塔测试、伽马测试、虚拟现实和增强现实 │ │ 市场测试、试销及其优缺点 │
└──────────────────────┘ └──────────────────┘ └──────────────┘

┌─────────────────────────────────┐
│ 在产品创新不同阶段应采用何种市场调研工具？市场调研中的关键绩效指标有哪些？ │
└─────────────────────────────────┘

5.1　市场调研引论

对开发成功的新产品和改进现有产品而言，了解并满足相关方和客户需求至关重要。在产品创新流程的各阶段，都要有相应的市场调研技术为决策提供信息。通过市场调研获得关键信息，有助于减少在整个产品创新流程中的不确定性，从而提高新产品成功率。

本书强调产品创新是基于可靠的数据、信息和知识所进行的"风险与回报"决策过程。通过市场调研提供关键信息，确保在整个产品创新流程中做出正确的决策，进而减少不确定性并将风险最小化。本章介绍了一些常见的市场调研方法。运用这些方法可以指导人们调研决策问题并获得答案。有些方法适用于获取某些特定类型的信息，有些方法则适用于获取广泛的信息。一些方法适用于探索和发现，另一些方法则适用于确认和验证。市场调研（也称市场调查或市场测试）类型通常是指数据收集或数据分析技术，例如，问卷调查、焦点小组、联合分析和聚类分析等。市场调研中使用的工具包括装置、表格、问卷、软件、观察表、访谈表、测试设施、传感器和其他流程促进工具。通常运用统计手段将收集到的数据进行分析、检查和检验，最终得出结果和结论。

在产品创新中，由于失误或错误决策而造成的失败成本会随着产品创新流程的推进而显著上升。因此，随着项目在产品创新流程的进一步发展，对高质量、高可靠性信息的需求也越来越高。因此，在产品创新流程各阶段应选择与之相对应的市场调研方法。市场调研是获取产品创新决策所需信息的方法，包括：

- 现在和未来有哪些机会？
- 客户想要或需要什么，有哪些明确的需求和未明确的需求？
- 是什么驱动客户购买和再次购买产品？
- 新产品中应包含哪些价值主张？
- 应对产品进行哪些改进，使其成为更易于接受和更可行的解决方案？

- 客户是否会购买产品？客户购买产品的频度、地点和价格如何？
- 市场上是否有其他产品解决方案？
- 我们的产品解决方案有何优势？
- 能否通过知识产权来保护产品解决方案并确保优势？
- 产品解决方案是否可持续？

在产品创新和产品管理中，市场调研涉及的常见领域包括客户之声、竞争态势、竞争之声、现有知识产权和可持续性影响因素。常见测试包括概念测试、产品测试和市场测试。

5.1.1　客户之声（Voice of Customer，VOC）

客户之声是产品创新领域中的一个重要方法，也是获取（内部或外部的）客户需求和反馈的市场调研方法。客户之声的定义是："为了找出问题的解决方法，引导客户经历一系列情境并通过结构化深度访谈提炼出客户需求。通过间接调查了解客户如何满足自身需求及他们选中某解决方案的原因，进而最终明确客户需求。它是一个启发客户需求的过程。"

本章介绍的大多数工具都可归类为客户之声。客户之声是新产品的创意来源。库珀和德勒埃（Dreher）对客户之声技术做了大量的研究（2015 年）。

在开发新产品或服务时，除了调研最终客户或消费者，还应考虑影响最终购买决策的其他关键相关方。例如，大多数食品通常是经由超市销售的。虽然超市不是产品的最终消费者，但它在决定向消费者出售何种产品方面发挥着极其重要的作用，因此超市的意见和最终消费者的意见同样重要。就个人使用的医疗设备而言，通常是由医疗专业人员向最终用户推荐使用的。这些人是采购决策中的关键相关方，他们的意见必须得到产品开发者的重视和考虑。

客户之声不仅用于产品创新流程中的开发阶段，还常用于制订客户或市场细分方案，即通过采集人口统计、心理、行为和生活方式等方面的数据，创建用户画像，用于上市和营销活动。

5.1.2 市场调研中的六个关键步骤

开展市场调研工作，要采取六个关键步骤（Naresh，2009 年）：

（1）**定义问题**。明确说明要获得什么信息，回答什么问题。

（2）**定义结果的准确度**。总体可靠性要达到什么水平，统计置信度和实验误差的可接受水平为多少。

（3）**收集数据**。选择并应用适当的方法收集数据，以达到所需的准确度。

（4）**分析与解读数据**。应用相应方法对数据进行分析，并对所提出问题进行归纳和总结。

（5）**得出结论**。用调研结果对问题进行解读，并得出具体结论。

（6）**实施**。按照调研结果和结论，解决所定义的问题。

↘ 市场调研六个步骤示例

（1）定义问题：新开发的徒步定位装置的销售潜力如何？

（2）定义结果的准确度：制定最终上市决策所需的统计置信度是多少？实验误差在2%以内，统计置信度为95%。

（3）收集数据：在目标市场抽样。

（4）分析与解读数据：计算与消费者购买可能性有关数据的平均值和方差。

（5）得出结论：销售潜力是否足以支持将该产品上市的决策？

（6）实施：做出上市或不上市的决策。

5.2　一级与二级市场调研

根据分析所用数据的来源，可将市场调研分为两类，分别是一级市场调研和二级市场调研。

5.2.1　一级市场调研（Primary Research）

一级市场调研（也称直接调研。——译者注）是为了满足自身需求，组织通过直接和专门的方法收集第一手信息，在这些信息基础上进行的市场调研。焦点小组、问卷调查、个人访谈和观察等都是一级市场调研方法。根据调研结果的统计置信度，又将一级市场调研分为定性和定量两种方法。在很大程度上，统计置信度决定了在产品创新流程具体阶段中应采用哪种市场调研方法，尤其是随着产品创新流程的推进，因为决策失误会导致项目成本和风险急剧上升，所以对信息可靠性的要求也越来越高。

根据基础数据的性质，将一级市场调研分为定性方法和定量方法两类。

- 定性方法：在数据还不足以进行统计分析的情况下，确定结果的可靠性。参见 Belk（2006 年）。
- 定量方法：对数据进行统计分析，从而确定结果的置信度。

5.2.2　二级市场调研（Secondary Research）

二级市场调研（也称次级调研或间接调研。——译者注）是在其他个人、群体或机构已经开展的研究和公布的信息基础上进行的市场调研。

↘ 二级市场调研的数据和信息来源

- 政府发布的统计数据。

- 辛迪加数据（Syndicated Data）。

- 行业或协会出版物。

- 交易会或展会。

- 报纸和杂志。

- 组织的年度报告。

- 研究性的出版物。

- 学科期刊。

- 学术文章。

- 专利和商标（知识产权）数据库。

- 开源数据库和维基百科。

- 互联网网站、白皮书、博客和论坛。

↘ 二级市场调研的优点

- 收集信息所需的时间短，成本低。

- 数据来源广泛。

- 可为深入和聚焦的一级市场调研打下良好的基础。

↘ 二级市场调研的缺点

- 不够具体和聚焦。

- 数据的准确性和可靠性不足。

- 通常都是过时的数据。

- 有些信息受版权保护，未经许可无法使用。

在整个产品创新流程中，二级市场调研是有价值的，但其价值主要体现在项目早期阶段，尤其是在获得总体背景信息后需要更好地制定项目重点和方向时。具体来说，二级市场调研的价值：

- 提供趋势信息，包括市场、技术、人口统计、政策、法规、竞争分析和专利等。
- 为一级市场调研奠定基础。
- 为非高风险或高成本决策提供信息。

5.3　市场调研方法

根据数据和结果的统计可靠度，将市场调研方法分为定性方法和定量方法。

5.3.1　定性与定量数据及方法

定性市场调研的定义是："对少数受访者（个人或小组）进行调研，获得他们的信念、动机、看法和观点。通过收集消费者的初步需求，获得其对创意和概念的初步反馈。调研结果不能代表整体市场，也无法对结果进行预测。定性市场调研用于了解消费者购买产品的原因，而定量市场调研则用于了解购买产品的人数。"（参见 Castellion、Griffin、Kahn《PDMA 新产品开发手册》2004 年第 2 版第 14 章至第 16 章）

在消费者描述产品、产品使用和市场的语言和情境方面，定性市场调研可以用于提供相应的洞察。这对产品上市阶段和整个产品生命周期，尤其是包装设计、使用手册、营销和广告材料等方面而言都很有价值。

定量市场调研是一种消费者调研方法，通常使用调查问卷对足够大的消费者样本进行调查，得出可靠的统计结果。可用于对一般消费者群体进行结果预测，也可用于明确客户不同需求的重要度、当前产品的性能等级、满意度、试用率、复购率和产品偏好。这些技术可用于减少与产品创新相关方面的不确定性（参见 Castellion、Griffin、Kahn《PDMA 新产品开发手册》2004 年第 2 版第 18 章）。

5.3.2　样本量与定量方法的统计学基础

使用统计公式、计算表或易用的在线计算工具可以获得足够的样本量，从而满足对调研结果统计可靠度提出的要求。

样本量计算需要以下信息：

- 置信区间：接受计算结果的误差范围有多大，例如调研结果误差范围为±5%。
- 置信度：真实结果落入置信区间内的信心有多大。
- 方差：结果的方差有多大。通常由总体统计或过往调研估算得到。

一般而言：

- 置信区间越小，所需样本量越大。
- 置信度越高，所需样本量越大。
- 调研中总体方差越大，所需样本量越大。

样本量太少会导致结果准确度和置信度都低。

5.3.3　抽样方法

有几种抽样方法均可用于产品创新中的市场调研。本节重点讨论使用随机方法的概率抽样，其中每个选择的入选概率是已知的。

概率抽样是定量调研的统计基础。没有概率抽样，就无法进行定量调研。需要注意的是，虽然非概率抽样（如判断抽样）和定性调研在产品创新中有一定的作用，但使用该抽样方法所获得结果的可预测性对降低风险而言并不可靠。

↘ 定量调研中的概率抽样类型

　　随机抽样：在定量调研中，最简单的抽样方法就是随机抽样。随机样本是总体的一个子集，其中每个子集被抽中的概率都相等。一个简单的随机样本是一个群体的无偏代表。

随机抽样能确保目标群体的代表性并消除抽样偏差，但缺点是在现实中很难实现，且存在成本和时间上的问题。

为了克服简单随机抽样的缺点，可以应用其他抽样方法，在确保精确度的同时显著节约时间和成本。

其他三种最常见的抽样方法分别为系统抽样、分层抽样和整群抽样。

- 系统抽样：根据总体和所需样本量，设定一个间隔，然后选取样本。在选取样本时，应确保总体中不存在会导致偏差产生的模式。
- 分层抽样：将总体按照某个变量分成若干层，然后从每层中抽取一个样本。这么做旨在减少抽样误差。如果这些特征与所调研的目标变量相关，那么每层的构成就会更均匀，目标变量的方差也会更小。
- 整群抽样：将总体分为若干群，再以群为单位进行抽样。如果群是相似的，则会增加抽样误差；如果群是相同的，则在群中进行多次观察就没有意义了，因为结果都是相同的。精确度与群的多样性有关，只有在抽样之后才能知道多样性。在单阶段整群抽样中，整群即一个样本。在多阶段整群抽样中，则要在一个或多个阶段内进行随机抽样。

在产品创新和管理中进行市场调研时，了解样本量的基本原理及样本选择与调研结果可靠性之间的关系是非常重要的。产品创新中的市场调研重点是提供与相关方或市场相关的信息，以便在产品创新流程的各个阶段为决策提供信息，从而降低风险。进入开发和上市阶段，成本和风险陡增，此时需要收集更为可靠的信息，因而需要从定性方法转向定量方法。定性方法，如焦点小组，在产品创新初期用处很大，因为该阶段成本和风险都较低。定性方法可以作为定量方法的基础，并为通过定量方法得出的结果提供依据。随着项目成本和风险的增加，就应采用定量方法。为得到可靠的统计结果，用统计方法对样本进行调查是很重要的。本章只介绍有关抽样的基本原理，并不深入介绍进行定量市场调研时要用到的统计基础和计算方法。

5.4 定性市场调研方法

虽然定性调研产生的数据不足以通过统计分析得出可靠、可预测的结果，但它在探索、发现、提供依据和了解定量调研结果背后的原因等方面都非常有价值。在产品创新各个阶段，尤其在开发流程中风险相对较低的早期阶段，常用到一些定性调研方法。

5.4.1 焦点小组（Focus Groups）

焦点小组是一种定性市场调研方法。在训练有素的主持人引导下，8~12 名参与者聚集在一个房间里进行讨论。讨论的重点是产品、消费者的问题或潜在解决方案。这些讨论的结果未必适用于整体市场。

焦点小组的典型做法：

- 通过回答问题的方式，筛选出 8~12 名参与者。
- 由一位训练有素的主持人来主持。
- 会议设施有桌椅、单向镜子，可以对小组讨论进行录音和录像。
- 观察者可以在隔壁房间通过单向镜子观看讨论过程。

↘ 焦点小组的优点和缺点

优点

- 小组人员间的互动能引发讨论，也能提供新的洞察并促进深度了解。
- 可以获得直接来自市场代表的意见——未经调查问卷或分析筛选。
- 可以根据参与者的意见快速更新问题。
- 可以观察参与者的行为，尤其在对参与者进行产品使用调研时。

缺点

- 群体动力会抑制某些个体的贡献，或出现被某人主导的情况。
- 要公开参与者的评论。
- 调查结果不适用于焦点小组之外的人群，即结果不可预测。
- 调查结果的质量在很大程度上受到主持人技能的影响。
- 取决于在指定的时间和地点能否约到参与者。

运用焦点小组时的注意事项：

- 避免只有一个焦点小组，最好有三个或者更多的焦点小组。虽然在统计意义上说仍不可靠，但确实可以增加调查结果的可信度。
- 主持人要有必要的背景，受过专业训练，能够驾驭主题。
- 进行周密的计划和管理，避免将一群人随意聚集在一起进行漫谈。
- 要筛除焦点小组的常客——那些经常参加焦点小组的人。
- 非定量方法，因此不能得出统计结论。

在产品创新决策中，焦点小组的价值在于：如果运用得当，能够在整个产品创新流程中提供深入的洞察。

- 发掘市场机会方面：获得客户对市场空白的看法。
- 了解客户需求方面：焦点小组尤其适用于识别显性需求，但不适用于识别客户尚未认识到或无法表述的需求。通过焦点小组产出的成果很可能只是当前产品或市场范围内的创意。
- 新产品应包含的价值主张方面：通过焦点小组可以更好地理解带来价值的特性，并应将其构建到产品中。
- 应进行哪些改进以使产品更易于接受方面：焦点小组用来为产品改进提供方向。其对领先用户小组或消费者测评组，包括对产品有积极兴趣并在采购方面引领市场的客户而言特别有用（Thomke 和 Von Hippel，2002 年）。

5.4.2　深度访谈（In-Depth Interviews）

深度访谈是一种定性调研方法。该方法针对某一特定主题，一对一地与受访者进行长时间深入探讨，收集有关问题、创意、方案、情境等方面的详细洞察、意见、态度、想法、行为和观点。

↘ 深度访谈的优点和缺点

优点

- 可为探讨的每个主题提供更多细节、背景、语言、情感和关系。
- 可以设计得更为开放，从而提供信息和洞察，揭示隐藏的关系、联系和复杂性，并帮助解释量化结果。
- 更轻松、更个人化、更私密和更安全，通过个人对话可以提供更为丰富和深入的洞察。

缺点

- 耗时且成本高昂。
- 取决于在指定的时间和地点能否约到受访者。
- 必须由受过访谈技巧和主题内容专业训练的专业人士进行。
- 会有偏见和主观解读。
- 无法预测也不具备普遍性。
- 与其他调研方法相比，参与者人数较少，投入的时间、成本和人力较高。

深度访谈在产品创新决策中的价值在于：能够在整个产品创新流程中提供深入的洞察。

- 发掘市场机会方面：获得客户对市场空白的看法。
- 了解客户需求方面：深度访谈尤其适用于识别显性需求，不适用于识别客户尚未认识到或无法表述的需求。通过深度访谈产出的成果很可能只是当前产品或市场范围内的创意。

- 新产品应包含的价值主张方面：通过深度访谈可以更好地理解带来价值的特性，并应将其构建到产品中。

- 应进行哪些改进以使产品更易于接受方面：深度访谈用来为产品改进提供方向。

在定量调研之前开展深度访谈很有价值，可以为定量调研的目的和问题提供初步框架，也可以为定量调研提供更为丰富和真实的信息。在探索和了解定量调研结果背后的原因时，深度访谈也很有价值。

在以下两种情境下，深度访谈非常有效：一种是在企业对企业（Business-to-Business，B2B）调研中需要有特定知识或专家时；另一种是在企业对消费者（Business-to-Consumer，B2C）调研中，涉及敏感信息或个人隐私时。如有可能，通过电话或视频会议的方式开展深度访谈就更为灵活，成本也更低。

5.4.3　人种学方法（Ethnography）

人种学方法是研究客户及其所处环境的一种描述性的定性市场调研方法。人种学方法有助于组织了解消费者的多个方面，包括文化趋势、生活方式、态度及社会环境对其选择和使用产品的影响等。调研者在现场观察客户和所处环境，深入了解他们的生活方式或文化，从而更好地了解他们的需求和问题。

与焦点小组方法不同，人种学方法通过各种技术和方式来了解消费者的总体情况，以及产品和服务是如何融入其日常生活的。Miller 等（2014 年）和 Katz（2010 年）对人种学方法在产品创新中的应用提供了详细的说明，很有参考价值。

人种学方法分为家外调研法（On-Site）和家中调研法（In-Home）。

- **家外调研法**：就是在消费者使用产品或服务的地方进行调研，如餐馆、商店、办公室甚至汽车中。进行实地调研能够让调研者在客户的行动过程中进行采访与观察，并根据需要随时提问。可以在实地开展市场沉浸之旅，以便对总体市场与个体消费者开展调查。该方法对市场拓展尤为有用。

- **家中调研法**：与家外调研法类似，只不过是在参与者的家庭环境中进行调研。可以邀请一位或多位家庭成员参加，调研通常持续几小时。调研者融入被调研者的家庭环境中，通过观察、提问和倾听，获得对消费趋势、产品反馈和问题的洞察。消费者会提出产品或服务中存在的问题甚至解决方案。家中调研法有助于调研者了解消费者需要哪些新产品，产品要进行什么样的改进，需求有何变化等。

人种学方法的优点和缺点

优点

- 提供了一个独特的机会，可以识别客户真正重视的特性、功能和状态，并发现未识别的不满意之处或隐藏的问题。
- 在传统访谈、焦点小组或问卷调查中，客户不愿意或者无法说出他们想要的产品特性或收益，这时采用人种学方法就非常有效，尤其在客户面对不熟悉的新产品、较为敏感的情境或涉及隐私时更为有用。识别出这些潜在需求，就可以为产品创新提供依据。

缺点

- 耗时长，尤其是当调研者想要调研目标市场中众多受访者时。
- 取决于调研者对所观察内容的解读。
- 在统计可靠性上缺乏依据。

人种学方法在产品创新决策中的价值在于：能够深入了解客户需求和产品使用情况。

- **发掘市场机会方面**：人种学方法让调研者站在客户的立场上，从而能够真正了解新产品需要满足的需求及存在的问题。
- **了解客户需求方面**：如上所述，人种学方法是真正了解客户和获取客户内心需求的极佳方法，特别是能挖掘出客户不能或者不愿说出的需求。

- 应进行哪些改进以使产品更易于接受方面：人种学方法可用于测试产品原型，观察客户对产品原型的反应和使用情况，回答诸如"使用方式符合预期吗？""在使用产品时遇到了哪些困难？"等问题。

5.4.4　客户现场访问（Customer Site Visits）

客户现场访问是发现客户需求的一种定性市场调研方法。该方法要到客户工作现场，观察客户如何使用产品来满足需求或解决问题，并记录下客户做了什么、为什么做、客户使用该产品时遇到了哪些问题、解决效果如何等信息。参见《PDMA 新产品开发手册》第 2 版第 15 章和第 16 章。

与深度访谈一样，客户现场访问是 B2B 企业用得最多的市场调研方法，由供方一人或多人对一个或多个客户（或潜在客户）进行采访、观察或互动。

↘ 客户现场访问的优点和缺点

优点

- 在客户现场，通过面对面沟通能够获得大量信息。
- 能看到产品正在使用中的状态。对产品的优缺点进行直接观察，并直接与用户讨论需要做哪些改进。
- 有助于参与产品创新的技术人员更好地了解客户需求，以及如何将客户需求转换为产品设计规格。
- 由产品创新团队成员合作开展的客户现场访问促进了对客户需求的更好沟通和理解，从而增强了团队凝聚力。
- 有助于建立更牢固的客户关系。

缺点

- 耗时且昂贵，需要出差时尤甚。

- 若组织同时服务很多客户，从一两个客户处得到的意见和建议不一定能代表大多数客户的看法。为了获得更可靠的观点，样本量非常关键。
- 所收集的信息质量取决于能否"向正确的人问正确的问题"。比如，如果接受访谈的人是客户公司的销售代表，那么他所提供的技术信息就会很有限甚至不可靠。
- 若组织派不了解产品的人到客户现场访问，就不利于建立客户关系，获得的信息也会不可靠。

运用客户现场访问的注意事项：

- 务必知会销售代表并获得其支持。
- 确认受访者是决策者或有影响力的人，并具备必要的知识，能够提供所需信息。
- 尽可能在会议室外进行访谈，要直接观看产品使用情况，以便能够获得第一手信息。
- 要求客户识别问题。如果他们提出解决方案，要倾听、认可并接纳他们的意见。
- 使用样品、视觉辅助工具及任何能与客户进行更清晰沟通的方法。

客户现场访问在产品创新决策中的价值在于：能够收集深入的市场和技术信息。

- 发掘市场机会方面：尤其是对 B2B 企业来说，可能有不同的买家、用户和影响者，他们可以提供对新技术或竞争对手产品的洞察。
- 了解客户需求方面：通常聚焦在当前需求、问题和改进上，这些都是客户最容易表达清楚的具体问题。通过一系列的提问和观察可以挖掘出客户无法或不愿表述的潜在需求，以及超出当前产品之外的客户需求。
- 应进行哪些改进以使产品更易于接受方面：尤其适用在基于详细概念或原型进行产品改进讨论时。同样，对 B2B 企业而言，该方法也很有用。

5.4.5 社交媒体（Social Media）

社交媒体已经日趋成熟，开辟了与市场互动和获取信息的新途径。一些社交媒体，如 Facebook、Twitter、YouTube、Pinterest、Instagram、Tumblr、WhatsApp、LinkedIn、SnapChat、Reddit、博客和各种论坛提供了与客户接触和倾听客户声音的媒介。2018 年，仅 Facebook 一家公司在全球就有超过 20 亿个用户。美国公司的社交媒体使用率从 2014 年的 86%上升到 2019 年的 91%（Statista，2019 年）。

在创意生成和设计阶段，经常使用社交媒体来共创产品。在产品创新的商业化和上市阶段则用其来推广及扩大知名度。

社交倾听是客户之声市场调研方法的一种。该方法通过网络交流，分析客户对某一主题的看法。近年来，该方法呈日益增长的趋势。根据数据与营销协会（Data & Marketing Association）2018 年的数据，59%的营销人员将社交媒体列为收集营销数据的最有效渠道，该比例还在不断增加中。在社交倾听如何支持产品创新流程方面，有一个广为人知的案例，即麦当劳分析了社交媒体中的对话，随后便在一些主要市场推出了包含早餐在内的全天菜单。

Clorox 公司发现，千禧一代经常抱怨室友或伴侣在喝光 Brita 水壶中的水后，却不愿给水壶续水。于是，他们推出了一款针对千禧一代的新产品——Brita Stream。该产品可以在出水的同时自动续水，用户在想喝水时再也不会发现水壶是空的了。

除社交倾听之外，世界各地的公司都在运用社交媒体进行营销和产品管理。比如，耐克使用 Twitter、Facebook 和 Pinterest，同时也推出了自己的社交媒体平台 Nike+。2018 年，Nike+及相关的应用程序，如耐克训练俱乐部（Nike Training Club）就有超过 1 亿个用户。它带领用户每月完成 180 万次训练，并计划在五年内增加三倍。耐克应用程序也可用于智能手机和手表，直接与 Fitbit®和其他手表应用程序展开竞争。

在使用社交媒体进行市场调研时，针对目标市场选用合适的社交媒体平台是非常关键的。例如，中国有多个本土社交媒体平台，如 QQ、微信和微博。2019 年，这些平台拥有 10 亿多个用户。通过这些本土平台与中国市场建立联系已经非常普遍。不仅中国企业要这么做，其他想深入了解中国市场的国外企业也应这么做。

↘ 社交媒体的优点和缺点

优点

- 可以与现有及潜在市场进行直接、即时的联系。
- 通过甄选，可与某些特定客户建立联系。
- 有机会与忠诚的支持者或领先用户进行互动，他们是持续生成创意的生力军，也是产品设计流程中提供信息的源泉（参见本章后面的"众包"）。

缺点

- 使用和参与某一特定社交媒体的人可能持有主观偏见。
- 很难让参与者聚焦在问题上，也难以控制。
- 虽然通过社交媒体可以收到针对调查的大量回复，但无法保证结果具有真实的统计置信度。
- 社交媒体中跟风做法会造成参与者关注度快速变化，就像病毒传播效应一样，会导致结果有很大偏差。

社交媒体在产品创新决策中的价值在于：能够方便、快捷地接触到大量目标客户，因此是产品创新中非常出色的市场调研工具。

- 发掘市场机会方面：社交媒体提供了很好的实时信息来源，包括个人和组织。通过它可以了解人们的想法和行为，也可以直接或通过推断发掘新的机会。
- 了解客户需求方面：社交媒体为产品开发者提供了与整体市场相关的广泛信息。在某些情况下，也可提供细分市场的具体信息。需要注意的是，社交媒体通常是非结构化的，因此在解读信息时要非常谨慎。
- 应进行哪些改进以使产品更易于接受方面：特定的、有针对性的社交媒体集聚了极佳的消费者群体，可以通过线上引导，邀请用户对产品设计和使用提供信息并参与测试。

使用社交媒体分析可以带来很多创新机会。社交媒体可以作为消费者洞察的来源，也可以作为传统市场调研方法的补充。此外，社交媒体生成和分析数据的速度也极大地提高了调研者主动利用数据的机会（Moe 和 Schweidel，2017 年）。

⬎ 产品创新中的社交媒体分析：可持续性示例

在产品创新中使用社交媒体分析是很有价值的。研究表明，由可持续性和社交媒体驱动的开放式创新的作用因开放式创新活动的类型而异。社交媒体驱动的开放式创新活动集中在获得市场洞察上。通过这些活动，可以直接增加客户关注度，也可以增强客户关注产品性能和可持续性之间的联系。管理者应采取战略手段来实现可持续性，并将可持续性融入产品创新流程中。在理想情况下，开发者应谨慎管理基于社交媒体的开放式创新，以便在流程的前端和后端，尤其是可持续性上确保产品创新充分受益。（Du、Yalcinkaya 和 Bstieler，2016 年）

5.5　定量市场调研方法

5.5.1　问卷调查（Surveys）

广义上说，问卷调查是对客户进行调研，以明确他们对现有产品的满意度水平或发现对新产品需求的方法。问卷调查是产品创新中市场调研的基础。问卷调查无处不在，可以与几乎所有其他市场调研方法结合使用。问卷调查包括：

- 向受访者提出一系列设定的问题。
- 采用足够大的样本用于调查，并选择具有某些特征的样本。

问卷调查可以是定性方法，也可以是定量方法。定性调查采用无统计学意义的抽样方法（通常称为立意抽样或非随机抽样）。定量调查则采用此前介绍过的统计抽样方法。

问卷调查是产品创新决策中的重要市场调研工具，可用于直接或间接地获得以下洞察：

- 客户想要或需要什么？
- 哪些改进能使产品更易于接受？
- 客户购买和再次购买产品的动机是什么？
- 应在新产品中提出什么样的价值主张？
- 客户会购买产品吗？购买频度、地点和价格如何？

无论是在统计方面，还是问题及调查回复的有效性方面，都要始终质疑问卷调查结果的有效性。设计问卷调查是专业人员的职责，本章不展开介绍。

5.5.2　消费者测评组（Consumer Panels）

消费者测评组是通过专业市场调研公司或机构招募一群特定行业或细分市场的消费者，由该群消费者回答产品测试、感官（如味觉）测试、概念测试、概念分类及其他方面的问题。参与者通常是专业消费者，参与过许多项目。该方法特别适用于短而快的调查。

消费者测评组分为两种：

- 未经训练的测评组。其能够反映目标市场的态度、信念、看法和行为。虽然在统计学意义上，这些测评组未必能代表整体目标市场，但至少能为新产品的特性和功能设计提供有价值的信息。
- 训练有素的测评组。由接受过训练的个人组成。一般由他们完成对产品具体属性的定量测评。通常要求测评组人员对配方产品，如食品和化妆品进行测试，因为这些产品很难用仪器来测量一些感官特性，所以训练有素的测评组在这种情况下带来的价值是无法衡量的。他们对由配方或流程变化引起的产品特征改变（如口味或质感）给出"客观"评价。

可以通过纵贯研究（Longitudinal Research）来度量态度、信念、感知和行为，前提是要有足够大的测评组，并能在较长时间内（几年甚至几十年）对一些指标进行跟踪。

↘ 消费者测评组的优点和缺点

优点

- 未经训练的测评组可以给出消费者偏好和建议，从而为产品改进提供有价值的洞察。
- 在一些行业，如食品和化妆品行业，因为无法用仪器测量或用仪器无法提供所需信息，所以训练有素的测评组就很有价值。

缺点

- 未经训练的测评组虽然能就消费者偏好和态度给出有价值的信息，但未必能代表目标市场。
- 应避免让训练有素的测评组提供偏好信息，因为其所受过的训练使得他们无法成为目标市场的代表。

消费者测评组在产品创新决策中非常有价值。在一些行业中，如食品、制药、美容护理和医疗保健等，消费者测评组是应用在产品创新流程中的重要方法。

- 通过未经训练的消费者测评组，可以很好地了解消费者对产品的喜爱程度及偏好。无论是与竞品进行对比，还是对产品设计方案进行选择，未经训练的消费者测评组都很有用。
- 消费者测评组对获得产品更新或改进的创意方面非常有价值。
- 训练有素的测评组可以成为客观测量的"仪器"，在整个产品创新流程中，为具体产品特征的一致性评估提供依据。

在产品创新和管理的特定阶段中，通常将问卷调查和消费者测评组用于定量调研和测试中，以实现特定目的。

5.5.3　概念测试与概念分类（Concept Tests and Concept Sorts）

概念测试与概念分类是定量调研方法，用来评估客户对新产品或服务创意（也称为概念）的接受程度。概念测试通常用于产品创新流程中的开发阶段之前。概念分类有助于对各种开发方案进行排序并明确哪些产品概念最优。通过运用一些技术可以让参与者更容易、更方便地参与测试和调查。通过灵活的日程安排，参与者可以在全球任何地方通过线上完成概念测试和调查。在开发阶段之前进行概念测试与分类更具成本效益性，并且能够降低风险和成本，避免造成开发流程后期成本剧增的情况。概念测试的结果可以是经批准的概念。

5.5.4　感官检验（Sensory Testing）

感官检验是一种定量调研方法。它通过人类对被测产品的感官反应（视觉、味觉、嗅觉、触觉和听觉）来评估产品。感官检验广泛应用于消费品中，也可以用于整个新产品创新流程中，包括用于早期探索阶段的产品概念，以及用于在产品上市前测试原型或验证产品性能。众所周知的感官检验是味觉检验。差异检验中的三点检验（Triangle Tests）是三个样本中的两个是相同的，要找出不同的那一个。二三点检验（Duo-Trio Test）则是将两个样本与一个对照样本进行比较，找出与对照样本相同的那一个。成对比较检验（Paired Comparisons）、成对偏爱检验（Paired Preference）和异同检验（Same/Different）也是常见的差异检验方法。感官检验的定性内容包括收集对每个样本的描述性反馈和样本之间明确的差异，包括"哪种样品不同？""有什么不同？"等。

快感检验在许多行业中都很常见。研究者应用该方法来度量消费者对产品及其属性的接受程度和满意度。许多品类共用一个快感检验标准和 9 分制快感量表，研究者用其来度量消费者对具体品类或新产品喜欢或不喜欢的程度。在 9 分制快感量表中，如果喜欢或满意程度的平均得分为 7 分以上，就表示消费者会接受该品类或新产品。

5.5.5 眼动追踪（Eye Tracking）

眼动追踪是一种特殊的感官检验，要通过专门的工具，包括耳机或眼镜，来度量人们的观看位置和观看时长。研究者用专门的装置跟踪和报告参与者第一眼、第二眼和第三眼所看之处，并生成参与者眼睛停留在被测对象上的痕迹图。通过它可以了解消费者对各种刺激、线上产品或服务、网站、应用程序、产品图像、包装和信息的反应。该方法广泛应用在软件产品、零售产品包装、营销和广告上。

5.5.6 生物特征反馈（Biometric Feedback）

生物特征反馈、消费者神经学（Consumer Neuroscience）和神经营销研究（Neuromarketing Research）是市场调研中的新兴技术。生物特征反馈研究要用到专有工具、生物技术和应用程序，从而研究使用者对各种产品和服务的反馈，包括生物学信息、认知和情绪。与其他方法不同之处在于，调研者无须提问，也不会干扰消费者体验。调研者可使用功能性磁共振成像技术，测量参与者大脑中的血流变化，也可通过其他手段对产品和服务进行测试。应用该量化方法可以获得深入洞察。一个成功的例子就是NeuroFocus 公司将该方法用于产品营销活动中，获得了巨大成功，并荣膺了奥美大奖（Grand Ogilvy Award）。该产品营销活动旨在研究奇多（Cheetos）与违背社会规范的行为之间的联系，受访者通常不会承认其行为违背了社会规范。另一个例子是用购物车把手上的传感器来采集购物者的生命体征参数，如脉搏、体温和血压等，并将采集到的实际值与基准值进行对比。2018 年，零售业巨头沃尔玛公司提交了一项专利申请，申请的专利内容就是嵌入在购物车把手上的生物特征反馈系统和方法。

生物特征反馈市场调研中使用的一些工具包括：

- 功能性磁共振成像技术（functional Magnetic Resonance Imaging, fMRI），用于测量因大脑活动而引起的血流变化。
- 脑电图，用于测量潜意识层面的脑电波、面部表情、语调、产品交互结果，以及对具体因素或刺激所产生的反应。

- 心电图，用于监测心率，观察心脏对情绪刺激（包括恐惧、轻松或压迫）的反应。
- 面部编码分析（Facial Coding），通过对面部变化所表达的潜在情绪进行解码，了解消费者对产品或服务的口述反应及真实反应。

5.5.7 大数据（Big Data）与众包（Crowdsourcing）

近年来，计算机和社交媒体开辟出了产品创新中市场调研的新路径，其中就有众包和大数据。这些技术并不完全属于定性或定量调研方法框架。从统计可靠性的角度来看，虽然无法按照统计方法选取样本，但是两种方法中的调查对象数量众多，因此在很大程度上弥补了统计可靠性方面的不足。

↘ 大数据

大数据是在采集、存储、共享、分析和可视化过程中，用不同装置收集的大量复杂数据（Pisano 等，2015 年）。

"人们对大数据感兴趣的主要原因是它能给营销决策带来价值，尤其是消费者相关领域的信息，如问题识别、消费者搜索、购买行为、消费、购买后评估和购买后参与度等。"（Hofacker 等，2016 年）

经过 20 多年的发展，大数据和大数据分析行业已经日臻成熟。收集和储存大量信息用于分析的做法也越来越普及。大数据这一概念在 21 世纪早期出现，行业分析师 Doug Laney 提出了大数据的主流定义，即 "3V"（Doug Laney，2001 年）：

- **大量（Volume）**。组织从各种来源收集数据，包括商业交易、社交媒体、来自传感器的信息或机器之间的数据。过去存储这些数据很困难，但是新技术（如 Hadoop，即分布式计算）已经解决了该问题。
- **高速（Velocity）**。用前所未有的速度传输数据，需要及时处理这些数据。射频识别技术、传感器和智能计量可以实时处理海量数据，从而满足需求。

- **多样（Variety）**。数据形式多种多样，从传统数据库中结构化的数字数据到非结构化的文本文件、电子邮件、视频、音频、股票交易数据和金融交易数据等。

Zikopoulos 等（2015 年）打了一个很好的比方，即用"淘金"来解释大数据的含义和价值：

"过去，淘金者能够轻易地发现金块或金矿（每比特数据价值高），因为肉眼就能看到金子。但是，仅凭肉眼难以看到更多的金子，要找到这些金子就需要动用上百万人。今天，淘金者的工作方式不同了。淘金者依靠能够处理数百万吨污泥（每比特数据价值低）的新设备，就可以找到肉眼几乎不可能看见的金粒。人们依靠现代化设备从大量污泥中提取细小的金粒，并将其加工成金条（高价值数据）。今天，有大量的数据以不同方式散布在不同地方。未来的挑战是定位这些数据，并将这些数据处理成能够产生价值的内容。"

大数据分析（Big Data Analytics，BDA）增长预测

"与 2016 年相比，2017 年全球大数据分析市场增长率为 24.5%，快于我们在去年报告中的预计值，主要是由于公有云部署和使用情况及工具融合方面的进展好于预期。企业正以更快的速度走出实验和概念验证阶段，从而从大数据部署中实现更高的商业价值。展望未来，整体大数据分析市场将以 11% 的复合年增长率增长，到 2027 年将达到 1030 亿美元。边缘计算，包括在智能设备上部署流媒体和机器学习应用程序，将在未来几年推动市场发展。"（Kobielus、Finos 和 Gilbert，2018 年）

大数据应用在市场调研中的优点

- 大数据具有成本效益性，提高了客户的间接参与度。
- 大数据使管理者能够获取客户的显性和隐性需求。
- 可应用于产品创新的所有阶段。
- 数据采集是实时的，生成数据的速度要比传统调研方法快得多。
- 可以将重心从以产品为中心的内部创新转移到围绕客户体验的创新上。

大数据应用在市场调研中的缺点

- 大数据在产品创新流程中的应用受到组织整体数据运用方式的直接影响。
- 为了成功地组织和管理大数据，组织需要建立创新生态系统，并与相关方（包括合作方、供应商和其他具有共同利益的实体）建立数据联盟。
- 通过公共软件平台进行客户互动所生成的数据也可能被竞争对手挖掘。

大数据支持产品创新的其他例子包括：获取搜索频率、关键词、标签、观点挖掘、情感分析、情绪分析、产品评审、品牌监控、评论、趋势分析和概念提炼。

众包

众包是针对某一特定任务或项目，应用一系列工具，从一个庞大且相对开放的群体中获取信息、商品、服务、创意和资金的方法。该服务可以是有偿的，也可以是无偿的，主要通过技术平台、社交媒体或互联网来实现。许多公司和组织都将自己的网站作为众包渠道，从中获得新产品创意。

乐高（Lego）

乐高公司建了一个专门网站，作为 100 多万名（2018 年数据）粉丝及用户提供产品创意的平台。用户可以为他们喜爱的创意投票，写明他们愿意出多少钱购买该产品，并说明为何喜欢该创意。如果有超过 1 万人支持该创意，它就会被提交给乐高官方评审委员会，由该委员会决策是否投入生产。如果创意被商业化，创作者就会在产品包装上冠名，并在全球销售额中获得 1% 的版税。

百威英博（Anheuser-Busch）

2012 年，百威为酿造新啤酒启动了一个众包项目。百威的做法与典型的以消费者为主导的众包项目有所不同。先是通过比赛，由十二家百威酿酒厂的酿酒师们提出一系列啤酒配方。随后，邀请 2.5 万多名消费者参与品尝环节，来决出最佳的啤酒配方。可以说，百威将消费者的智慧充分地用到了产品创新流程中的某一环节。最终，来自洛杉矶酿酒厂的黑冠（Black Crown）配方胜出，该款产品最终于 2013 年上市。

当使用众包进行开放式创新和产品创新时，要了解并考虑在开放式创新环境中带来的一些问题，如相互投票可能导致结果失真，从而影响调研成果的价值。有一点非常重要，即要把众包的输入与众包之外的其他输入一起整合到新产品流程中进行验证。

5.6　多变量研究方法

在开发新产品时要考虑很多变量，也会有很多方案。将多变量研究、测试和分析用于产品创新和管理，可以探索影响新产品成功的众多变量之间的关系。在这种类型的研究中，一个因变量与一个或多个预测变量或自变量相关。在调研产品和市场的属性及特征时，多变量研究方法（Multivariate Research Methods）为多个变量之间的交互作用、相关性和权衡关系提供了更为准确的判断。它能够指出哪些变量、属性和特征具有高度相关性，并且能够在需要做出决策时，识别出产品价值主张中存在的潜在问题和风险。

在产品创新中用到很多种多变量研究方法，其中大多数方法都要求使用者对统计有良好的理解并获得专家的支持。这些方法可以提供更为深入和更有价值的客户洞察，只是设计和分析会复杂一些。

下面简要介绍产品创新管理中常用的几种多变量研究方法。

5.6.1　因子分析（Factor Analysis）

因子分析技术的主要应用就是减少变量的数量，再找出变量之间关系的结构。在产品创新中，因子分析可用于对关键变量进行优先级排序和分组，它们往往与某些特定问题有关，比如：

- 产品特性之间的关系及对产品偏好的影响。
- 在市场中被消费者普遍认可的产品之间的关系。

5.6.2　多维尺度分析（Multidimensional Scaling）

多维尺度分析提供了一种数据集里个案之间相似度的可视化或映射方法。它在直观地呈现消费者认为相似的产品时特别有用。它通过产品在多维空间中的分布推断出消费者认为的重要维度。它还指出了当前产品中存在哪些差距。

开展多维尺度分析的基本流程如下：

（1）选取调研对象，如在某个特定产品类别中开发和推出一款新产品。

（2）列出现有产品的所有配对组合。如果清单太长，可以运用一些技术减少配对的数量。

（3）从目标市场中进行抽样（通常选 30～50 人），让他们对每对产品的相似性或可替代性进行评分。

（4）采用多维尺度分析软件分析每组配对的得分，从而得到一张描述了产品之间关系的可视化图。

可视化图中的维度代表了消费者在做出相似性或可替代性决策时所看重的关键要素。为了便于沟通，通常选择两到三个维度，如图 5.1 所示。

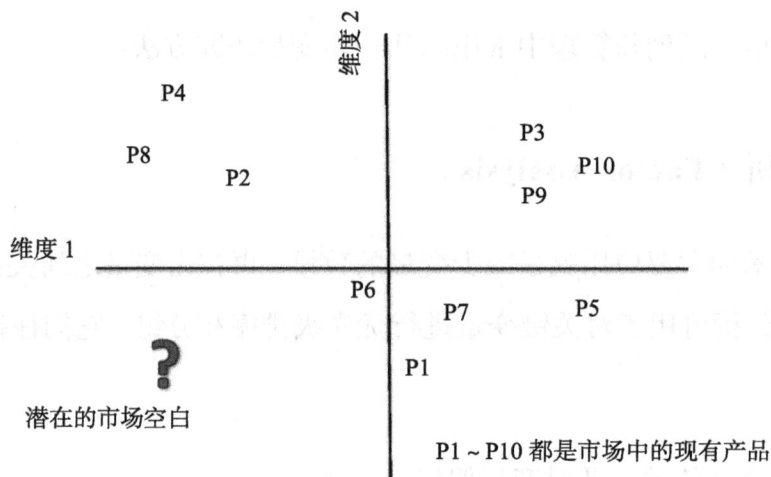

图 5.1　多维尺度分析示例

5.6.3　联合分析（Conjoint Analysis）

联合分析是用于产品创新的一种多元化统计分析方法，可以明确人们对某一产品或服务的不同属性（特性、功能或收益）的重视程度。联合分析的目的是明确最能影响客户选择或决策的属性组合。组合中的属性数量是有限的。

开展联合分析的基本流程如下：

（1）定义新产品的潜在属性，设定属性或特性的不同水平（例如，电池待机时间为1 天、5 天或 10 天）。

（2）将不同水平的属性进行随机组合。

（3）邀请一个消费者群体（通常选 30～50 人）对这些属性组合进行评分。

（4）对结果进行分析，识别最能影响消费者决策的属性。

↘ 联合分析示例

图 5.2 以手机月租计划为例。从图中可以得知，如何向客户展示属性组合以及客户如何评分。在本例中，虽然只有六个不同属性，每种属性也只有三个层级，但最终组合出来的方案数量也是非常多的。可以使用一些工具来减少组合数量，以便消费者评分。

	标准套餐	白金套餐	钻石套餐
4G 数据	4G 网速以下 25 G/月	4G 网速以下 75 G/月	4G 网速 不限
语音和短信	⌄	⌄	⌄
移动热点流量	4G 网络 15GB	4G 网络 20GB	4G 网络 不限
云存储	—	200G	500G
视频清晰度	480p	720p	720p
苹果音乐	—	6 个月	不限
费用/美元	60	100	120

图 5.2　联合分析示例

5.6.4   A/B 测试（A/B Testing）

A/B 测试是多变量研究方法中的一种，旨在测试和比较两个版本或变量。其他多变量研究，如联合分析会研究两个或更多变量。大多数 A/B 测试都是线上实施的，广泛应用于互联网产品创新和数字化营销中，用于确定哪个方案更优。其他多变量测试方法不对具有相同目标的单变量依次进行 A/B 测试。在 A/B 测试中，会平均分配每个变量的测试样本。对多变量测试而言，则需要更大的样本，这取决于被测试变量的数量。

对软件和互联网产品创新而言，在多变量测试中使用 A/B 测试的考虑因素是所需时间和流量、洞察深度及产品或概念的成熟度。A/B 测试不适用于对世界级新产品的概念进行深入洞察。

↘ A/B 测试示例

如果事先知道一个或多个被测变量对期望结果的影响无法测量或不显著，那么采用 A/B 测试就会很有效。例如，如果在登录网站首页时，图片位置不影响页面切换，而更改标题会影响页面切换，那么有效的方法是对标题进行 A/B 测试，而不采用包含图片位置在内的多变量测试。

5.6.5   多元回归分析（Multiple Regression Analysis）

在产品创新中，通常采用多元回归分析对调查所得数据进行分析。当有多个因素、关键驱动因素和产品属性影响产品价值主张时，应用该方法可以获得新产品、产品或服务改进所需的深入洞察。由于影响新产品成功的因素很多，因此在产品创新中，它比简单的线性回归更为常用。它可用于识别哪些变量会对研究主题产生影响，并用两个或多个变量（预测器）的已知值来预测变量的值。在分析时，通常将结果绘制在显示数据关系的坐标轴上。多元回归分析被广泛应用于预测、优化、支持或验证决策，以及避免风险或预防错误，并为所研究的产品变量中的隐性关系提供新的洞察。

5.6.6　累计不重复触达率与频度（Total Unduplicated Reach and Frequency，TURF）分析

累计不重复触达率与频度分析源自传媒行业常用的排期方法，也用于产品创新和产品管理，尤其是在产品生命周期涉及多个方案和重复购买时，可用其来了解并最大限度地发挥产品线和产品平台的市场潜力。该分析也用于评估和优化产品组合，吸引数量最多和重复购买意愿最高的客户。

↘ 累计不重复触达率与频度分析示例

通过概念测试与分类，一家饮料公司打算开发新型饮料产品线，现有十种不同口味的配方。该公司进行了累计不重复触达率与频度分析。得出的结果表明，喜欢前五种口味的目标消费者数量占 83%。根据该信息，产品经理决定开发前五种口味的产品，扩大这些产品的销量，最大限度地减少其他口味产品引起的侵蚀效应，以吸引数量最多和重复购买意愿最高的客户。

多变量研究方法对产品创新决策的价值：虽然多变量研究方法用起来稍显复杂，却是了解消费者和市场的有效方法。

- 挖掘市场机会方面：多变量研究方法有助于理解产品属性和当前产品之间的关系，并可以识别市场空白。
- 了解客户需求方面：多变量研究方法提供了能够识别隐性或模糊需求的机会，并了解客户的潜在需求。该技术用到间接信息而非直接信息，例如通过产品相似性或替代性比较而获得的信息。

5.7　产品使用测试

产品使用测试通过实际消费、使用、操作或处置产品的方式来测试产品性能。因为需要一定数量的原型才能获得统计上可靠的结果，所以该测试的成本较高。

消费者在家庭环境中使用或消费产品所进行的测试，被称为家中使用测试（In-Home Use Test，IHUT）或家庭应用测试（Home-Usage Test，HUT）。家中使用测试对以下产品尤为有效：一是日用品，如每周使用两次或两次以上的产品；二是食品、饮料或美容产品，这些产品有不同的使用场合或不同的配方；三是在较为敏感或私密的情境下使用的产品，如希望在一段时间内跟踪消费者满意度，采用家中使用测试也会很有帮助。将产品发给参与者使用，参与者将使用体验和反馈填写到线上应用程序中。在家庭或其他环境中进行产品使用测试对调研结果的可靠性而言至关重要。

产品使用测试不同于试销（Test Marketing）（测试市场中的新产品）和市场测试（Market Testing）（测试新市场中的现有产品），它侧重于在产品上市前能否满足消费者需求和要求。产品使用测试和试销均为产品开发完成后和产品上市前的有效调研方法。

在确定新产品能给用户提供可行的解决方案后，就要进行市场测试。通过对产品在新市场中的渠道、销售和零售条件进行测试，目的是进一步拓展市场。本章后面会介绍试销。

5.7.1　阿尔法测试、贝塔测试与伽马测试

阿尔法测试、贝塔测试和伽马测试是软件行业中采用的主流市场调研方法，用于在开发流程中和上市前测试新产品。由于缺乏基于统计样本选择，因此该市场调研方法无法提供具体的统计置信度，也就是说，该方法不是严格意义上的定量调研方法，但它确实能够提供客户在使用产品后的详细反馈，因为客户使用的是非常接近最终形态和功能的产品。

阿尔法测试（Alpha Testing）：阿尔法测试类似于可用性测试，通常由开发者在内部完成。在极少数情况下，才由客户或外部人员完成。阿尔法测试后发布的产品被称为阿尔法版产品。

贝塔测试（Beta Testing）：在产品交付前由一部分最终用户完成。若用户给出了反

馈或报告了缺陷，开发者就会在产品全面发布之前对其进行修复和更新。贝塔测试后发布的产品被称为贝塔版产品。贝塔测试可以说是"预发布测试"。将贝塔版软件提供给一些用户使用，在真实的使用情境中对软件进行测试，以便为下一版本产品更新提供参考。贝塔测试的主要目的是获得不同用户群体的反馈，并检查产品对不同类型网络和硬件的兼容性。

伽马测试（Gamma Testing）：在软件满足特定要求并完成发布准备工作后，就要进行伽马测试（或伽马检查）。无须经过所有内部测试活动就可以直接进行伽马测试。可以将产品发布给少数用户进行测试，也可以只测试有限数量的规格。该阶段不再开发新特性或改进现有特性，只对错误进行修复。伽马测试不太常见，因其较为耗时，不利于缩短开发周期和加快上市速度。

5.7.2　虚拟现实（Virtual Reality–VR）与增强现实（Augmented Reality–AR）

虚拟现实测试是市场调研领域中越来越受到重视的方法。它使用专用设备，包括带有跟踪传感器的耳机和/或手套。通过这些传感器可以创建三维模型，使参与者能够在模拟真实的环境中进行交互。虚拟现实技术可与其他市场调研工具结合，例如眼动追踪及模拟市场环境进行消费者行为分析。通过虚拟现实，公司无须开发实际原型就可以进行产品使用测试，从而最大限度地降低财务风险。调研人员也无须在市场上进行昂贵的测试就能观察和了解消费者行为。

增强现实和虚拟现实类似。虚拟现实用一个完全独立的虚拟现实取代了参与者的真实世界，而增强现实则将新的现实要素嵌入参与者的当前环境中。增强现实有时被称为混合现实（Mixed Reality），它更为便利，可以在设备屏幕（如计算机、显示器、平板电脑、电话和手表）上查看和交互。

目前，可口可乐、喜力和耐克等公司已在社交渠道和网络中使用虚拟现实和增强现实平台，并在大型商业体育和娱乐活动的传播中推广沉浸式体验。通过在这些平台中嵌入市场调研的关键要素及高质量的互动，给用户提供沉浸式体验，从而能让市场调研人员和开发者获得深入的洞察。据高盛全球投资研究中心（Goldman Sachs Global Investment Research）于 2016 年发布的一份调研报告估计，到 2025 年，游戏、大型活动、健康、工程和娱乐视频的虚拟现实市场规模将达到 350 亿美元。

5.8 试销与市场测试

广义上的市场测试涵盖了对所有产品进行调研的方法，无论是新产品还是现有产品，都需要在市场条件下进行测试，目的是降低上市或市场拓展失败的风险，包括试销方法。如果试销的重点是降低新产品上市的风险，那么可将市场测试狭义地定义为对现有产品推向新市场进行测试，以降低市场拓展战略失败的风险。

狭义上的市场测试是在现有产品进入新市场、新的细分市场或用于新的场合时，调研受控的市场拓展方法，包括但不限于测试新的目标用户、地理位置、人口统计或在产品上市初期的新市场属性。市场测试用于测量和检查产品在新的或不同市场中的市场潜力，包括产品接受度、销售和营销计划的有效性、信息传递及产品定位等。

总之，市场测试用于降低市场拓展的风险，该方法旨在通过关注不同的消费者群体来扩大产品的市场规模。市场测试与试销类似，包括销售波调研、模拟试销和受控试销。

↘ 销售波调研（Sales Wave Research）

给曾经免费获得过某一产品的客户群提供该产品，同时再提供另一种价格略低的竞争对手产品，对继续选择该产品的客户数量及其满意度进行记录。

↘ 模拟试销（Simulated Test Marketing）

选出 30 ~ 40 位客户，调查他们对某个特定产品类别的品牌熟悉度和偏好。将产品促销材料发放给这些客户，给他们一小笔钱，然后邀请他们前往商店，在那里他们可以购买任何产品。该方法用于衡量产品促销材料的有效性。

↘ 受控试销（Controlled Test Marketing）

选出一些商店，在商店真实的市场环境中摆放新产品。控制产品陈列架位置和面向消费者摆放该产品的数量，并记录该产品在商店内的销量。随后，采访消费者并获得他们对该产品的反馈。

↘ 试销的优点

- 提供了有效信息，有助于提高产品进入新市场中的决策正确率。
- 极大地降低了因市场拓展失败而浪费资金和其他资源的概率。
- 可以测试和验证分销和营销计划中的所有要素。
- 可将测试数据用于提高全面上市销售预测的准确度。

↘ 试销的缺点

- 耗时且昂贵。
- 延长了产品上市时间。
- 让竞争对手提前察觉己方的市场计划，从而让他们拥有更充足的时间来应对竞争。

5.9　产品创新各阶段的市场调研

在新产品开发和创新中，通常在进入创新流程的每个阶段之前都要进行调研和测试，然后才能进入下个阶段。要对产品创新项目流程中所采用的市场调研方法进行选择，从前端的概念发现研究，到概念测试、产品使用测试、试销，再到整个产品生命周期的市场测试等。每种方法各有优点，没有一种工具或方法能够解决所有问题。关键是要了解哪些方法能够用于探索、发现和洞察，哪些方法能够用于确认和验证，哪些方法能够降低失败概率并做出正确决策。总之，在每个阶段都要选用相应的方法和工具做出决策。

下面介绍一些适用于不同阶段的市场调研方法。

↘ 机会识别与评估

该阶段通常被称为模糊前端或发现阶段。机会以各种形式呈现，包括全新产品、现有产品调整或改进、现有产品线或平台延伸等。该阶段的重点是识别机会并在早期阶段评估潜力。此阶段适合采用各种一级和二级定性市场调研方法。

二级市场调研方法有互联网搜索、交易会、期刊、专利、供应商、社交媒体、政府和贸易统计等，这些方法提供了很好的创意来源。

还有一些一级定性方法也很有用，包括：

- 焦点小组，小组成员可以有客户或其他相关方、分销渠道成员、销售代表和组织员工。
- 社交媒体，包括社交媒体网站、论坛和博客。
- 客户现场访问，尤其适用于企业对企业的产品创新。
- 人种学方法，可用于识别未发现的需求，这些需求可以带来产品创意。
- 多变量研究方法，可用于识别当前市场空白或识别客户重视并能够形成新产品概念的基本属性。

↘ 创意评估与早期商业分析

该阶段所需的关键市场信息有市场规模和销售潜力、竞争对手、竞争产品、目标市场特征及客户愿意支付的价格等。这些信息为早期财务分析提供了基础（在第 7 章中详细介绍）。

二级市场调研可以提供目标市场、销售潜力和竞争格局等方面的总体信息。

一级市场调研方法有焦点小组、访谈和非统计型问卷调查等，以提供更为具体的信息。头脑风暴、创意生成、概念测试与分类等方法有助于将创意和解决方案进行优选和排序，并将最优的创意转化为概念，以便进一步开发。

概念开发与测试

该阶段需要更为详细的概念说明，从而形成产品设计规格（请参阅第 5.5.3 节）。该阶段也需要客户和其他相关方的输入，以确定产品中所需的核心利益、属性和功能。

该阶段采用的调研方法包括焦点小组、领先用户小组、线上论坛、客户网站访问、问卷调查、概念测试与分类、感官检验、配方配制和测试，以及多变量技术，如联合分析和累计不重复触达率与频度分析。

用于获得竞争解决方案的二级市场调研方法有各种线上信息搜索和包含专利及商标在内的知识产权数据库。对市场潜力和商业论证进行更详细、更深入的二级市场调研，可以为下一阶段增加开发投入提供合理的决策依据。

原型与产品使用测试

在该阶段，概念被转化为具备功能的有形产品。项目成本开始大幅上升，在产品收益、形式和功能等方面做出正确决策就显得尤为重要了。与前一阶段产品的概念说明（文字和图像）相比，外观和功能化样品或可用原型为获得客户反馈提供了更好的依据。在调研中用原型进行演示会极大地加深客户对产品的理解，进而产生更有价值和更可靠的反馈。

在该阶段，信息的准确性和可靠性变得越来越重要。因此需考虑采用定量调研方法，包括问卷调查、阿尔法测试和消费者测评组，并辅以焦点小组和客户现场访问。当构建实物原型成本高昂时，则可采用虚拟现实、3D 原型、视觉、图像或视频等方法。

上市前产品与市场测试

在该阶段，产品被开发和制作成最终的形态，这也是产品全面上市流程中花费最高的一个阶段。尽管获取最可靠的信息以避免产品失败这一做法非常重要，但也要考虑上市速度和测试成本。如果上市速度首当其冲或者产品失败风险相对较低，那么采用贝塔测试或全面发布即可。如果存在对品牌造成损害或财务损失的重大风险，那么就要采用市场测试的方法。

↘ 上市后产品测试与市场调研

一旦产品上市并进入后续生命周期，市场调研就应在绩效和产品成功方面发挥重要作用。市场调研能够为产品线延伸、市场拓展和应对竞争提供决策信息。可以采用消费者测评组或领先用户小组来回答特定的时间敏感问题，也可以采用对产品生命周期进行的纵贯研究、竞争对标、分解分析和企业对企业客户满意度调查等。

许多公司会购买并跟踪行业数据，也会进行行业研究，从而获得更多有关客户、市场和市场份额的信息。可将联合分析或**累计不重复触达率与频度分析**用于产品线中以增加特性或品类。如果要获得产品线延伸、特性增强、市场或分销渠道拓展潜力方面的数据，那么所做的调研也是从机会识别和商业论证开始的，方法与分阶段进行的新产品调研方法相同或类似。

图 5.3 总结了用于产品创新流程各阶段的市场调研方法。

产品创新阶段	所需市场信息	风险等级	调研方法
机会识别与评估	创意来自特定市场内的新产品或产品改进信息，包括获得产品收益的需求和期望	相对较低。项目成本较低，没有对资金投入进行承诺。在资源和项目进展有限的情况下，对下一阶段的概念评估不会投入太多	定性调研为主： • 二级市场调研 • 社交媒体 • 焦点小组 • 客户现场访问 • 领先用户小组 • 人种学方法 • 多变量研究方法

图 5.3　产品创新流程各阶段的市场调研方法

产品创新阶段	所需市场信息	风险等级	调研方法
创意评估与早期商业分析	产品是否有市场潜力？目标市场在哪？市场规模有多大？早期财务分析所需信息	相对较低。开始承诺对项目进行投入，项目成本和风险迅速提高	定性调研及部分定量调研： • 二级市场调研 • 焦点小组 • 客户现场访问 • 问卷调查——面对面或线上
概念开发与测试	将最初创意转化为详细的概念说明。将用户需求与产品属性、功能进行关联，从而制定产品设计规格	低到中。在该阶段的承诺促使在设计和原型开发上投入更多的资金	定性调研为主： • 二级市场调研 • 领先用户小组 • 线上论坛 • 客户现场访问
原型与产品使用测试	在开发最终形式和功能的产品时，需要提供有关目标市场偏好和产品改进的信息。有了这些信息，就可以进行财务分析和商业论证，并提升商业化的信心	中到高。该阶段要在产品商业化上投入大量资金	定性调研及部分定量调研： • 二级市场调研 • 焦点小组 • 客户现场访问 • 问卷调查——面对面或线上
上市前产品与市场测试	目标市场对产品的接受度（可能和竞争对手有关）、销售潜力、定价及有利于商业化的所有信息	高。投入大量资金、商业化成本较高。需要在产品失败概率和上市速度之间进行权衡	定性调研： • 贝塔测试 • 市场测试
上市后产品测试与市场调研	需要明确产品成功与否的信息，并度量分销渠道、销售、市场份额、需求、竞争应对、客户或用户满意度。如果想要获得产品线延伸、特性增强、市场或分销渠道拓展潜力方面的数据，那么所用的调研方法与分阶段进行的新产品调研方法相同或类似，也是从机会识别和商业论证开始的	很高。为了在市场上推出和维护产品，需要持续投入人力和运营资源。如果企业对不断变化的消费者需要、需求和竞争格局视而不见，就会危及财务可持续性	定性调研： • 销售、分销数据 • 综合数据 • 纵贯研究和满意度调查 • 二级市场调研 • 行业数据 • 经济和消费趋势 • 竞争分析 • 社交媒体分析

图 5.3　产品创新流程各阶段的市场调研方法（续）

5.10　市场调研中的度量指标与关键绩效指标

一级市场调研旨在回答产品创新和管理决策中遇到的独特和具体问题。在产品创新、开发和生命周期管理的市场调研中，也会应用一些常用度量指标来进行测量、监控和分析，并用可比且有效的方式将结果呈现出来，从而跟踪产品成功。这些度量在各行各业中随处可见，是各行各业都可应用的核心指标集。

下面介绍一些常用的产品创新和管理指标及度量内容。

获客投入（Acquisition Effort）：产品或服务可触达客户的程度。

知晓（Awareness）：客户对产品或品牌的了解程度。

品牌发展指数（Brand Development Index）：某品牌的销售额和市场所有品牌的平均销售额之比。

品牌形象（Brand Image）：客户对产品和品牌的看法及感受。

便利性（Convenience）：产品或服务让客户生活更轻松、省时和省力的程度。

客户态度（Customer Attitudes）：客户喜欢或不喜欢产品或服务的程度。

分销（Distribution）：在市场上可以获得某产品的程度。

易用性（Ease of Use）：对产品或服务进行使用、消费、参与或交互的简易程度。

参与度（Engagement）：客户与公司、品牌、产品或服务互动的程度。

安装基数（Installed Base）：在一定时间段内，售出的产品得到实际使用的数量。

市场渗透率（Market Penetration）：在特定时期内，产品至少有一次进入目标市场的百分比。

市场份额（Market Share）：公司、品牌、产品等在整体市场中所占的百分比。

市场规模（Market Size）：公司、产品或服务的总市场潜力（包括销售额、利润、潜在买家数量、售出数量或销量等）。

净推荐值（Net Promoter Score）：人们将产品或服务向其朋友推荐的可能性。

零售占比（Percent of All Commodity Volume，%ACV）：从所有产品零售商处汇总的年度销售额占总销售额之比。

自豪感（拥有、服务）（Pride）：产品或服务为客户带来积极的自我认知的程度。

满意度（Satisfaction）：产品或服务满足客户需求的程度。

使用和购买意向（Usage and Purchase Intent）：使用或购买产品或服务意愿的程度。

付费意愿（Willingness to Pay）：客户购买你的产品或服务时愿意支付的最高价格。

5.11　本章小结

- 市场调研要用到一系列方法，这些方法对产品开发者和管理者收集市场信息而言至关重要，运用这些方法可以在整个产品创新流程和产品生命周期中改进决策。
- 市场调研方法提供了不同等级的信息质量和可靠性，需根据与具体决策相关的成本和风险选择相应方法。
- 市场调研有两种基本方法：一种是组织（或受雇者）专门为其目标开展的一级市场调研，另一种是在他人整理的数据基础上开展的二级市场调研。
- 一般来说，定量方法是以某种形式的统计抽样为基础，能够提高信息可靠性和置信度的方法。定性方法是主要提供描述性信息，但不能达到所要求的统计可靠性水平的技术。
- 在整个产品创新流程中持续进行市场调研可以显著提高产品成功率。在流程的不同阶段应选择不同的市场调研方法。
- 一些能够获取可靠信息的先进方法，如众包和大数据是当前常见的信息来源，并且在统计样本选择方面也越来越出色。它们提供了大量数据，可以弥补统计可靠性方面的不足。

5.12　本章参考文献

- Belk, R. (2006). Handbook of Qualitative Research Methods in Marketing. Elgar Publishing.

- Belliveau, P., Griffin, A., Somermeyer, S. (2002). PDMA ToolBook, Chapter 11.

- Castellion, Griffin, Kahn. (2004). PDMA HandBook 2nd Ed., Chapters 14-16.

- Cooper, R.G. and Dreher, A. (2015). Voice of the Customer Methods: What is the best source of new product ideas?

- Crawford, M. and Di Benedetto, A. (2003). New Products Management, 7th Edition, Chapter 9. Irwin McGraw-Hill.

- Data & Marketing Association. (2018). Statistical fact book: The ultimate source for data-driven marketing insight 40th edition. Copyright © February 2018. ISBN: 978-0-933641-07-5.

- Dell Idea Storm.

- Du, S., Yalcinkaya, G., Bstieler, L. (2016). Sustainability, Social Media Driven Open Innovation, and New Product innovation Performance,* Journal of Product Innovation Management, John Wiley and Sons.

- Dubiel, A., Noble, C., Durmusoglu, S., Griffin, A. (2014). Open Innovation: New Product innovation Essentials from the PDMA, Wiley and Sons.

- Hofacker et al. (2016). Big data and consumer behavior: Imminent opportunities. Journal of Consumer Marketing. ISSN: 0736-3761.

- Katz, G. (2010). Rethinking the Product Development Funnel.

- Kobielus, Finos, Gilbert. (2018). Wikibon's 2018 Big Data Analytics Trends and Forecast.

- Laney, D. (2001). 3D data management: Controlling data, velocity, volume and variety. Gartner.

- Lego idea site.

- Miller, C., Perry, B., and Woodland, C.L. (2004), Ethnographic market research, Chapter 8, in PDMA ToolBook 2, Wiley and Sons.

- Moe, W., Schweidel, D. (2017). Opportunities for Innovation in Social Media Analytics. Journal of Innovation Management, John Wiley and Sons.

- Naresh, K.M. (2009). Marketing Research: an applied orientation. Prentice Hall.

- Pisano et al. (2015). Entrep. Res. J. 2015; 5(3): 181-199. DOI 10.1515/erj-2014-0032.

- Statista.(2019).

- Thomke, S. & Von Hippel, E. (2002). Customers As Innovators: A New Way to Create Value. Harvard Business Review, 80, no. 4 (April 2002), 74-81.

- Zikopoulos et al. (2015). Big Data Beyond the Hype: A Guide to Conversations for Today's Data Center. Paul McGraw-Hill.

本章试题

1. 产品经理准备为潜在客户开发产品。在项目启动之前，他查阅了技术出版物、电子数据库和网站。查阅已公开发表的资料是以下哪种方法的例子？

 A. 市场测试

 B. 客户之声

 C. 组合管理

 D. 二级市场调研

2. 在产品创新流程中，公司会用以下哪种方法度量最终用户对产品的满意度，并确认公司是否能够按照承诺交付符合质量要求的产品？

 A. 领先用户

 B. 产品使用测试

 C. 二级市场调研

 D. 质量功能展开

3. 公司准备在当前产品线中增加一些新功能，现在由你来负责提出价值主张。有一种方法可用于分析增加的新特性（一个或多个）与用户感知价值之间的联系，该方法是以下哪一种？

 A. 用颜色对各种功能进行编码，以方便用户识别功能

 B. 放入一些假功能来测试受访者是否识别了产品的实际功能

 C. 用产品原型进行销量研究，从而预测销量

 D. 对不同的特性和价格进行联合分析，然后对特性和价格进行优化

4. 因子分析、聚类分析、多维尺度分析、联合分析和多元回归分析都属于以下哪类方法？

 A. 定性调研方法

 B. 多变量研究方法

 C. 客户技术之声

 D. 人种学方法

5. 别的研究人员为了别的目的而收集的信息，其研究方法和研究目的之间不一定吻合，样本量未知，信息质量参差不齐甚至过时，这些都属于哪种市场调研方法的缺点？

    A. 问卷调查

    B. 客户之声

    C. 二级市场调研

    D. 以上都是

6. 一家软件公司正在开发并升级线上购物应用程序。该公司拥有现有产品在目标市场上的丰富经验，即使应用程序有小故障，也可以被快速修复，不会引起客户的严重负面反应。此时，上市速度至关重要。该公司正寻求客户对应用程序的功能改进及对新功能的反馈。你推荐使用何种市场调研方法？

    A. 焦点小组

    B. 先在内部进行阿尔法测试，然后进行贝塔测试

    C. 试销

    D. 因子分析

7. 收集专门针对你需要的信息的调研方法（如焦点小组或问卷调查）被称为____。

    A. 一级市场调研

    B. 二级市场调研

    C. 定性调研

    D. 定量调研

8. 作为市场调研技术中一种，焦点小组的主要优点是____。

    A. 可以获得广泛的市场洞察

    B. 低成本

    C. 易执行

    D. 深入的洞察

9. 一家玩具制造公司正在为 10～12 岁的儿童开发一款电动汽车玩具。该项目的潜在风险是：虽然公司在玩具市场有丰富的经验，但现有产品的主要对象都是 5 岁左右的孩子。与该项目相关的主要风险为缺乏与 10～12 岁用户组的合作及满足其具体需求的经验。把产品做正确比快速上市更重要。当前所需的市场信息是目标市场概念开发和设计规格。你推荐使用何种市场调研方法？

    A. 从目标年龄组中选出消费者测评组

    B. 阿尔法测试

    C. 先经过道德许可，然后从目标用户组中选出消费者测评组

    D. 众包

10. 社交媒体尤其适合与以下哪类人进行沟通？

    A. 潜在新客户

    B. 领先用户

    C. 国外市场客户

    D. 需要服务的客户

本章试题参考答案

1. D	6. B
2. B	7. A
3. D	8. D
4. B	9. C
5.C	10. B

第6章

文化、团队与领导力

创建和维护创新环境，支持、鼓励和表彰
产品创新实践

↘ **本章学习重点**

虽然战略、流程和工具对产品创新的成功而言至关重要，但归根结底，最重要的还是人。本章主要内容包括：创建良好创新文化的重要性；管理层的角色和责任；高绩效团队、团队发展和团队领导力，以及在具体情境下应采用何种团队结构。

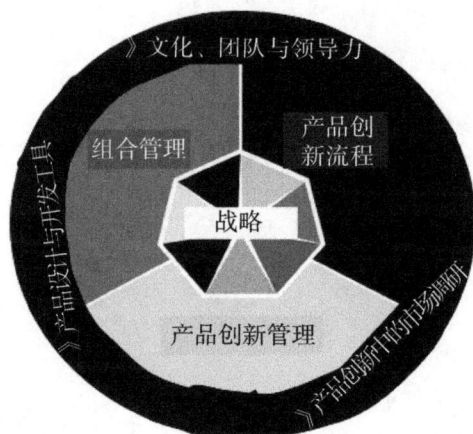

↘ **本章内容一览图**

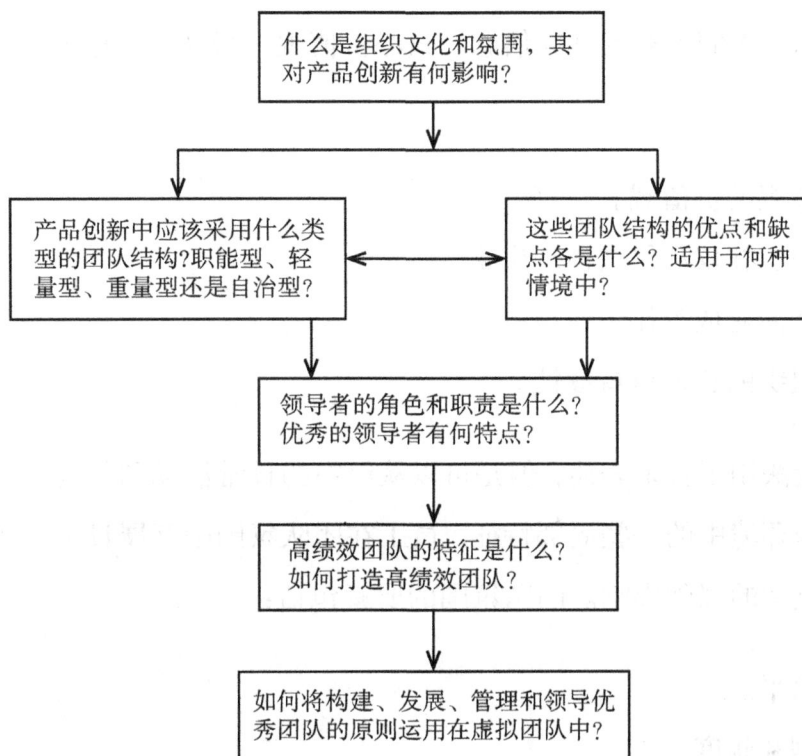

```
        ┌─────────────────────┐
        │ 什么是组织文化和氛围，其 │
        │ 对产品创新有何影响？    │
        └─────────────────────┘
                   │
        ┌──────────┴──────────┐
        ▼                     ▼
┌─────────────────┐   ┌─────────────────┐
│ 产品创新中应该采用什么类 │◄─►│ 这些团队结构的优点和缺 │
│ 型的团队结构？职能型、轻 │   │ 点各是什么？适用于何种 │
│ 量型、重量型还是自治型？ │   │ 情境中？          │
└─────────────────┘   └─────────────────┘
        │                     │
        │     ┌───────────────┘
        ▼     ▼
   ┌─────────────────────┐
   │ 领导者的角色和职责是什么？ │
   │ 优秀的领导者有何特点？   │
   └─────────────────────┘
              │
              ▼
   ┌─────────────────────┐
   │ 高绩效团队的特征是什么？ │
   │ 如何打造高绩效团队？    │
   └─────────────────────┘
              │
              ▼
   ┌─────────────────────┐
   │ 如何将构建、发展、管理和领导优 │
   │ 秀团队的原则运用在虚拟团队中？ │
   └─────────────────────┘
```

　　虽然战略、流程和工具对产品创新而言至关重要，但仅凭这些还不能确保组织的持续成功。人是组织成功的根本因素。文化、团队与领导力为积极和成功地实施战略和应用流程提供了基础。

6.1　创新文化与氛围

文化是组织中人们拥有的共同信念、核心价值观、行为和期望的集合。一般来说，文化：

- 反映了组织的价值观。
- 通过习俗、礼仪和仪式体现出来。
- 决定了如何完成工作。
- 决定了组织的长期可持续性。

虽然文化无法用语言来表述，但是可以从组织的日常活动和行为中体现出来。氛围则是在特定工作环境中的一些局部特征。员工在团队氛围中开展日常工作和活动，其行为会受到团队氛围的强烈影响。团队氛围的要素包括：

- 领导力水平。
- 沟通类型和频度。
- 责任。
- 信任和自治。
- 认可与奖励。
- 晋升机会。
- 员工参与。

成功的组织意识到了建立创新文化与氛围的重要性。领先组织通过以下方式为员工和团队成员建立良好的创新环境：

- 传递清晰的战略目标。
- 建立多元化、以客户为中心的团队。
- 鼓励尝试。

- 提供合作和交流机会。
- 培养人才并建设组织能力。

产品开发与管理协会研究成果

产品开发与管理协会定期开展的比较绩效评价研究为文化和氛围在成功创新中的重要作用提供了证据（Markham & Lee，2013 年）。每个组织的文化都是独特的，不同的行业和公司会有不同的文化。适合一个组织的文化可能并不适合另一个组织，因为每个组织的产品创新都是由不同的愿景、使命和战略目标驱动的。遗憾的是，许多组织都未能建立一种生机勃勃的创新文化，结果导致企业成长与产品创新无法持续。近年来，对 150 家美国公司进行的一项研究表明，员工反映出来的公司文化氛围现状与参与度高、富有创造力的文化氛围之间相距甚远（Denning，2015 年）。

- 只有 5% 的受访者有较高的创新积极性。
- 75% 以上的受访者反映他们的创意没有得到很好评估和分析。
- 大约 1/7（约 16%）的受访者不认为知识产权是一项重要的经营职能。
- 近一半（49%）的受访者认为他们提交的成功创意得不到认可，更别说通过提交创意获得收益了。

成功的创新文化与氛围包括以下共同要素：

（1）将战略和创新目标清晰地传达到组织各个层级。

（2）合理的失败被认为是学习机会，不会受到责罚。

（3）个人和团队在实现创新目标方面取得的成效会得到适当的认可和奖励。

（4）招聘中既要考核应聘者的专业能力，也要考核受聘者与组织创新文化的契合度。

（5）内外部沟通清晰一致。

（6）鼓励建设性冲突，以支持创意生成和问题解决。

（7）工作富有吸引力，领导者鼓励个人成长和专业发展。

6.2　管理职责

本节介绍在成功的产品创新中几个关键领域中的管理角色，包括：

- 战略。
- 产品创新流程。
- 组织与团队。
- 产品。

需要强调的是，具体的职务和角色会因行业和组织而有所不同。

6.2.1　产品创新战略中的角色

如第 1 章所述，公司高级管理层负责制定公司的愿景和使命。一个典型的高级管理层包括公司核心职能部门的负责人，如财务、营销、制造和技术等部门。公司董事会可以直接或间接地与高级管理层联系，并由首席执行官将董事会和高级管理层联系起来。

事业部的高级管理层负责制定经营战略，其职务可以是"运营副总裁"或"负责某业务的副总裁"。

由跨职能高级管理者组成的团队负责制定创新战略，通常由一名高级管理者领导，如首席执行官、首席技术官、首席创新官或创新副总裁。高级管理层确保创新战略与总体经营战略保持一致，并与相关职能战略协同。通过该方式，创新被融入组织目标中。如第 2 章所述，只有当项目目标与组织战略一致，并有足够的资源来实施项目时，才能将产品创新项目安排给产品创新团队。

由职能领导者和具体职能领域高级管理者组成的团队负责制定职能战略，包括营销、制造、采购和财务战略等。通常，由这些职能领导者实现目标，一方面确保更高层级的战略落地；另一方面实现战术目标。

高级产品管理者（如产品副总裁）和相应的事业部负责制定产品战略。虽然每年的整体经营和创新战略变化不大，但是产品战略要反映不断变化的趋势和市场机遇。产品战略包括产品和平台的生命周期管理及产品或品牌管理（见第 7 章）。

图 6.1 说明了这些战略之间的关系。

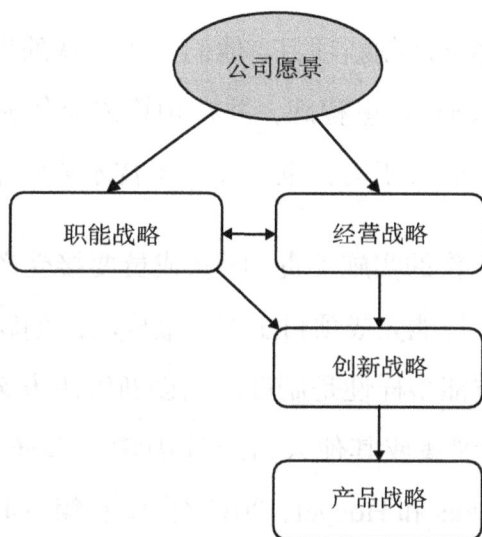

图 6.1　战略管理

6.2.2　产品创新流程中的角色

成功推出可重复创新的组织通常会设置若干特定的管理岗位。在某些情况下，这些创新领导者也会有特定的职务，而在其他许多组织中则会由经营或职能领导者兼任，具体职务和头衔因项目管理方法而异（如第 3 章介绍的传统瀑布模型和新兴的敏捷方法）。

流程倡导者是负责建立产品创新流程的高级管理者。流程倡导者致力于确保产品创新流程实施的质量和一致性。培训新员工和培养创新人才以支持创新也属于流程倡导者的职责范围。注意，可将产品创新流程的促进和培训工作授权给流程负责人或其他职能经理负责。

流程负责人通常是负责组织创新战略成果的高级管理者，其职责包括与创新战略保持一致、产品创新流程的产出量、流程输出的质量及组织内各级人员的积极参与。

流程经理与产品创新流程的成功实施息息相关。通常，流程经理是负责确保产品组合决策有序实施的职能领导者。除确保经批准的进度、预算和资源得到落实之外，流程经理还经常促进创新培训、头脑风暴、创意生成和上市后评审等工作。流程经理还会收集和分析数据，为组织创新系统的度量工作提供依据。

项目经理负责管理具体产品创新项目。他们采用公认的项目管理方法（例如门径流程或 Scrum），确保准时实现项目里程碑，并在预算内交付成果。根据产品创新项目的规模和范围，项目经理承担监督职责，也可以承担技术或营销工作。

团队成员对创新项目工作的实施负责。团队成员要接受产品创新流程实施方面的培训，并运用职能知识和专业技能完成项目工作。最成功的创新公司在产品创新生命周期中采用跨职能团队，因为技能多样性是制订产品创新解决方案的重要因素。然而，与工作无关的特征（如年龄、国籍或其他人口统计因素）多样性会导致更多的团队冲突（Weiss、Backmann、Razinskas 和 Hoegel，2018 年）。在第 6.4.5 节中，介绍了冲突管理。成功的产品创新团队利用与工作相关的特征（如职能经验）来形成创造力。

6.2.3　产品创新管理中的角色

第 7 章会更详细地介绍产品创新管理，特别是产品经理在整个产品生命周期中的角色。产品经理通过为客户创造具有情感依恋和心理收益的品牌来实现价值，这些属性超出了质量和价格的范畴。产品经理通常负责跟踪客户需求，并将营销组合与产品生命周期各阶段（引入、成长、成熟和衰退阶段）进行匹配。

6.3　产品创新团队结构

高绩效、多学科的团队能够提高产品质量，并缩短产品开发时间。跨职能沟通也能更快地发现问题并促进协作。通常，职能团队会在里程碑阶段进行交接，这么做会导致知识转移变少，因此应尽可能减少这种做法。在整个开发项目中，产品创新团队整合了研发、技术、运营和营销技能，从而确保创新成功。理想的跨职能团队具有以下特征：

- 包含全部应有的职能代表者。
- 在项目启动到产品上市全流程中，确保团队成员任务的连贯性。
- 提供适当的沟通工具。
- 树立清晰的项目和团队目标及预期绩效结果。
- 体现职能工作、项目工作与职业发展的一致性。

应用在创新中的典型项目团队结构包括从高度专业化的职能型团队到负责设计开发世界级新产品的自治型团队。Wheelwright 和 Clark（1992 年）首先提出了四种常见的产品创新团队结构，分别是：

- 职能型团队。
- 轻量型团队。
- 重量型团队。
- 自治型团队。

6.3.1　职能型团队

职能型团队通常建立在组织层级结构之中。如图 6.2 所示，产品创新团队成员来自各个职能部门，如工程、制造和营销部门。在产品创新项目中，每个团队成员都对与其职能专长相对应的工作内容负责。由一个或多个职能经理对团队成员的工作进行松散式协调，工作也经常涉及职能之间的交接。

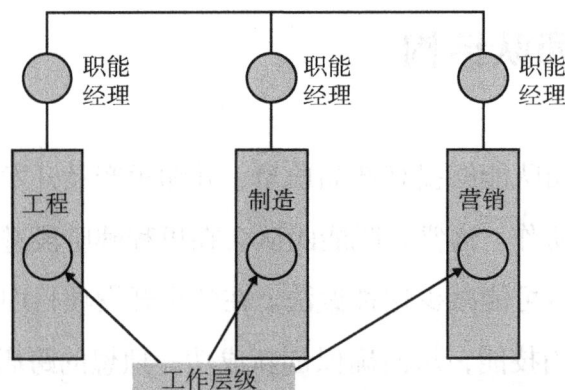

图 6.2　职能型团队

职能型团队适用于下述产品创新情境：

- 开展基础研究，以便在一系列产品线中进行部署，其中职能专长和知识对开发而言至关重要。
- 在资源较少的创业型企业和小企业中，同时开展的项目较少。
- 在采用防御者战略进行产品增量改进的组织中，对职能能力的要求多过对多学科活动的要求。

在职能型团队中，通常由职能经理来管理团队成员的任务和绩效。对于大多数在产品创新中采用职能型团队的公司来说，组织的成功度量往往聚焦在生产率和销售额而不是创新上。职能型团队也适用于风险非常低的产品改进，尤其是在发展缓慢的行业。

6.3.2　轻量型团队

如图 6.3 所示，在产品创新项目中，与职能型团队相比，轻量型团队中的协调工作有所增加。轻量型团队中有职能联络员，也任命了项目经理。如前所述，项目经理是轻量型团队中项目工作的重要独立贡献者。团队成员承担创新项目的责任，并向自己的职能经理汇报工作。

在产品创新中，轻量型团队的优点和缺点如下：

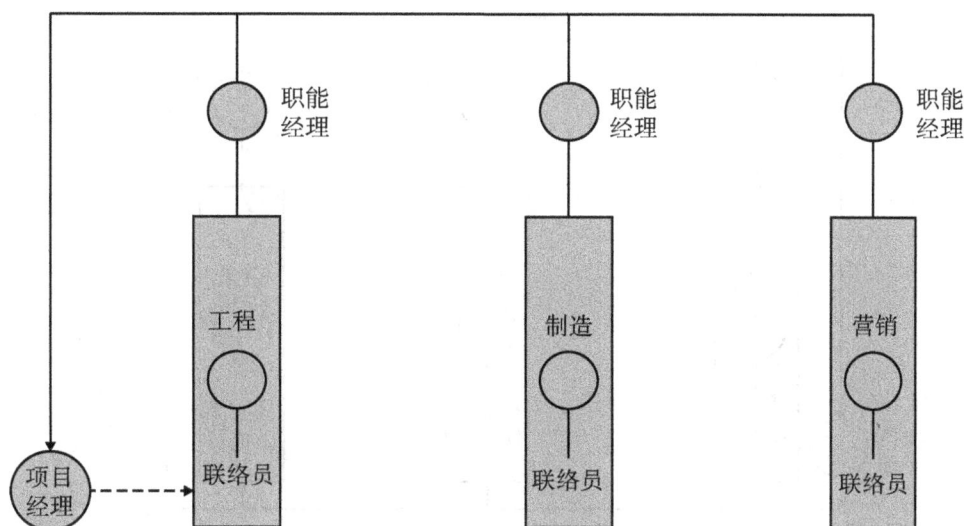

图 6.3　轻量型团队

- 与职能型团队相比，团队沟通和协调得到了改善。
- 需要规划项目工作，协调各职能部门，以确保项目进度。
- 团队领导者对结果负责，但对团队成员的正式管辖权限很少甚至没有。
- 各职能部门之间的沟通会脱节。
- 由于职能联络员和职能负责人之间缺乏共同目标，因此会导致对颠覆性创意和概念的执行不力。

轻量型团队通常用于小型产品改进项目中，且项目需要职能部门之间的配合。职能型团队成员在产品和特性方面拥有深厚的专业知识，但无法在整个设计与开发生命周期中都参与项目。由于职能工作比创新项目工作的优先级更高，就会造成项目团队成员的沮丧感。

6.3.3　重量型团队

与轻量型团队有所不同，重量型团队更专注于项目工作而非职能工作。如图 6.4 所示，跨职能核心团队由完成产品创新工作所需的各专业成员组成。项目领导者是全职的，由他负责内、外部协调和沟通。当产品创新团队将概念转化为商业上可行的产品或服务时，市场就成为驱动项目工作的关键因素。

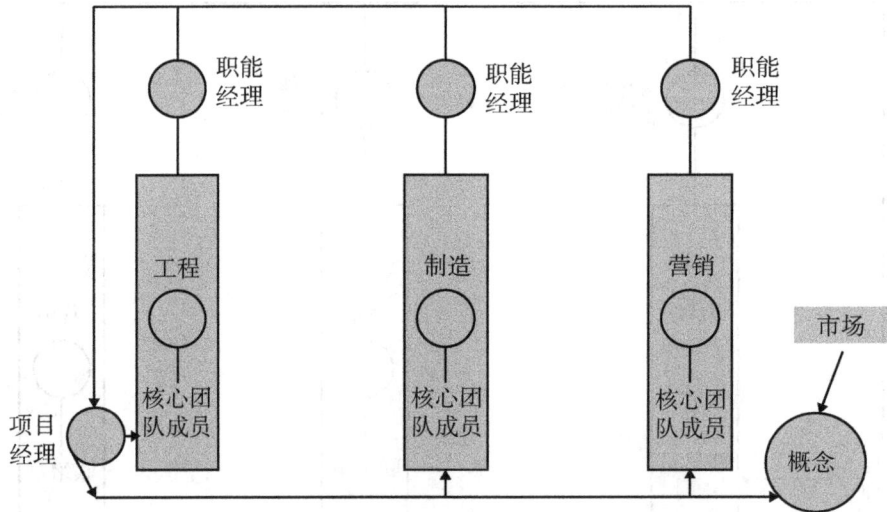

图 6.4　重量型团队

由于项目经理的角色清晰，加之创新工作更为复杂，因此由项目经理来正式指导各个团队成员的工作。在重量型团队中，项目经理对团队成员的工作负责，而职能经理保留对团队成员职业发展及绩效考核的最终权力。

虽然在重量型团队中，沟通、协调和合作都紧紧围绕产品创新项目展开，但这种团队结构并不适合每个项目。当技术或市场开发较为复杂，涉及新的应用、客户和市场时，就可以采用重量型团队。重量型团队规模可以很大，每个核心团队成员可以管理一个职能小组。与职能型团队和轻量型团队相比，重量型团队的资源集中度更高，需要具备娴熟的领导力才能够凝聚资源，也才能激励团队成员进行跨职能和跨学科合作。在多数情况下，重量型团队成员会分散在不同的地理位置工作，团队领导者会采用其他一些工具和技术来管理虚拟团队（见第 6.6 节）。

6.3.4　自治型团队

"自治"的含义是"独立和自我治理"。因此，自治型团队适用于重大、长期的产品创新项目。创业公司常常采用该团队结构，一些成熟公司也纷纷效仿，将其用于公司内部项目中，并称之为"老虎团队"（Tiger Teams）。克里斯坦森推崇用自治型团队来实现颠覆性创新（Christensen & Raynor，2003 年）。

如图 6.5 所示，自治型团队由一名高级管理者担任项目经理，并将团队成员从他们的职能部门中调离，从而形成独立的项目团队。项目领导者对团队和产品创新的成功负有完全权力和责任。团队通常被安排在一个单独的地方，远离组织总部或经营场所，目的是为团队提供更高的独立性和更高的自主权。

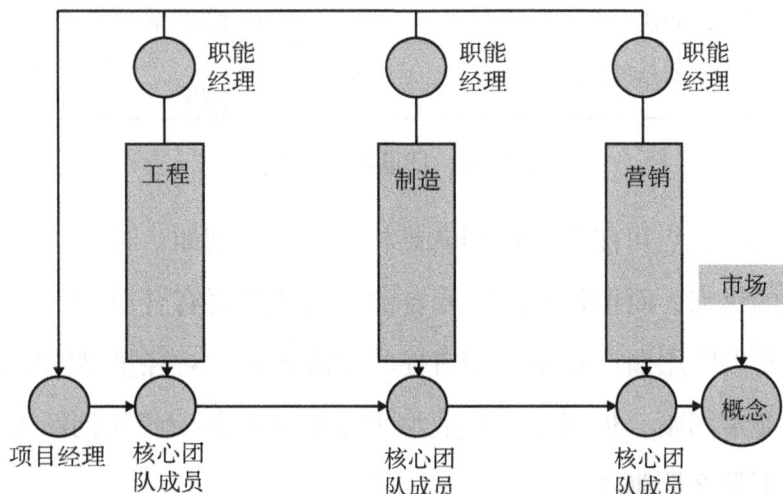

图 6.5　自治型团队

自治型团队的一个核心优势就是能够像激光一样聚焦在项目目标和任务上。通常，这些团队使用颠覆性技术开发世界级新产品，这些技术将打开（或创造）全新的市场。通常来说，这样的团队结构和工作会给团队成员带来活力。此外，团队也要对新产品线的后续生命周期进行维护和拓展，包括开发下一代产品或服务。

6.3.5　各种团队结构的优点和缺点

应用于产品创新项目中的每种团队结构都有各自的优点和缺点（见图 6.6）。高级管理者与组合管理团队、产品创新流程负责人和产品创新流程经理一起，为每个创新项目选择合适的团队结构。

一般来说，需要深厚的知识和专长且很少需要与客户互动的项目更适合采用职能型团队或轻量型团队。随着技术和经营复杂度的增加，重量型团队和自治型团队更有价值。

团队结构类型	优　点	缺　点
职能型	资源最大化利用，专业性高，有深度，具有规模经济；责任清晰，职业发展路径明晰	广度不够，僵化与官僚；任务非项目导向；速度慢，难以形成合力；经验驱动
轻量型	改进了沟通和协同，减少了任务间的闲置时间	项目领导力和项目聚焦度不足，团队成员会有沮丧感
重量型	更高的项目聚焦度、承诺与责任；集成化的解决方案	对员工而言有难度；要求深度合作；必须打破部门壁垒
自治型	聚焦结果，对目标负责，有开创性	独立，不与组织其他部门整合；自治是核心价值观

图 6.6　团队结构比较

　　某种团队结构的优点可能是其他团队结构的缺点。例如，对单一产品技术有深入了解是职能型团队的优点，而重量型团队或自治型团队需要有开放的、以客户为中心的理念，从而能够开发出应用面广且富有创造性的解决方案。对轻量型团队来说，团队成员的职业发展路径非常明晰，但对于在创业型企业中从事复杂产品创新项目的成员来说，职业发展路径就不那么明晰了。

6.4　团队发展

6.4.1　什么是高绩效团队

　　团队是一群技能互补且彼此负责的人，他们做出承诺，一起实现共同的目的和目标（Katzenbach 和 Smith，1993 年）。高绩效团队的成长和发展通常会经历一些众所周知的阶段和过程。团队领导者与产品创新流程倡导者及产品创新流程负责人共同合作，确保创新团队成员拥有正确的技能，选择符合项目规模和范围的团队结构。只有当团队氛围符合战略一致性、参与和授权等关键方面的要求时，创新团队才能走向成功。

- **战略一致性**：团队成员要了解项目是如何与经营目标相联系并由经营目标所驱动的。项目目标只有与组织总体目标保持一致时，才能有助于实现总体目标。
- **参与**：积极的团队成员对自身工作及与同事之间的友谊感到自豪。对个人和团队贡献进行奖励和认可能够改善绩效。

- **授权**：获得授权的团队成员更具创造力，能做出更好的决策，也会有更好的产品设计。应鼓励公开对话，在创新项目决策中考虑团队成员的意见。团队有权自行采用最佳方式完成工作。

如图 6.7 所示，战略一致性、参与和授权等团队成功因素离不开其他要素的支持。例如，创新团队创建氛围需要强大的**领导力**。互动和参与也是如此，所有团队成员在团队决策中都有平等的发言权。**自尊**位于马斯洛需求层次中的较高层级，可以通过对团队成员共享管理权力和领导力或者认可和奖励的方式提升团队成员的自尊意识。对创新团队来说，**开放式沟通**非常重要，团队成员可以通过开放式沟通分享创意和概念。

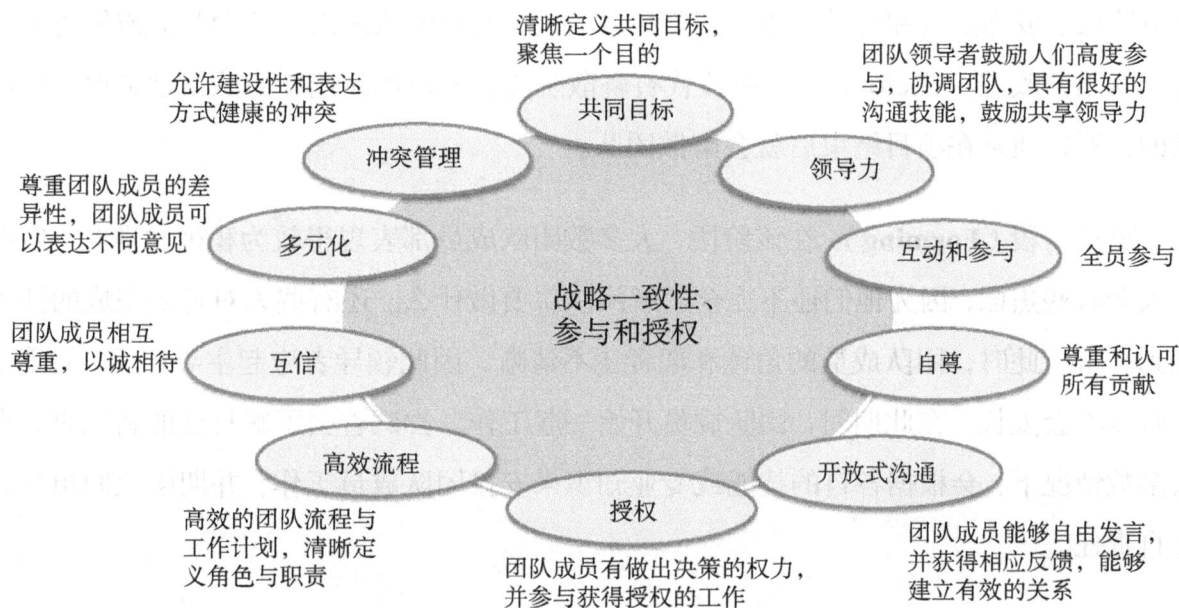

图 6.7　高绩效团队框架

除了团队**授权**（见图 6.7 的核心部分所示），个人**授权**意味着每个人都会得到平等对待，团队氛围促进团队成员之间的相互支持。**高效流程**对成功的创新团队而言也很重要。这些流程包括知识共享和会议管理规范，如在第 6.6 节中介绍的虚拟团队。**互信和多元化**也是敬业且高效团队的关键特征，当团队成员互相信任，用不同的经验为独特的解决方案献计献策时，创造力就会喷涌而出。建设性的**冲突管理**（见第 6.4.5 节）是高绩效创新团队的另一个特征。健康的冲突可以激发创造力，但不健康的冲突会影响团队绩效。

最后，正如战略一致性所要求的，成功的创新团队需要清晰明了的项目目标。**共同目标**则让团队成员凝聚在一起，这一点在与职能部门中的团队成员或分散在虚拟团队中的团队成员一起工作时尤为重要。

6.4.2 团队发展阶段

20 世纪 60 年代，心理学家布鲁斯·塔克曼（Bruce Tuckman，2001 年）构建了一个高绩效团队成长阶段的模型。他通过研究发现，团队必须通过一系列工作和情绪上的顺序发展，才能达到最高的协作水平。由于成员关系变化而被打乱时，团队又会回到最初阶段，即重新从形成阶段开始向前发展。团队发展阶段依次是形成阶段、震荡阶段、规范阶段、成熟阶段和解散阶段。需要注意的是，如果团队还需要负责制造或销售工作时，就用"改进"（Reforming）阶段代替解散阶段。不过产品创新团队通常是项目导向型的，所以通常在项目结束后就会解散团队。

形成阶段（Forming）：在该阶段，大多数团队成员都表现得较为积极和谦恭。但有些人会有些焦虑，因为他们还不完全了解团队将要做什么。还有些人对将要完成的任务感到兴奋。此时，团队成员的角色和职责还不清晰，因此领导者应起主导作用。通常，该阶段不会太长。在此期间，团队成员开始一起工作，尝试着去了解自己的新同事。在大多数情况下，会根据各自的技能或专业知识来安排团队成员工作，并期望他们担负好各自责任。

震荡阶段（Storming）：该阶段的特点就是冲突。团队领导者的主要责任是用稳妥的方式管理这些冲突。团队成员可能对团队的开发进展感到失望，或者被交叠的角色搞糊涂。通常，此时尚未对问题进行明确的定义，所以震荡阶段以明确团队目的和目标为主。许多团队，尤其是监管不力或缺乏经验的团队在该阶段会陷入僵局中。

规范阶段（Norming）：当团队成员开始解决分歧，欣赏同事的长处，尊重领导权威时，团队就进入了规范阶段。在该阶段，团队成员建立各自的合作方式，并就标准实践达成一致。团队达成一致的一种方式是在团队章程中制定项目目标和流程。

成熟阶段（Performing）：当团队进入成熟阶段时，大家努力工作，没有人际摩擦。团队结构和流程运行良好，大家合力实现团队目标。领导者将更多的工作授权给团队成员，并集中精力提高每个团队成员及整个团队的能力。团队成员彼此相处融洽，并乐于成为团队中的一员。项目工作完成很快，团队成员学习水平也很高。

解散阶段（Adjourning）：在所有临时团队中，解散阶段会随着项目工作的完成而到来。在产品创新项目中，产品上市后就会移交给运营部门进行管理。团队成员可能被安排到其他项目中，也可能回到自己原来的部门中。在某些情况下，一些团队成员会被安排到运营部门，继续支持新产品的后期工作。

6.4.3 工作风格

随着团队的形成和发展，个性和工作风格偏好也会影响团队的有效性。在跨职能或多学科的团队中，对于理解和尊重团队成员而言，工作风格尤为重要（Jurgens-Kowal，2019 年）。如果团队成员未能认识或者忽视团队内部多元化的话，个人偏见就会阻碍信任关系的建立并导致更多的冲突。例如，典型的冲突发生在创新团队中的工程人员和营销人员之间。工程人员和营销人员通常会使用各自的语言，也会从完全不同的角度来处理问题。工程人员会认为营销人员只会做定性决策，而营销人员会认为工程人员分析得太慢、太烦琐。基于个性假设，其他角色也会面临类似的问题。

在项目团队形成阶段使用工作风格评估可以帮助团队成员克服偏见。DISC 是一种工作风格评估方法，它为团队成员提供了工具和共同语言，可用于改进沟通和协作。DISC 可成为团队原则和指南，帮助团队成员就问题、激励因素和压力因素等进行探讨，并指导团队成员进行建设性对话（Scullard & Baum，2015 年）。

DISC 工作风格评估工具可以用于评估每个人的工作方式偏好。它比个性评估（如迈尔斯-布里格斯或五大人格特质更优，因为团队成员在职业环境中的行为不仅仅是单个人个性的反映。DISC 中的四种主要工作风格分别为：

支配型（Dominance，D）：具有"D"型工作风格的团队成员喜欢快节奏的工作。他们做决策很快，也会被认为要求过高。该类团队成员以行动为导向。

影响型（Influence，I）：具有"I"型工作风格的团队成员精力充沛且非常健谈。他们很容易建立社会关系，并喜欢接触新人。有些团队成员会把"I"型的人看成"只说不做"的人。然而，这些团队成员会给工作增添激情。

稳健型（Steady，S）：当产品创新工作处于混乱或无组织状态时，"S"型工作风格的创新团队成员就站了出来，他们具有平和、冷静、有价值的特质。这些团队成员比其他许多人更容易适应环境，也更容易表现出对他人的理解。虽然团队其他成员会认为他们不温不火，但这些人在不确定的项目活动中能起到稳定军心的作用。

谨慎型（Conscientious，C）：DISC 工作风格中的最后一种类型是分析型或谨慎型。这些团队成员要在评估完整数据的基础上才会做出理性决策。他们通常被认为是非感性的，只热衷于精确和细致的工作。一些人认为他们对细节的过度关注会给项目工作带来障碍。

通常，只有对团队成员的工作风格进行平衡，才能更好地开展产品创新项目工作。产品体验的多样性和工作风格的多元化都可以提高创造力，从而产生更多新颖的产品解决方案。

6.4.4 项目团队生命周期

所有项目团队都会经历一个生命周期，该生命周期包括项目启动、批准、规划和执行（Jurgens-Kowal，2019 年）。不同的团队成员用各自的工作风格为每个创新阶段带来优势。图 6.8 所示的 Z 模型展示了创新项目的整个生命周期。从图中可以看到，从创新项目的开创、推进、规划到执行，整个流程构成了字母"Z"的形状。

不管选择了什么样的产品创新流程（见第 3 章），在项目启动阶段都要生成新创意。成功的项目团队在开放的氛围中工作，接受各种观点和概念，并解决客户的问题。团队

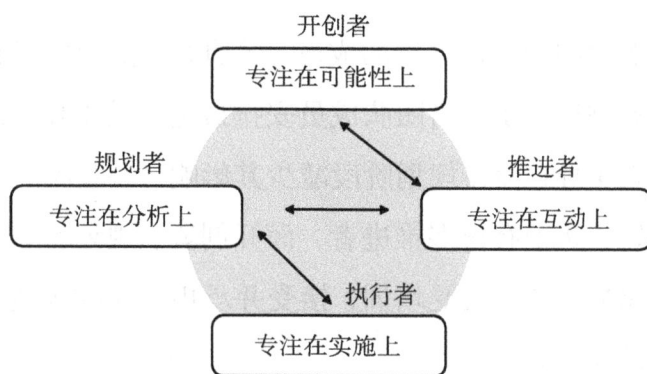

图 6.8　创新 Z 模型

中的开创者喜欢集思广益，他们充满活力并生成许多不同的创意。一些以行动为导向的团队成员，如规划者或执行者会认为开创者的工作风格不切实际，因为开创者不考虑如何将概念应用到产品设计中，只是不断生成、讨论然后抛弃创意。

随着创意不断细化，推进者会制定战略并落实创意，并向关键相关方宣传创新项目的重要性。推进者在宣传项目的重要性上起着关键作用。然而，在团队中会有一些与推进者工作风格迥然不同的人，尤其是开创者会认为这项工作没有必要或者开展得太早了。

在项目生命周期中，随着创新项目不断完善，就会进入对新产品概念和现实进行权衡的阶段，此时要制订经营和项目计划。由规划者来开展这类工作再合适不过了，他们会对工作的方方面面进行分析和协同。该阶段的成果是用于指导新产品设计与开发的详细计划。虽然规划者专注于细节和规划的合理性，但其他人会认为他们的工作节奏太慢或需要过多的确定性。例如，开创者希望回到创意的集思广益中，而不是马上确定产品规格。开创者认为，在所有相关方（包括内部和外部）接受创意之前，没有必要制订详细计划。

最后，当项目进入执行阶段时，执行者会将创意转化为行动。他们以细节为导向，专注于交付项目计划设定的里程碑。执行者和开创者之间有一种与生俱来的不同之处，执行者倾向于通过采取行动来实现目标，而开创者则倾向于重新审视概念，以寻找新的或更好的创意。

大多数团队都有上述四种工作风格的成员。成功的团队领导者和管理者在创新项目各阶段对工作量和任务进行权衡，给团队成员安排最适合的工作。因此，可以在项目启动阶段安排由开创者来主导，而在规划阶段减少其影响。一些团队由具有某种特定工作风格的人员组成，例如团队中有很多推进者，而开创者、规划者和执行者却很少。在这种情况下，所有团队成员都应该接受培训，接受并承担空缺的角色，以便在项目生命周期的各个阶段及时推进项目。

在项目启动阶段，对创新团队而言，团队总体维度评估（Team Dimensions Profile Assessment）是一种较好的团队建设方法。通过该方法，能够培养团队成员形成相应的工作风格，项目领导者也能在创新项目生命周期中对工作进行有效安排。此外，遵循 Z 模型这一共同语言有助于团队成员在创新项目期间制定沟通规则和程序。了解工作风格偏好（DISC 或团队总体维度评估）和项目团队生命周期有助于团队越过塔克曼模型中的形成和震荡阶段，进入规范和成熟阶段，从而产生更多的工作成果。

6.4.5　冲突管理

多元化会引起冲突（Jurgens-Kowal，2019 年）。虽然对话和解决问题通常被认为是"健康的冲突管理"，但冲突会对团队合作和团队成员协作产生干扰，进而阻碍项目成果的交付。对冲突不重视或处理不好会导致情况恶化，最终破坏团队关系和生产力。导致创新团队冲突的潜在原因包括（科兹纳，2013 年）：

- 人力资源和资金。
- 设备和设施。
- 资金投入。
- 预算和费用。
- 技术观点。
- 职能部门优先级。
- 组织程序和政策。

- 监管限制。
- 进度安排。
- 项目和职能职责。
- 项目制约因素和边界。
- 工作风格差异。

托马斯模型（Thomas-Kilmann Model，TKI）是一种传统的冲突管理方法（Kilmann & Thomas，1978 年）。图 6.9 中的两个维度是合作和自信。合作是"关注他人"，其特征是接受团队其他成员的观点。自信是"关注自我"，其特征是让团队其他成员接受自己的观点。通过将不同程度的合作和自信（低、高）进行组合，就可以得到几种冲突管理方法。

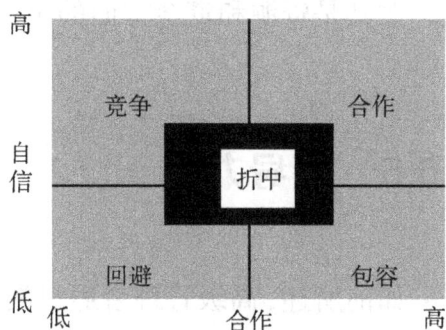

图 6.9　托马斯模型

- 回避（Avoiding）：合作水平和自信水平都低。通常，回避无法解决问题。有时，一些人会认为自己不是解决问题的人，而将冲突推给其他人（更适合解决问题的人）去解决。
- 包容（Accommodating）：合作水平高和自信水平低。在这种情况下，为了保持团队和谐，团队成员会在冲突中让步。
- 折中（Compromising）：合作水平和自信水平都居中。在典型的互动中，许多人认为折中是一种有效的冲突解决方法，但折中往往被视为双输的冲突解决方法，因为即便通过协商也无法让一方的观点获得另一方的认可。通常，折中这一方法很难得到实施，因为将差异置之不理的方法得不到整个团队的认同。
- 竞争（Competing）：合作水平低和自信水平高。竞争往往被视为解决冲突的一种直接方式。当决策因素只有一、两个时，使用竞争这一方法来解决团队冲突是很有用的。当要符合安全或监管要求时，它也是解决冲突的首选方法。
- 合作（Collaborating）：合作水平和自信水平都高。许多人认为合作是解决冲突的最有效方法，因为该方法对他人的关注度高，同时对自我的关注度也高。合作需要所有团队成员进行对话，以便让每个成员都能表达自己的意见。通过合作解决冲突的缺点是耗时长，不是每个冲突都会用到该方法。

管理项目团队中的冲突需要有效的沟通和协商。可以用团队章程来记录冲突升级过程，尤其是资源和资金方面的决策。

6.5   领导力

如前所述，高级管理者通过战略和组合决策来制定创新方向。产品创新流程倡导者、流程负责人和流程经理为创新团队赋予直接的领导力。创新团队领导者管理项目人力资源和项目目标，如范围、进度和预算。高效的领导者情商很高，他们是服务型领导者，为团队提供支持，而非独裁型领导者。

6.5.1   角色与责任

团队领导者为朝着特定目标努力的一群人提供方向、指导和支持。高效的领导者了解团队成员的优缺点和动机。团队领导者的角色包括：

- 提出目标（团队应实现的目标）。
- 打造一个明星团队，而不是将一群明星拼凑成一个团队。
- 承担共同完成成果的责任。
- 充分发挥团队成员的潜能。
- 把工作变得有趣和引人入胜。
- 鼓励和激励团队成员。
- 领导和促进建设性沟通。
- 在不进行微观管理的情况下监控进展情况。

6.5.2   组织沟通

团队选择、团队发展和持续管理会受到一系列内部和外部因素的显著影响。有效沟通对团队绩效及与团队领导者的互动起着重要作用。

团队绩效受到下述沟通因素的影响：

（1）组织的文化和环境，包含鼓励高绩效的价值观和行为。

（2）组织结构，包括各职能间的角色和关系。

（3）制定了促进和提高团队绩效的流程，例如在团队章程中明确了对团队成员的期望。

（4）团队成员充分展现其技能和能力，并获得认可和激励。

（5）各级领导者，包括高级管理层在内，都参与并提供指导和支持。

（6）如图 6.10 所示，核心团队内部的协同和合作至关重要，必要时应扩展到其他职能部门和子团队。

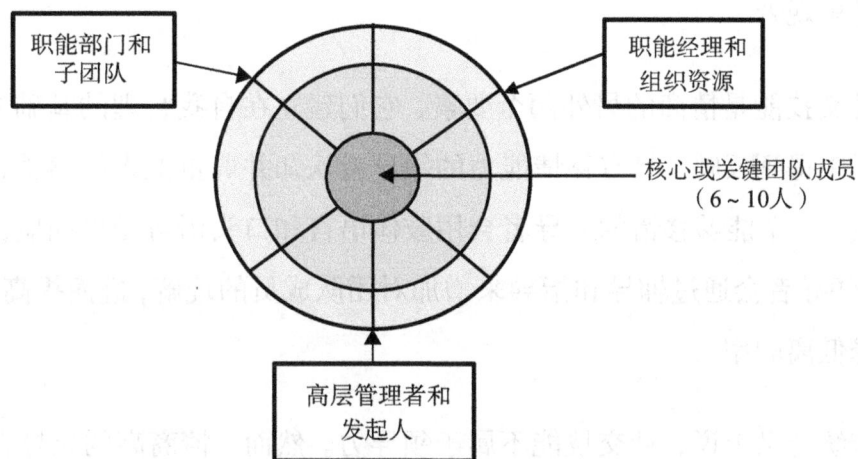

图 6.10 新产品团队的沟通网络

6.5.3 情商

优秀的领导者情商都很高。正如 Goleman（1988 年）指出，领导者要有技术能力和智商，但对优秀的领导者而言，光有这些能力还不够。情商由自我管理和管理人际关系

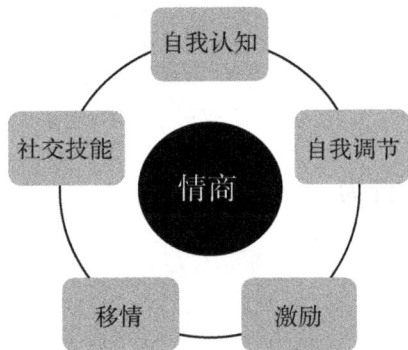

图 6.11　创新领导者的情商要素

等要素构成（见图 6.11 ）。

自我认知是情商中位列第一的自我管理要素。具备高度自我认知的领导者通常很自信，对自己的情绪、长处、短处和需求都有深刻的理解。他们的决策与其价值体系相吻合，并能在坦诚和现实之间进行调整，最终找到平衡点。

自我调节是高情商领导者的另一个特征。自我调节是控制情绪冲动和将不良情绪转化为正能量的能力。有良好自我调节能力的领导者能够更好地应对变化，并用信任、尊重和公平来营造团队氛围。这样的领导者通过反省和深思来提高自己的人格修养。

激励是情商中另一个自我管理要素。有激励能力的领导者寻求创造性和挑战，热爱学习并以成就为荣。具有高度自我激励的领导者也会为了提高组织的绩效而持续努力，他们通常都是乐观者。

移情和社交技能是情商的另外两个要素，它们建立在自我管理的基础之上，并在有效的人际关系中得到反映。具有移情能力的领导者认知并尊重他人的感受，理解如何及何时提供反馈。一个能够移情的领导者会用肢体语言和口头语言做出回应，从而建立关系纽带。创新领导者会通过辅导和指导来增加对团队成员的理解，进而提高工作满意度，改善绩效并降低离职率。

虽然从传统意义上说，社交技能不属于领导力。然而，情商高的领导者具备出色的社交技能，如激励和领导团队的能力。在与各个职能部门、团队成员、供应商、分销商和客户建立融洽关系时，具有高超社交技能的领导者可以依靠广泛的人际交往获得成功。表现出较高自我管理水平的人通常也擅长社交。

6.6　虚拟团队

当组织采用敏捷方法时，虽然集中办公对产品创新团队而言有好处，但是将团队全部集中在一个地方办公通常是不切实际的，也是不可行的。虚拟团队主要通过电子化的手段进行沟通。团队成员在不同的工作地点办公，团队的分散度会因工作地点间的距离和每个地点的团队成员数量而异。

虚拟团队或分散式团队是当今开展创新项目工作的主要形式。虚拟团队具备了传统集中办公团队所没有的优点。例如，虚拟团队成员可以获得遍布全球各地的本地市场信息，从而能够带来更好的创新成果。

然而，虚拟团队并非没有缺点，尤其在沟通中会出现文化、种族或语言障碍（Hardenbrook & Jurgens-Kowal，2018 年）。可以通过虚拟团队模式（Virtual Team Model，VTM）中的五个要素和十六个实践活动，来克服虚拟团队所固有的沟通劣势（见图 6.12）。

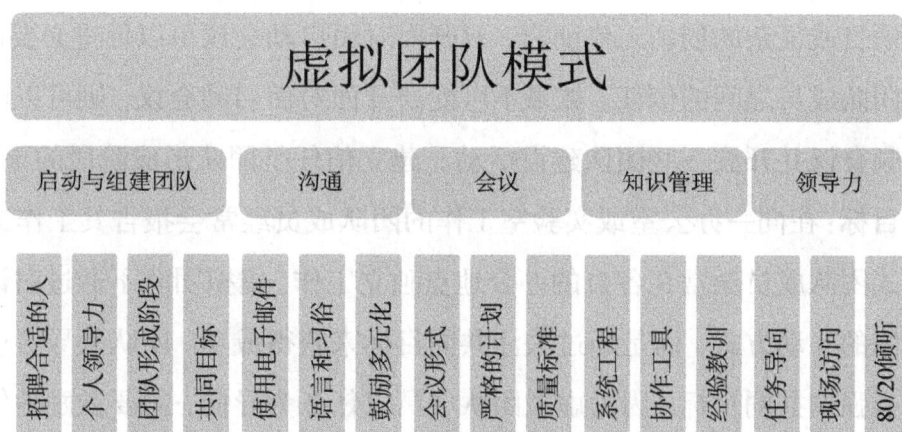

图 6.12　虚拟团队模式

6.6.1　启动与组建团队

虚拟团队与传统集中办公团队一样，也会经历第 6.4.2 节介绍的团队发展阶段。虚拟团队的不同之处在于团队成员更多的是任务导向，通过这种方式来实现项目目的和共同目标。虚拟团队模式中主要的启动与组建团队活动有以下四个。

- **招聘合适的人**：在面对面沟通的项目中，选择职能部门人员加入团队时要考虑他们是否具有时间可得性。对虚拟团队而言，认同项目愿景和使命的团队成员非常重要。因为这些人通常都是独立工作的，所以招聘这样的人就可以确保其与战略目标保持一致。这样一来，决策也就会与项目和组织目标保持一致了。

- **个人领导力**：虚拟团队成员不会每天都与领导者互动，因此团队成员需要通过自我激励来安排和完成项目任务。虚拟团队成员在当地市场作为当地项目代表时，需要其既是通才又是专才。这些团队成员既需要在其专业领域内深入解决问题，也需要具备广博的知识和经验，以便在当地管理项目、产品和品牌。

- **团队形成阶段**：如第 6.4.2 节所述，团队通常会历经形成、震荡、规范、成熟和解散等阶段。如果缺乏面对面沟通，在震荡和规范阶段团队就会遭遇困难。对较大型项目或复杂的创新工作而言，召开面对面启动会议可以促进必要的对话，以建立团队成员之间的信任。如果不可能召开面对面启动会议，则可以经常性地召开视频会议并开展一些团队建设活动。建立信任是团队形成阶段的重要任务。

- **共同目标**：在同一办公室或实验室工作的团队成员经常会报告其工作进展。然而，分散式团队成员通常在各自的办公地点独立工作。虚拟团队不通过对话和集中办公团队的互动方式，而是通过关注共同目标来获得成功。团队领导者应该抓住每个机会强调共同目标，因为虚拟团队成员以任务为导向，需要激励他们为完成共同目标而努力工作。

6.6.2 沟通

通常来说，面对面交流是信息最为丰富的讨论形式，因为肢体语言、面部表情和手势等占交流信息的 80%。现今有了高质量的视频会议，分散式团队成员可以通过视频会议进行交流，即便如此，和现场面对面交流比起来，视频会议仍然缺失了许多要素。以下三种虚拟团队沟通实践可以提升虚拟团队的沟通效果。

- **使用电子邮件**：虚拟团队中的沟通受到一些因素的限制，如视频和电话会议工具的带宽、时区、语言熟悉程度及文化规范等。使用电子邮件作为主要沟通工具则克服了这些障碍，因为它是异步的，也提供了项目决策记录。可将一些不错的社交媒体和软件工具用来帮助虚拟团队进行协作。这些工具的功能也在不断完善，为团队沟通提供了更多的便利条件（例如，Slack™和 Yammer™）。

- **语言和习俗**：虚拟团队常将英语作为首选语言，团队成员的个人技能、语言熟练程度和能力会有所不同。在团队会议中，如果约定的语言不是一些团队成员的母语，那么他们说起话来就会感到别扭。如果团队成员措辞或语法运用不当，团队领导者应保持耐心，并给以一定程度的容忍。团队成员可以随时提出问题进行澄清，并使用电子邮件记录项目的正式决策。

- **鼓励多元化**：团队内部需要信任才能成功。集中办公团队成员通过展示其教育背景和经验足以获得对其认知能力的信任（Rosenfeld、Wilhelmi 和 Harrison，2011年）。然而，当创新更具挑战性和面临更多风险时，情感信任则成为衡量成功的一项指标，甚至会超过认知能力。虚拟团队通过建立共同目标和鼓励多元化来建立情感信任。虚拟团队可以通过融入当地文化，例如，参加当地节日或体育赛事，来获得彼此更深的尊重和信任。良好的个人关系会增强信任和团队凝聚力。

6.6.3 会议

在许多项目中，会议只用来进行单向沟通，即向项目负责人报告状态。虚拟团队中的会议则是创意、概念和规划未来工作的主要沟通手段，可以通过以下三个实践活动显著提升全球虚拟团队的绩效。

- **会议形式**：为了保持团队成员对会议的兴趣和参与度，要采用不同的会议形式。尤其应轮换会议时间，以使位于不同地理位置的人都能得到公平对待。采用视频会议确保团队成员参与会议。每个团队成员都应积极参加会议。每次会议可以轮换负责分发会议纪要的人员。

- **严格的计划**：在传统集中办公团队中，面对面会议通常是随叫随开的。然而，虚拟团队需要提前对会议形式和议程进行严格规划。大约提前一周发出月度会议议程。每次会议都会讨论项目共同目标，以加强团队凝聚力。对后续行动和责任人形成会议记录，在会议后几天内分发。如需要录制视频会议，则要在会议记录中提供会议视频链接。

- **质量标准**：在开展项目工作中，由于虚拟团队的特点，每项工作的质量都很重要。产品创新流程（见第 3 章）为创新项目提供了高水平的质量管理。在项目实施过程中，通过会议将来自全球各地的新产品工作汇集在一起，并运用相应标准对工作质量进行验证和确认。

6.6.4 知识管理

创新工作的一个重要内容是将经验教训传授给运营部门和下一代产品研发团队。知识管理是虚拟团队模式中的要素之一，虚拟团队获取的创新经验、内容和方法都可以成为知识。对知识管理的有效应用可以加速下一代产品的创新。同时通过创建数据库来推动产品组合分析中的产品创新流程。虚拟团队模式中的知识管理有以下三个实践活动。

- **系统工程**：在第 3 章中，系统工程要求对项目工作进行严格记录，以尽量减少移交中的错误，并确保将客户需求完全纳入设计。系统工程对虚拟团队特别有用，因为版本控制是跨项目工作进行的，所以可以在世界上任何地方完成这些工作。由系统工程生成的文档对集中办公团队来说可能没有必要，但对虚拟团队而言，则可以通过这些文档实现在项目中全天候工作。此时，系统工程就成为协调和沟通的有效手段。

- **协作工具**：当团队成员之间的相互协作、与客户的协作、与供应商的协作都高效时，创新才会成功。众包（见第 5 章）是一种与客户沟通时使用的协同方法。云沟通和项目管理工具帮助虚拟团队转移知识和更新项目进展，包括项目范围、进度和预算。软件和协同工具会不断升级。在项目期间，不要未经培训就向虚拟团队提出技术变更。

- **经验教训**：敏捷项目团队在每次冲刺结束后都要进行回顾。口口相传的经验教训要融入当地的组织文化中。然而，虚拟团队中的口头知识通常不会被存储到中心数据库中。在团队定期会议和项目完成时的经验教训总结期间，要将具体的技术和团队经验教训进行文档化。比如，电子白板工具被证明对创新团队特别有效，则应将其作为一个最佳实践记录在公司的经验教训数据库中。经验教训总结的内容包括项目中哪些进展顺利，哪些进展不佳，以及下一步要改进哪些方面。

6.6.5　领导力

虽然领导力是普适的，但对管理虚拟团队而言，有必要应用一些独特方法。个人领导力和激励是团队成员必备的技能，也是虚拟团队模式中启动与组建团队的一部分。领导力包括以下三个实践活动。

- **任务导向**：面对面团队中的领导力包括激励和监督。在集中办公团队环境中进行管理通常是间接的，而且较易建立个人关系。虚拟团队成员通常受到工作本身的挑战，因此更需要自我激励。他们习惯于自主工作，所以领导者在虚拟团队中的角色更多的是工作协调者。绩效测量的重点是任务完成、时间、成果及与项目总体目标的一致性。领导者在虚拟团队中的大部分职责是确保并强调项目共同目标。

- **现场访问**：虚拟团队中的项目负责人负责联系和协调工作。领导者应该拜访在当地工作的所有团队成员，建立信任、融洽关系并了解对方。现场访问体现了对项目的承诺和重视。项目负责人也可以在现场访问期间与团队成员的职能经理讨论工作分配。不限于由项目负责人进行现场访问。一种收益高、花费少的有效访问方法是结对现场访问（Paired Site Visits）。团队成员在现场结对交流，共同解决特定领域的项目问题，这样做也可以建立更紧密的人际关系。

80/20 倾听：只有当领导者花时间听而不是说时，才最具领导力。尤其对虚拟团队而言，团队成员技术熟练，自我激励，自主工作，需要项目负责人通过深入倾听的方法为团队提供最好的服务。帕累托法则告诉我们，解决 20% 的问题可以获得 80% 的收益，这也是 80/20 倾听的核心。团队领导者需要清楚地了解远程团队成员面临的挑战，并尽快提供帮助。领导者可以通过电子邮件、简讯或讨论板等方式对团队成员进行指导，从而为积极倾听和解决问题留出更多时间。

6.6.6 虚拟团队的有效性

虚拟团队通过缩短不确定环境中的时间周期来支持精益产品创新，因为虚拟团队对客户的关注跨越了当地，可以覆盖全球范围。随时随地的连接可以使虚拟团队利用通才和专才结合的技能实现项目目标，从而产生较好的成本效益及实用的产品创新。通过激励并用项目使命及共同目标的方式遴选虚拟团队成员，这么做可以制定更好、更快的决策，并为未来的创新生成可复用和共享的知识。

6.7 团队与领导力中的可持续性

可持续性是建立在同时实现利润、人类和地球三个目标基础上的。归根到底，实施可持续性取决于参与创新的团队和领导者。可持续创新的最佳实践都侧重于人与人之间的关系及采用对环境负责的方式开展产品创新项目。Antonisse 和 Metz（2013 年）提出了五种可持续发展的最佳实践。

（1）**利用可持续性推动创新成功和竞争优势**。一个包含可持续发展目标的战略可以为公司奠定领导地位。因为是由各个项目团队和职能部门实施创新项目目标的，所以为了实现环境可持续性的使命，应培训创新团队，并将这些目标纳入项目执行中。此外，团队应将可持续性纳入决策中，并考虑其对新产品创新工作进度和预算的影响。

（2）**获得高级管理层的承诺**。与任何战略规划一样，高级管理层必须在创新中支持可持续性目标。团队领导者应落实高级管理层的承诺，通过制定具体项目目标、新产品材料采购决策等对可持续性开发负责。

（3）**将可持续性纳入现有的创新项目和创新流程中**。创新项目最佳绩效要求采用跨职能团队及并行开发。将可持续发展目标纳入创新计划不仅包括将工程和营销职能结合，而且还将重点放在设计与开发产品时所涉及的可再生和可回收材料上。

（4）**让相关组织对可测量的结果负责**。在第 4 章中介绍了可持续性设计，其中的评估包含了利润、人类和地球三个方面。组织的领导者要统筹考虑创新的所有阶段，在产品生命周期的不同阶段应用相应的定性和定量指标。供应商资质认证中应包括在可持续性方面采用的方法，以便将其信息整合到整个新产品开发周期中。运营和制造组织必须关注排放、用工和产品绩效的影响，将其作为可持续发展的价值链驱动因素，在制造外包的情况下更应如此。例如，供应商和卖方需要证明并签署可持续性声明或其他行为准则，确保对环境友好，在劳动力使用上守法并公平。

（5）**在构建可持续创新和资源能力上进行投资，并充分利用现有能力**。缺乏可用资源、信息和激励措施就会难以实现创新可持续性。当组织领导层致力于将可持续性作为战略目标时，应聘请秉承可持续性目标和价值观的高级管理者和咨询顾问。此外，领导者必须通过为新产品开发团队建立新的能力来支持可持续性，如绿色化学、仿生学和生命周期分析专业知识。

如前所述，可持续发展计划的有效性依赖相关方的管理实践、支持和落实。与所有创新领域一样，管理层对可持续性的重视与组织战略的成功实施密切相关。通过使用激励措施来激励高级管理层寻求与环境、社会问题和治理相关的战略机遇。与其他公司战略目标相比，可持续性目标的收益往往更不确定，也更长期化。建议采取以下步骤建立激励机制，从而实现对可持续性的承诺（Burchman 和 Jones，2019 年）。

（1）在商业论证中检查可持续性内容。

（2）明确可持续发展目标的范围和广度。

（3）明确激励期限，可持续性目标通常比其他目标更为长远。

（4）由于不确定性较多及时间周期较长，因此，不仅要对最终结果而且要对每个里程碑都进行激励。

（5）制定激励措施，将领导力培训与支持可持续性的文化结合起来。

6.8　团队与领导力中的度量指标

为了使团队能够有效地合作，成功的度量必须聚焦在团队行为而不是个人绩效上。因存在试验性和风险等诸多因素，对创新绩效成功的度量就变得较为复杂。标准的经营度量通常不适用于创新团队。

6.8.1　创新激励

采用激励措施来激励员工提高绩效和生产率。典型的绩效工资制度侧重于短期财务业绩，该制度不包容失败，失败就会被降薪或解雇。虽然研究表明，绩效工资制度提高了日常工作的生产率，但是开放性、创造性的工作却需要有不同的激励制度（Manso，2017 年），要鼓励工作人员探索、利用新颖或独特的机会，并容忍早期失败。

补偿。补偿包括递延报酬，例如具有长期可行权的股票期权，以鼓励创新专业人士在新产品开发中进行长期研究。在这种情况下，补偿不仅取决于最终结果，还取决于整个开发生命周期的过程。创新探索会有失败并具有较高风险，但它与典型的重复性工作截然不同。因为标准的绩效工资制度会惩罚失败，也会忽视潜在的激进式创新，因此必须有与创新绩效挂钩的长期奖励措施。

解雇。在传统的绩效工资制度中，解雇是对绩效不佳的员工所采取的一种应对措施。然而，由于创新的长期性和风险性，与新产品创新专业人员签订长期合同应成为惯例。如果因为试验失败而丢掉工作，那么个人和团队只会寻求风险最小的、常规的产品进行开发或改进。相反，管理层应建立一种接受风险的文化，特别是当新产品或新服务的试验与战略目标紧密结合时。

失败。在开发新产品和服务时，失败是可预见的。特别是在漫长的开发周期中，市场和技术会发生变化。来自客户和潜在最终用户的反馈也会引起在开发流程中产品设计中的重大变更。因此，试验会失败。产品创新流程（第 3 章）旨在将公司文化与创新系统方法结合起来，从而降低早期探索成本，并在商业论证的同时进行试验，以降低总的财务风险。除产品创新流程外，领导者还应鼓励创新团队在开发中接受风险。这意味着不仅可以容忍错误和失败，而且要主动设计一些试验，以便能够在失败中学习，并将其纳入整个创新流程中。

6.8.2 平衡计分卡

在第 7 章中，介绍了通用的经营度量框架——平衡计分卡。平衡计分卡对创新项目也很有用，因为它不仅仅关注财务收益指标。具体来说，典型的平衡计分卡包括财务、客户、内部流程及学习与成长四个方面的度量（Kaplan 和 Norton，1996 年），最后一个方面与高效创新开发团队及领导力有关。

与所有度量一样，该度量也体现了战略目标。平衡计分卡中学习与成长类度量所包含的一些措施包括团队建设、知识转移和创新领导力培养。

- **培训计划**。有效的培训对高效创新而言至关重要。建议采用以下度量指标：

1）公司范围内的创新培训计划制订。

2）培训人员数量。

3）是否将创新培训作为新员工入职流程的一部分。

4）在 3～5 年内，深入学习创新方法的产品创新员工占比。

- **文化**。如前所述，文化和氛围都会影响创新的有效性。改进创新文化的一个指标包括评审和实施适当的激励制度，包括股票期权、长期合同和容忍失败。

- **战略**。组织各层级团队成员要明确创新战略对新产品开发成功起着至关重要的作用，有效地培养和建立与战略目标相一致的理念。作为创新学习与成长的一部分，建议采用以下度量指标：

  1）在定期召开的管理大会上讨论战略目标。

  2）对所有"建议箱"中的创意做出书面回应。

  3）建立与企业和创新战略相吻合的创意和新产品商业化的激励制度。

- **客户**。客户是新产品或服务的最终接受者，而财务回报往往反映了客户满意度的高低。无论公司采用门径流程还是敏捷方法（比如 Scrum），成功的创新团队都要将客户反馈作为产品创新流程的一部分。在"学习与成长"方面，对客户洞察进行度量的指标包括在开发生命周期内与潜在客户进行测试的数量、类型和范围。此外，还有与客户对新产品的满意度相关的质量措施，如退货和保修。

6.8.3 创新健康状况评估

常言说，度量什么就能做好什么。研究表明，在创新中采用跨职能团队是成功的领先指标，也是有效领导、培训投入和吸引员工的重要因素。创新健康状况评估是一种工具，它允许创新团队根据行业基准来衡量绩效，并在团队内部构建创新改进领域。个人、产品创新团队、项目负责人和高级管理者都能从评估中受益，因为评估提供了组织创新生态系统的衡量标准，并凸显了具有改进机会的优势领域。

创新健康状况评估涵盖产品开发与管理协会知识体系的各个领域，包括战略一致性、产品组合管理、产品创新流程、生命周期与产品管理、团队与领导、产品创新工具与市场调研。对团队和领导层而言，创新健康状况评估为产品创新团队提供了内部和外部基准：

- 高级管理层对项目和组合进行评审。
- 根据战略分配团队资源。
- 总结产品创新团队和团队成员之间的经验教训并转移知识。
- 在产品开发项目期间，将客户参与作为团队工作的一部分。
- 使用产品创新流程和工具，特别是开放式创新和设计思维（开放式创新见第 1 章，设计思维见第 4 章），让客户参与到产品创新中来。
- 加强团队竞争意识和领导力，提高产品开发聚焦度。

6.9　本章小结

虽然战略、流程和工具的应用对产品创新而言至关重要，但仅凭这些并不能实现组织的持续成功。人是组织成功的根本因素。文化、团队与领导力为积极和成功地实施战略和流程提供了基础。

- 每个组织都有自己独特的文化。然而，以下是大多数成功组织创新文化的关键因素：
  - 清晰的目标和方向，并在整个组织内进行沟通、理解和分享。
  - 鼓励和容忍试验。
  - 创新团队的绩效指标与战略目标相关，度量团队绩效比度量个人绩效更重要。
  - 是否符合组织的创新文化要被纳入招聘标准。
  - 鼓励建设性冲突和思想辩论。

- 创新工作体现了团队、个人、专业和个人成就。

- 通过持续培训来建设和开发创新流程中的团队和领导力。

- 跨职能团队是产品开发的最有效模式。要根据项目的不同范围、规模和复杂度选择不同的团队结构，包括：

  - 职能型团队。

  - 轻量型团队。

  - 重量型团队。

  - 自治型团队。

- 团队的成长和发展要经历不同的阶段。了解不同的工作方式并尊重每个人喜欢的工作方式可以提高团队沟通的有效性。工作风格评估用于启动会议和整个创新项目工作中，用于建立团队沟通的共同语言。DISC 是一种促进团队有效合作的工作风格评估方法。

- 典型的创新项目生命周期包括创意生成、概念批准、新产品开发规划和实施等阶段。不同的团队成员的优点和能力将在生命周期各阶段得到加强。当团队缺乏适合创新生命周期特定阶段的特定技能时，团队其他成员必须把自己喜欢的工作风格放到一边，来弥补团队缺失的技能以便完成项目工作。

- 由于新产品的技术或营销方法有所不同，以及会在范围、进度和预算方面面临挑战，因此在所有项目中都会发生冲突。健康的冲突有利于产生新创意和解决问题。托马斯冲突模型根据合作和自信程度提供了五种冲突管理方法。应根据具体情况选择理想的冲突管理解决方案，尤其要考虑由不同原因导致的冲突所产生的决策风险。

- 领导者、团队成员应与团队内部、外部相关方，包括职能组织（如法律和物流部门）及为项目提供资金的客户和高级管理层进行沟通。在任何情况下，核心团队都应该提供关于产品创新项目的一致信息。

- 优秀的领导者情商较高，情商包括自我认知、自我调节、激励、移情和社交技能等要素。

- 当今，许多组织采用虚拟或分散式团队开展创新工作。虚拟团队的优点包括能够获得技能娴熟的团队成员及对当地市场较为了解。虚拟团队模式通过五个要素和十六个实践活动来克服沟通中的固有障碍。这五个要素包括：

- 启动与组建团队。

- 沟通。

- 会议。

- 知识管理。

- 领导力。

• 创新团队成员负责开发的可持续性，包括确保"三重底线"。将可持续发展目标纳入高级管理者薪酬中是确保战略一致性的一种方法。当创新工作需要跨职能团队合作时，应制定相应的团队绩效指标。团队改进的措施包括平衡计分卡中的"学习与成长"方面及创新健康状况评估基准。

6.10 本章参考文献

• Antonisse, M., & Metz, P. (2013, Quarter 2). Sustainable Innovation. Visions, 8-13. PDMA.

• Burchman, S., & Jones, B. (2019, July 19). 5 Steps for Tying Executive Compensation to Sustainability. Retrieved July 19, 2019, from HBR.org.

• Christensen, C.M., & Raynor, M.E. (2003). The Innovator's Solution: Creating and Sustaining Successful Growth. Boston, MA: Harvard Business School Press.

• Cooper, R. (2017). Winning at New Products (5th ed.). New York, NY: Basic Books.

• Denning, S. (2015, Feb 27). Why U.S. Firms Are Dying: Failure to Innovate. Retrieved May 3, 2019, from Forbes.com.

• Goleman, D. (1998, November-December). What Makes a Leader? Harvard Business

Review, 93-102.

- Hardenbrook, D., & Jurgens-Kowal, T. (2018). Bridging Communication Gaps in Virtual Teams. In S. Gurtner, J. Spanjol, & A. Griffin (Eds.), Leveraging Constraints for Innovation (PDMA Essentials Volume 3, pp. 95-117). Hoboken, NJ: Wiley.

- Inscape Publishing. (2006). Team Dimensions Profile 2.0. Inscape Publishing, Inc.

- Jurgens-Kowal, T. (2019). The Innovation ANSWER Book. Houston, TX: GNPS Press.

- Kaplan, R.S., & Norton, D.P. (1996, Jan/Feb). Using the Balanced Scorecard as a Strategic Management System. Harvard Business Review, 75-85.

- Katzenbach, J.R., & Smith, D.K. (1993). The DISCipline of Teams. Harvard Business Review (Mar-Apr). Retrieved May 6, 2019.

- Kerzner, H.R. (2013). Project Management: A Systems Approach to Planning, Scheduling, and Controlling (11th ed.). P. 368. New York: Wiley.

- Kilmann, R.H., & Thomas, K.W. (1978, January). Four Perspectives on Conflict Management: An Attributional Framework for Organizing Descriptive and Normative Theory. The Academy of Management Review, 3(1), 59-68.

- Manso, G. (2017). Creating Incentives for Innovation. California Management Review, 60(1), 18-32.

- Markham, S.K., & Lee, H. (2013). Product Development and Management Association's 2012 Comparative Performance Assessment Study. Journal of Product Innovation Management, 30(3), 408- 429.

- Rosenfeld, R.B., Wilhelmi, G.J., & Harrison, A. (2011). The Invisible Element. Idea

Connection Systems.

- Scullard, M., & Baum, D. (2015). Everything DISC Manual. Minneapolis, MN: Wiley.

- Tuckman, B.W. (2001, Spring). Developmental Sequence in Small Groups (reprint). Group Facilitation: A Research and Applications Journal, 66-81.

- Weiss, M., Backmann, J., Razinskas, S., & Hoegel, M. (2018). Team Diversity in Innovation — Salient Research in the JPIM. Journal of Product Innovation and Management, 35(5), 839-850.

- Wheelwright, S.C., & Clark, K.B. (1992). Revolutionizing Product Development: Quantum Leaps in Speed, Efficiency, and Quality. New York: The Free Press.

- Zien, K., & Buckler, S.A. (1997). Dreams to Market: Crafting a Culture of Innovation. Journal of Product and Innovation Management, 14, 247-287.

6.11　本章延伸阅读

- Dyer, J., Gregersen, H., & Christensen, C.M. (2011). The Innovator's DNA. Boston: Harvard Business Review Press.

- Dweck, C. (2016). Mindset. New York: Ballantine Books.

- Jurgens-Kowal, T. (2015). NPDP Certification Exam Prep: A 24-Hour Study Guide. Houston, TX: GNPS Press.

- Mintzberg, H. (1993). Structure in Fives: Designing Effective Organizations. Upper Saddle, NJ: Prentice Hall.

- Zofi, Y. (2012). A Manager's Guide to Virtual Teams. New York: American

Management Association.

本章试题

1. 制定正确的团队规则以确保实现高绩效工作是管理角色中的哪项？

    A. 团队激励

    B. 团队发展

    C. 项目管理

    D. 领导

2. 负责建立产品创新流程，确保质量和一致性，并在应用流程中进行持续培训是谁的职责？

    A. 流程经理

    B. 流程倡导者

    C. 流程负责人

    D. 流程开发者

3. 你被一家老牌公司聘为产品创新顾问，该公司的产品创新计划面临挑战。在考察整个公司的工作实践时，你注意到公司强调个人单独工作，很少在工作内、外进行社交活动，对员工绩效的认可不足，失败会受到批评。你会建议将以下哪个具体领域作为公司改进产品创新的首要重点？

    A. 将更好的工具应用到产品创新的各个方面

    B. 改进产品创新流程，供全体员工使用

    C. 建立创新文化

    D. 鼓励高级管理者更多地参与产品创新

4. 员工直接或间接地认为对其行为有重大影响的工作环境特征，是指以下哪项？

    A. 文化

    B. 环境

    C. 氛围

    D. 组织结构

5. 通过持续监控和修改营销组合的要素，确保产品（或产品线）或服务满足客户需求，通常是谁的工作？

    A. 产品经理

    B. 项目经理

    C. 总经理

    D. 营销经理

6. 以下哪项是对团队的准确描述？

    A. 定期见面的一群人

    B. 喜欢做同样事情的人

    C. 一群有共同目标并且互相负责的人

    D. 被指派去完成一项具体任务的一群人

7. 塔克曼定义了团队发展的五个阶段，其中的形成阶段包括____。

    A. 决定团队方向

    B. 团队成员聚在一起并互相了解

    C. 任命团队领导者

    D. 解决团队成员之间的分歧

8. 职能型团队最适合哪种类型的项目？

A. 高度复杂并需要高效的跨学科协作项目

B. 对公司来说是全新的产品开发项目

C. 需要团队成员全力以赴的项目

D. 相对简单的产品线延伸或改进项目

9. 哪种类型的评估有助于团队在项目工作期间加强沟通？

A. 个性评估，如迈尔斯-布里格斯类型指标

B. 工作风格评估，如 DISC

C. 用于项目预算的职能资源评估

D. 项目组合管理评估

10. 一家公司已决定启动一个高风险项目，该项目的重点是在公司传统经营范围之外开发一种新产品。什么样的团队结构最适合这类项目？

A. 自治型团队

B. 轻量型团队

C. 职能型团队

D. 重量型团队

本章试题参考答案

1. B   2. B   3. C   4. C   5. A

6. C   7. B   8. D   9. B   10. A

第 7 章

产品创新管理

在整个产品生命周期中有效管理产品创
新并实现收益最大化

↘ 本章学习重点

本书前 6 章涵盖了产品创新的大部分内容，从定义清晰的战略目标到选择平衡的产品组合，再到成功交付新产品成果的整个流程，从运用设计、市场调研和经营分析工具，到支持整个产品创新框架的文化、团队与领导力，等等。本章将产品创新延展到产品上市后的生命周期，并介绍产品管理成功所需的战略、工具和度量指标。

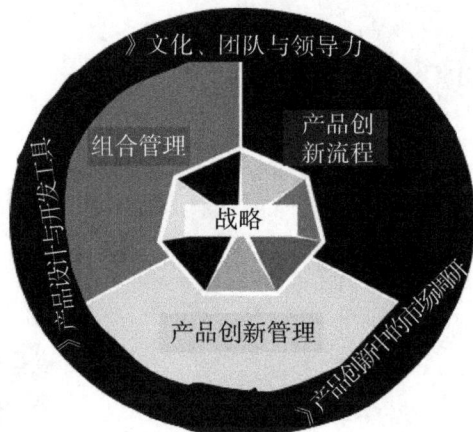

↘ 本章内容一览图

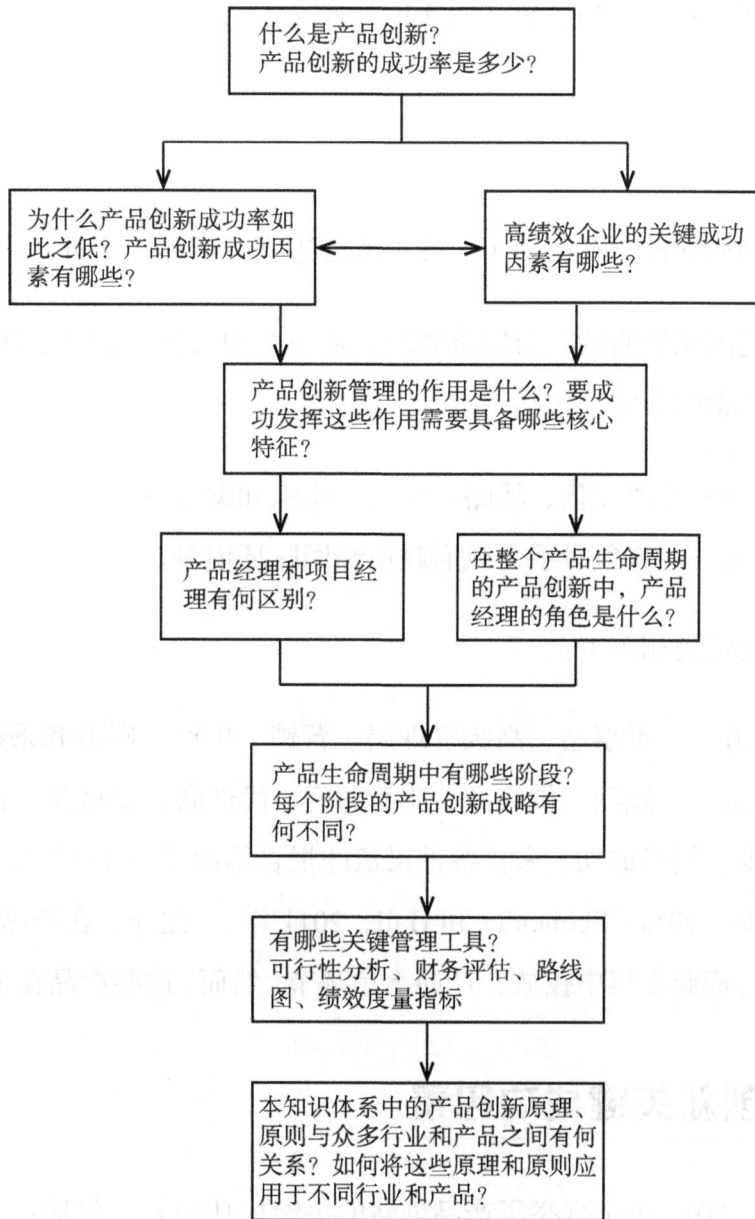

```
        ┌─────────────────────┐
        │ 什么是产品创新？     │
        │ 产品创新的成功率是多少？│
        └─────────────────────┘
         ┌──────────┴──────────┐
         ▼                     ▼
┌──────────────────┐   ┌──────────────────┐
│为什么产品创新成功率如│◄─►│高绩效企业的关键成功│
│此之低？产品创新成功因│   │因素有哪些？      │
│素有哪些？        │   │                  │
└──────────────────┘   └──────────────────┘
         │                     │
         ▼                     │
┌──────────────────────────┐  │
│产品创新管理的作用是什么？要成│  │
│功发挥这些作用需要具备哪些核心│  │
│特征？                    │  │
└──────────────────────────┘  │
         │                     │
         ▼                     ▼
┌──────────────────┐   ┌──────────────────┐
│产品经理和项目经    │   │在整个产品生命周期  │
│理有何区别？        │   │的产品创新中，产品  │
│                  │   │经理的角色是什么？  │
└──────────────────┘   └──────────────────┘
         │                     │
         └──────────┬──────────┘
                    ▼
        ┌──────────────────────┐
        │产品生命周期中有哪些阶段？│
        │每个阶段的产品创新战略有│
        │何不同？              │
        └──────────────────────┘
                    ▼
        ┌──────────────────────┐
        │有哪些关键管理工具？   │
        │可行性分析、财务评估、路线│
        │图、绩效度量指标       │
        └──────────────────────┘
                    ▼
        ┌──────────────────────┐
        │本知识体系中的产品创新原理、│
        │原则与众多行业和产品之间有何│
        │关系？如何将这些原理和原则应│
        │用于不同行业和产品？   │
        └──────────────────────┘
```

第 1 部分

什么是产品创新？产品创新管理的作用是什么？

7.1 引论

产品创新是创造并推出新产品（服务）或改进现有产品（服务）。

产品创新的范围从战略到项目组合管理，从单个项目管理到商业化，复杂度较高。其受各种条件和因素的影响，包括：

- 可控因素——公司文化、战略、能力、组织和财务等。
- 不可控因素——竞争对手、政府政策和国际环境等。

同时，也涉及各类相关方：

- 内部相关方——董事会、高级管理层、营销、生产、财务和采购等部门。
- 外部相关方——顾问、供应商、监管部门、代理商、贸易商、客户和消费者等。

产品创新很少会偶然成功。来自各种渠道的报告给出了一个事实，那就是新产品上市的失败率在 70%～90%（Schneider 和 Hall，2011 年）。此外，在产品创新中，公司将大部分资金和人力资源都集中投放在产品上市环节。然而，这些产品在上市后却失败了。

7.2 产品创新关键成功因素

卡恩（Kahn，2013 年）列举了产品创新的关键成功因素，包括：

关键成功因素——项目方面

- 独特、卓越的产品。
- 强烈的市场导向。

- 开发前做大量准备工作。
- 较早、清晰和明确的产品定义。
- 对产品上市进行充分规划并投放充足的资源。
- 从创意到上市整个过程中，都能高质量地落实关键活动。
- 速度快，但不以牺牲质量为代价。

关键成功因素——人和环境方面

- 项目团队的组织方式。
- 良好的环境，包括文化和氛围。
- 高级管理层支持。

关键成功因素——战略方面

- 制定了产品创新和技术战略。
- 充分利用核心能力。
- 瞄准有吸引力的市场。
- 良好的组合管理。
- 必备的资源。

产品开发与管理协会开展的比较绩效评价研究（Markham 和 Lee，2013 年）总结了产品创新最佳公司所具备的独特因素。

1. 创新文化

最佳公司：

- 理解并允许失败。
- 管理者树立目标。
- 招聘中考察应聘者的创新能力。
- 外部合作和交流。

- 重视创新并承担风险。

- 对建设性冲突持开放态度。

- 有效的内部沟通。

2. 新产品战略

最佳公司：

- 制定新产品战略并用其指导所有产品创新活动。

- 采用"率先上市"战略。

- 更关注可持续性开发。

- 应用知识产权战略。

- 采用全球化商业模式（在多个国家开展业务）。

3. 组合管理

最佳公司：

- 运用组合管理选择项目并确保项目之间的平衡。
  - 突破型与改进型项目。
  - 低风险与高风险项目。
  - 新市场与现有市场。
- 应用专业的组合管理工具。
  - 评分法。
  - 战略桶。
  - 财务分析方法。

4. 产品创新流程

最佳公司：

- 使用正式的跨职能流程。

- 持续设计和优化流程。
- 针对不同类型的产品，灵活选用流程。
- 采用定制化流程驱动产品创新。
- 高级管理层了解并支持产品创新流程。

5. 创新模糊前端

最佳公司：

- 在了解客户需求上，投入更多的精力。
- 使用正式流程来评估创意（充分认识到在早期做出正确决策的重要性）。
- 利用开放式创新来收集和生成新创意。
- 使用社交媒体，例如网络论坛、博客、创新中心（Innovation hub）、维基（Wiki）等方法收集客户信息和意见。

6. 开发工具

最佳公司：

- 广泛使用市场调研工具。
- 经常使用工程设计工具。
- 重视项目规划工具。

7. 衡量（Measure）与度量指标（Metrics）

最佳公司：

- 使用正式的度量指标来衡量和报告新产品绩效。
- 不仅衡量创新结果，也衡量创新过程。
  - 创新结果——比如，过去 5 年产品创新带来的利润。
  - 创新过程——比如，里程碑准时率和上市时间。

- 将度量指标作为学习和持续改进的依据。

7.3 管理产品创新

如果要列出产品创新管理者头衔的话，就会有一连串的名称，从中小型公司的首席执行官到大公司的创新副总裁、产品创新经理、品牌经理和产品经理，等等。当前，产品经理这一角色在世界范围内日益增多。产品经理职位也越来越受欢迎，因为产品经理的薪水高，发展空间大。在 Glassdoor 2019 年美国最佳工作排行榜上，产品管理名列第五，有超过 11 000 个工作机会。

7.3.1 产品管理的作用

Martin Eriksson 将经营、用户体验和技术三者之间的交汇点定义为产品管理的范围（见图 7.1），这一定义经常被人引用。正如硅谷产品集团（Silicon Valley Product Group）联合创始人、有着 30 年产品管理经验的 Marty Cagan 所言："产品经理的工作是发现有价值、有用并且可行的产品。"

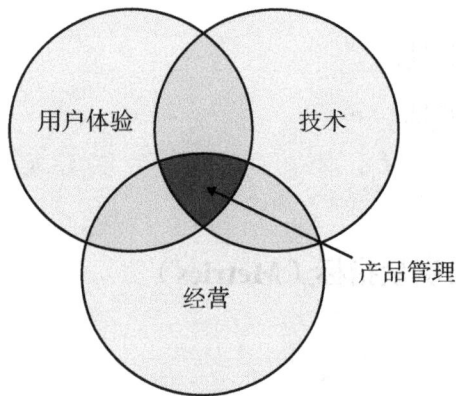

图 7.1 产品管理——三者交汇点

好的产品经理至少在上述三个方面中的一个方面具备经验，同时对所有三个方面都有浓厚的兴趣，并且能够与这三个方面的专家合作并向他们学习。

经营：首先也是最重要的是，产品经理负责通过向客户销售产品，获得收入并向其组织提供价值。实现经营目标是最重要的，因为只有在该方面取得成功才能确保公司成功和繁荣，并将价值回报给公司所有者和股东等。

用户体验：用户体验（User Experience，UX）通常与界面设计和人因设计等相关。这些设计构成了用户体验的一部分。用户体验的最终目的是了解客户，满足需求和解决问题。产品经理不一定是全职设计者，但需要花大量时间与客户一起了解他们的体验。

技术：产品经理不仅要对正在"做什么"有一定的理解，还要对"如何做"有一定的理解。他们不一定是工程人员或开发者，也不需要知道如何编程或设计印刷电路板，但他们对这些工作要有一定程度的了解，以便与开发者和工程人员有共同语言，能够交流。

产品经理是创造产品内部和外部愿景并从零开始领导产品创新的人。产品经理在整个过程中与相关方和团队一起制定定位战略。产品经理的主要职责：

- 了解客户体验。
- 制定愿景。
- 选择流程和排序活动优先级。
- 制定产品价格和定位战略。
- 与相关方谈判。
- 制定并遵循路线图。
- 安排产品测试小组。
- 推动产品上市。
- 参与制订促销计划。
- 在产品团队各个层面上推广产品。

↘ 成功的产品经理所需的技能

产品经理所做的第一件事是捕捉新产品的机会，或者改进现有产品，为其增添必要的功能。当公司决定开发新产品或改进现有产品时，产品经理必须了解当前趋势，以便做出正确的决策。

产品经理的技能包括：

- 了解产品，理解客户需求。
- 市场知识。
- 创新意识。
- 战略思维。
- 技术知识。
- 与专家沟通的技巧。
- 关系管理。
- 理解用户行为和移情能力。
- 向团队所有成员讲解经营和技术要求的能力。
- 度量产品成功的能力。

项目经理负责产品开发。在整个开发阶段，项目经理应确保项目符合预算和进度要求。项目经理的主要角色是跟踪进度，组织协调资源并按时完成项目。

产品经理对市场成功负责。产品经理制定产品战略，从零开始，参与产品创意生成和开发，直至产品完全退市为止。也就是说，产品经理在产品生命周期的各个阶段都要提供支持。作为制定战略的责任者，产品经理与其他部门（如市场或销售部门）进行沟通，向他们传达完整的愿景并制定产品路线图。

↘ 统筹管理

产品经理在组织中负责将创意付诸实践，并将其商业化。产品经理的工作内容包括提供评审或筛选创意的方法，并在产品创新流程中提供指导。产品经理最终对产品上市结果负责。很难用具体、量化的指标来度量所有这些活动，但会有一些关键指标，如盈利、用户参与度和用户满意度。这些指标因公司和行业而异。有些产品经理注重开发、撰写规格书并监督开发流程，而有些产品经理则注重制订营销计划并培训销售团队，他们更倾向营销和销售工作。

产品经理似乎做的都是管理工作，而不是"做出"某个东西，但事实并非如此。他们不断改进现有产品，分析数据，进行市场调研，观察行业趋势。产品经理必须做出艰难的决策，决定要开发或改进什么样的产品，如何定价，如何定位，如何将它们统筹起来，最终实现商业成功。

7.3.2　产品管理的定义

一方面，明确产品管理的定义很重要。另一方面，明确什么不属于产品管理的范围也很重要。许多未开展产品管理的企业往往将产品管理与项目管理混为一谈。让我们从一个简单的定义开始介绍两者的区别：

项目是创造产品或服务的过程。

产品是解决客户问题和满足市场需求的产物。

图 7.2 总结了产品管理和项目管理的关键不同因素。

项目管理	产品管理
开发	战略
计划	愿景
团队导向	经营导向
技术知识	行业知识
预算	利润
完成项目	增长

图 7.2　产品管理与项目管理

7.3.3　产品管理战略

第 1 章详细介绍了公司战略和经营战略。这些基本战略会影响产品创新战略，同时也会受到产品创新战略的影响。

产品经理要想成功，必须专注在以下四个关键方面：

- 树立愿景。
- 制订计划，实现愿景。
- 指导产品开发（产品创新）。
- 将产品商业化（营销和销售）。

树立愿景：如果将产品管理比作一条道路，愿景既是路标也是目的地。愿景定义了最终产品并指明了实现它的方向。愿景不是产品创新战略，而是制定产品创新战略的起点。当团队讨论新产品时，是从创意开始的。因此，愿景既可以通过头脑风暴形成，又可以从创意库中获得。

当制定愿景时，产品经理为产品设定目标并定义规格。清晰的产品愿景要能够回答以下问题：

（1）产品的用户画像是怎样的？

（2）产品能够解决哪些问题？

（3）如何对产品成功进行度量？

制定产品战略：一旦树立了愿景，就要按照愿景来制定战略。愿景定义了产品目标，产品战略则提供了实现目标的方法，并设定了主要里程碑。对于从事产品开发的团队来说，必须有清晰而切实的计划。

有效的产品战略定义了产品的主要特性、用户、需求及产品必须满足的关键性能指标。这些要素具有同等的重要性，因此，要围绕产品战略将这些要素整合起来，如图 7.3 所示。

战略的制定始于市场和客户调研。市场调研是对市场、现有或潜在客户进行信息收集和分析的过程。它关注现有或潜在客户的消费和购买习惯、品牌认知度和敏感度，以及其他一些指标，这些指标是他们做出购买决策及如何做出决策的依据。在第 5 章中，介绍了各种市场调研方法，以及如何在产品创新流程中应用这些工具。

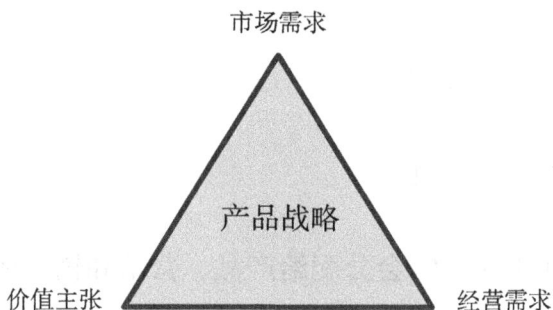

图 7.3　产品战略三角

最后，将产品战略用书面形式记录下来。产品战略用于制定路线图。路线图是为团队提供时间框架和具体行动指导的工具，它说明了产品创新的愿景、目标和当前状态。好的路线图非常明晰，为团队所有成员提供行动指南。无论路线图的内容构成如何，都要描述当前状态和下一步安排。本章后面会介绍更多路线图及其详细内容。

实施（产品开发）：产品创新通常涉及多个阶段，包括创意生成、筛选、商业论证、开发、测试和上市。有时，会有不同的阶段，也会有一些额外的阶段，如创意筛选、营销战略制定、概念开发和其他阶段。但万变不离其宗，其主要任务都是生成并选择创意，明确所需开发的工作和范围，通过商业论证来证明所做的努力是正确的，投入资源开发产品，测试和评估产品，最终将其商业化。在本书第 3 章中，详细介绍了产品创新流程。

商业化：产品创新的最后阶段是向市场和客户推出产品。在该阶段，要制订营销和上市计划，培训销售团队。此外，渠道合作方和分销商也开始行动起来，同时公司提升产能，确保在销售过程中有足够的产品供应。在整个流程中，由产品经理提供实施计划，采用营业收入、投资回报率、关键客户和其他指标来度量产品在市场上的表现。一旦产品进入市场，产品经理就要继续监控销售、客户满意度、潜在问题、解决方案及客户反馈。在初创型企业和小型企业中，产品经理在该阶段会承担更多责任。在该情景下，产品经理会参与以下工作：

（1）撰写商业论证和用例。

（2）制订产品上市计划并明确分销方式。

（3）明确目标市场。

（4）制定定价策略。

（5）支持销售并选择所需工具。

在大型企业中，这些工作通常会分配给产品、营销和销售团队，但产品经理仍需投入大量精力。

产品上市后，产品经理负责跟踪进展，监督产品是否在市场中立足（或在某些情况下未能实现目标）。在整个生命周期中，产品经理一直要持续做该项工作。产品经理会使用一些指标来度量产品是否成功（抑或是勉强维持），比如用产品销量和客户反馈等指标进行分析，并和团队就分析结果进行沟通，进而优化营销和销售战略。

第 2 部分

什么是产品生命周期？如何在整个生命周期内管理产品创新？

7.4　产品生命周期

7.4.1　产品生命周期引论

产品生命周期（Product Life Cycle，PLC）是指大多数产品所经历的阶段：开发阶段、引入阶段、成长阶段、成熟阶段和衰退阶段（见图 7.4）。产品生命周期对营销策略、营销组合和产品创新有着显著影响。

产品生命周期正变得越来越短，因为：

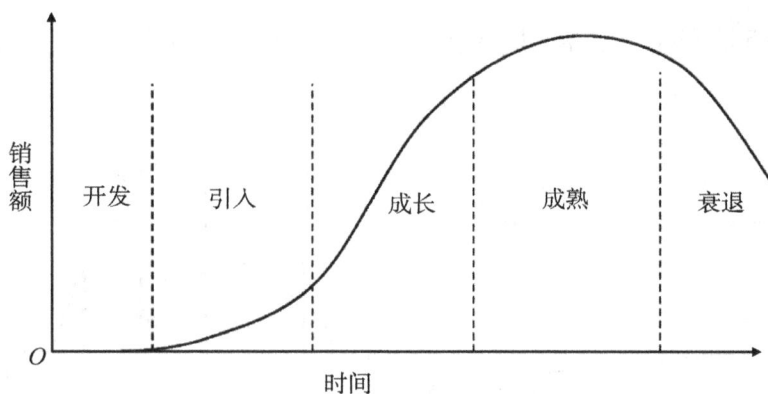

图 7.4　产品生命周期阶段

- 客户要求越来越多。
- 竞争加剧。
- 技术持续进步和变化。
- 全球化交流增多。

7.4.2　产品生命周期阶段介绍

- 开发阶段（Development）：组织识别机会、规划项目并配置资源，开发能够商业化并带来收入的产品。该阶段为投资阶段，现金流为负数。

- 引入阶段（Introduction）：组织开始建立品牌知名度并进行市场开发。将产品销售出去后，就会达到收支平衡并逐步产生正的现金流。

- 成长阶段（Growth）：组织继续建设品牌并增加市场份额。这些努力提高了销量，从而使得现金流显著增加。为了支持品牌建设和营销工作，仍要进行投资。

- 成熟阶段（Maturity）：竞争加剧。组织在追求利润最大化的同时保持市场份额。该阶段实现了投资回报，现金流也趋于平稳。提升品牌知名度也无法实现与之对等的销量增加。此阶段，投资趋于平稳以维持收入。

- 衰退阶段（Decline）：销量开始下降。该如何处置产品，组织要对此做出艰难的决策。该阶段现金流下降，任何额外的投资也无法推动销量增长。要么不再投资，要么在其他产品上进行投资。

创新生命周期是产品生命周期中的组成部分。图 7.5 描述了产品生命周期中的现金流情况。

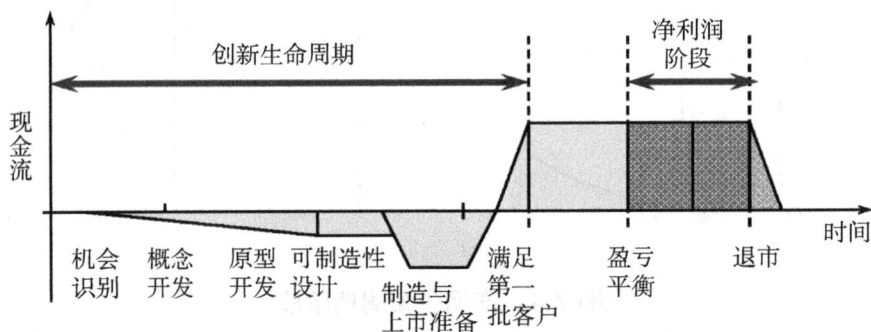

图 7.5　产品生命周期中的现金流

7.4.3　管理产品生命周期

产品生命周期的每个阶段都有各自特点，图 7.6 描述了各阶段的主要特点。因为各阶段的主要特点不同，所以要对营销组合策略，包括产品、价格、分销和促销等方面进行相应调整。

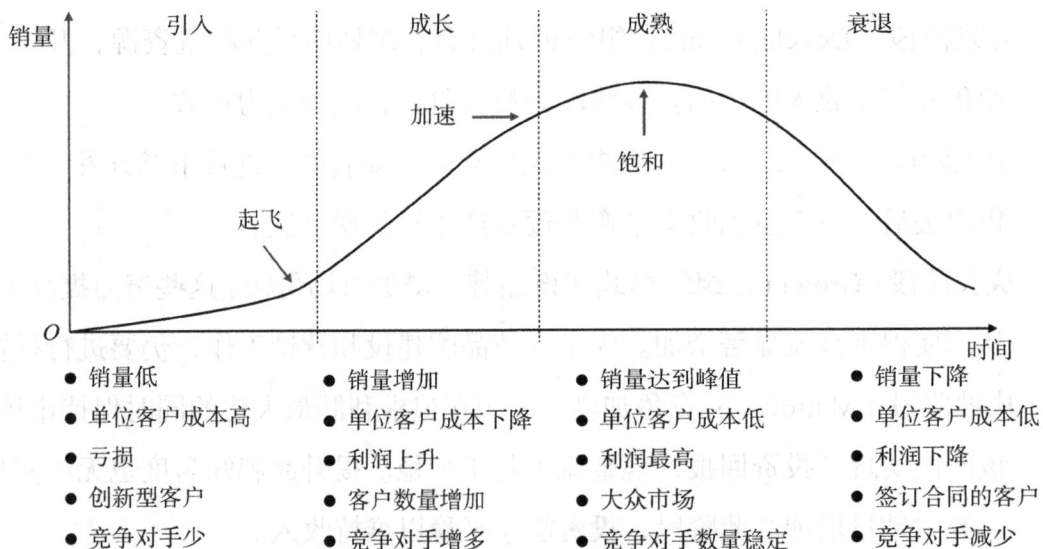

图 7.6　产品生命周期各阶段主要特点

↘ 引入阶段

- **产品**：建立起品牌与质量标准，并对专利和商标等知识产权进行保护。

- **价格**：可采取低价位的渗透定价法（Penetration Pricing）以获取市场份额，或采取高价位的撇脂定价法（Skim Pricing）以尽快回收开发成本。
- **分销**：对销售渠道进行选择，直到客户接受并认可该产品。
- **促销**：应瞄准早期采用者，通过有效沟通让客户了解产品，需要教育早期潜在客户。

↘ 成长阶段

- **产品**：保持产品质量并增加产品特性和服务支持。
- **价格**：保持定价，此时的市场竞争较少，公司持续满足不断增长的需求。
- **分销**：销售渠道要随着需求及购买产品的客户数量增长而增加。
- **促销**：向为数更多的客户群进行推广。

↘ 成熟阶段

- **产品**：增加产品特性，通过产品差异化与对手开展竞争。
- **价格**：由于出现了新的竞争者，价格会有下降。
- **分销**：加强销售渠道，给分销商更多激励，从而扩大客户购买产品的机会。
- **促销**：强调产品差异化和增加产品新特性。

↘ 衰退阶段

- 维持产品，通过增加新特性和发现新用途重新激活产品。
- 通过降低成本进行收割。持续提供产品，但要面向具有忠诚度的利基市场。
- 产品退市，清理存货或者将该产品卖给别的公司。

图 7.6 描述了从引入到衰退的产品生命周期及各阶段的特点。

7.4.4　产品生命周期对产品组合的影响

在产品生命周期不同阶段的管理战略，强调了产品改进、增加新特性、延伸产品线和降低成本的重要性，这些也应在新产品组合中得到体现。正如第 2 章所述，总体经营战略和创新战略为产品组合管理提供了方向和框架。这些战略决定了各类新产品的优先级，包括：

- 世界级新产品或公司级新产品。
- 产品线延伸型新产品。
- 降低成本型新产品。
- 改进型新产品。

公司级新产品及产品线延伸型新产品可为公司带来新产品，而降低成本型新产品和改进型新产品则可作为产品生命周期管理中的基本工具，用来更新产品并延长产品的生命周期。

下面从典型的产品生命周期概念出发，来回答"什么定义了产品"这个有意思的问题。以苹果手机（iPhone）为例，iPhone 本身是产品？还是 iPhone 2G、iPhone 3G、iPhone 2……iPhone 13 等不同型号是产品？答案是：iPhone 本身有生命周期，每个型号也有各自的生命周期，通过各型号的叠加延长了 iPhone 本身的生命周期。通过增加特性和发布新型号来延长产品生命周期，已成为大多数公司的产品组合策略。

如今，对产品进行特性提升和改进的频度越来越高，这种情况在电子、软件和互联网行业尤甚，更快的上市速度和更短的产品创新周期等要求给这些行业带来了更大的压力。因此，对产品创新战略的更高要求极大地影响了新产品流程，大大促进了敏捷方法和精益方法的应用。

除实现产品种类平衡之外，应用组合管理确保产品生命周期中的产品数量平衡同样重要。显然，如果处于引入阶段或上市阶段的产品数量过多，组织就会承受极大的资金压力；如果处于衰退阶段的产品数量过多，组织就不会有光明的未来。图 7.7 描述了在整个产品生命周期中的产品分布情况。

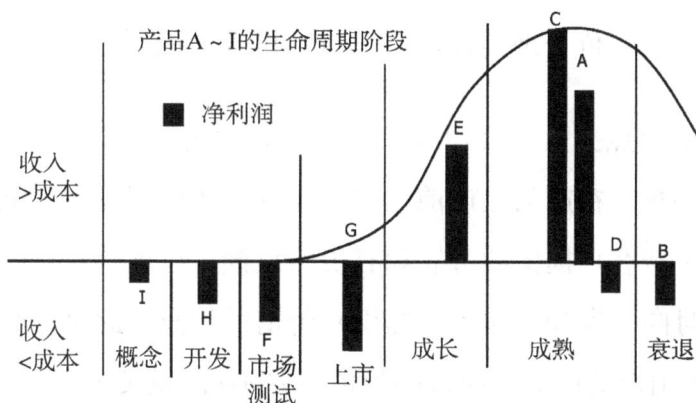

图7.7　产品生命周期中的产品组合平衡

7.4.5　产品经理在产品生命周期中的角色

在整个产品生命周期中，产品经理是在产品管理中起着关键作用的角色。在产品生命周期各阶段中，虽然产品经理会有不同的职责，但都要围绕着总体目标，即最大限度地实现产品成功（包括收入、市场份额、客户满意度和其他关键绩效指标）。

在产品生命周期各阶段，产品经理的角色如图 7.8 所示。

洞察专家	增长黑客	留存大师	方案达人
目标：将产品和市场进行匹配	目标：扩大客户触达面并保持竞争力	目标：留住客户并保持市场份额	目标：实现最佳结果
重点：快速了解客户并顺应市场需求	重点：优化产品以满足更多的客户，加速增长	重点：不断优化价值主张，同时关注客户满意度和愉悦感。与搅局者开展竞争	重点：从战略角度重振现有产品或将产品逐步退市
引入阶段	成长阶段	成熟阶段	衰退阶段

图7.8　产品经理在产品生命周期中的角色

↘ 引入阶段

在引入阶段，因产品类型不同（如产品线延伸型新产品、公司级新产品和世界级新产品），产品经理的角色也会有所不同。一般来说，产品经理的角色包括在确认产品是否适合市场，确保产品定价合理性及产品上市立足等方面成为主题专家和倡导者。

产品经理通常要重点关注"公司级新产品"和"世界级新产品"，确认产品是否适合市场并迅速做出调整。在产品上市前，产品经理可能做了（也可能没做）市场调研和概念确认，但缺乏付费客户提供的可靠和有价值反馈。在该阶段，产品经理必须关注并听取客户反馈，同时向开发和工程团队提供有价值的信息。此时，对价值主张进行完善也很重要。如果真实用户的反馈与原来的价值主张不符，就要改变或重新定义价值主张。真实用户也会提出新的或之前没有的价值，这些价值必须迅速融入整体价值主张中，以确保产品能够解决客户问题或满足其期望。

在该阶段，合理定价很有挑战性。给产品线延伸型新产品定价相对简单，但给全新产品定价就不那么容易了。根据公司重点，既可以采用低价策略以便尽早抢占市场份额，又可以在没有竞争的情况下，采用高价策略，以确保利润或收入等关键绩效指标最大化。在此两种情况下，定价失误会对产品成功产生不利影响。如果为了抢占市场份额而将价格定得过低，就会带来风险——客户期待以上一代产品相同（或更低）的价格获得新特性和功能，这就会破坏价值主张。此外，定价较低的话，随着市场逐渐成熟，就没有降价空间了。定价策略必须支持产品的价值主张和经营计划。该决策是动态的，需要在实现上市期间快速增长和长期可持续发展两者之间做出权衡。简而言之，在产品引入阶段，产品经理必须倾听市场和客户的意见，根据需求推动组织进行调整，并通过合理定价刺激市场需求，加快产品推广。

成长阶段

在该阶段，产品经理开始加快推广，改进定价策略并为产品寻求更多的创新机会。

随着产品逐渐获得市场认可，需要不断加大营销力度。通过不断把价值主张和客户反馈融入产品定位中，就可以将产品推向更广阔的市场。在该阶段，由于规模经济效应，产品单价开始降低，利润率开始升高。在成长阶段，产品经理要关注一些重要事项。首先，要意识到竞争对手越来越多，竞争对手会降价以在市场立足，这样就会对定价策略产生影响。其次，确保利润的一部分能够回到产品创新流程中，为产品改进和产品延伸做好准备。最后，从客户和市场获得反馈，将其融入产品定位和价值主张中，确保产品从引入阶段到成长早期的过渡中成功跨越鸿沟。

⬂ 成熟阶段

在成熟阶段，大多数关于定位和价值主张不确定性的问题都得以解决。但在该阶段，销售增长也大大放缓，大多数想购买产品的客户已经购买了你的产品。进入市场的新买家越来越少，因此抓住现有客户变得非常重要。对产品经理来说，就要开始关注经营数据了。通过精心管理产品成本、营销和销售成本等，往往可以延长成熟产品的寿命。该阶段也是将成长阶段中的客户反馈用于产品延伸或改进以延长产品生命周期的阶段。

⬂ 衰退阶段

任何好的产品都会有生命周期结束的那一天。因为新产品更具竞争力，所以现有产品对组织的贡献度都会逐渐下降。市场变化也会使客户转而使用另一个新的或不同的解决方案。有时，颠覆性创新会引起整体市场衰退，或使得整个产品类别或市场不再具有价值。在衰退阶段，产品经理也扮演着同样重要的角色。最重要的是要清楚地了解是什么原因导致了衰退。如果是由于竞争的原因，则要开展更多的营销或促销活动。如果是市场或客户需求发生了变化，则要通过产品线延伸或改进来延长产品生命周期。如果是颠覆性创新导致了衰退，产品经理则要考虑自己公司是否也能成为颠覆者。无论分析的结果和选择的应对措施如何，产品经理的最终使命都是有效地管理产品退市并顺利转移到下一个产品中。人们往往会忽视退市和转移管理，有效的退市和转移管理可以更好地确保新产品、产品延伸和产品改进的成功。

7.5　产品生命周期中的鸿沟

对产品创新而言，产品生命周期的一个关键阶段是从引入阶段进入成长阶段并开始增长之时。该位置被称为 "鸿沟"（Chasm）（见图 7.9）。该概念是由杰弗里·摩尔（Geoffrey Moore）在其《跨越鸿沟》（2014 年）一书中提出的。

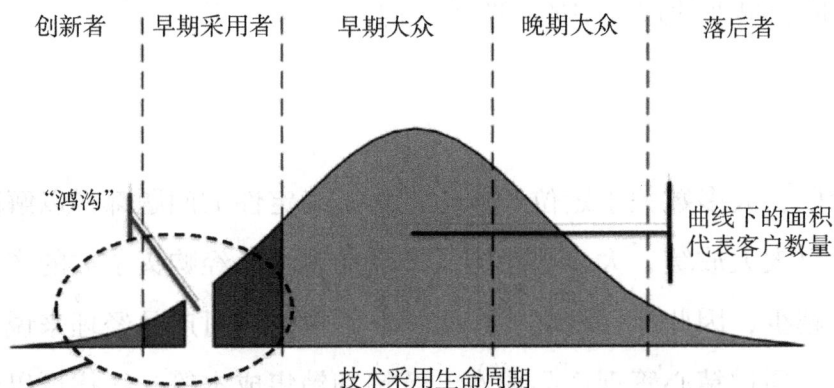

图 7.9 跨越鸿沟

［授权使用：杰弗里·摩尔（2014 年）《跨越鸿沟》第 3 版］

必须有效管理该鸿沟（或称裂隙），才能发挥产品的增长潜力。消费者如何及何时愿意接受新产品（或创新）的整个过程被称为技术扩散（Diffusion of Technology）。1962 年，罗杰斯（Everett Rogers）首次全面阐述了该过程（该曲线被称为罗杰斯曲线），该概念至今仍被使用。

上述曲线是对产品生命周期曲线的扩展，可将该曲线与产品生命周期曲线结合起来使用，创新者和早期采用者通常位于产品引入阶段和成长阶段的早期。

为什么会有鸿沟？简单说，就是因为创新者和早期采用者将创新作为变革的驱动力量。哪怕产品会有缺陷，他们也会采用，目的是能够走在前面，并在竞争中领先。早期大众愿意为创新付费，希望通过创新提高生产率，改进工作，但不一定要实现完全颠覆。在产品创新中，早期创新和快速增长之间从来没有过（或很少有过）无缝过渡。

7.5.1 跨越鸿沟

要制定有效跨越鸿沟的措施，就要先了解鸿沟存在的原因。一些产品跨越了鸿沟，而另一些产品却无法实现。下面讨论鸿沟产生的原因和应对措施。

（1）可衡量的优势。相对于将被取代的现有解决方案而言，新产品或创新具有可以被感知到的相对优势。"可衡量的优势"有多种形式，如经济、社会声望、便利性和性能等。被感知到的优势越明显，产品或创新就越可能跨越鸿沟并继续前行。关于相对优势，并没有明确的定义，产品是否有优势只取决于目标用户群的需求和感知。

（2）一致性。通过过去或现在的实践、价值观、经验和用户需求所感知到的一致性。创新能够证明这种一致性的程度，并决定了它能否被采用及被采用的速度。

（3）简单性。创新被理解的容易程度也将影响其被采用。创新越容易或越简单，就越有可能跨越鸿沟。简单的创新比复杂的创新被采用得更快。

（4）易试性。新用户是否很容易就能试一试，即易试性。用户在有限条件下尝试或试验创新越容易，创新的风险就越小，用户采用创新的可能性也就越大。

（5）可见的结果。新的潜在用户越容易、快速、轻松地了解创新后能得到的结果，创新就越可能被采用。这些可见的结果降低了感知风险和不确定性，并使目标用户群体中的同伴更容易分享经验，从而加快新技术被接受和采用的进程。

7.5.2 "走向市场"流程

↘ 老式走向市场战略

老式走向市场战略是做出产品，然后再考虑如何出售产品的线性化流程（见图 7.10）。

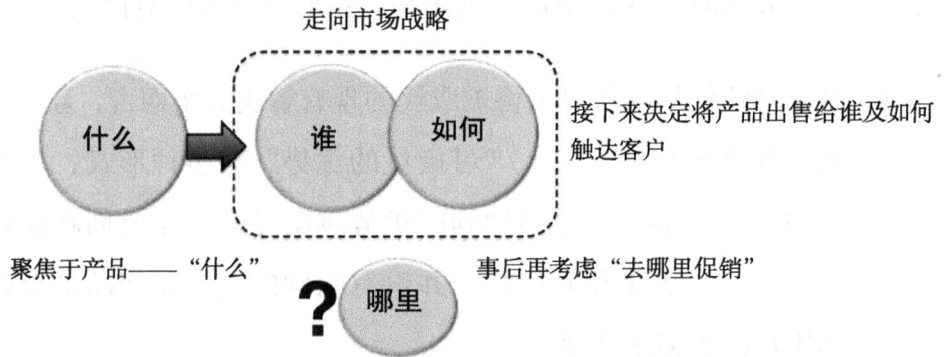

图 7.10   老式走向市场战略

新式走向市场战略

新式走向市场战略则是迭代式流程（见图 7.11 ）。

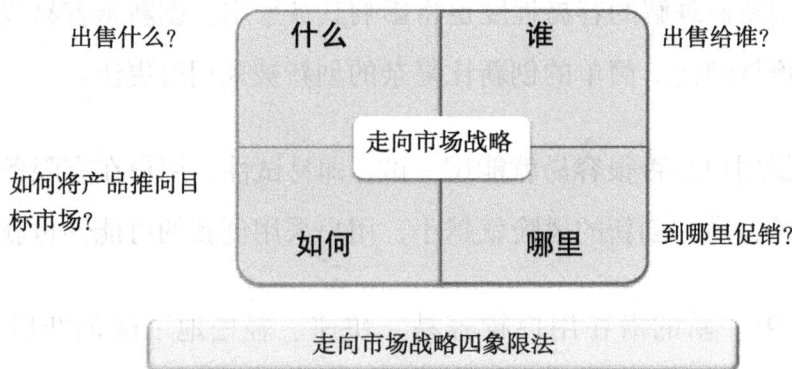

图 7.11   新式走向市场战略

新式走向市场战略案例研究

以下两个案例描述了如何为新产品制定新式走向市场战略。一款名为"CircuitMeter"的产品是为商业建筑提供的低成本能源管理解决方案；另一款名为"LifeBike"的产品则是座椅独特的新型电动自行车，如图 7.12 所示。

出售什么？

首先要清晰地定义出你要出售的究竟是什么，该答案藏在开发流程中的概念说明和设计规格里。与竞争对手相比，你的产品具有哪些独特优势？在通常情况下，竞争战略主要就是低成本或差异化。记住，你一直处在竞争环境中，你出售的产品会影响你的竞争对手，反之亦然。

● 一种为商业建筑提供的低成本能源管理解决方案

● 一款座椅独特的新型电动自行车（个性十足）

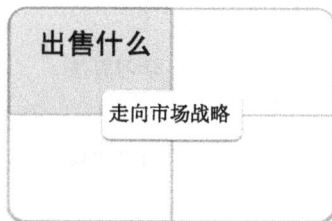

图 7.12　走向市场案例研究

↘ 价值主张（Value Proposition）

给你要出售的产品定出一个"价值主张"。价值主张是一份简短、清晰且简单的说明，说明一个产品概念将如何及在哪些方面为潜在客户提供价值。价值的本质是客户在新产品带来的收益与所需支付的价格两者之间的权衡（PDMA 术语表）。

上述案例中的价值主张首先聚焦在产品所带来的收益上，如图 7.13 所示。

CIRCUITMETER
SIMPLE · AFFORDABLE · ENERGY ANALYTICS
● 快速锁定能源问题
● 衡量解决方案的回报

LIFEbike
● 紧凑
● 舒适

图 7.13　走向市场案例研究——价值主张

然后，将产品特性与收益关联起来。图 7.14 为 CircuitMeter 的例子。

特　　性	收　　益
具有分析电谐波的能力，可以每秒钟测量并生成电路数据	快速形成节能方案
基于云分析	可对楼宇之间的数据进行比较
低成本	投资回报率高

图 7.14　CircuitMeter 产品特性和收益

整体解决方案

通过价值主张定义了产品的主要收益，接下来需要确定整体解决方案。要交付什么产品？有什么样的核心利益、有形特性和增强特性？将要出售或能够出售整体解决方案的哪部分？图 7.15 为 CircuitMeter 整体解决方案的例子。

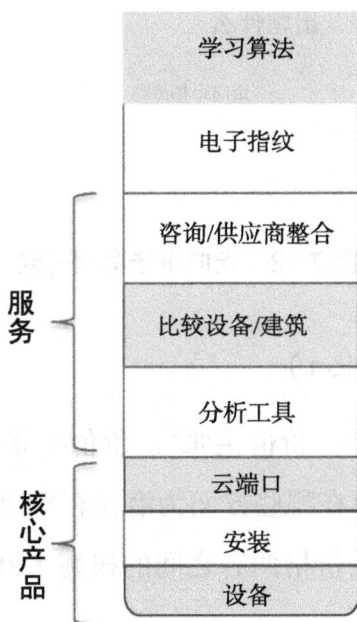

图 7.15　CircuitMeter 整体解决方案

出售给谁？

接下来关键的问题是"出售给谁"。此时应关注细分市场，而不是市场规模和市场份额（见图 7.16）。

市场　　　　　　细分市场

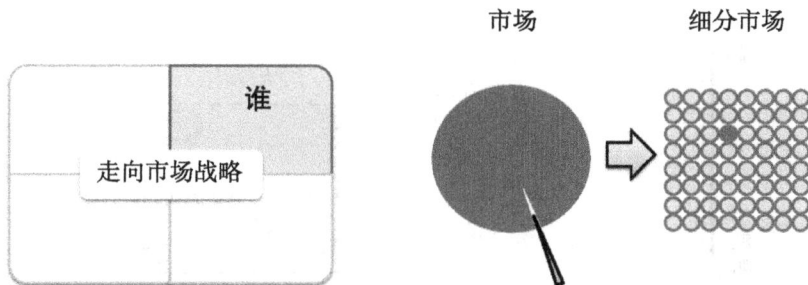

图 7.16　确定细分市场

图 7.17 描述了 LifeBike 案例中的市场细分情况。

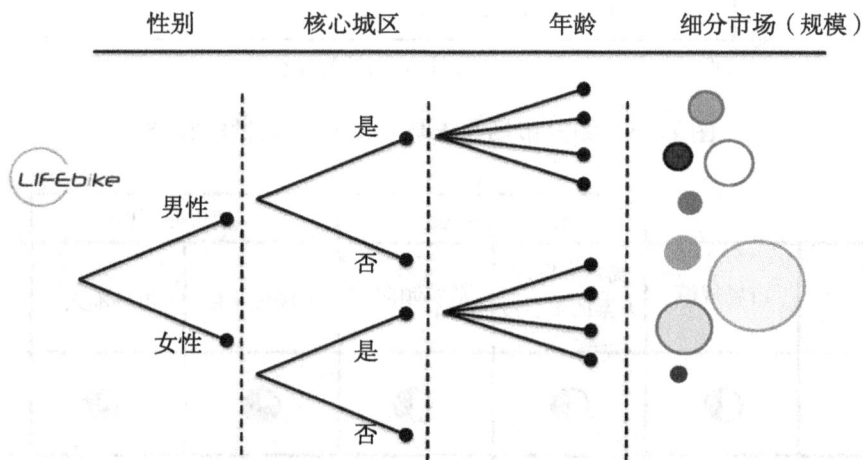

性别　　　核心城区　　　年龄　　　细分市场（规模）

是

男性

否

女性

是

否

图 7.17　LifeBike 的市场细分

↘ 准确定位目标市场

将产品主要收益与每个细分市场的需求进行对比。图 7.18 列出了 LifeBike 的两个主要收益，即便于停放（小巧）、骑行姿势（舒适）。在图中用不同的"圆圈"代表不同的目标市场。需求与 LifeBike 所提供收益相吻合的两个细分市场是大学生和城市中的职场女性，而主要竞争对手定位在其他市场领域，满足其他细分市场需求。

图 7.19 是对 CircuitMeter 进行的细分市场分析，从价值主张一致性和销售便利性两个维度对 4 类细分市场进行分析。销售便利性要从市场集中度和市场准入两方面考虑。

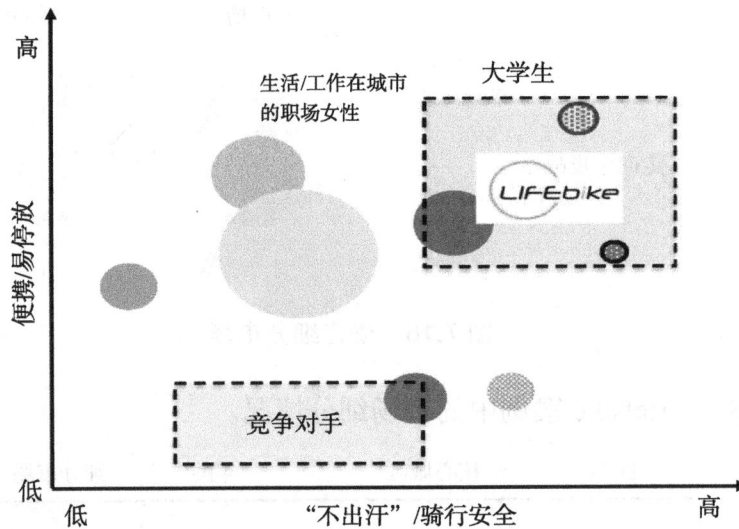

图 7.18　细分市场需求与 LifeBike 提供的收益

细分市场	市场规模	价值主张一致性		销售便利性		细分市场的整体吸引力
		需求和解决方案的吻合度	消费倾向	市场集中度	市场准入	
养老院	◑	◑	◑	◕	◕	◕
企业、个体租户	●	◑	◑	◑	◕	◔
宾馆	◑	◑	◔	◕	◔	◔
多租户建筑物	◔	◔	◔	◔	◔	◔

低 ○◔◑◕● 高

图 7.19　CircuitMeter 的市场细分

↘ 抢滩战略（Beachhead Strategy）

抢滩战略是一种杠杆式的市场推广方法。先选出最具潜力的细分市场作为产品首次上市地点。在该市场获得成功后，再陆续将产品投放到其他细分市场（见图 7.20）。

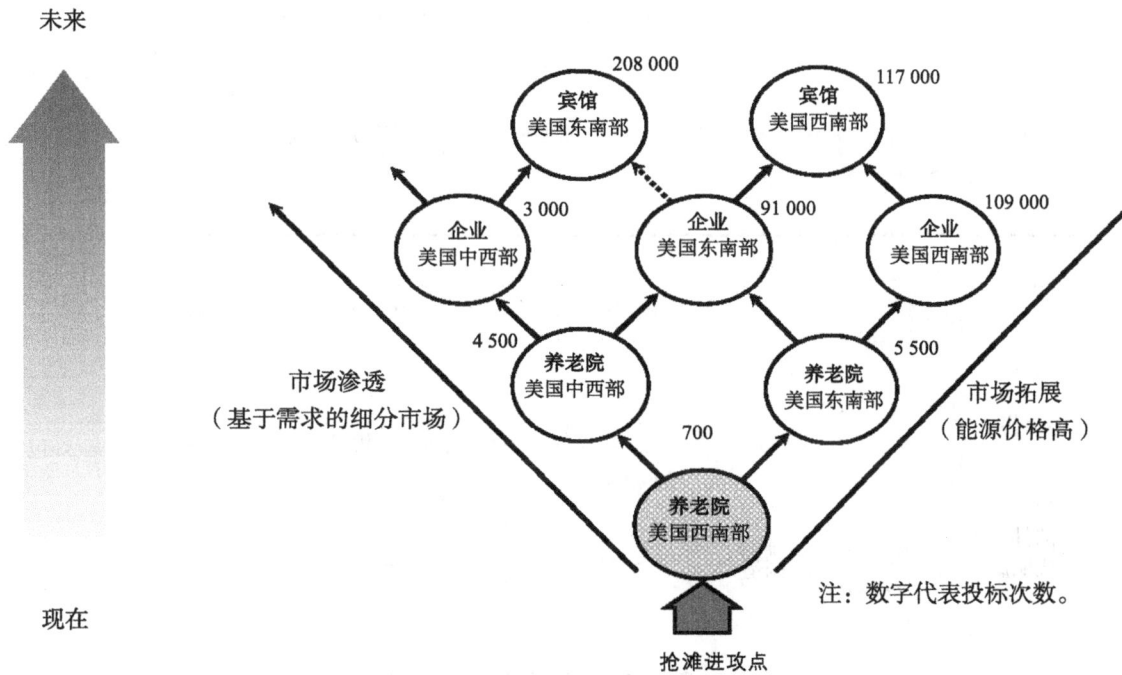

未来

208 000

宾馆
美国东南部

117 000

宾馆
美国西南部

3 000

企业
美国中西部

企业
美国东南部

91 000

企业
美国西南部

109 000

市场渗透
（基于需求的细分市场）

4 500

养老院
美国中西部

养老院
美国东南部

5 500

市场拓展
（能源价格高）

700

养老院
美国西南部

现在

注：数字代表投标次数。

抢滩进攻点

图 7.20　CircuitMeter 抢滩上市战略

将产品推向目标市场

将产品推向目标市场，让客户能够买到产品是走向市场的关键一步。此时的关键决策包括"采用哪种营销渠道"和"与谁合作"（见图 7.21）。

细分市场

走向市场战略

如何

图 7.21　将新产品推向选定的细分市场

渠道战略

可以通过很多渠道将产品推向目标市场，如图 7.22 所示。

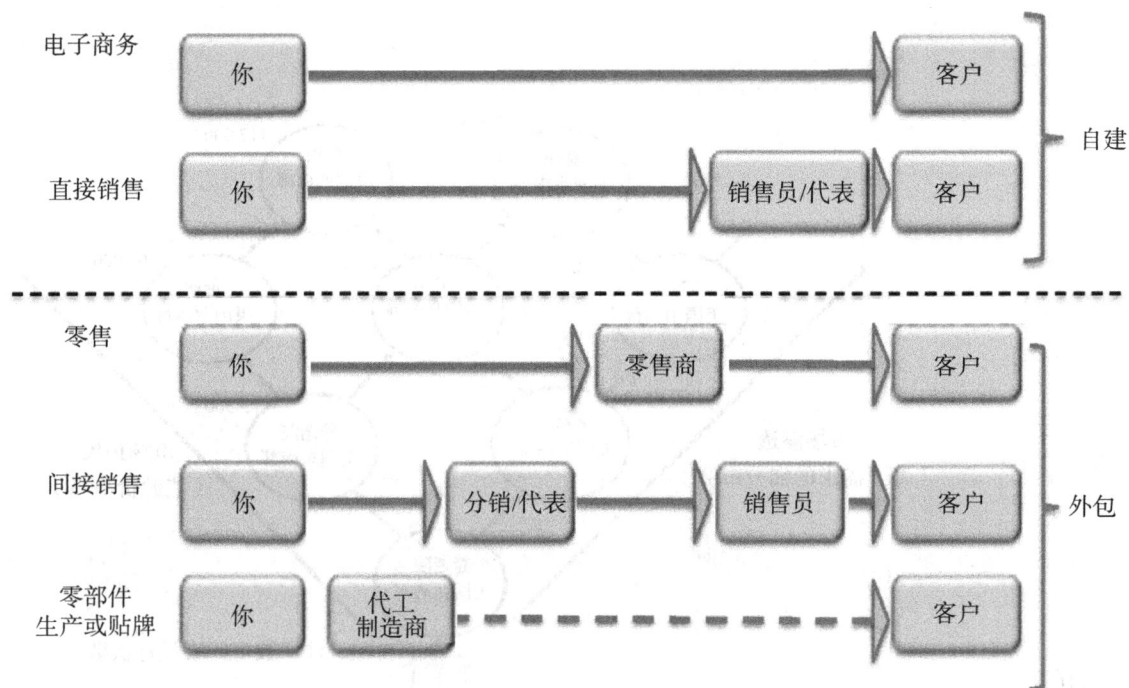

图 7.22　渠道选择

↘ 选择渠道时应考虑的因素

产品因素

- 通常来说，复杂程度高的产品采用直接销售的方式，简单或者低价的标准化产品主要通过间接渠道分销。

- 产品是否需要每年或每季更换的、是易碎还是坚固的、是耐用还是易坏的。

- 产品生命周期的阶段十分重要。在早期阶段，因为占领市场份额很重要，所以应与多个分销商合作。在成熟阶段，提高分销效率和节约成本才是关键。

组织因素

- 没有或者养不起内部销售队伍的公司可以与代理商或中间商进行合作，通过他们联系批发商或其他买家。

- 目标市场众多的公司也可利用外部渠道，而为特定目标市场生产多种产品的公司则适合选择直接销售渠道。

价格因素

中间渠道过多的话会显著增加成本，并导致最终销售价格大幅升高。

客户因素

- 最终要考虑的关键因素是如何用最有效的方式让客户获得产品。
- 你需要了解潜在购买者，他们在哪里购买？何时购买？如何购买和购买什么？
- 如果客户在实体店购买产品，则有 3 种主要的产品分销渠道：
— 针对大量购买产品的客户，则开设为数众多的门店。
— 针对购买专有产品的客户，则开设专卖店或连锁店。
— 针对选择性购买产品的客户，则在特定区域内开设几家零售店。

在哪里进行产品促销？

不仅要在正确的地方向目标细分市场提供新产品，而且要让客户了解产品的收益和特性。

- 将促销计划与目标市场保持一致。
- 聚焦于目标市场中的决策者。
- 了解决策者从哪里获取信息。
- 促销类型包括互联网或社交媒体（Google AdWords、Facebook）、公共媒体（公开出版物或专业出版物）、口碑传播（社交媒体广告）、商品展览会、产品演示、纸质媒体和电视。

↘ 传播信息非常关键

用正确的方式传播正确的产品信息非常重要。这些信息不仅能呈现产品的收益和特性，还能够让目标细分市场的客户产生强烈共鸣。图 7.23 为 CircuitMeter 产品定位说明书。

CircuitMeter产品定位说明书	
CircuitMeter是"什么"	能源管理方案
主要针对的目标客户是"谁"	需要节约能源解决方案并度量方案影响的商业住宅业主
卖点——"产品收益"是什么	• 投资回收期短 • 操作、投资与测量简便 • 可与其他建筑实时对比
与"竞争对手"的区别是什么	• 竞争对手的解决方案昂贵 • 竞争对手只提供测量建筑整体能源消耗量的解决方案，过于笼统和简单

图 7.23　CircuitMeter 产品定位声明

总结：走向市场战略

图 7.24 描述了制定走向市场战略的八个步骤。

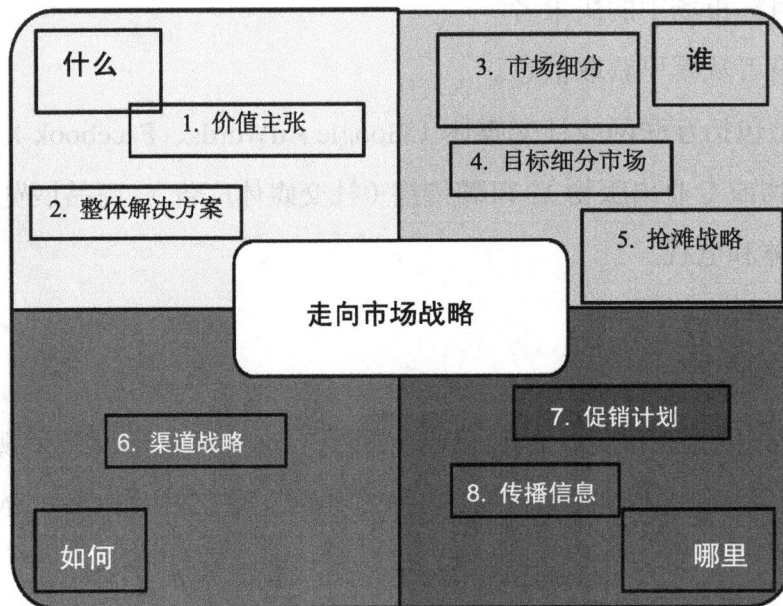

什么

1. 价值主张

2. 整体解决方案

3. 市场细分　谁

4. 目标细分市场

5. 抢滩战略

走向市场战略

6. 渠道战略

7. 促销计划

8. 传播信息

如何　　　　　哪里

图 7.24　制定走向市场战略的八个步骤

7.6 产品路线图与技术路线图

路线图是非常重要的工具，有助于和内部、外部相关方就产品线愿景进行沟通。路线图还可以用来组织和规划一些不断升级并令人瞩目的特性和功能。在路线图中，会定义一些该做和不该做的事情。不同类型的路线图可以单独使用，也可以结合起来使用，都是为了更好地落实产品线愿景。

路线图有很多种类型，它通过直观的方式让人看到如何和为什么从 A 到 B 的逻辑性和合理性。也有人力资源路线图、销售路线图和项目路线图等。当面向最终客户开发产品或服务时，以下几种路线图会非常有用。

7.6.1 产品路线图（Product Roadmaps）

在产品驱动型公司（硬件或软件，B2B 或 B2C），产品路线图对落实组织战略而言至关重要。产品路线图用于对产品战略进行图解，呈现产品随时间的发展过程，也有即将推出的功能和产品的重要创新细节，如技术方案和资源配置。产品路线图也是一种强大的沟通工具，产品经理可以通过它让不同部门保持一致，也可以通过它让销售团队与潜在客户就产品进行对话，并让营销团队根据未来的新产品和产品线延伸型新产品发布计划来策划营销活动（见图 7.25）。

7.6.2 技术路线图（Technology Roadmaps）

技术路线图是对产品路线图的重要补充，它确保新产品或新产品线所需技术的规划和开发工作，能够与产品整体上市计划协同一致。对战略上极为重视创新及产品创新所需技术的公司而言，技术路线图尤为重要。

图 7.26 为几个主要 3D NAND 闪存制造商的技术路线图示例。

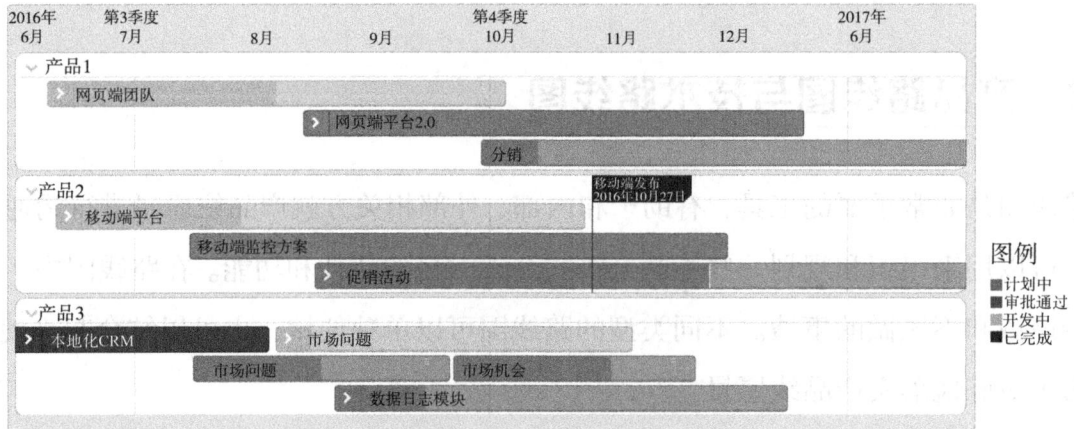

图 7.25　多产品路线图示例

（ProductPlan 授权复印）

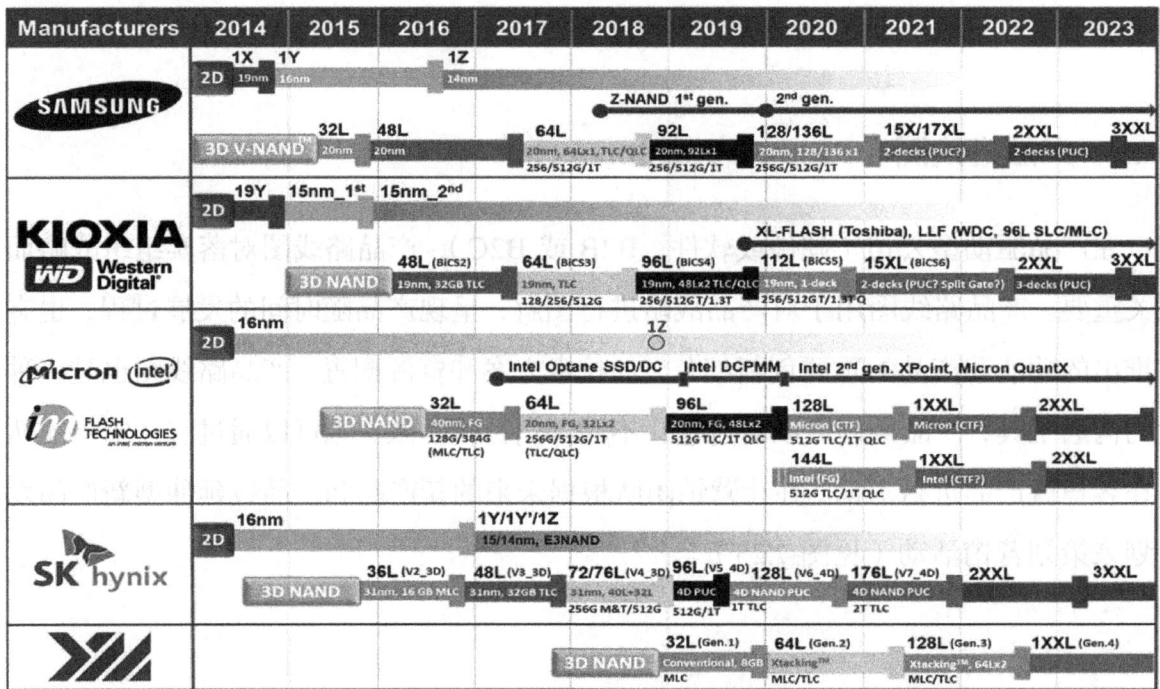

图 7.26　技术路线图示例：3D NAND 闪存制造商技术/产品路线图

7.6.3　平台路线图（Platform Roadmaps）

在开发者需要利用平台开发软件或硬件解决方案时，平台路线图就非常重要（见图 7.27）。微软 Windows、苹果 MacOS 和 iOS 及谷歌 Android 等都是平台。

平台路线图

图 7.27　Pendolin 和 Nurmela 平台路线图示例

7.6.4　路线图实践应用

- 在分享路线图时要谨慎，因为路线图包含了公司战略和产品计划等方面的信息。如果不严格控制，优势就会变成劣势。撇开商业间谍不谈，即便在自己的公司里，对路线图的不当演示也会引起混乱和担忧，并会影响你所做的努力。

- 无论何时分享路线图，都务必将其标记为"机密：请勿传播"。

- 使用不同详细程度的路线图版本。确保在公司内外部使用时信息是一致的。与非员工分享概略的路线图，与直接相关人员分享详细的路线图。

- 确保协同制定路线图，尽早并经常获得反馈。为了使路线图更有效，必须得到相关方的充分支持。确保团队完全认可路线图，这么做可以提高其有效性。

第 3 部分

有哪些管理产品创新的重要工具？如何度量产品创新绩效，引领持续改进？

7.7 可行性分析

可行性分析是分析项目或新产品成功可能性的流程。在产品创新项目和产品生命周期中，会开展不同详细程度的可行性分析。在门径流程的关口评审（第3章中介绍）处要做可行性分析，在系统工程方法中也要做可行性分析，尤其要对用户需求进行早期可行性分析。

随着项目的进展，成本也会逐渐增加，基于可靠信息做出最佳决策从而降低项目失败风险的重要性也越来越高。因此，详细的可行性分析就变得越来越重要。

可行性分析要素

在可行性分析中，要考虑以下主要内容。

市场潜力：

— 有市场吗？

— 销量有多少？

财务潜力：

— 利润有多少？

— 为了实现利润，要投入多少？

— 投资回报率如何？

技术能力：

— 公司有开发该产品的技术能力吗？

— 公司有制造该产品的技术能力吗？

营销能力：

— 公司有将该产品推向市场的能力吗？

— 有进行促销的财务能力吗？

— 有分销渠道吗？

制造能力：

— 公司有能力制造该产品吗？

— 需要哪些设备？可以获得吗？

— 产能多大？足够吗？

— 原材料或部件可获得吗？

知识产权：

— 该产品有知识产权吗？

— 如何获得或保护知识产权？

法规影响：

— 哪些法律法规对该产品有影响？会影响其制造和营销吗？

— 公司有能力处理这些事项吗？

投资需求：

— 需要多少投资？能融资吗？

— 投资回报率是否达到了最低收益率要求？

7.8　需求与销售预测

评估新产品需求量会用到不同的方法。针对具体需求，如果组织能够预测销售潜力，就能为新产品可行性分析、财务预测和产品生命周期所需的生产计划带来关键价值。预测需求量的方法有巴斯模型、ATAR 模型、购买意向法、链式比率法、指数法和时间序列分析。下面介绍一些常用方法。

7.8.1　巴斯模型（Bass Model）

该模型适用于对创新、新技术或耐用品的销售预测。它假定创新扩散过程中存在两种情景（消费者要么购买，要么待购买），并对购买产品的消费者数量和时间进行量化。由于该模型既简单又有效，因此在很多行业中得到了广泛使用。

巴斯模型有两种形式，即基本型和广义型。基本型需要评估三个参数，分别是 p、q 和 N。参数 p 是创新系数（产品试用率或渗透率），q 是模仿系数（扩散率）。参数 p 和 q 从 0 到 1 之间取值，其受产品相关因素（复杂度、兼容性和可见收益等）或市场相关因素（潜在用户之间的联系和沟通等）影响。N 表示目标中最终购买产品的消费者总数。估算时不考虑重复或替换性购买。

该模型要么需要一些历史销售数据，要么需要输入 p 和 q 值来估算一段时间内的需求量。估算出来的需求量通常呈现为 S 曲线。

7.8.2　ATAR 模型

克劳福德（Crawford）和迪贝内代托（DiBenedetto）于 2003 年提出了一个预测销售潜力的模型，即 ATAR［知晓（Awareness）—试用（Trial）—购买（Availability）—复购（Repeat）］模型。它是一个对创新或新产品扩散进行数学建模的预测工具。如果某人或某公司要成为一款新型产品或服务的正式购买者或者用户，必须首先知道市场上有该产品，接着才会试用，当发现产品中有他们想要的功能，并对产品满意时才会购买，然后才能成为重复购买者（见图 7.28）。

购买单位数量（Number of buying units）	3 000 000
知晓率（Percent aware）	40%
试用率（Percent trial）	20%
购买率（Percent availability）	40%
复购率（Percent repeat）	50%
年度购买次数（Annual units bought）	1.5
销量（Units sold）	72 000
销售单价（Revenue per unit）	25 美元
单位成本（Cost per unit）	12.5 美元
单位利润（Profit per unit）	12.5 美元
利润=销量×单位利润 （Profit= Units sold × Profit per unit）	900 000 美元

图 7.28　ATAR 模型示例

7.8.3　购买意向法

该方法将概念测试结果作为起始输入，然后根据历史结果或概率值对结果进行调整。例如，对洗手液产品进行概念测试（使用从"肯定会购买"到"肯定不会购买"的购买意向量表）的结果为：5%的潜在消费者肯定会购买该产品，36%的人可能购买该产品。此外，该公司根据以往经验值进行估计，回答肯定购买（确定性）的人中只有 80%的人会真正购买，回答可能购买（概率性）的人中只有 33%的人会真正购买，最终得出市场份额预测值如下：

$$市场份额（预测值）=（0.8）×（5\%）+（0.33）×（36\%）\approx 16\%$$

7.9　财务分析

在可行性分析中，财务分析可以说是最重要的部分。在项目早期阶段，财务分析非常重要。随着项目推进，就应进行更为详细和准确的财务分析。

图 7.29 描述了通过财务分析确定产品潜力的基本框架。

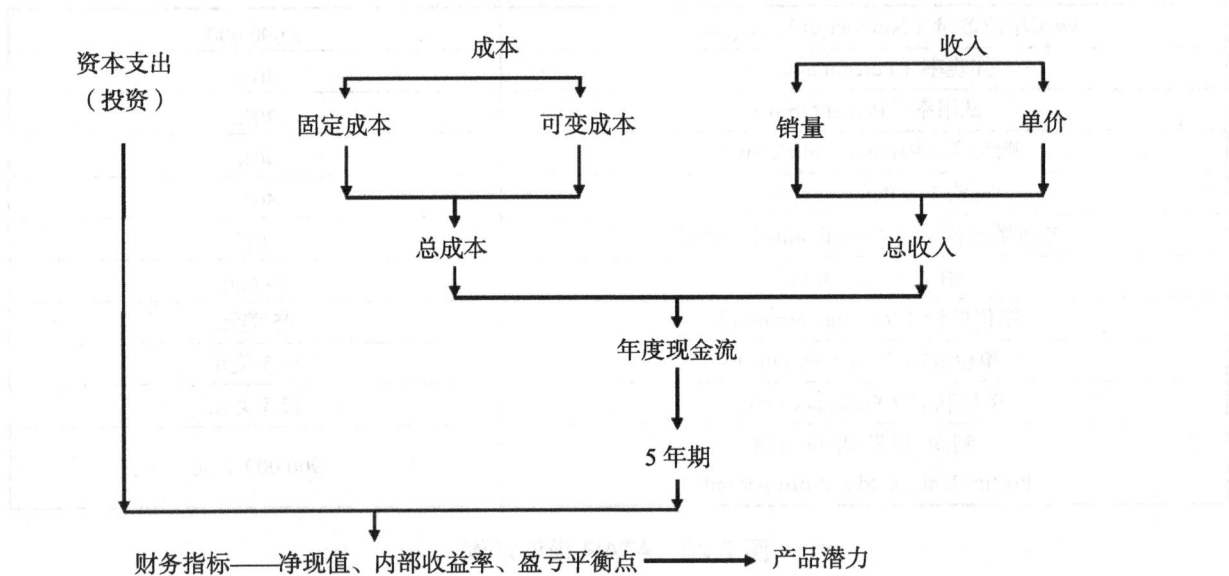

图 7.29　新产品财务分析框架

7.9.1　成本

成本的基本构成是固定成本（Fixed Costs）、可变成本（Variable Costs）和资本支出（Capital Costs）。

固定成本是指在相关时间段或生产规模内，总额与业务活动不成比例变化的费用，包括行政费用、租金、利息和管理费用。

可变成本是与业务活动成比例变化的费用，如生产人员工资、电费、清洁材料成本和制造材料成本。

总成本=固定成本+可变成本

资本支出是指购买土地、建筑物和设备等的支出，在生产产品或提供服务时要用到。

营运资金（Working Capital）是指在准备销售时，用于产品或服务相关的直接和可变成本中的资金，包括制造和销售的所有成本及在新设备上的投资等。

7.9.2 售价

出厂价格是与产品相关的所有成本与公司利润之和。这是组织将产品提供给买方的价格。买方负责支付运输费用，以及产品到达销售地点或销售给其他客户过程中产生的其他费用。

如果在"工厂大门"之外销售产品，最终客户看到的销售价格将取决于出厂价格，以及与到达最终客户手中相关的所有成本之和，包括分销渠道商收取的利润。基本分销渠道的示例如图 7.30 所示。分销渠道的复杂性因产品、组织而异，它极大地影响了从出厂成本到最终客户售价之间的加成。

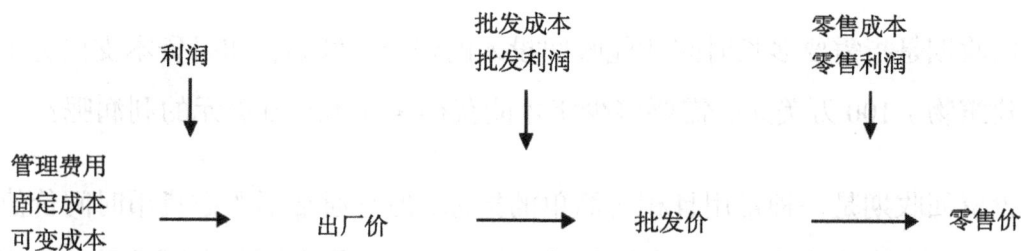

图 7.30 基本分销渠道与产品成本加成示例

7.9.3 投资回报率

投资回报率是投资回报与投资成本之比。它可用于评估单个投资的价值，也可用作对多个投资方案进行比较的工具。

大多数公司或组织都设定了"最低收益率"（Hurdle Rate），通常为 10%或 15%。

最低收益率取决于以下因素：

- 其他投资渠道的回报率。一个浅显的例子是："存银行获得的投资回报，是不是会高过投资一家工厂去生产新产品所获得的回报？"

- 风险水平。较高的投资风险通常会有较高的投资回报率，如股票和债券的风险高，回报也高。

衡量投资回报率指标

投资中最常用的三个指标是：

- 投资回收期。
- 净现值。
- 内部收益率。

7.9.4   投资回收期

投资回收期是指需要多长时间才能收回投入的资金。例如，如果资本支出为（建设新工厂或建筑物）100 万美元，需要多少年才能获得累计 100 万美元的利润呢？

虽然投资回收期是一种常用且相对简单的指标，但它通常不考虑货币时间价值这一重要因素，因此不能准确计算出投资回报的时间。不过，投资回收期既简单又直观，因此很有用。

图 7.31 中有 A、B、C 三个项目。每个项目投资额都是 10 万美元，投资回收期均为 5 年。你会选择哪个项目进行投资？为什么？

项目	第 1 年	第 2 年	第 3 年	第 4 年	第 5 年
A	20 000	30 000	40 000	10 000	
B	20 000	20 000	20 000	20 000	20 000
C		10 000	30 000	50 000	10 000

图 7.31   相同投资额但不同年收益的项目   单位：美元

回答"哪个是最佳项目"的关键在于 5 年中每年获得的收益。计算净现值后得知 A 是最佳项目（见图 7.32）。接下来介绍净现值的含义和计算方法。

项目	第 1 年	第 2 年	第 3 年	第 4 年	第 5 年	净现值
A	20 000	30 000	40 000	10 000		79 858
B	20 000	20 000	20 000	20 000	20 000	75 816
C		10 000	30 000	50 000	10 000	71 164

图 7.32 图 7.31 中项目的净现值　　　　　单位：美元

资金的时间价值

今天投资 1 美元，明年得到的回报会比 1 美元更多。这意味着，现在的钱可以给你提供投资机会（见图 5.3）。

今天投资 1 美元 ⟶ 利率为 10% ⟶ 1 年后就是 1.10 美元

现值（Present Value）指未来的钱在今天的价值。通过一个转换因子，就可以将未来值（Future Value）转换为现值。

$$未来值=现值×（1+利率）^{期数}$$

将该公式进行变化，就可以得到现值的计算公式：

$$现值=未来值/（1+利率）^{期数}$$

7.9.5　净现值

净现值等于回报（或收益）的累积现值减去成本的累积现值。

折现系数

图 7.33 列出了不同期间和利率所对应的折现系数。例如，如果 5 年后的收入为 1000 美元，利率为 10%的话，那么其现值为 620.9 美元。

年	利　率			
	10%	20%	30%	40%
1	0.9091	0.8333	0.7692	0.7142
2	0.8264	0.6944	0.5917	0.5102
3	0.7513	0.5787	0.4552	0.3644
4	0.6830	0.4823	0.3501	0.2603
5	0.6209	0.4019	0.2693	0.1859
10	0.3855	0.1615	0.0725	0.0346
20	0.1486	0.0261	0.0053	0.0012

图 7.33　净现值计算中的折现系数

↘ 计算新产品的累积净现值

图 7.34 描述了新产品净现值的简单计算过程。显然，为了得出该简单表格中所包含的数据需要做大量工作：

- 确定产品的潜在生命周期（此例为 5 年）。
- 计算产品生命周期中每年的收入。
- 计算产品生命周期中每年的成本。
- 计算年度净现金流（收入减去成本）。
- 计算每年净现金流的现值。
- 将产品整个生命周期每年的现值进行累加，就是累计净现值。此例为 25 673 美元。

	第 1 年	第 2 年	第 3 年	第 4 年	第 5 年
收入	3 500	10 800	15 000	20 000	21 000
成本	8 370	3 500	4 800	7 800	8 000
净现金流	−4 870	7 300	10 200	12 200	13 000
现值因子	0.9091	0.8264	0.7513	0.6830	0.6209
现值	−4 427	6 033	7 663	8 333	8 072
净现值	25 673				

图 7.34　净现值计算示例（折现率为 10%）　　　　单位：美元

7.9.6　内部收益率

内部收益率为净现值为零时的折现率，它用于评估在项目或产品上进行投资的吸引力。可以将内部收益率和公司最低收益率及其他内外投资方式进行比较。

例如，如果项目的内部收益率低于当前的银行利率，在所有其他条件相同的情况下，把钱存入银行就比投资项目更有利。

在产品创新中进行财务分析有两个主要目的：

- 评估单个投资的回报率。
- 对多个投资项目进行比较，这也是组合管理（参见第 2 章）中的主要工具。

应当将财务分析贯穿于产品创新项目全过程，特别是当项目处于早期阶段（"模糊前端"）时，初步的财务分析往往可以快速提供项目是否可行的指标。随着项目进展，成本增加，与成本相关的风险越来越高，财务分析也应更为严格，分析所需的数据也应更可靠。

7.9.7　财务分析电子表

大多数通用电子表都有财务函数，包括净现值和内部收益率。简化的财务分析电子表为产品经理提供了有效的工具。最有价值的一点是基于电子表的"假设情景分析"及"敏感性分析"能够为风险管理奠定良好基础。比如，假设市场份额下降一半，内部收益率会如何？某种主要部件的成本增加了一倍，又会有何影响？

图 7.35 是对新产品机会进行财务分析的电子表示例。

市场数据

	第1年	第2年	第3年	第4年	第5年
市场增长率		1 400%	120%	120%	120%
市场（件数）	100	1 400	1 680	2 016	2 419
市场占有率	100%	100%	60%	54%	49%
市场份额（件数）	100	1 400	1 008	1 089	1 176

成本

可变成本/单位

	美元
直接材料费	120
包装	20
销售和营销	40
直接人工费	240
总可变成本	420

固定成本（一般费用）

	美元
制造	40 000
营销	30 000
工资	80 000
行政	20 000
总固定成本	170 000

定价

	美元
零售价格	3 300
零售商毛利率	40%
零售商毛利/美元	1 320
制造商销售价格	1 980

设备成本　2 600 000 美元

经营现金流摘要

	单价	0	年 1	2	3	4	5
销量			100	1 400	1 008	1 089	1 176
销售收入	1 980		198 000	2 772 000	1 995 840	2 155 507	2 327 948
可变成本	420		42 000	588 000	423 360	457 229	493 807
边际贡献	1 560		156 000	2 184 000	1 572 480	1 698 278	1 834 141
固定成本			170 000	170 000	170 000	170 000	170 000
经营现金流			(14 000)	2 014 000	1 402 480	1 528 278	1 664 141
投资		(2 600 000)	0	0	0	0	0
总现金流		(2 600 000)	(14 000)	2 014 000	1 402 480	1 528 278	1 664 141

资本成本 20%
净现值　1 004 363 美元

内部收益率　33.2%

图 7.35　财务分析表示例

7.10　项目管理

本节只概要介绍如何将项目管理应用于产品创新中。有关项目管理的详细信息可参见项目管理协会提供的书籍、资料和认证（如《项目管理知识体系指南》）。

7.10.1　产品创新中的项目管理

"项目是为创造独特的产品、服务或成果而进行的临时性工作。"（项目管理协会，2017 年）既可以将某款产品创新和商业化全过程视为单个项目，也可以将其视为一些小项目的组合，比如：

- 列出潜在新机会清单。
- 分析商业化潜力。

项目管理分为五个过程组，分别是：

- 启动。
- 规划。
- 执行。
- 监控。
- 收尾。

这些过程组与结构化的产品创新流程（如门径流程）有所不同。产品创新流程定义了从创意生成到商业化的整个路线图，而项目管理则定义了成功实现商业化的总体目标，以及实现产品创新流程中各个目标所需的结构和细节。

7.10.2　三重约束（The Triple Constraint）

任何项目面对的最常见挑战之一就是管理三重约束——范围、进度和成本，如图 7.36 所示。

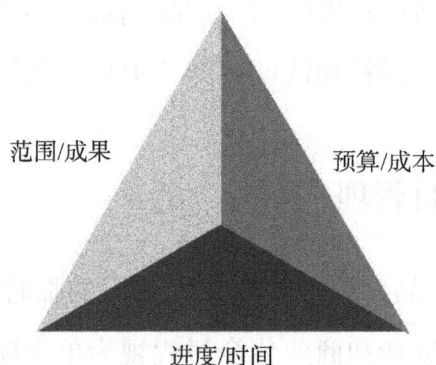

范围/成果　　　　预算/成本

进度/时间

图 7.36　三重约束（Dobson M.S.，2004 年）

三重约束通常呈现为等边三角形。如果项目中的一个核心要素发生变化，项目就会失去平衡。比如，如果增加项目范围，就要调整进度和预算。三重约束强调规划良好的项目，其范围、进度和预算三者之间是平衡的。

7.10.3　范围（Scope）

项目管理协会定义了两种不同的范围（《项目管理知识体系指南》，2017 年）。

↘ **项目范围**

为交付具有特定特性和功能的产品、服务或成果所需完成的工作。

↘ **产品范围**

某项产品、服务或成果所具有的特性和功能。

在产品创新中，产品创新章程定义了项目范围和产品范围（有关产品创新章程的更多细节，参见第 1 章）。

7.10.4　进度（Schedule）

进度包括实现项目目标所需的活动与关键里程碑。通常用条形图或甘特图的方式制定和呈现项目进度（见图 7.37）。在任何项目中，有些活动不能在其他活动完成之前就开始，这些活动被定义为关键路径活动。关键路径活动的延误会直接影响项目的计划完工日期。

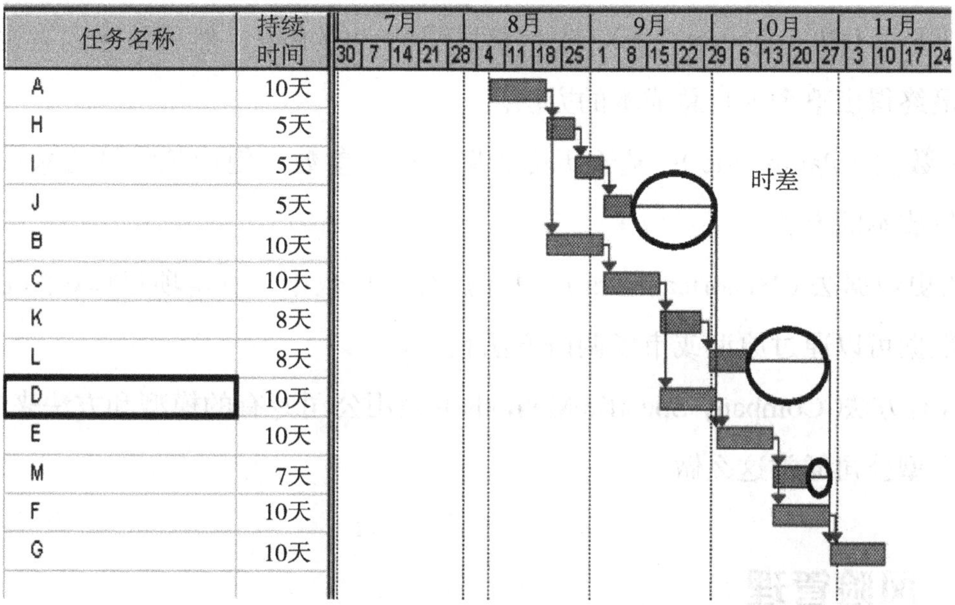

图 7.37　甘特图和关键路径

7.10.5　关键路径（Critical Path）

在项目进度表中，关键路径是从开始到完成的最长路径或总时差为零的路径。因此，关键路径决定了项目的完工日期。

7.10.6　进度压缩

在大多数情况下，项目的完工日期是固定的，如新产品的上市日期。如果项目落后，就要设法压缩进度，同时要确保不会对范围产生重大影响。进度压缩有两种主要方法：

— 赶工。比如增加资源（或成本）。

— 快速跟进。将任务由串行改为并行。

7.10.7 预算（Budget）

项目预算是准时完成项目范围所需的预计成本。下面介绍几种制定预算的方法。

- 自下而上法（Bottom-Up）：先估算底层活动的成本，然后从下到上逐级汇总，最终得出整个项目总成本的方法。
- 参数法（Parametric）：基于历史数据和项目参数，使用某种算法来计算当前项目成本的方法。
- 历史数据法（Historical Data）：基于过往项目数据来制定项目预算的方法。这些数据可以通过原型或市场调研方法获得。
- 自有方法（Company-Specific Methods）：采用公司专有的模型和方法来制定预算，大型公司通常这么做。

7.11 风险管理

7.11.1 什么是风险管理

项目风险是一旦发生，会对一个或多个项目目标，如范围、进度、成本或质量产生积极或消极影响的不确定事件或条件。（《项目管理知识体系指南》，2017 年）

风险管理是对风险进行识别、评估和优先级排序，然后整合并有效地利用资源，通过监测和控制手段，将威胁（消极风险）的概率和/或影响最小化，或者最大限度地利用机会（积极风险）。

项目风险管理是项目管理的一个重要方面。风险管理是《项目管理知识体系指南》定义的十个知识领域之一。评估一个风险要考虑两个因素，分别为影响和概率。

风险会有不同来源：一个要求，比如法律或法规中的要求；一个假设，比如市场条件（有可能改变）；一个制约因素，比如在项目某一阶段中可用人员的数量；或者一个条件，比如组织项目管理成熟度。

已知风险是可以预先识别和分析的风险。对已知风险，就可以制定应对措施来降低风险发生的概率或者减轻其影响。此外，未知风险是那些未能预先识别的风险。如果这些风险不能被识别，就无法对它们进行分析，当然也就不能主动管理了。

有 4 种应对风险的措施，采取何种措施取决于风险发生概率的高低，以及对财务影响的高低。

- 规避（Avoid）：应对高概率、高影响风险。
- 转移（Transfer）：应对低概率、高影响风险，如购买保险。
- 减轻（Mitigate）：应对高概率、低影响风险。
- 接受（Accept）：应对低概率、低影响风险。

7.11.2　风险管理过程

《项目管理知识体系指南》（2017 年）将风险管理分为七个过程（原文为六个过程，根据《项目管理知识体系指南》第 6 版内容，应该为七个过程。——译者注），分别是：

（1）**规划风险管理**。从规划工作和制订风险管理计划入手，选择管理风险的方法。

（2）**识别风险**。参考过往项目文件，如项目章程、预算、进度表和项目计划等。安排了解风险的人员参与项目，明确风险责任人。使用诸如头脑风暴、访谈、德尔菲技术和根因分析等工具识别风险。

（3）**实施定性风险分析**。分析概率和影响，列出风险等级并排序。

（4）**实施定量风险分析**。对重要风险进行量化。定量分析工具包括折现现金流、内部收益率与敏感性分析。

（5）**规划风险应对。**风险应对策略包括规避（不做冒险行为）、转移（购买保险、签订总价合同）、减轻（做出改变以降低概率）和接受（接受风险发生，建立应急储备，如成本、进度、性能等）。

（6）**实施风险应对。**确保按计划执行商定的风险应对措施来管理项目风险，将威胁最小化，将机会最大化。（原文中无此过程。根据《项目管理知识体系指南》第6版内容，增加了该过程。——译者注）

（7）**监督风险。**重新评估现有风险和新风险。使用风险审计、偏差分析和趋势分析等工具。

7.11.3 产品创新项目风险管理

在第3章中提到，产品创新流程是风险与回报之间的博弈。流程中的关键因素就是要确认与产品创新和商业化相关的风险水平，并采取适当的措施来管理风险。

门径流程中的决策关口是风险管理中的关键要素。在关口处需要用翔实的信息和数据做出决策。产品创新流程的结果受两类风险的影响。

（1）项目风险（Project-Based Risks），包括：

- 资源可用性：在正确的时间和正确的地点获得正确的资源。
- 资金可得性：足以满足项目资金需求。
- 技术能力：具备相关知识和技能人员的数量和类型。
- 信息可靠性：决策所需信息的可得性和可信度。
- 范围定义：范围清晰程度，以及就范围进行沟通，确保所有项目人员达成共识。

（2）产品风险（Product-Based Risks），包括在产品商业化后：

- 对客户造成了损害。
- 未提供承诺的收益。

- 不符合法律法规。

- 未满足客户期望，如外观、特性、功能或价格。

产品创新中的风险管理应被视为《项目管理知识体系指南》中的七个过程与决策实践的结合，这些决策实践侧重于创新战略、产品创新章程、新产品流程及支持合理决策的基础工具。

7.11.4　决策树（Decision Trees）

决策树是一种决策辅助工具，利用树形图或者决策模型得出可能的结果，包括项目成果、资源和成本。该方法提供了一个非常有效的结构，列出备选方案，并且研究每个备选方案对应的可能后果。决策树也有助于绘制一幅关于每个可能行动所带来的风险和回报的平衡图。决策树可以由手工绘制，也可以通过一些软件工具来制作（见图 7.38）。

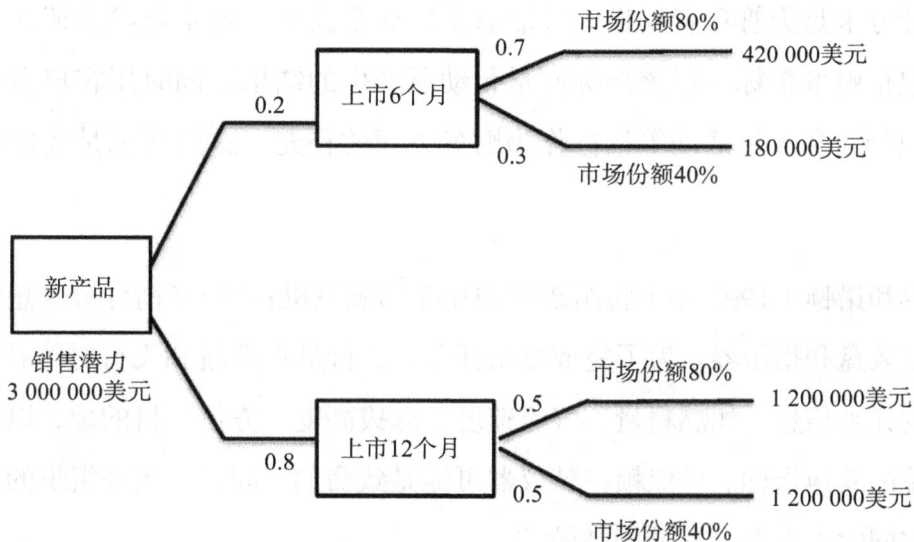

图 7.38　决策树示例

7.12　度量指标与关键绩效指标

对产品经理而言，无论是在报告产品创新回报方面，还是在通过持续改进实现更为成功的产品创新流程和实践方面，度量产品创新绩效都是一项关键工作。

关键绩效指标是可衡量的价值，反映了实现经营目标的有效性。度量指标（Metrics）的不同之处在于它跟踪具体经营过程的状况。简而言之，关键绩效指标跟踪是否达到了经营目标，度量指标则是跟踪过程。所有的关键绩效指标都是度量指标，但度量指标并非都是关键绩效指标。

7.12.1　平衡计分卡

卡普兰和诺顿（1992年）提出了平衡计分卡。

平衡计分卡是为管理者提供一种能够快速而全面地了解企业经营绩效的方法。平衡计分卡包括财务指标，用该指标测量行动所产生的结果。同时用客户满意度、内部流程、组织创新和改进活动等指标作为财务方面的补充，这些指标是实现财务绩效的驱动力量。

卡普兰和诺顿（1992年）将组织管理比作驾驶飞机："把平衡计分卡想象成飞机驾驶舱中的仪表盘和指示器。为了完成复杂任务，飞行员在巡航和飞行时，需要有关飞行方方面面的详细信息，如燃料量、气流速度、海拔高度、方位、目的地，以及反映当前和未来环境的其他指标。只依赖一种仪器可能是致命的。同样，当今组织的复杂性要求管理者能够同时查看多个领域的绩效。"

卡普兰和诺顿设计平衡计分卡的目的是"使经营活动与愿景、战略保持一致，同时改善内部和外部沟通，并根据战略目标监控经营绩效"。平衡计分卡提供了一系列财务和非财务信息，以帮助对企业进行有效管理。

平衡计分卡简介

卡普兰和诺顿设计了一个四维度框架，即财务、客户、内部流程及学习与成长，每个维度都与愿景和战略保持一致。如图 7.39 所示，平衡计分卡基于一个原则，即单个维度无法反映整个组织的健康状况。将各个维度进行综合才能为组织学习和持续改进提供更为全面和更具价值的洞察。

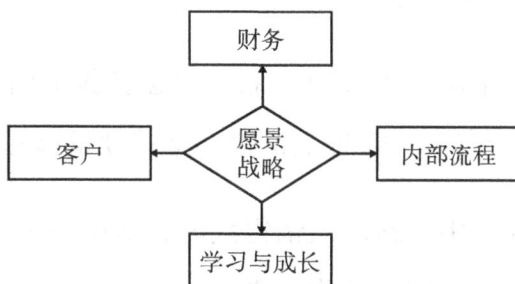

图 7.39　平衡计分卡的四个维度

适用于每个维度的具体措施都会因组织愿景和战略及其优劣势而有所不同。具体度量指标如图 7.40 所示。

平衡计分卡			
财　　务	客　　户	内部流程	学习与成长
• 收入 • 净利润 • 毛利率 • 销量 • 息税前利润 • 投资回报率	• 客户留存率 • 市场份额 • 客户投诉 • 品牌资产	• 六西格玛水平 • 单位成本 • 机器停机时间 • 能源消耗 • 新产品上市时间	• 员工流失率 • 员工核心能力 • 员工满意度

图 7.40　平衡计分卡四个维度的度量指标示例

7.12.2　产品创新度量指标

在讨论平衡计分卡在产品创新中的应用之前，需要定义一些关键术语，例如关键绩效指标和度量指标，因为在产品创新情境中经常要用到它们。

如前所述，关键绩效指标是与经营目标相关的测量值，而度量指标是为跟踪产生成功结果的经营过程而设计的。

绩效度量指标是一套跟踪产品创新的测量指标，帮助公司在时间维度上衡量流程改进的影响。度量方法因组织而异。度量指标通常包含两类，一类用于度量产品创新过程，如上市时间、某一阶段的持续时间；另一类用于度量产品创新结果，如每年商业化的产品数量和新产品销售额占比等。

↘ 用于汇报和持续改进的度量指标

在许多组织中，度量指标是管理层在汇报产品创新投资回报并证明未来投资合理性时所用到的关键工具。用于向高级管理层汇报的常用度量指标有：

- 活力指数：过去几年中，新产品销售额占总销售额之比。
- 研发费用占比：研发费用占总收入之比。
- 盈亏平衡时间或盈利所需时间。
- 专利数量，包括申请的专利和授予专利。
- 上市的新产品数量。

虽然这些度量指标证明了对产品创新进行了投资，但并不一定会促成学习和持续改进。

让我们来看一个减肥的例子。假设你制定了一个减肥目标，站在体重秤上可以看到你目前的体重。体重秤虽然能提供你当前的体重数据，但它并不能为你减肥提供任何指导意见。在产品创新中汇报所用的度量指标也是如此。度量指标能够衡量当前状况（或过去状况），但无法提供未来改进计划。

↘ 寻找因果关系

如果能够找到导致最终结果的原因或贡献因素（如盈亏平衡时间），就可以解决这些问题。仍以体重控制为例，有足够多的事实证明了该如何减肥。如果按照以下方法去做，就能够控制体重：

- 少吃和/或吃得更健康。
- 多锻炼。
- 少喝酒。

通过度量这些贡献因素，就有了行动的依据。比如，可以测量每天运动步数，将其作为运动指标。定好每天目标步数并实现该目标，就会使得体重下降。针对三个贡献因素中的每个因素都设定目标度量指标，就会带来更好的结果。

↘ 促进产品创新改进的因素有哪些

近些年来，有很多研究总结了产品创新的成功关键因素。产品开发与管理协会的研究提供了极好的参考来源：

- 比较绩效评价研究（The Comparative Performance Assessment Study，CPAS）。
- 《产品创新管理》（*Product Innovation Management*）杂志。
- 杰出创新企业奖获得者的演讲。

研究这些关键成功因素并将这些因素应用于自己的组织中，是所有参与产品创新者的责任，尤其是产品经理的责任。

以下是 2012 年产品开发与管理协会开展的比较绩效评价研究中总结出来的一些成功因素。该研究揭示了哪些因素使得成功企业与众不同并脱颖而出（Markham 和 Lee，2013 年），并将这些成功因素归纳到"开展正确的产品创新"、"正确地开展产品创新"和"文化与氛围、组织"中，如图 7.41 所示。在本书前言中，也对此进行了介绍。

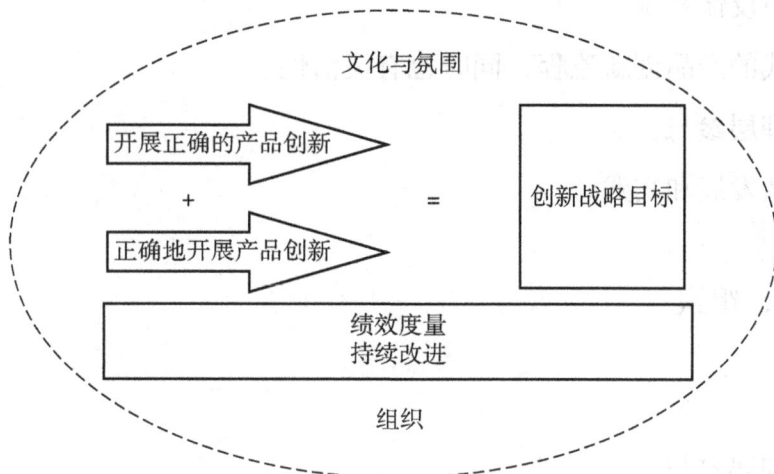

图 7.41 产品创新概览

↘ 开展正确的产品创新

最佳公司：

- 在每个项目上花更多的时间，但是做更少的项目。
- 采用率先上市战略。
- 制定全球市场和运营战略。
- 跟踪新技术。
- 认识到知识产权的重要性。
- 有清晰的组合管理战略。
- 有正式的创意生成实践。

↘ 正确地开展产品创新

最佳公司：

- 使用更多的工程、研发与设计工具（关键路径法、失效模式和影响分析、精益方法和 TRIZ 等）。
- 使用定性市场调研工具识别客户需求。
- 使用社交媒体收集信息。
- 使用客户反馈系统。
- 使用正式的产品创新流程，同时也有灵活性。
- 高级管理层参与。
- 注重团队发展和实践。

↘ 文化与氛围、组织

最佳公司：

- 高级管理层参与。
- 注重团队发展和实践。

- 使用跨职能团队。

- 有良好的认可和奖励系统。

- 支持外部合作和开放式创新。

从该研究来看，产品创新成功因素有很多。正如我们建议将运动量作为促进减肥的指标一样，可以选择这些成功因素作为与产品开发成功相关或有助于产品开发成功的绩效度量基础。

（1）组织是否进行了正确的产品创新？是否有明确的创新战略？是否与总体经营战略相结合？是否有完善并可行的组合管理？是否有适当的关键绩效指标和度量指标来跟踪战略决策和结果？是否根据这些指标进行学习并持续改进？

（2）组织是否使用了正确的流程？是否有适合公司和产品的产品创新流程？是否有治理结构来确保流程的持续应用？是否有合适的团队成员和团队结构？高级管理层是否做出承诺和贡献？

（3）组织结构和氛围是否支持产品创新工作？是否积极促进创新文化的发展和维护？是否支持积极的团队开发实践？是否有适当的认可和奖励措施？

图 7.42 总结了产品创新框架中的具体关键绩效指标和度量指标。

创新关键绩效指标	度量指标		
	开展正确的产品创新	正确地开展产品创新	文化与氛围、组织
活力指数：过去 3~5 年产品创新的收入或利润百分比，最佳目标值为20%～25% 投资回报率：可以计算单个新产品，也可以计算产品组合。具体目标可以是公司也可以是特定产品或品类的"最低收益率" 特定目标市场的发展和/或增长：例如，将出口产品增加到销售额的20%；在"妈妈"市场占有 10%的市场份额；用新技术开发一个新品类，在 3 年内实现 20%的税前利润	经过清晰定义的创新战略与总体经营战略相联系。将创新战略明确传达给全体员工 新创意池 结构良好、规范的组合管理 完备的技术规划和路线图 可靠的相关方和竞争对手情报	适合公司和产品的产品创新流程 正式的创意生成流程 在整个开发流程中纳入客户之声 完善的商业论证和分析 适合支持所有创新阶段的实践工具 准时到达关口 达到盈亏平衡点所需时间	完善的团队选择和发展 跨职能团队 良好的创新氛围 学习型文化 持续培训 高级管理层的大力支持 管理得当，及时表彰奖励

图 7.42　创新关键绩效指标和度量指标示例

↘ 成功因素示例

图 7.43 为"开展正确的产品创新"的成功因素和贡献度量指标。

成功因素	贡献度量指标
正式的创意生成流程	• 生成的创意数量 • 成功率
跟踪新技术	• 报告新技术的次数 • 新技术讨论会次数
清晰的组合管理战略	• 合理的产品创新组合 • 对产品创新组合的持续管理

图 7.43 "开展正确的产品创新"的成功因素和贡献度量指标示例

图 7.44 为"正确地开展产品创新"的成功因素和贡献度量指标。

成功因素	贡献度量指标
使用市场调研工具获取消费者信息	• 市场调研报告次数 • 客户访问次数
高级管理层参与	• 高级管理层参加项目会议的次数 • 高级管理层在公司汇报中提到产品创新的次数
正式的产品创新流程	• 在组织中积极应用产品创新流程 • 准时到达关口的次数

图 7.44 "正确地开展产品创新"的成功因素和贡献度量指标示例

图 7.45 为"文化与氛围、组织"的成功因素和贡献度量指标。

成功因素	贡献度量指标
应用跨职能团队	• 项目会议中有不同职能部门代表 • 建立高绩效团队会议次数
开放式持续——外部合作	• 外部团队参与项目的数量 • 外部合作的数量
适当的认可和奖励流程	• 通过奖励提升个人和团队的绩效 • 对成功的认可和庆祝

图 7.45 "文化与氛围、组织"的成功因素和贡献度量指标示例

7.12.3　产品创新平衡计分卡

通过以下流程制定产品创新平衡计分卡：

（1）组建产品创新改进跨职能团队，要有高级管理层代表及支持。该团队负责制定平衡计分卡框架，将平衡计分卡作为报告创新绩效与战略的工具，以及持续改进的学习工具。

（2）识别那些真正体现产品创新并能够实现整体经营目标的关键绩效指标。确保每个关键绩效指标都有一个客观的、可量化的衡量标准，例如百分比或美元。

（3）将组织与其他组织总结的最佳实践进行对标。通过对标，找出当前创新实践的薄弱领域。例如，是否缺乏高级管理层支持？创新团队是否没有跨职能代表？是否缺乏技术能力？客户需求与新开发产品属性是否不吻合？

（4）选择少量几个度量指标（4~6个）。度量指标不要太多，太多会导致不够聚焦。

（5）将每个度量指标进行量化。例如，创新会议有哪些职能代表？高级管理层多长时间参加一次会议？其他指标可以包括创新环境调查或每月产生的新创意数量。

（6）将这些数据与基准值进行比较，然后进行持续改进。例如，如果在团队会议中始终缺少职能代表，则要予以纠正；如果产品属性和客户需求之间不吻合，则要集中精力进行客户之声调查。

（7）当一些具体度量指标得到了显著改进，则可以用新的度量指标取而代之。

（8）总体目标是改进组织流程和实践，通过这些流程和实践带来产品创新的更大成功。

7.12.4　对标与持续改进

学习和持续改进对于产品创新的持续成功而言至关重要。充分了解组织自身产品创新流程和实践的优劣势，通过文献或专业交流向其他组织学习。附录 7A 提供了一份问卷，为组织分析当前产品创新流程和实践提供了参考。邀请来自组织各方面的代表填写此问卷，可以为跨职能讨论提供良好的基础，并有助于在组织产品创新流程和实践的持续改进中加强跨职能合作。

7.13　本章小结

本章重点论述了产品创新管理的作用，分为三个部分：

第 1 部分　什么是产品创新？产品创新管理的作用是什么？

第 2 部分　什么是产品生命周期？如何在整个产品生命周期中管理产品创新？

第 3 部分　有哪些管理产品创新的重要工具？如何度量产品创新绩效，引领持续创新？

第 1 部分：什么是产品创新？

- 产品创新是创造和推出一款新产品（服务）或改进现有产品（服务）。
- 产品创新的范围从战略到组合管理，从单个项目管理到商业化，具有高度的复杂性。它受到各种输入和因素的影响。
- 产品创新管理者有一连串的头衔，从中小型公司的首席执行官到大公司的创新副总裁、产品创新经理、品牌经理和产品经理，等等。当前，产品经理这一角色在世界范围内日益增多。
- 产品经理的工作是发现有价值、可用和可行的产品。产品经理的角色是经营、用户体验和技术三者的交汇点。

- 产品经理不是项目经理。项目经理管理项目或服务的创新流程。产品经理则是将解决方案进行商业化，这些解决方法能够解决客户问题和/或满足市场需求。
- 产品创新的基本原理和原则在大多数行业和产品类型中都是通用的，只是采用的具体战略、流程和工具有所不同。产品创新管理的成功关键是掌握基本原理和原则，选择适用于特定组织的战略、流程和工具，并予以实施。

第 2 部分：管理产品生命周期

- 大多数产品都有生命周期，产品生命周期包括引入、成长、成熟和衰退等阶段。
- 总体上说，产品生命周期正变得越来越短，这给企业开发新产品和改进现有产品带来了更大的压力。
- 产品管理中的营销组合策略（产品、价格、分销和促销）在不同的产品生命周期阶段会有所不同。
- 在整个产品生命周期中，产品经理是领导产品的关键角色。
- 在产品生命周期早期阶段，"创新扩散"非常重要，这是市场开始接受创新并获得市场成功的重要阶段。产品要跨越引入阶段和成长阶段之间的鸿沟。

第 3 部分：管理产品创新的关键工具

- 从开发、可制造性、市场需求、竞争、可持续性和法规等方面评估项目可行性是创新管理中的关键内容。
- 财务分析和报告是可行性分析中的核心部分。创新管理工具包括产品成本计算、投资回报率、净现值、投资回收期和敏感性分析等。
- 正确理解项目管理方法和应用至关重要。将产品经理认证与项目管理专业人士认证两者相结合是理想的选择。
- 产品创新绩效度量指标：对投资回报而言，衡量和报告产品创新成果至关重要。
- 应用绩效度量指标进行报告很重要，将其应用于产品创新流程进行持续改进并促进组织长期成长更重要。
- 掌握产品创新最佳实践知识及定期开展内部和外部对标活动，可以不断提高产品创新管理水平。

7.14　本章参考文献

- Anderson, A.M. (2015). Performance metrics for continuous improvement. Keynote address at the 2015 PDMA) Conference, Anaheim.

- Cagan, M. (2017). *Inspired,* V2. Silicon Valley Product Group.

- Claessens, M. (2017). Characteristics of the product life cycle stages and their marketing implications.

- Crawford, M. and DiBenedetto, A. (2008). New Products Management. McGraw-Hill Irwin.

- Eriksson, M. (2016). What Is a Product Manager? *Medium.* Feb. 18, 2016.

- Geracie, G. and Eppinger, S. (2013). *The Guide to the Product Management and Marketing Body of Knowledge* (ProdBOK® Guide).

- Glassdoor. (2019). Best Places to Work in 2019.

- Haines, S. (2014). The Product Manager's Desk Reference, 2nd Ed., McGraw-Hill.

- Kahn, K. (2013).*PDMA HandBook* 3rd Edition, Wiley.

- Kaplan, R.S., and Norton, D.P. (1992). *Harvard Business Review,* January-February.

- McCaig, M. Managing Partner, MaRS Cleantech Fund.

- Markham, S.K. and Lee, H. (2013). Product Development and Management Association's 2012 Comparative Performance Assessment Study. *Journal of Product*

Innovation Management, Vol 30, No 3. Wiley-Blackwell. Springer-Verlag, London.

- Moore, G.A. (2014). *Crossing the Chasm,* 3rd Ed. Collins Business Essentials.

- Pendolin, H and Nurmela, M. (2012). https://www.slideshare.net/pendolin/onion-model-for-roadmapping.

- PMBOK® Guide (2017), Sixth edition, Project Management Institute. Newtown Square, Pennsylvania.

- Stark, J. (2016). Product Lifecycle Management, 3rd Ed. Springer.

- Schneider, J. and Hall, J. (2011). Why most product launches fail. *Harvard Business Review,* April 2011.

7.15　本章延伸阅读

- Cooper, R.G. (2013).*PDMA Handbook,* Chapter 1. Kahn, K.B., ed, 3rd Ed. Amazon.

- Product life cycle stage explained.

- Cooper, R.G. (2017). *Winning at New Products*. 5th ed., Cooper, Basic Books.

- Saaksvuori, A. (2006). *Product Lifecycle Management,* 3rd Ed. Springer.

附录 7A　《组织产品创新管理实践与流程评估问卷》

↘ 介绍

该自我评估问卷聚焦在决定产品创新管理成功的关键领域。虽然问卷较为全面，但也未能涵盖高绩效产品创新所涉及的所有方面。该问卷的目的是鼓励组织审视其产品创新管理的优势和劣势，并识别改进机会。

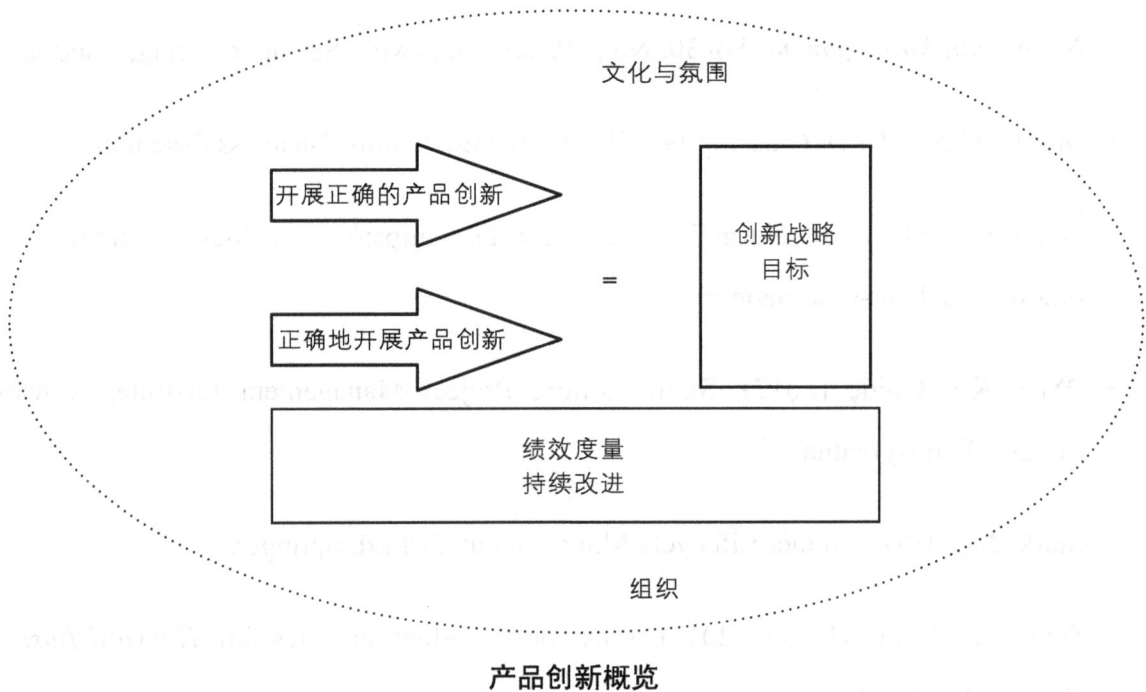

产品创新概览

填写问卷

1. 回答每个问题，根据组织或公司的真实情况打出相应的分数。

1	2	3	4	5

完全不是   总是

2. 在问卷最后的总结部分，将每个部分的得分累加起来。然后简要说明如何提高产品创新的整体绩效，以及应在哪些具体领域进行改进。

3. 该问卷没有设定最佳值或目标值。它旨在鼓励组织批判性地评估如何进行产品创新，并为改进产品创新成果的具体指标提供最佳参考。

第1部分　开展正确的产品创新

1	2	3	4	5

1.1 制定了较好的总体经营战略。

1.2 战略经过了充分沟通并得到了所有员工的理解。

1.3 产品创新是公司战略中完整而明确的组成部分。

1.4 公司战略为所有产品创新方法和方向及产品创新提供了明确的指导。

1.5 制定了产品创新战略，为产品创新的各个方面提供了全面指导，包括：

- 对公司增长目标的预期贡献。
- 产品重点。
- 市场重点。
- 产品创新风险态度。
- 知识产权战略。
- 核心内部能力。
- 利用外部能力。

1.6 产品创新战略为所有产品创新项目的优先级排序提供了明确和有意义的指导。

1.7 产品创新战略经过了广泛沟通并得到了公司全体员工的理解。

1.8 参与产品创新项目的所有员工都能清楚地说明该项目与战略的相关性。

1.9 产品创新战略有技术计划支持。

1.10 只要条件允许，就会将技术规划与主要竞争对手进行对标。

1.11 拥有完善的技术规划和路线图制定流程。

1.12 有严格、适用和正式的项目选择标准。

1.13 有排序项目优先级的流程，确保资金和资源的最有效利用。

1.14 用明确的方法框架来定义最佳的产品创新组合。

1.15 有持续的产品组合分析流程，用于定期评审产品创新组合。

第 2 部分：正确地开展产品创新

2.1 在产品创新项目开始时开展详细的相关方分析。

2.2 在产品创新流程中邀请相关方定期参与。

2.3 在早期就将营销组合中的所有要素（产品、价格、促销和地点）整合到产品创新流程中。

2.4 采用明确的产品创新项目选择标准。

2.5 采用明确的产品创新项目选择流程，邀请所有关键相关方参与。

2.6 在产品创新流程的早期，制定明确的产品概念，并与所有关键相关方进行沟通，得到各方的同意。

2.7 制订完善的项目计划，包括所有关键相关方、关键活动、进度表、资源和预算。

2.8 在项目开始前定义关键项目角色，包括项目负责人、团队关键成员和高层管理指导委员会。

2.9 在产品创新流程早期开展商业论证，包括对目标市场和销售潜力、制造和营销成本及投资回报等方面的合理估算。

2.10 所有产品创新项目均采用明确定义的流程。不是所有项目都用一样的流程，流程能够适合具体项目和目的。所有相关方都清楚理解并遵循流程。

2.11 产品创新流程包括明确的通过或不通过决策点或关口，每个关口都有明确的可交付成果。

2.12 通过或不通过决策得到认真对待，项目或被批准进行或重做或关闭。

2.13 所有产品创新项目结束时都召开评审会议。在评审会议上总结的经验教训被用来进行持续改进。

第 3 部分　文化与氛围、组织

3.1 高级管理层非常支持产品创新。

3.2 首席执行官通过以下方式定期展示对产品创新的支持：

- 在演讲中提及产品创新。
- 对产品创新成功进行认可。
- 领导制订产品创新计划。
- 领导组合管理指导委员会。
- 在指导委员会中积极参与重大项目。

3.3 定期进行氛围调查。

3.4 氛围调查包含了创造力和创新等方面。

3.5 积极利用氛围调查结果提高公司绩效。

3.6 有完善的计划指导产品创新能力的提升和发展。

3.7 计划聚焦于核心内部能力和外部资源的平衡。

3.8 能力计划基于公司的产品创新战略和技术计划。

3.9 有明确的核心价值观，将其用于招聘时考察候选人。

3.10 有明确的指导方针和流程对产品创新个人贡献进行表彰和奖励。

3.11 有明确的指导方针和流程对产品创新团队贡献进行表彰和奖励。

3.12 产品创新项目团队由公司跨职能部门组成。

3.13 参与产品创新团队是每个人角色和职责的一部分。

3.14 产品创新项目组成员自始至终参与项目。

第 4 部分   度量指标

4.1 高级管理层使用度量指标来评估产品创新的投资价值。

4.2 度量指标是建立在充分记录的信息基础上的,为产品创新投资提供了可靠的依据。

4.3 用全面的产品创新度量指标识别需要改进的关键领域。

4.4 度量指标涵盖产品创新的所有方面,而不仅仅是与产品创新部门直接相关的方面。

4.5 高级管理层承诺应用产品创新度量指标,并确保其应用于产品创新中。

4.6 产品创新度量指标与公司的绩效和发展框架有明确联系。

4.7 产品创新度量指标作为持续改进的基础,在管理层和所有职能部门得到认真对待。

4.8 产品创新度量指标会根据识别出的具体改进领域进行调整。

第 5 部分   总结

5.1 总分(250 分)

第 1 部分 开展正确的产品创新(75 分)

第 2 部分 正确地开展产品创新(65 分)

第 3 部分 文化、氛围与组织(70 分)

第 4 部分 度量指标(40 分)

5.2 优势和劣势领域

5.3 改进机会

5.4 改进策略

附录 7B　产品创新方法在不同类型产品中的应用

领　域	产　品				
	快速消费品	耐用消费品	消费电子产品	软件	医药
战略规划　明确的战略方向将有利于企业发展。用于不同类型产品的战略规划流程和工具都是通用的，但应用在产品创新投资和营销战略上却水平各异	战略在很大程度上受到在消费者层面创造需求的影响。利润率通常很低，导致在产品创新上的投资也低	战略在很大程度上受到产品差异化的影响，无论是在价格上还是在特性上。利润率通常高于快速消费品，在产品和技术上的投资更高	战略很大程度上受到基于技术特性和功能的产品差异化的影响。较高的利润率可以实现对产品创新更多的投资，同时更加注重技术	总体来说，软件创新基于在强大的技术基础上对特性和功能的迭代改进	医药行业的发展离不开长期发展和知识产权保护。战略规划在很大程度上依赖前瞻性规划、长期研发规划和积极主动的知识产权规划
组合管理　优化资源配置的关键工具。所有业务，不管产品或服务的重点是什么，都可以从良好的组合实践中受益，应用类似的工具和流程	在平衡产品创新组合时，通常选择低投资额和低风险的同质化产品。对现有市场很重视	在平衡产品创新组合时，会根据耐用消费品的性质而变化。如果技术对消费者需求的贡献很大，就会在高风险产品上投入更多资金	技术在大多数消费电子产品中扮演着重要的角色。根据组织所采用的策略（探索者、分析者、防御者和回应者等），将开发一个产品创新组合，以反映相应的技术、市场和风险	在软件行业中，敏捷和精益产品创新方法较为常用。在多个层面应用项目组合管理。在经营层面反映总体产品和类别；在项目集层面反映项目组合；在项目层面反映特性改进中待办事项优先级	医药产品创新长周期性意味着组合管理的标准集中在风险与回报、投资回报率和知识产权价值上
产品创新流程　所有类型的企业和产品都受益于某种形式的严格的产品创新流程。但具体采用何种流程则有显著差异。在很大程度上取决于现有的市场知识、上市速度和风险	快速消费品公司通常非常了解市场需求。创新成本和失败风险普遍较低。上市速度至关重要。所有这些都需要敏捷导向、简化的门径流程	传统上的耐用消费品开发时间比快速消费品的开发时间要短。开发成本和失败风险较高。所有这些都需要更为严格的门径流程		与大多数产品一样，软件也会有一系列产品。从对产品性能有重大影响（可能影响人类健康）的软件，到软件应用程序开发或功能升级。前者需要更大的投资和相关的风险，需要门径和敏捷混合流程，而后者几乎肯定采用敏捷产品创新方法	药品创新所涉及的风险，以及相关的监管要求，要求在开发流程中分几个阶段，并有若干决策点，需采用若干个门径流程

（续表）

领　　域	产　　品				
	快速消费品	耐用消费品	消费电子产品	软件	医药
文化与团队 　人们普遍认为，人是最重要的资产。建设良好的文化和建立高绩效团队是产品创新成功的关键	贯穿整个组织的积极的创新文化是必不可少的。跨职能团队带来了更大的成功，轻量型和职能型团队最为普遍	贯穿整个组织的积极的创新文化是必不可少的。跨职能团队带来更大的成功，轻量型团队最为普遍	贯穿整个组织的积极的创新文化是必不可少的。跨职能团队带来更大的成功，轻量型和重量型团队最为普遍，也取决于项目的具体情况	贯穿整个组织的积极的创新文化是必不可少的。常用敏捷团队——通常是短期的、跨职能专注在项目上的团队	贯穿整个组织的积极的创新文化是必不可少的。跨职能团队带来更大的成功。医药创新需要整合了核心跨职能小组的专业团队。公司级新产品创新通常使用自治型团队
设计工具 　利用适当的设计工具是成功产品创新的关键因素。一组核心工具，可应用于不同的产品，包括创意生成、以用户为中心的设计、概念设计，以及应用于具体产品的工具	具体工具包括： • 感官评估 • 食品工业中的混合设计 • 配方开发	具体工具包括： • 计算机辅助设计 • 失效模式和影响分析 • 质量功能展开 • 制造和装配设计	具体工具包括： • 印刷电路板设计 • 快速原型法 • 用户界面设计 • 用户体验设计	具体工具包括： • 可执行文件兼容性分析 • 代码评审 • 调试 • 文档生成 • 图形用户界面接口生成 • 源代码编辑	具体工具包括： • 药物合理性设计 • 计算机辅助药物设计 • 基于结构的药物设计 • 临床试验 • ADME（吸收、分布、代谢和排泄）
市场调研 　市场调研技术广泛应用于所有行业和各种产品。所用的具体工具取决于创新流程的阶段和结果要达到的信心水平	快速进入市场和当前的市场知识通常不允许进行广泛的调查和市场测试。焦点小组和领先用户小组最常用于概念开发和用户接受测试。一些特殊的快速消费品，如运动补充品，可以使用线上兴趣小组	市场调研将在很大程度上取决于产品类型及其新颖度。对洗衣机而言，在整个创新流程中，领先用户小组可能是最合适的。而对体育用品而言，则可利用社交媒体和线上兴趣小组。汽车等高端耐用消费品则需要更多的市场测试	使用的工具将在很大程度上取决于产品类型和目标市场。电视等主流产品可能依赖客户的定期反馈，无论是直接反馈还是线上反馈，作为市场调研的手段，形成改进产品的依据。游戏机等专业产品可从特定目标市场的领先用户反馈中获得更有价值的信息	对 B2B 软件产品而言，为了更好地了解用户需求，客户现场访问是市场调研的较优方法。对于标准化的消费者应用程序，则可通过社交媒体和线上反馈为产品改进提供最有价值的信息，也经常使用阿尔法测试和贝塔测试	通常，药品的最终消费者不是产品需求的主要来源。目标市场往往是医疗行业。 　通过医学期刊和会议记录进行二级市场调研是有用的。在整个创新流程中，与医生直接接触至关重要。临床试验将最终确定产品功效
产品创新管理	产品创新的基本原则和基本原理在大多数行业和产品类型中都很常见。不同之处在于所采用的具体战略、流程和工具。成功的产品创新管理的关键是了解基本原则和基本原理，并认识和实施针对特定组织的"适用的"战略、流程和工具				

本章试题

1. 简是一家玩具制造和销售公司的产品经理。该公司刚刚开始开发一种针对 8 ~ 12 岁儿童的新产品。她刚完成了产品盈利潜力的早期可行性分析；完成了对潜在市场的全面调查；检查了公司在设计和制造方面的技术能力；讨论了公司推销新产品的能力；与市场经理一起合作制作了一个电子表格，用于分析不同情况下的利润潜力。她没有考虑什么重要因素？

    A.　高级管理层支持

    B.　公司制造能力

    C.　出口市场潜力

    D.　上市时间

2. 你需要估计新产品的销售潜力，以确定其财务可行性。销售经理估计销出 50 万台的概率有 40%，销出 100 万台的概率有 60%。你在可行性分析中预计的销量是多少？

    A.　60 万台

    B.　70 万台

    C.　80 万台

    D.　90 万台

3. 简正在创办自己的公司，为 8 ~ 12 岁的儿童生产和销售一系列新颖的运动服。在向银行申请贷款时，她被告知需要估算所需的营运资金。为什么营运资金对新创办公司而言如此重要？

    A.　告诉她有多少钱投资在新业务上

    B.　提供了新业务偿还短期负债能力的依据

    C.　为计算新业务的投资回报率提供了可靠的依据

    D.　为她应该向银行借多少钱提供了依据

4. 在下列哪种情况下，应使用净现值而不是投资回收期来对新产品的潜力进行财务分析？

    A. 资金支出水平高，产品潜在生命周期长，利率高

    B. 资金支出水平低，产品潜在生命周期长，利率高

    C. 潜在盈利能力高，产品生命周期长，利率低

    D. 潜在利润率高，产品生命周期短，利率高

5. 在产品生命周期内，所采取的产品管理措施首先由下列哪个决定？

    A. 生命周期评估

    B. 可持续发展计划

    C. 产品、价格、促销和地点

    D. 产品生命周期的阶段

6. 在产品生命周期的引入阶段，以下哪种产品定价策略最为常用？

    A. 渗透定价

    B. 撇脂定价

    C. A 或 B

    D. 有竞争力的价格

7. 哪种类型的消费者最有可能在产品引入阶段购买产品？

    A. 落后者

    B. 早期采用者

    C. 创新者

    D. 早期大众

8. 杰克是一名产品经理，他负责的产品已明显进入生命周期的衰退阶段。在这个阶段，他应采取什么策略？

A. 降低成本并继续向市场中的忠诚客户进行销售

B. 通过添加新功能和寻找新用户来重振产品

C. 停止生产该产品

D. A、B 和 C 皆可

9. 在产品组合管理中，最重要的是以下哪项？

A. 在产品生命周期的引入、成长和成熟阶段进行合理的产品组合管理

B. 在产品生命周期的引入和成长阶段重点关注产品

C. 在产品生命周期的成熟阶段重点关注产品

D. 在产品生命周期的成长和成熟阶段重点关注产品

10. 产品经理负责推出新产品。他决定首先进入一个特定的细分市场，然后在对该细分市场进行渗透的基础上，逐步将产品推向更多的细分市场。这种推出新产品的方法被称为____。

A. 推出策略

B. 抢滩策略

C. 市场测试

D. 市场拓展

本章试题参考答案

1. B　　6. C

2. C　　7. B

3. B　　8. D

4. A　　9. A

5. D　　10. B

术语表

本术语表包括本书中用到的专业术语，是产品开发与管理协会术语表中的一部分，用于 NPDP 认证中。

第 1 部分　术语表（英文排序）

A

A/B Testing A/B 测试：一种多因素研究方法，用来测试和比较两个样本或变量。多因素测试还有一些其他方法，如联合分析，可以有两个或更多的变量。

Agile Product Development 敏捷产品创新：在合作环境下，由自组织团队进行产品迭代开发的方法。

Alliance 联盟：与其他公司达成正式协议进行共同开发，包括信息、硬件、知识产权或技术赋能的交流，共担风险并共享收益（如共同开发的项目）。参见《PDMA 新产品开发手册》第 2 版第 11 章。

Alpha Test 阿尔法测试：生产前的产品测试，目的是发现和消除明显的设计缺陷或不足，通常在开发公司的实验环境或常规环境下进行。在某些情况下，也可以在受控环境中邀请领先客户进行测试。参见"贝塔测试"和"伽马测试"。

Analyzer 分析者：采用模仿策略进行创新的公司。其做法是不先推出新产品或新技术，而是待对手一旦打开市场，就迅速向市场投放类似或更好的产品。也称"模仿者"或"跟随者"。

Applications Development 应用开发：为满足用户需求，不断对设计、编程进行迭代，抑或改进和开发新产品的过程。

Acquisition Effort 获客投入：你的产品或服务可触达客户的程度。

Architecture 架构：参见"产品架构"。

Architectural Innovation 架构型创新：激进型技术创新和颠覆型商业模式创新的结合。一个典型例子是数字摄影技术颠覆了柯达和宝丽莱等公司。

ATAR（Awareness-Trial-Availability-Repeat） ATAR（知晓—试用—购买—复购）模型：一种预测工具，通过数学模型对创新或新产品扩散进行预测。

Attribute Testing 属性测试：一种定量市场调研方法。受访者针对一系列产品属性进行打分排序，如相对重要性、当前性能、对某产品或服务的满意度等，其目的是明确客户对产品属性的偏好，从而指导设计与开发流程。在设计产品属性问卷时要格外仔细，设定受访者回答问卷的时间不宜太长或太短。时间太长会导致被访者厌倦，时间太短则会导致回答过于笼统。

Audit 审计：在产品创新流程中，针对新产品开发和产品上市流程有效性的评价。参见《PDMA 新产品开发工具手册 1》第 14 章。

Augmented Product 增强型产品：核心产品加上所有其他收益，如服务、保修和品牌形象。

Augmented Reality（AR） 增强现实：和虚拟现实类似，虚拟现实用一个完全独立的现实取代了参与者的真实世界，而增强现实则将新的现实要素嵌入参与者的当前环境中。

Autonomous Team 自治型团队：完全自主自立的项目团队，很少与投资方联系。为了给市场带来突破性创新，通常采用这种组织模式。有时也称"老虎团队"。

Awareness 知晓：目标客户群中了解某新产品的客户比例。知晓的定义很广泛，包括品牌印象、品牌认知、对产品关键特征或定位的印象。

B

Balanced Portfolio 平衡组合：根据战略优先级来确定类别和比例的一组项目。

Balanced Scorecard 平衡计分卡：用来识别和改善内部经营职能从而交付外部成果的一整套战略管理绩效指标。

Bass Model 巴斯模型：用于预测创新产品、新技术或耐用品的销售预测工具。

Benchmarking 对标：收集一些优秀组织的过程绩效数据，将其与自身组织对照，从而单独或整体地评估自身组织绩效。收集信息的方式通常是保密和双盲的。

Benefit 收益：不是通过产品的物理特征或特性，而是通过产品的使用价值所体现出来的产品属性。收益通常与产品特性关联，但并不一定要关联。

Best Practice 最佳实践：能够提高绩效的方法、工具或技术。在产品创新中，不是运用一种工具或技术就能确保成功，而是要综合运用一系列方法来增加成功率。最佳实践方法和具体运用环境有关。也称"高效实践"。

Best Practice Study 最佳实践研究：对成功的组织进行研究分析，选出最佳实践做法并进行效仿的过程。在产品创新中，寻找最佳实践过程，并将其应用于组织中。参见《PDMA 新产品开发手册》第 2 版第 36 章、《PDMA 新产品开发手册》第 1 版第 33 章中《基于新产品开发实践的新产品开发研究：最新趋势和最佳实践标杆》（JPIM，14:6，429—458，1997 年 11 月）和《新产品开发成功的驱动者：1997 年 PDMA 报告》（1997 年 10 月）。

Beta Test 贝塔测试：在产品开始生产前，对样品进行的外部测试。在产品推向市场前，在实践环境下测试产品的全部功能，以发现在内部控制测试中未被识别的系统性错误。参见"现场测试"。

Big Data 大数据：超大数据集，通过计算分析这些数据可以发现某种模式、趋势和关联性，尤其在与人类行为及其交互相关的方面。

自下而上式组合选择 Bottom-up Portfolio Selection：经过严格的项目评估和筛选过程，从一系列单个项目中选出与战略相匹配的项目，最后组成项目组合。

Brainstorming 头脑风暴法：在新产品概念生成阶段中常用的创造性解决问题的一种群体方法。形式上会有所不同，名称也各异。所有这些方法的共同点是：在对某个议题进行重大评估前，团队要提出尽可能多的创意。参见《PDMA 新产品开发手册》第2 版第 16 章和第 17 章。

Brand 品牌：生产商或服务商有别于他人的名称、称号、设计、符号或其他任何特征。品牌的法律名是"商标"。品牌可以代表一种产品、一系列产品或一个生产商的所有产品。

Brand Development Index 品牌发展指数：某品牌销售额和市场所有品牌平均销售额的比值。

Break-Even Point 盈亏平衡点：在产品生命周期中，来自销售的利润刚好达到累积开发成本时的那个点。

Breakthrough Projects 突破型项目：此类项目力求用新技术将新产品推向市场，与现有的组织实践大不相同，风险很高。

Bubble Diagram 气泡图：可视化的产品组合图。通常，气泡图中将项目置于标有 X-Y 坐标的二维图中。X 和 Y 维度为收益相关的标准，如风险和回报。

Business Analysis 商业分析：对某个拟定项目的商业环境进行分析，通常包括一些财务预测，如折现现金流、净现值或内部收益率。

Business Case 商业论证：市场、技术、财务分析结果或是一些前期工作。在"进入开发"

决策之前开展此项工作最为理想。通过论证定义产品和项目，包括项目的理由、行动或商业计划。参见《PDMA 新产品开发手册》第 2 版第 21 章。

Business Model Canvas （BMC） 商业模式画布：一种战略管理和精益创业的模板，用于创建新的商业模式或记录现有商业模式；是一种可视化图表，包含公司或产品价值主张、基础设施、客户和财务状况等要素。

Business-to-Business（B2B） 企业对企业：企业与非消费类购买者之间的交易，如制造商、销售商（如分销商、批发商、中间商和零售商）、机构、专业组织和政府组织。过去常被称为工业企业。

Buyer 买方：产品的买主，无论他是否为最终用户。尤其是在企业对企业模式的市场中，采购代理可以是签订合同实际购买产品或服务者，但不会从所购买的功能或服务中受益。

C

Cannibalization 侵蚀效应：对新产品的需求会导致对现有产品需求的减少，新产品需求即侵蚀效应的体现。参见《PDMA 新产品开发手册》第 2 版第 34 章。

Capacity Planning 容量规划：监督组织的技术行为组合和有效资源量的前瞻性活动。在新产品开发中，进行能力规划，为的是确保产品创新流程中的每项职能（技能）都不会成为项目顺利按时完成的瓶颈。这对于优化项目组合是必要的。

Carbon Credits 碳信用额：在对外部性（一项产品或服务对非生产者和非使用者的影响）的商品成本计算中，无法体现出的间接成本，包括二氧化碳排放和其他对社会的影响。"真实价格"是所有外部性与"影子价格"之和。

Cash Cows 现金牛：在低增长市场中占有高市场份额的产品。

Centers of Excellence 卓越中心：具有公认的技术、商业或竞争优势的地域群体或组织。

Certification 认证：正式确认某人已经掌握了某种知识体系。在产品创新领域中，产品开发与管理协会建立并管理产品经理认证流程。

Champion 倡导者：热切期望全面开发产品或流程并将其投放到市场中的人。该非正式角色会根据不同情况采取相应行动，小到鼓励人们把握机遇，大到推动那些受公司政策限制和/或遭到反对的项目。参见《PDMA 新产品开发工具手册 1》第 5 章。

Charter 章程：用来定义项目背景、具体细节和计划的项目团队文件，包括商业论证、问题与目标说明书、制约因素和假设及初步计划和范围。主办者定期复查评审可确保开发活动与经营战略相吻合。参见"产品创新章程"。

Chasm 鸿沟：产品生命周期中的一个关键部分，位于产品引入阶段和成长阶段之间。

Checklist 核对单：提醒分析者考虑所有相关方面的一个清单。核对单通常在概念生成阶段作为创意工具运用，或在概念筛选阶段作为考虑因素清单运用，或在产品开发任何阶段用来确保所有任务得到完成。

Circular Economy 循环经济：设计时考虑可恢复和可再生的经济模式，目标是确保产品、部件和材料每时每刻都具有最佳效用和价值，有别于技术周期和生物周期。

Cluster Sampling 整群抽样：将整体分为多个群，再从群中抽样的方法。

Collaborative Product Development 协同产品开发：两个公司合作开发某一产品并将其商业化。

Co-location 集中办公：将项目人员集中在同一地理区域，促成快速、密切的沟通和决策。

Commercialization 商业化：新产品从开发到市场的过程。通常包括产品上市和量产、营销材料和项目开发、销售渠道开发、供应链开发、培训、服务和支持开发。参见《PDMA 新产品开发手册》第 2 版第 30 章。

Competitive Intelligence 竞争情报：运用一些方法并采取行动将零散的竞争者信息整合

成有关竞争者的定位、规模、能力和趋势的战略性知识，包括广泛收集、分析和交流有关公司外部竞争趋势的最佳可用信息。

Concept　概念：新产品创意的清晰文字描述或可视化说明，包括主要特性、消费者收益，并对所需技术有广泛的了解。

Concept Generation　概念生成：产生新概念或新产品创意的过程。有时也叫作创意生成或创意构思。参见《PDMA 新产品开发手册》第 2 版第 15 章和第 17 章。

Concept Screening　概念筛选：在产品开发项目的发现阶段对潜在的新产品概念进行评估。评估潜在概念是否与经营战略、技术可行性、可制造性和财务成功潜力相匹配。

Concept Statement　概念说明：为获得消费者对新概念的反馈，在产品开发之前提供的文字或图形说明。

Concept Engineering　概念工程：以客户为中心的过程，对产品创新流程中的"模糊前端"进行说明，目的是开发出产品概念。该方法明确客户的关键需求，在设计中得以体现，并提出了若干个满足这些需求的产品概念。

Concept Testing　概念测试：向消费者提供概念说明以记录其反馈的过程。这些反馈可以用来帮助开发者评估概念的销售价值，也可以用来对概念进行修改从而提高其潜在的销售价值。参见《PDMA 新产品开发手册》第 2 版第 6 章。

Concurrent Engineering（CE）并行工程：在产品设计和制造流程中，采用跨职能团队同时协同展开而不是按单个职能顺序展开的方式进行开发。旨在使开发团队从项目一开始就考虑从概念到退市整个产品生命周期的所有要素，包括质量、成本和维护。也称"同步工程"。参考《PDMA 新产品开发手册》第 1 版第 30 章。

Conjoint Analysis　联合分析：一种市场调研方法。首先，系统性地向反馈者提供一组产品描述，每个产品描述包括一系列产品属性和属性的实现程度。随后，要求反馈者选出他们的偏好产品并明确他们的偏好程度。经联合分析之后可判断出每个产品变量在多大程度上对产品整体做出了贡献。与其他方法相比，联合分析的两大优点是：①变量和程度可以是连续的（如权重）或是间断的（如颜色）；②它是评价价格作用的唯一有效的市场调研方法，如调查人们愿意为产品的某一特性支付多少价钱。参见《PDMA 新产品开发手册》第 2 版第 18 章。

Consumer 消费者：对公司服务目标的最通用、最全面的术语。既可用于 B2B（非家庭消费者）又可用于 B2C（家庭消费者）。可指公司当前的客户、竞争对手的客户，也可指具有类似需求或人口统计特征的当前非购买者。该术语并不区分此人是买家还是目标用户。只有一小部分消费者会成为客户。

Consumer Market 消费者市场：个人购买商品和服务，只提供给家庭使用（不用于商业目的）。消费者通常为自己或家庭成员的需要做出个人购买决策。

Consumer Need 消费者需求：消费者希望通过产品来解决其问题，体现消费者购买产品的意图。

Consumer Panels 消费者测评组：市场调查公司或代理机构招募一群特殊的消费者，由该群消费者回答与产品测试、味道测试相关问题或其他具体问题。参与者通常参与过许多项目，代表的是专业消费者而不是普通消费者。该方法特别适用于短而快的调查。

Contingency Plan 应急计划：用于应对无法预测其发生、时间和严重程度的事件的计划。

Continuous Improvement 持续改善：旨在逐步改进实践和流程的回顾、分析和返工。也称"改善"（Kaizen）。

Continuous Innovation 持续创新：在不改变消费模式或行为的情况下，改善产品的性能和收益，而产品的整体外观和基本性能没有根本变化。例如含氟牙膏和高速运算计算机。

Convergent Thinking 收敛思维：需要进行分析、判断和决策。对大量创意进行分类、评估、分析利弊并做出决策的过程。也称"聚合思维"。

Cooperation（Team Cooperation） 合作（团队合作）：团队成员为实现团队目标而进行积极合作。

Copyright 版权：创作者在一定年限内享有的印刷、出版、表演、拍摄或记录文学、艺术或音乐素材，并具有排他性和可转让的合法权利。

Core Benefit Proposition（CBP） 核心利益主张：消费者购买产品的核心利益或目的。核心利益主张可能来自实物或服务，也可能来自产品的其他方面。另见"价值主张"。参见《PDMA 新产品开发工具手册 1》第 3 章。

Core Competence 核心竞争力：公司优于竞争对手的能力。它为公司提供了独特的竞争优势，有助于获取和留住客户。在最完整的定义中还包括"最低成本供应商"。

Corporate Culture 公司文化：对一个组织的"感觉"。文化源于组织赖以运行的信仰体系。对公司文化有不同的描述，比如尊崇权威的文化、等级森严的文化或创业开拓的文化。公司文化常常影响组织行事效果。

Corporate Strategy 公司战略：多元化组织的总体战略。它回答了"我们应该在哪些行业竞争"以及"引入哪些业务可以创造协同效应和/或增加整个组织的竞争优势？"等问题。

Creativity 创造力：创造力是产生既新颖又合适的成果的能力。乔治·M.普林斯在《创造力实践》（1970 年）一书中对创造力的定义是："一种随意的和谐，一种预期的惊奇，一种习惯的启示，一种熟悉的惊喜，一种慷慨的自私，一种意外的肯定，一种可成形的固执，一种重要的琐碎，一种节制的自由，一种醉人的稳定，一种反复的开始，一种困难的喜悦，一种可预见的赌博，一种短暂的稳固，一种统一的差异，一种更高的满足，一种奇迹的期望和习惯的惊奇。"

Criteria 标准：决策者在决策关口使用的条件，是确保项目继续进行而必须达到或超过的绩效指标。总体来说，这些标准反映了业务部门的新产品战略。参见《PDMA 新产品开发手册》第 2 版第 21 章和第 29 章。

Critical Path 关键路径：列出为成功完成项目所需进行的一系列相关活动，以及活动完成时间和活动逻辑关系，并绘制成一个网络图。关键路径是其中最长的路径，它决定了完成项目所需时间。

Critical Path Scheduling 关键路径进度计划：一种项目管理技术，经常被集成到各种软件中。基于任务间的逻辑关系，将新产品项目中的所有重要步骤放入一个按活动顺序展开的网络中。

Critical Success Factors 关键成功因素：商业成功的必要因素，仅有这些因素未必能保证商业成功。参见《PDMA 新产品开发手册》第 2 版第 1 章。

Cross-Functional Team 跨职能团队：由参与产品开发的各个职能部门的代表组成的团队，通常包括交付成功产品所需的所有关键职能部门的成员，例如营销、工程、制造/运营、财务、采购、客户支持和质量。各职能部门授权其在开发过程中参与团队工作。参见《PDMA 新产品开发手册》第 2 版第 9 章、第 10 章和《PDMA 新产品开发工具手册 1》第 6 章。

Crossing the Chasm 跨越鸿沟：从早期由少数有远见的客户（也称"创新者"或"早期采用者"）主导的市场过渡到主流市场。通常适用于新颖的、开创市场的科技产品和服务。

Crowd Sourcing 众包：通过大量征集他人的解决方案，从而获取信息并将其用于特定任务或项目的一系列工具。该服务可以有偿也可以无偿，主要通过互联网来实现。

Culture 文化：组织中人们共同拥有的信念、核心价值观、假设和期望。

Customer 客户：购买或使用公司产品或服务的人。

Customer Site Visits 客户现场访问：一种发现客户需求的定性市场调研技术，包括到客户工作现场，观察客户如何利用产品功能来满足需求或解决问题，并记录下客户做了什么、为什么这么做、客户使用该产品时遇到了什么问题、解决效果如何，等等。参见《PDMA 新产品开发手册》第 2 版第 15 章和第 16 章。

Cycle Time 周期时间：某一活动从开始到完成的时长。对产品创新而言，是指从新产品最初创意到新产品上市开始销售所需的时间。对起点和终点的准确定义因公司而异，在公司内也因项目而异。参见《PDMA 新产品开发手册》第 2 版第 12 章。

D

Dashboard 仪表板：与汽车仪表板类似，用一个典型的彩色图形显示项目或项目组合的状态。通常，红色表示亟待解决的问题，黄色表示即将发生的问题，绿色表示正在进行的项目。

Data 数据：来源于在商业流程中进行的度量。

Database 数据库：对信息进行电子化收集和整理，便于对数据进行查找、发现、分析和应用。

Decision Tree 决策树：在商业或计算机程序设计中用来做决策的图形。树形图中的"分支"表示具有相关风险、成本、成果和结果概率的选择。通过计算每个分支的结果（利润），可以确定企业的最佳决策。

Decline Stage 衰退阶段：产品生命周期中的第四个也是最后一个阶段。进入该阶段通常是由技术进步、消费者或用户偏好变化、全球竞争、环境或监管变化引起的。参见《PDMA 新产品开发手册》第 2 版第 34 章。

Defenders 防御者：不一定通过开发新产品，而是采用各种可能手段保护自身产品的市场地位的公司。

Deliverable 可交付成果：项目已取得的成果输出（如测试报告、监管部门的批准、可工作的原型或市场调研报告）。在产品上市或开发阶段结束时都要用到或产生可交付成果。

Delphi Technique 德尔菲技术：在一组专家（专家通常是匿名的）中进行反复协商最终达成共识，据此得出对未来情况的最可靠预测的一种技术。

Demographic 人口统计学：对人口的统计描述，描述的特征包括性别、年龄、受教育程度、婚姻状况及不同的行为或心理特征。

Derivative Projects 衍生型项目：由现有产品或平台衍生出来的项目。它们可以填补现有产品线的空白；提供更具成本竞争力的制造能力；或者提供基于组织核心技术的增强功能和特性。通常风险较低。

Design for the Environment（DFE） 面向环境的设计：在设计与开发流程中，对产品生命周期内的环境安全和健康问题进行系统考虑的设计方式。

Design for Excellence（DFX） 面向卓越的设计：在设计与开发流程中，对所有和产品生命周期相关的因素，如可制造性、可靠性、可维护性、可承受性、可测试性等进行系统考虑的设计方式。

Design for Maintainability（DFMt） 可维护性设计：在设计与开发流程中，对产品生命周期中的可维护性进行系统考虑的设计方式。

Design for Manufacturability（DFM） 制造性设计：在设计与开发流程中，对可制造性进行系统考虑，有助于产品组件的制造及装配工艺的开发。

Design for Six Sigma（DFSS） 六西格玛设计：目标是做出资源利用率高、产出量高且不受流程变动影响的设计。

Design Specifications 设计规格：概念说明定性描述了产品概念的收益和特性，而产品设计规格则为进一步的设计和制造提供了定量依据。

Design Thinking 设计思维：一种创造性的问题解决方法，或者更全面地说，是一种系统和协作的方法，用于发现问题并创造性地解决问题。

Design Validation 设计确认：进行产品测试以确保产品或服务符合规定的消费者需求。可以利用可工作的产品原型或通过计算机模拟成品的方法加以实现。

Development 开发：组织中负责把产品需求转变为实际产品的职能。也是将整体概念首次转化成市场上的新产品或服务。

Development Teams 开发团队：从概念、开发、测试到上市的一个或多个新产品团队。

Discontinuous Innovation 非连续性创新：带来全新消费模式和行为变化的产品，如微波炉和移动电话。

Discounted Cash-Flow（DCF）Analysis 现金流折现分析：提供对项目未来收入和支出的现值估算的一种方法。对项目未来几年的现金流进行估算，然后使用预测利率折现回当前值。

Dispersed Teams 分散式团队：成员在不同地点、时区，甚至不同国家工作的产品开发团队。

Disruptive Innovation 颠覆型创新：需要新的商业模式，但不一定需要新的技术。比如，谷歌的安卓操作系统就可能颠覆苹果的操作系统。

Distribution（Physical and Channels）分销（传统式和渠道式）：在将产品（或服务）从生产地运至最终用户购买地时所选择的方法和合作方。

Divergent Thinking 发散思维：不加判断、不加分析、不加讨论地提出创意和新可能性的过程，是允许自由联想和"打破边界"的一种思维方式，也是解决没有单一、正确或已知答案的重大问题的一种新方法。

E

Early Adopters 早期采用者：对新产品而言，这些客户依靠自己的直觉和远见，在生命周期的早期就购买新产品。对新流程而言，这些组织愿意尝试新流程，而不仅仅是维护旧流程。

Embodiment Design 实体化设计：设计流程中的一个阶段。从概念定义开始，按照技术和经济指标要求进一步设计，直至完成详细设计并达到可制造性要求。

Emotional Intelligence 情商：由自我管理和管理人际关系两部分组成。

Empathy Analysis 移情分析：包括与客户建立联系，深入理解客户及与客户建立直接情感联系的方法。

Enhanced New Product 增强型新产品：衍生产品的一种形式。增加了基础平台上没有的附加功能，这些功能为消费者提供了更高的价值。

Entrepreneur 企业家：发起、组织、经营、承担风险并从新的商业投资中获得潜在回报的人。

Ethnography 人种学方法：调研客户及其所处环境的一种定性市场调研方法。调研者在现场观察客户和所处环境，以获得对他们的生活方式或文化环境的深刻理解，从而获得客户需求和问题的基本信息。参见"客户现场访问"以及《PDMA 新产品开发手册》第 2 版第 15 章。

Eye Tracking 眼动追踪：一种特殊形式的感官检验。使用连线耳机或眼镜等专用工具，测量人们观看的位置和持续时间。设备跟踪和报告参与者第一次、第二次、第三次观看的位置，并提供参与者眼睛停留在被测图像上的可视化扫描，从而回答消费者在观看线上产品和服务、网站、应用程序、产品图像、包装和消息传递时对各种试听刺激的反应。广泛应用于软件、零售产品包装、营销和广告中。

F

Factor Analysis 因子分析：将观测结果表示为众多可能因子的函数，以便找出关键因子的过程。

Factory Cost 制造成本：在生产地生产产品的成本，包括所需的材料成本、人力成本和间接费用等。

Failure Rate 失败率：公司将新产品进行全面商业化，其中未能达到预定目标的新产品的比例。

Feasibility Analysis 可行性分析：对新产品或新项目的成功可能性进行分析的过程。

Feature 特性：满足消费者的需求或解决其问题。特性为消费者提供了收益。手柄（特性）使笔记本电脑易于携带（收益）。通常会选择几个不同特性中的任何一个来满足客户的需求。例如，一个可以双肩背的笔记本电脑包让笔记本电脑更为便携。

Feature Creep 特性蔓延：在开发流程中，设计者和工程师在原有设计之上增添产品功能和特性的倾向，这么做往往会导致进度延误、开发成本和产品成本攀升。

Feature Roadmap 特性路线图：产品性能属性沿着时间轴的进化图。将产品在其生命周期中的每次迭代或新一代特性组合起来进行统一发布，是一组可商业化的特性集合。参见"产品生命周期管理"。

Field Testing 现场测试：在产品使用的实际环境中，由目标市场的用户进行产品使用测试。

Financial Success 财务成功：新产品达到其利润、毛利率和投资回报率目标的程度。

First-to-Market 市场先行者：第一个创造新产品类别或实质性细分类别的产品。

Focus Groups 焦点小组：一种定性市场调研方法，在经过培训的主持人的领导下，8 ~ 12 名市场参与者聚集在一个房间里进行讨论。讨论的重点是消费者问题、产品或问题的潜在解决方案。这些讨论的结果不一定适用于总体市场。

Forecast 预测：在给定的时间期内，通过现有战略预判商业计划决策是成功还是失败。参见《PDMA 新产品开发手册》第 2 版第 23 章。

Forming 形成阶段：团队建设的第一个阶段。大部分团队成员在该阶段表现得乐观、积极、得体。有些人会焦虑，因为还不完全了解团队将要做什么。

Function 功能或职能：①在产品中，功能是为满足顾客需求而必须完成的工作的抽象描述，是产品或服务所必须具备的。②在组织中，职能是描述内部组别的术语，包括基本的业务能力，如工程、销售等。

Functional Team 职能型团队：项目被分为多个职能模块，每个模块由相应的职能经理负责，并由职能经理或高级管理者进行协调。

Fuzzy Front End 模糊前端：产品开发中混乱"起始"阶段，此时产品概念还很模糊。在更正式的产品创新流程之前，它通常包括三个任务：战略规划、概念生成和前期技术评估。这些活动通常是混乱的、不可预测的和非结构化的。相比之下，随后的产品创新流程通常是正式的、可预测的和结构化的，包括规定的一系列活动、要回答的问题和要做出的决策。参见《PDMA 新产品开发手册》第 2 版第 6 章。

G

Gamma Test 伽马测试：一种产品使用测试。开发者测量产品满足目标客户需求的程度，解决开发过程中的问题并使客户满意。

Gantt Chart 甘特图：应用于项目进度规划和管理中的水平条形图，其中包括任务开始日期、完成日期和持续时间。

Gap Analysis 差距分析：期望结果和预计结果之间的差距。在产品开发中，差距为期望的新产品收入或利润与当前预计的收入或利润之间的差额。如果存在差距，则进一步分析差距的原因，并制订解决方案（如改变目标或策略等），以减少或消除差距。

Gate 关口：决策点。在此点，产品开发项目应决策是进入下一阶段，停留在现阶段以完善各项任务，还是中止。不同公司的关口数量有所不同。参见《PDMA 新产品开发手册》第 2 版第 21 章。

Gatekeepers 把关者：是门径流程中的管理者，对项目的建议、决策和投资负责。该多职能小组运用既定的业务标准，评审新产品机会和项目进度并在每个关口相应地分配资源。该小组通常也称"产品批准委员会"或"项目组合管理团队"。

Greenwashing 漂绿：一个公司或组织只是投入时间和金钱通过广告和营销宣称公司采取的是"绿色"经营方式，而不是在其实际业务中最大限度地减少对环境的影响。

Growth Stage 成长阶段：产品生命周期的第二阶段。在该阶段，产品或服务的销售额和市场接受度快速增长。到达成长阶段的产品成功地"跨越鸿沟"。

H

Heavyweight Team 重量型团队：一个拥有足够资源来完成项目并获得授权的项目团队。团队成员向团队领导汇报工作。实践中通常采取集中办公的方式。

Hurdle Rate 最低收益率：新产品在开发过程中必须达到或超过的最低投资回报率或内部收益率。

I

Idea 创意：新产品或新服务的雏形状态。通常由个人、团队或公司的高层级观点和解决方案设想构成。

Idea Generation　创意生成：为了解决消费者问题从而寻找更多解决方案的所有活动和流程。应用该方法可以在产品开发早期阶段生成产品概念，在中期阶段解决问题，在后期阶段规划上市，以及在退市阶段更好地总结产品在市场中的成败。参见《PDMA新产品开发手册》第 2 版第 17 章。

Implementation Team　实施团队：将"想要"这一过程的概念构思和良好创意变为现实的团队。

Implicit Product Requirement　隐性产品需求：指客户对产品的期望，但难以言传或被清晰表达。

Incremental Improvement　渐进式改进：对现有产品所做的较小改变，以保持产品在客户眼中的新鲜感。

Information　信息：知识和见解，通常来自对数据的检查和分析。

Initial Screening　初步筛选：对项目进行投资（时间或金钱）的第一次决策。此时诞生项目。也称"创意筛选"。

In-Licensed　许可：从外部来源获得新产品概念或技术，将其整合到产品开发组合中。

Innovation　创新：一种新创意、新方法或新设计，创造新产品或新流程的行动，包括将概念或创意开发成最终商品所做的工作。

Innovation-Based Culture　基于创新的文化：一种企业文化。在该文化下，高级管理团队和员工不断进行创新最佳实践，并系统地、持续地为客户提供有价值的新产品。

Innovation Steering Committee　创新指导委员会：高级管理团队或子团队，负责协调产品创新的战略和财务目标，并为项目组合和开发团队设定期望值。

Innovation Strategy　创新战略：为整个组织的创新提供目标、方向和框架。各个业务部门和职能部门可以有自己的战略来实现创新目标，但这些战略必须与整个组织的创新战略保持一致。

Integrated Product Development（IPD）　集成产品开发：系统地运用由多功能学科集成而得的团队成果，有效果、有效率地开发新产品，以满足客户需求的一种理念。

Intellectual Property（IP）　知识产权：能为组织带来商业竞争利益的信息，包括专有知识、技术能力和设计方式。

Internal Rate of Return（IRR）　内部收益率：投资的未来现金流折现值等同于投资成本时的折现率，即净现值为零时的折现率。

Internet of Things（IoT）　物联网：在日常物体中安装计算装置，使其具备能够发送和接收数据的功能，再将这些物体联网，从而实现物体间的互联互通。

Intrapreneur　公司内部创业者：在大公司内部开办新事业的创业者，相当于企业家。

Introduction Stage　引入阶段：产品上市和产品生命周期的第一个阶段，通常视为市场进入、用户试用和产品接纳。

ISO 9000　ISO 9000 标准：国际标准化组织（ISO）制定的五个审计标准，用于判断公司是否在质量上达标。它确立了质量体系在公司中的作用，并用于评估公司是否符合认证标准。ISO 9001 专门用于新产品。

J

Journal of Product Innovation Management　《产品创新管理》杂志：创新、产品创新和技术管理领域的顶级学术期刊。该杂志由 PDMA 所有，致力于推进产品创新全过程中涉及的所有领域的管理实践。其目的是为产品创新管理者和学生提供理论架构和实践技术，帮助他们有效运用到管理实践中。

Journey Maps　用户体验地图：一种流程图。描述消费者与产品或服务交互时所采取的所有行动和行为。

K

Kaizen 改善：日语，意思是"改得更好"或"持续改进"。强调全过程、全员参与持续改进的日式商业哲学。

Kano Method 卡诺模型：用于识别客户需求和潜在需求，明确功能需求，开发概念作为进一步产品定义的备选方案，分析和同类产品有竞争的产品或服务。

Kansei Engineering 感性工学：将构成产品的相关设计要素（颜色、尺寸和形状）作为用户偏好的决定性因素。

L

Launch 上市：新产品引入市场进行初始销售的过程，也称"发布"。参见《PDMA 新产品开发手册》第 2 版第 30 章。

Lead Users 领先用户：为满足某种消费需求而全力寻求解决方案的用户群。当这些用户发现供应商尚未满足他们的需求时，往往会自行修改现有产品或发明新产品。当这些用户的需求成为未来市场的需求趋势时，他们的解决方案就是开发新产品的机会。

Lean Product Development（LPD） 精益产品开发：以精益方法来应对产品开发中的挑战。精益产品开发是建立在丰田首创的精益方法，即丰田生产系统（Toyota Production System，TPS）基础上的。

Lean Startup 精益创业：创办新企业的一种方法。创业者在开发产品时必须进行调查、试验、测试和迭代的一种理念。

Learning Organization 学习型组织：组织在内部不断测试并更新经验，并将这些经验用于改进与核心目标相关的工作流程和知识体系，使其为整个组织所采用。

Life Cycle Assessment 生命周期评估：分析环境影响，如二氧化碳足迹、水足迹等的一种科学方法。

Lightweight Team 轻量型团队：负责开发新产品并将之推向市场的项目团队。在大多数情况下，资源不是专职的，只能依靠资源的技术功能完成项目任务。

Line Extension 产品线延伸型新产品：延伸产品的一种形式，只增加或改变产品特性，不明显改变产品功能。

M

Manufacturability 可制造性：以最低的成本和最高的可靠性顺利、有效地制造新产品的程度。

Manufacturing Design 制造设计：确定将用于新产品制造流程的过程。参见《PDMA 新产品开发手册》第 1 版第 23 章。

Manufacturing Test Specification and Procedure 制造测试规格与程序：由开发和制造人员编制的文件，描述在制造流程中将要满足的零部件、组件或系统的性能规格，以及对规格进行评估的程序。

Market Research 市场调研：公司客户、竞争对手或市场的信息可以来源于二手资料（已出版并公开的），也可以来源于一手资料（客户自身）。市场调研可以是定性的，也可以是定量的。参见"定性市场调研"和"定量市场调研"。

Market Segmentation 市场细分：一种分析方法，将一个大型异质市场细分为许多较小的同质性市场。有多种划分方式：按人口统计学划分（男或女，老或少，贫或富），按行为划分（电话订购、网购、零售、现金支付或信用卡支付），按态度划分（认为小品牌可媲美全国品牌或不那么认为）。同时，有诸多识别细分市场的分析工具，如整群分析法、因子分析法和差异分析法。最通用的方法相对简单：首先定义一个可能的细分市场，然后测试经由该定义得到的差异是否具有统计学上的意义。参见《PDMA 新产品开发手册》第 2 版第 13 章。

Market Share　市场份额：公司销售额在整体市场销售额中所占的百分比。

Market Testing　市场测试：在产品开发阶段，评估新产品及其营销计划。在市场测试中，采用不同形式模拟最终的营销组合，从中选出一种形式。

Marketing Mix　营销组合：可用于营销产品的基本工具。营销组合通常指 4P，即产品（Product）、定价（Price）、促销（Promotion）和地点（Place）。

Marketing Strategy　营销战略：一种过程或模式，将组织中有限的资源集中在增加销售的最佳机会上，从而获得独特的竞争优势。

Maturity Stage　成熟阶段：产品生命周期的第三阶段。由于市场饱和，该阶段的销售开始趋于平稳。此时，激烈的竞争、产品多样化选择及潜在的消费者偏好改变都会使得企业难以盈利。

Metrics　度量指标：一组用于跟踪产品开发的指标，公司用其评估流程改进的影响。通常，这些指标因公司而异，但都包含流程两个方面的指标，如上市时间、流程中具体阶段的持续时间和产品开发结果（如每年商业化产品数量和新产品收入占比）。

Mind-mapping　思维导图：在各种信息或创意之间建立联系的图形技术。首先从页面中间的一个关键字或短语开始，然后从该中心点出发，将其与不同方向的新创意进行连接，从而建立起网络关系。

Mission　使命：关于组织纲领、哲学、宗旨、经营原则和公司信念的说明，它确保组织的精力和资源得以聚焦。

Multidimensional Scaling（MDS）　多维尺度分析：在一个数据集（如产品或市场）中，

将数个个案相似性进行可视化的方法。

Multifunctional Team　多职能团队：由来自不同职能领域的个体组成，大家共同致力于解决问题或者执行流程。需要将知识、培训和能力进行跨领域整合才能成功完成工作。参见"跨职能团队"。参见《PDMA 新产品开发手册》第 2 版第 9 章和第 10 章及《PDMA 新产品开发工具手册 1》第 6 章。

Multivariate Analysis　多变量分析：探索一个结果变量（也称"因变量"）与一个或多个预测变量（也称"自变量"）之间的关联。

N

Needs Statement　需求说明：站在客户的角度，对新产品所应满足的需求和期望进行总结。参见《PDMA 新产品开发手册》第 2 版第 14 章。

Net Present Value（NPV）　净现值：流入的现金现值与流出的现金现值之间的差值。在资本预算过程中，该值用来预计和分析投资或项目的盈利能力。

Net Promoter Score　净推荐值：有人将你的产品或服务向他的朋友推荐的可能性。

Network Diagram　网络图：将方框用线条连接的一种图形。用于展示开发活动的顺序和任务之间的相互关系。常与"甘特图"一起使用。

New Product　新产品：一个涵盖许多观点与实践的术语。通常被定义为市场上首次出现的产品（商品或服务），但不包括只在促销中做了改动的产品。

New Product Development（NPD）　新产品开发：包括新产品战略、组织、概念生成、产品和营销策划、评估及商业化在内的整个过程。通常被简称为"产品开发"。

New Product Introduction（NPI）　新产品导入：在产品开发项目成功结束后，将新产品投放到市场或将其商业化。参见《PDMA 新产品开发手册》第 2 版第 30 章。

New Product Development Process（NPD Process） 新产品开发流程：为了不断将最初的创意转化为可销售的产品或服务，由公司制定的、必须得到遵守的一系列任务和步骤。参见《PDMA 新产品开发手册》第 2 版第 4 章和第 5 章。

New Product Development Professional（NPDP） 产品经理认证：经产品开发和管理协会认证的产品管理专业人士，需掌握《产品经理认证知识体系》并通过认证考试。为保证 NPDP 认证考试的权威性，报考者必须拥有公认机构颁发的学士学位或者更高学历 （或同等学力），并至少有两年从业经验。

New-to-the-World Product 世界级新产品：以前从未向全球范围内的消费者或生产者提供过的产品或服务。例如，汽车、微波炉和宠物石在当初上市时都是世界级新产品。

Non-Product Advantage 产品外优势：除产品本身之外，带来竞争优势的营销组合要素，包括营销传播、分销、公司声誉、技术支持和相关服务。

Norming 规范阶段：团队建设的第三个阶段。团队成员开始解决彼此之间的分歧，欣赏对方的优点并尊重领导者的权威。

O

Open Innovation（OI） 开放式创新：组织的一种战略，通过联盟、合作和签署协议等方式，积极地从外部寻求知识，补充和提升其内部能力，以产出更好的创新成果。可通过组织内部、开办新的商业实体或外部许可等方式将这些创新成果进行商业化。

Operations 运营：广义上的运营包括制造、采购、物流、行政和其他服务类工作。

Opportunity 机会：公司或个人通过策划或偶然的方式，识别现在和未来之间的商业或技术差距，以获取竞争优势、应对威胁、解决问题或改变困境。

Organizational Identity 组织身份：对组织定位和存在意义的清晰定义和理解，是组织实现长期成功的根基。

Outsourcing 外包：公司不自制而是从外部获得产品或服务的过程。

Outstanding Corporate Innovator Award 杰出创新企业奖：由产品开发和管理协会颁发的年度大奖，经过正式评审流程，评出杰出创新企业。获得该奖的基本条件是：

（1）连续 5 年有新产品成功上市。

（2）新产品的成功给公司带来显著的效益增长。

（3）有清晰的、可描述的产品创新流程。

（4）有独特的创新特点和无形价值。

P

Payback 回收期：产品或服务商业化后所获收益与开发及营销成本正好相抵消时所经历的时间段，通常以年为单位。有些公司将新产品全面上市日作为起算点，而有些公司以投入开发费用开始日作为起算点。

Perceptual Mapping 感知图：一种定量市场调研工具，用来了解客户对当前和未来产品的看法，也是产品在消费者心目中所处位置的视觉呈现。

Performance Measurement System 绩效评估系统：在一定的时间段内用来监控新产品相关绩效指标的体系。

Performance Metrics 绩效度量指标：一套跟踪产品开发的测量指标，允许公司在时间维度上衡量流程改进的影响。度量方法因组织而异。度量通常包含两类，一类是度量新产品开发过程的，如上市时间、某一阶段的持续时间；另一类是度量新产品开发结果的，如每年商业化的产品数量和新产品销售额占比，等等。

Performing　成熟阶段：团队建设的第四个阶段。该阶段团队成员工作努力，没有冲突，不断实现团队目标。此外，由领导者构建的团队结构和流程运行顺畅。

Personas　用户画像：基于对用户群体的客观和直接观察而构建的虚构角色。这些角色成为"典型"的用户或原型，使开发者能够预见其对产品特性的特定态度和行为。

Program Evaluation and Review Technique（PERT）　计划评审技术：一种以事件为导向的网络分析技术，用于在单个活动持续时间估计存在高度不确定性时估算整个项目的持续时间。

PESTLE　PESTLE 分析：基于政治（Political）、经济（Economic）、社会（Social）、技术（Technological）、法律（Legal）和环境（Environmental）因素的一种结构化分析工具。作为一个战略框架，它有助于更好地理解影响组织未来趋势的直接因素，如人口统计因素、政治壁垒、颠覆性技术和竞争压力等。

Phase Review Process　阶段评审流程：一种阶段式产品创新流程。首先由一个职能团队完成一组任务，然后将完成后的成果交给另一个职能团队，接棒的团队完成下一组任务后再将成果交给下一个职能团队，依次类推。此种产品创新流程缺乏多职能团队的协同，因此也称"接力棒传递流程"。大多数公司已经不采用这种流程，转而采用多职能团队协作的门径流程。

Pipeline（Product Pipeline）　管道（产品管道）：准备投放市场的一系列开发中的产品。

Pipeline Management　管道管理：将产品战略、项目管理和职能管理进行整合的过程，目的是持续优化所有相关开发活动的跨项目管理。参见《PDMA 新产品开发手册》第1 版第 5 章和《PDMA 新产品开发手册》第 2 版第 3 章。

Plant Variety Rights　植物品种权：生产、销售植物品种的繁殖材料的专有权。

Platform Product　平台型产品：产品族中一系列产品共用的设计和组件。通过共用平台可以设计出许多衍生产品。参见"产品平台"。

Portfolio 组合：通常指公司正在投资的一系列项目或者产品，并通过战略对其进行权衡。参见"项目组合"和"产品组合"。

Portfolio Criteria 组合标准：用来评价计划中和正在进展中的产品开发项目的一组标准，确保组织投放的资源既均衡又有多样性。

Portfolio Management 组合管理：一种经营流程，公司业务部门通过该流程对当前进展中的项目组合、人员和预算安排进行决策。参见"管道管理"。参见《PDMA 新产品开发工具手册1》第13章和《PDMA 新产品开发手册》第2版第3章。

Portfolio Rollout Scenarios 组合推演：为达到预期财务目标，对某一时间段内推出新产品的数量和规模进行推演。将公司与行业标杆对标，并对成功率或失败率做出说明。

Primary Market Research 一级市场调研：是指由你（或你雇用的人）开展的原始调研，专门为当前的目标收集数据，也称"一手资料市场调研"或"直接市场调研"。

Process Champion 流程倡导者：负责在组织中日常推广和鼓励使用正式业务流程的人，还负责持续培训、创新投入和流程的持续改进。

Process Managers 流程经理：负责确保流程中的要求和项目按时有序进行的管理者。

Process Owner 流程负责人：负责产品创新流程战略结果的执行经理，包括流程产出量、输出质量和组织内的参与度。参见《PDMA 新产品开发工具手册1》第3章与流程负责人有关的四种工具，以及《PDMA 新产品开发手册》第1版第5章。

Product 产品：用来销售的所有商品、服务或知识。产品是属性（特性、功能、收益和用途）的集合体。产品可以是有形的实物，可以是无形的服务和收益，也可以是两者的结合。

Product and Process Performance Success 产品和流程绩效成功：新产品达到了技术绩效指标和产品创新流程绩效指标。

Product Architecture 产品架构：将功能要素分配到产品的物理模块中，然后通过这些物理模块间的交互作用，使得产品产生整体功能。参见《PDMA 新产品开发手册》第 1 版第 16 章。

Product Backlog 产品待办列表：敏捷产品创新方法的基本概念之一。对一个系统提出的需求可以用产品待办事项的优先级列表来呈现。这些需求包括功能性和非功能性的客户需求及技术团队提出的需求。

Product Definition 产品定义：定义产品，包括目标市场、产品概念、交付的收益、市场定位战略、价格、产品需求和设计规格。

Product Design Specifications 产品设计规格：包括所有必要的图纸、环境因素、人机工程学因素、美学因素、成本、维护、质量、安全、文件和说明，还包括如何执行项目设计的具体示例，以协助其他人更好地开展工作。

Product Development 产品开发：新产品的战略、组织、概念产生、产品与营销计划的制订和评估及商业化的整个流程。参见《PDMA 新产品开发手册》第 1 版第 19 章至第 22 章。

Product Development & Management Association（PDMA）美国产品开发与管理协会：探求、发展、组织和传播产品开发领域前沿理论与实践知识的非营利性专业组织。在实现其目标的过程中，该协会召开地方性、国家级和国际性会议，举办教育研讨会，创办季刊杂志《展望》和双月刊学术期刊《产品创新管理》，评估研究论文与提案，出版《PDMA 新产品开发手册》第 1、2 版和《PDMA 新产品开发工具手册 1》第 1、2 版。PDMA 同时还负责新产品经理 NPDP 的认证工作。

Product Development Portfolio 产品开发组合：在公司开发能力范围内，对客户最具有吸引力、有助于风险分散化和投资多样化、最终实现公司短长期目标均衡的新产品概念和项目。参见《PDMA 新产品开发工具手册 1》第 13 章及《PDMA 新产品开发手册》第 2 版第 21 章和第 22 章。

Product Development Process 产品开发流程：一整套明确的任务、步骤和阶段，表明了公司不断将初始概念转化成可销售产品或者服务的正式途径。参见《PDMA 新产品开发手册》第 2 版第 4 章和第 5 章。

Product Development Team 产品开发团队：参与产品开发项目的团队，每位团队成员通常代表某个职能、部门或专长。整合之后，团队拥有完成项目所需的全部能力。参见《PDMA 新产品开发手册》第 2 版第 9 章以及《PDMA 新产品开发工具手册 1》第 6 章。

Product Discontinuation 产品中止：将产品或服务从市场上撤回或退出，因其不再为公司的产品组合带来经济、战略或竞争优势。参见《PDMA 新产品开发手册》第 1 版第 28 章。

Product Failure 产品失败：没有实现公司和市场目标的产品开发项目。

Product Family 产品族：在共用产品平台上开发出来的一系列产品。通常，产品族中的产品共用许多零件和组件。

Product Innovation Charter（PIC） 产品创新章程：一份关键的战略文件，是组织对新产品进行商业化的核心。它涵盖了项目的立项原因、总体目标、具体目标、准则和范围。它回答了产品开发项目中"谁、什么、哪里、何时、为什么"问题。在发现阶段包括对市场偏好、客户需求、销售潜力和利润潜力做出的假设。进入开发阶段，经过原型开发和市场测试，以上假设可能遇到挑战。随着项目的进展，业务需求和市场条件会产生变化，项目开发者必须确保项目不偏离既定轨道。在开发阶段必须不断对照章程，以确保它仍然有效，项目仍然在定义的范围内，以及发现阶段所假设的机会仍然存在。

Product Life Cycle 产品生命周期：新产品从出生到死亡经历的四个阶段：引入期、成长期、成熟期和衰退期。围绕是否有方法来预测产品生命周期这一主题一直存在争议。

Product Life-Cycle Management 产品生命周期管理：随着时间推移改变产品特性和收益、营销组合要素和制造过程，以最大限度地增加产品在其生命周期内可获得的利润。参见《PDMA 新产品开发手册》第 2 版第 33 章。

Product Line 产品线：组织投放到大众市场上的一组产品。这些产品具备许多共同特征，拥有相同的客户及用途，也可共享技术、销售渠道、价格、服务和营销组合中的其他要素。

Product Management 产品管理：通过不断监控和调整营销组合要素，如产品及其特性、沟通策略、销售渠道和价格，确保产品或服务随着时间的推移能够一直满足客户需求并盈利。

Product Manager 产品经理：负责监督与产品有关所有活动的个人。在消费品公司，有时也称"品牌经理"。

Product Owner 产品负责人：常见于敏捷产品创新项目中，是代表客户利益并在产品待办列表优先级和需求问题上拥有最终权力的个人。

Product Platforms 产品平台：一组产品所共有的底层结构或基础架构，或将成为未来一系列商业化产品的基础。

Product Portfolio 产品组合：公司已投放市场的一系列产品和产品线。参见《PDMA 新产品开发工具手册 1》第 13 章。

Product Positioning 产品定位：如何将产品销售给客户，是指相对竞争产品而言，目标客户所重视（并由此定义）的一系列特性和价值。

Product Rejuvenation 产品复兴：对成熟产品或处于衰退期的产品进行调整、更新、重新包装或重新设计，以增加销量，进而延长产品生命周期的过程。

Product Requirements Document 产品需求文件：至少是营销与开发双方之间的协议。它完整、明确地描述了待开发产品的必要属性（功能和性能要求），以及验证属性是否达到要求的信息（通过测试）。

Product Superiority 产品优势：公司产品相对于竞争对手的优势，可通过为客户提供更多的利益和价值来获得，是新产品商业化的关键成功因素之一。

Program Manager 项目集经理：组织中负责领导和实施产品创新项目组合的管理者。参见《PDMA 新产品开发工具手册 1》第 4 部分与项目集经理有关的 4 种产品开发工具。

Project 项目：为创造独特的产品、服务或成果而进行的临时性工作。（项目管理协会《项目管理知识体系指南》）

Project Decision Making & Reviews 项目决策与评审：针对项目可行性的一系列通过或不通过决策，以确保产品满足公司的销售目标和财务目标。例如，在开发流程中各阶段的关口处，针对项目可行性进行系统评审。通过阶段性的评审确保项目与原计划基本一致。参见《PDMA 新产品开发手册》第 2 版第 21 章和第 22 章。

Project Leader 项目负责人：自始至终负责管理单个产品创新项目的人，负责确保里程碑和可交付成果的实现以及资源的有效利用。另见"团队负责人"。参见《PDMA 新产品开发工具手册 1》第 1 部分和第 2 部分与项目负责人有关的 8 种产品开发工具。

Project Management 项目管理：是一整套人员、工具、技术和流程的集合。通过制定项目目标、计划并实现项目目标所需的所有工作，领导项目，支持团队，监控进度，确保项目圆满完成。

Project Pipeline Management 项目管道管理：在项目增加、减少和中间调整期间，对资源进行平稳调配。

Project Plan 项目计划：指导项目执行和监控的正式获批文件。该批文详细地说明了对计划的设想和决策，促进了相关方之间的沟通，同时也点明了项目计划的范围、成本和时间期限。一份正式的、经批准的文件，用于指导项目执行和监控。记录假设和决策，促进相关方之间的沟通，记录批准的范围、成本和进度截止日期。

Project Portfolio 项目组合：一组新颖和创新程度各异的开发项目。参见《PDMA 新产品开发工具手册 1》第 13 章以及《PDMA 新产品开发手册》第 2 版第 3 章。

Project Resource Estimation 项目资源估算：该活动为计算项目成本提供了主要贡献。将功能需求转换为现实的成本估算是按照商业计划成功交付产品的关键要素。

Project Sponsor 项目发起人：项目的授权者、资金提供者和项目目标的制定者，同时也需要向其展示最终结果。通常为资深的管理者。

Project Strategy 项目战略：单个产品开发项目的目标和方向，包括项目是如何融入公司产品组合的，目标市场在哪里，以及产品能为客户解决哪些问题。参见《PDMA 新产品开发手册》第 2 版第 2 章。

Project Team 项目团队：负责规划和执行产品创新项目的多职能小组。

Prospectors 探索者：在技术、产品、市场开发及商业化方面领先的公司，即使个别产品可能不会带来利润。他们的总目标是率先在市场上进行各种创新。

Prototype 原型：新产品概念的物理模型。根据目的不同，产品原型可分为非实用型、功能实用型或者实用美观型。

Psychographics 消费心理学：消费者的态度、兴趣、观点和生活方式等特征，而不是单纯的人口统计学特征。

Q

Qualitative Marketing Research 定性市场调研：对少数受访者（个人或小组）进行调研，

获得他们的信念、动机、看法和观点。通过收集消费者的初步需求，获得其对创意和概念的初步反馈。调研结果不能代表整体市场，也无法对结果进行预测。定性市场调研用于了解消费者购买产品的原因，而定量市场调研则用于了解购买产品的人数。（参见《PDMA 新产品开发手册》2004 年第 2 版第 14 章至第 16 章）

Quality 质量：产品属性的集合，当它在产品中得到体现时，就意味着产品已达到或超过了客户的期望。

Quality Assurance/Compliance 质量保证/合规性：负责监督和评估产品开发政策和实践，以确保产品达到公司的标准和法规的要求。

Quality-by-Design 设计质量：在产品开发开始阶段，就在产品、服务或者流程中考虑设计质量的流程。

Quality Control Specification and Procedure 质量控制规格与程序：描述规格和程序的文件。在组件完成品或系统完成品出货前，依据该文件对其进行测量以确定是否满足相关要求。

Quality Function Deployment（QFD） 质量功能展开：一种采用矩阵分析的结构化方法。该方法将市场需求与完成开发工作联系起来。在开发阶段，当多职能团队希望将客户需求与产品规格和特性相关联并达成一致时，就可采用该方法。通过明确地将产品设计的方方面面联系起来，避免了在特性设计过程中删除重要特性或忽略特性之间关联的问题。QFD 也是促进多职能团队合作的一种重要机制。由于得到日本汽车制造商的发展和推广，QFD 在汽车行业中得到了广泛应用。

Quantitative Market Research 定量市场调研：一种消费者调研方法，通常使用调查问卷，通过对足够大的消费者样本进行调查，得出可靠的统计结果。可用于对一般消费者群体进行结果预测，也用于明确客户不同需求的重要度、当前产品的性能等级和满意度、试用率、复购率和产品偏好。这些技术可用于减少与产品创新相关诸多方面的不确定性。（参见《PDMA 新产品开发手册》2004 年第 2 版第 18 章）

R

Radical Innovation 激进型创新：一种包含新技术并能极大改变市场行为和消费方式的新产品。

Random Sample 随机样本：统计总体的一个子集，其中每个子集中的个体被选中的概率相等。

Reactors 回应者：没有任何新战略的公司。它们只有在面对竞争压力的时候，才被迫开发新的产品。

Reposition 重新定位：为弥补最初定位失误或应对市场变化，而改变产品在客户心目中的位置。最常用的方法是改变营销组合而不是重新开发产品。

Resource Matrix 资源矩阵：用公司组合中每位非管理员工投入在当前项目上的时间百分比来表示的一个阵列。

Resource Plan 资源规划：完成产品开发项目所需要各种资源的详细汇总，包括人员、设备、时间和资金。

Return on Investment（ROI）投资回报率：衡量项目盈利能力的一个标准指标，是项目在整个生命周期中的折现利润与初始投资的百分比值。

Reverse Engineering 逆向工程：对产品进行拆解，对价值进行分析的过程，为产品改进提供思路。

Risk 风险：可能发生也可能不发生的事件或情况。一旦真的发生就会影响实现项目目标的能力。在新产品开发中，风险可以是市场、技术或组织等方面。参见《PDMA新产品开发工具手册1》第8章和第15章以及《PDMA新产品开发手册》第2版第28章。

Risk Acceptance 风险接受：项目团队不因风险而改变项目计划。当团队无法对风险采取适当的应对措施时，就会被迫接受已识别的风险。

Risk Avoidance 风险规避：改变项目计划以消除风险或确保项目不受任何风险影响。

Risk Management 风险管理：在产品开发项目中识别、测量和减轻经营风险的过程。

Risk Mitigation 风险减轻：将风险概率和/或影响降低到临界值以下的措施。

Risk Tolerance 风险容限：项目相关方可以接受的风险水平。通常会视情况而定容限级别。也就是说，相关方可能愿意为不同类型的风险接受不同等级的风险，如项目延误风险、定价风险和潜在的技术风险等。

Risk Transference 风险转移：将风险的影响和风险应对措施的责任转移给第三方的行为。

Roadmapping 路线图制定：一种图形化的多步骤流程。用于预测未来的市场和/或技术变化，然后规划产品来响应这些变化。

Routine Innovation 常规型创新：以组织现有技术能力为基础，并与其现有商业模式相匹配的创新，聚焦于改进特性，推出新版本或新型号。

S

S-Curve S 曲线：技术性能的改进往往以"S"形曲线的形式随着时间的推移而展开。当技术被首次发明后，技术性能改进曲线会缓慢地上升。随着新技术经验的不断积累，技术性能增长速率加大，技术性能因此得到突飞猛进的提高。最后，在接近性能极限时，技术性能的增长速度放缓。在某一点上，该技术会达到极限，此时改进停滞。与此同时，该技术往往被另一种能实现更多性能改进的新技术所替代。替代技术通常处于其自身 S 曲线的下端，当其加速成长到 S 曲线的中间垂直部分时，就会迅速取代原技术。

Sales Forecasting 销售预测：运用一些技术，如 ATAR（知晓—试用—购买—复购）模型，对新产品销售潜力进行预测。

Sales Wave Research 销售波调研：针对曾经免费用过某产品的客户群，将该产品或竞争对手的产品稍作降价处理后重新提供给他们，记录仍然选择该产品的客户数量及其满意度。该过程最多可重复 5 次。

SCAMPER 法：一种创意工具，采用一系列行为动词来激发创意。S（Substitute）指替代，C（Combine）指合并，A（Adapt）指改造，M（Modify）指调整，P（Put to another use）指改变用途，E（Eliminate）指去除，R（Reverse）指逆向操作。

Scenario Analysis 情景分析：预想未来情景以制定策略来应对未来机会和挑战的一种工具。参见《PDMA 新产品开发工具手册 1》第 16 章。

Screening 筛选：评估和选择新创意或概念并将其纳入项目组合中的流程。大多数公司使用一个正式的筛选流程，评估标准涵盖客户、战略、市场、盈利能力和可行性等方面。

Scrum：最受欢迎的一种敏捷产品创新方法。在一系列固定长度的迭代中，团队有节奏地开发和交付产品。

Scrum Master 敏捷教练：Scrum 敏捷产品创新方法中的一个角色。其工作是给团队和产品负责人提供帮助，而非直接管理团队。

Scrum Team 敏捷团队：Scrum 敏捷产品创新方法中的一个角色。团队通常有 5～9 名成员，具备成功完成冲刺目标所需的功能或学科背景（跨职能团队）。

Secondary Market Research 二级市场调研：基于最初由他人收集而来的数据进行的调研，也称"次级市场调研"、"二手资料市场调研"或"间接市场调研"。

Segmentation 细分：将一个庞大的异质性市场细分为许多具有同质性的子市场的过程。每个子市场或细分市场对产品、价值、购买和产品使用都持有相似的方式。参见

《PDMA 新产品开发手册》第 1 版第 3 章和第 4 章。

Senior Management 高级管理层：级别高于产品开发团队的执行或运营管理层，具有批准权限或控制了开发工作所需的重要资源。

Sensitivity Analysis 敏感性分析：计算不确定性对新产品商业论证的影响。分析步骤包括设置相关假设的上下限并计算预期结果。参见《PDMA 新产品开发工具手册 1》第 16 章。

Sensory Testing 感官检验：一种定量调研方法，根据人类对被测产品的感官反应（视觉、味觉、嗅觉、触觉、听觉）来评估产品。

Services 服务：无形的或至少实质上无形的产品，如航空公司的航班或保险单。如果完全无形的话，服务提供者和消费者则会直接交易，不能运输或储存，而且会很快过期。提供服务时，通常会使用某种重要的方式邀请客户参与。服务不能以所有权转让的方式出售，也不具有所有权。

Simulated Test Market 模拟测试市场：一种定量市场调研，用来对营销进行前期测试。消费者在广告和购物环境中接触到他们的需求和新产品。获得相应的数据后，将其输入用于预测的数学模型，并考虑一些假设，然后输出销售额或市场份额的早期预测值。

Six Sigma 六西格玛：每 100 万次运行中只有 3.4 次错误的流程绩效水平。

Six Thinking Hats 六顶思考帽：由爱德华·德·波诺开发的思维工具，鼓励团队成员将思维模式分成六种明确的职能和角色，每种角色都有一顶颜色不同的"思考帽"。

Social Media 社交媒体：计算机媒体工具，允许个人、公司和组织在虚拟社区和网络中创建、共享或交换信息、创意、图片或视频。

Specification 规格：对产品特性和性能的详细描述。例如，一台笔记本电脑的规格为：

1.8GHz 英特尔酷睿 i7 处理器、16GB 内存、1TB 硬盘、NVIDIA Geforce MX250 显卡芯片、3000x2000 超高清屏、电池续航 12 小时和重量 1.33 千克。

Sponsor 发起人：产品创新项目中的非正式角色。通常由公司高级管理者担任，并不直接参与项目，只是在关键时候伸出援手或扫清障碍。

Sprint 冲刺：敏捷产品创新方法中的一个术语，指完成特定工作并进入评审的一个时间段。

Stage 阶段：构成整个产品创新流程的一部分。完成任务并交付独特结果和可交付成果。

Stage-Gate Process 门径流程：一种得到广泛采用的产品创新流程。按时间维度将工作划分为不同的阶段，阶段之间有管理决策关口。多职能团队在获得管理层批准进入下一个产品开发阶段之前，必须在前一个阶段成功完成所有要求的任务。门径流程框架中包括工作流程和决策流程，并定义了确保流程持续平稳运行所需的支持系统和实践。

Staged Product Development Activity 阶段式产品开发活动：在没有重大未知信息的情况下，着手完成一系列产品开发任务。分阶段完成任务，直到生产出可销售的产品。

Standard Cost 标准成本：参见"制造成本"。

Star Products 明星产品：在高增长市场中占有高市场份额的产品。

Storming 震荡阶段：团队建设的第二个阶段，此时团队成员开始产生摩擦。这是很多团队遭遇失败的时期。当团队成员的工作方式相互冲突时，就会引起震荡。

Storyboarding 故事板：聚焦并开发消费者如何使用产品这样的故事，以便更好地理解可能带来产品设计属性的问题。

Strategic Balance 战略平衡：通过一个或多个维度上对开发项目组合进行平衡，维度包括聚焦与多元化、短期与长期、高风险与低风险、扩展平台与开发新平台。

Strategic Fit 战略匹配：确保项目与战略一致。例如，如果某些技术或市场被指定为战略重点领域，那么这些项目是否与该领域吻合？

Strategic Priorities 战略优先级：确保整个项目组合的投资能够反映公司的战略优先级。例如，如果组织的目标是实现技术领先，那么组合中的项目布局应该能够反映该目标。

Strategic Partnering 战略伙伴：两个公司（通常是一个大型公司和一个小型创业公司）之间的联盟或伙伴关系。在共同开发一款专门的新产品时，大公司提供资金以及承担必要的产品开发、营销、制造和分销责任，而小公司则提供专有技术或创新专业知识。

Strategy 战略：公司的愿景、使命和价值观。创新战略是公司战略的一个组成部分。

Stratified Sampling 分层抽样：根据某些变量将总体分成若干层，从每一层中抽取一个样本的抽样方法。这些变量与要调研的目标变量相关。

Support Projects 支持型项目：对现有产品的增量改进，抑或提升现有产品的制造效率。通常风险很低。

Sustainable Development 可持续发展：一种既满足当代人发展需要，又不损害后代满足自身需要能力的发展模式。

Sustainable Innovation 可持续创新：在开发新产品或服务并将其商业化的过程中，可持续发展特征在经济、环境和社会等方面得到体现，并在产品生命周期的采购、生产、使用和服务结束阶段得到落实。

Sustaining Innovation 延续式创新：不创造新市场或新价值网络，只在现有基础上开发出价值更高的产品或服务，在与竞争对手的持续改进中确保公司占据优势。

SWOT Analysis SWOT 分析：对优势（Strength）、劣势（Weakness）、机会（Opportunity）

和威胁（Threat）进行分析。从竞争对手、客户需求、市场或经济环境等角度对公司进行优缺点分析。

T

Task　任务：完成可交付成果的可描述的最小单位。

Target Market　目标市场：在营销过程中挑选出的消费者群体或潜在客户。该细分市场最有可能购买指定类型的产品，也称"首要关注对象"。

Team　团队：能力互补、目的相同、目标清晰、方法明确并互相负责的少数几个人。

Team Leader　团队领导者：领导新产品开发团队的人。负责确保实现里程碑和可交付成果，但可能没有比项目参与者更高的正式权力。参见《PDMA 新产品开发工具手册 1》第 1 部分和第 2 部分与团队领导有关的 8 种产品开发工具。

Technology-Driven　技术驱动：基于技术能力的新产品或新产品战略，也可以说是通过寻找问题来提供解决方案。

Technology Foresighting　技术预测：通过展望未来的方法来预测技术趋势及其对组织潜在影响的一种流程。

Technology Road Map　技术路线图：技术或技术计划沿着时间轴的进化图。用于指导新技术开发或在新产品开发中做出技术决策。

Technology S-Curve　技术 S 曲线：适用于大多数技术的生命周期，其中包括引入期、成长期和成熟期。

Technology Strategy　技术战略：一个关于技术维护和技术开发的计划，这些技术能够支持组织的未来发展并有助于组织战略目标的实现。

Technology Transfer　技术转移：经由商业化部门将实验室中的科学发现转变成有价值产

品的过程，也可以是合作联盟之间的技术转移过程。

Test Marketing and Market Testing 试销与市场测试：广义上的市场测试涵盖了对所有产品进行调研的方法，无论针对新产品还是现有产品，都是在市场条件下进行的测试，目的是降低上市或拓展失败的风险，其包括试销方法。如果试销的重点是降低新产品发布的风险，那么市场测试可以狭义地定义为对现有产品推向新市场进行测试，以降低拓展战略失败的风险。

Time to Market 上市时间：从新产品最初创意到新产品上市开始销售所需的时间。对起点和终点的准确定义因公司而异，在公司内也因项目而异。也称"上市速度"（Speed to Market）。

Top-down Portfolio Selection 自上向下式组合选择：以战略为出发点，强调按照该战略进行项目选择，也称"战略桶方法"。

Total Quality Management（TQM） 全面质量管理：在组织的所有职能领域中，实行全面持续改进的商业思想。

Trade Secrets 商业秘密：在一个组织内被秘密保存并与知识产权有关的信息。

Trademark 商标：通过合法注册或使用而建立的代表一个组织或产品的符号、字或词。

Triple Constraint 三重约束：由项目中最重要的三个约束，即范围、进度和成本组合而成，也称"项目管理三角"或"铁三角"。

Triple Bottom Line 三重底线：体现组织绩效的三个方面：经济、社会和环境。

TRIZ 发明问题解决理论：由俄罗斯学者提出的解决问题和建立多种可行方案的系统方法。它基于对数百万项专利技术解决方案的分析和归纳。这种方法帮助个人在思考时突破自身经验，并通过使用其他学科和领域的解决方案进行跨学科解决问题，从而提高创造力。

TURF（Total Unduplicated Reach and Frequency）Analysis 累计不重复触达率与频度分析：源于传媒行业常用的排期方法，也用于产品创新和产品管理，特别是在产品生命周期涉及多个选择和重复购买时，用其来了解和最大限度地发挥产品线和产品平台的市场潜力。

U

Unarticulated Customer Needs 隐性客户需求：客户不愿意说或无法说明的需求。

Usage and Purchase Intent 使用和购买意图：某人想使用或购买产品或服务的程度。

User 用户：使用产品或服务来解决问题或获得收益的人，但未必是产品或服务的购买者。用户可能消费一种产品，比如用洗发露洗发，或在两餐之间吃薯片充饥。用户也可能不直接消费某个产品，但会在相当长的一段时间内和它打交道。就像一个拥有汽车的家庭一样，家庭中不同成员会在数年内将其用于多种用途。产品也会用于生产其他产品或服务，这时用户就有可能是操作设备的生产人员。

User Experience（UX） 用户体验：在当前的术语中，UX 通常与界面设计、人为因素设计等联系在一起，虽然这些肯定是用户体验的一部分，但 UX 最终归结为理解客户。

V

Value 价值观：个人或组织坚守的精神准则。它是战略制定中的一个要素。

Value-Added 增值：将有形的产品特性或无形的服务属性与其他特性和属性进行捆绑、组合或包装起来，以创造竞争优势、重新定位产品或增加销售额的行为或过程。

Value Proposition 价值主张：产品能从哪些方面给潜在客户带来价值的说明，该说明应是精炼、清晰和简洁的。"价值"的本质是客户从新产品中获得的收益与所支付的价格之比（见《PDMA 新产品开发工具手册 1》第 3 章）。

Virtual Reality（VR）Testing 虚拟现实测试：市场调研的一个新兴领域。通过专用设备进行测试，包括佩戴装有跟踪传感器的耳机和/或手套，可以创建三维（3D）模拟，并使参与者能够在真实的环境中进行交互。

Virtual Team 虚拟团队：主要以电子方式进行沟通和工作的分散式团队。

Vision 愿景：运用远见与洞察力进行想象的一种做法。它既考虑了未来的可能性，又考虑了现实的制约因素，是组织最期望的未来状态。

Visions 《展望》期刊：产品开发与管理协会主办的期刊，读者主要为新产品开发从业者。

Vitality Index 活力指数：在企业中，新产品销售额除以指定时期内某一产品线或部门所有产品的销售额的所得值。

Voice of the Customer（VOC） 客户之声：为了找出问题的解决方法，引导客户经历一系列情境并通过结构化深度访谈提炼出客户需求。通过间接调查了解客户如何满足自身需求及他们选中某解决方案的原因，进而最终明确客户需求。它是一个启发客户需求的过程。

W

Waste 浪费：任何超额使用设备、材料、零件、场地、员工时间或公司其他资源的活动都是浪费。这些活动包括等待、半成品零件积压、重复装运、材料搬运和其他非生产流程。企业应努力消除七种基本浪费：生产过剩、等待机器、运输时间、加工时间、库存过剩、运转过剩和缺陷。

Waterfall Model 瀑布模型：软件开发中使用的一种按阶段顺序展开的流程。开发流程历经概念、启动、分析、设计、构建、测试、生产/实施和维护阶段，就像逐级向下流动的瀑布。

Willingness to Pay 付费意愿：客户购买你的产品或服务时愿意支付的最高价格。

Whole Product 完整产品：一种产品概念，强调向客户交付产品的所有方面和全部价值。包含所有确保客户成功体验及从产品中得到基本价值所需的基本要素，例如培训材料、支持系统、连接线缆、使用方法、附加的软硬件、标准和程序、实施、应用咨询服务等。

Work-plan 工作计划：用来执行项目的详细计划，定义项目各个阶段、详细步骤、具体任务和里程碑。在最佳实践中，工作计划包含完成任务所需的资源、任务计划持续时间和任务之间的依赖关系。参见"甘特图"。

第 2 部分　术语表（中文排序）

A/B 测试 A/B Testing：一种多因素研究方法，用来测试和比较两个样本或变量。多因素测试还有一些其他方法，如联合分析，可以有两个或更多的变量。

ATAR（知晓—试用—购买—复购）模型：ATAR（Awareness-Trial-Availability-Repeat）。一种预测工具，通过数学模型对创新或新产品扩散进行预测。

ISO 9000 标准 ISO 9000：国际标准化组织（ISO）制定的五个审计标准，用于判断公司是否在质量上达标。它确立了质量体系在公司中的作用，并用于评估公司是否符合认证标准。ISO 9001 专门用于新产品。

PESTLE 分析：基于政治（Political）、经济（Economic）、社会（Social）、技术（Technological）、法律（Legal）和环境（Environmental）因素的一种结构化分析工具。作为一个战略框架，它有助于更好地理解影响组织未来趋势的直接因素，如人口统计因素、政治壁垒、颠覆性技术和竞争压力等。

SCAMPER 法：一种创意工具，采用一系列行为动词来激发创意。S（Substitute）指替代，C（Combine）指合并，A（Adapt）指改造，M（Modify）指调整，P（Put to another use）指改变用途，E（Eliminate）指去除，R（Reverse）指逆向操作。

Scrum：一种最受欢迎的敏捷产品创新方法。在一系列固定长度的迭代，团队有节奏地开发和交付产品。

SWOT 分析 SWOT Analysis：对优势（Strength）、劣势（Weakness）、机会（Opportunity）和威胁（Threat）进行分析。从竞争对手、客户需求、市场或经济环境等角度对公司进行优缺点分析。

S 曲线 S-Curve：技术性能的改进往往以"S"形曲线的形式随着时间的推移而展开。当技术被首次发明后，技术性能改进曲线会缓慢地上升。随着新技术经验的不断积累，技术性能增长速率加大，技术性能因此得到突飞猛进的提高。最后，在接近性能极限时，技术性能的增长速度放缓。在某一点上，该技术会达到极限，此时改进停滞。与此同时，该技术往往被另一种能实现更多性能改进的新技术所替代。替代技术通常处于其自身 S 曲线的下端，当其加速成长到 S 曲线的中间垂直部分时，就会迅速取代原技术。

TURF 分析 TURF（Total Unduplicated Reach and Frequency）Analysis：累计不重复触达率与频度分析。源于传媒行业常用的排期方法，也用于产品创新和产品管理，特别是在产品生命周期涉及多个选择和重复购买时，用其来了解和最大限度地发挥产品线和产品平台的市场潜力。

A

阿尔法测试 Alpha Test：生产前的产品测试，目的是发现和消除明显的设计缺陷或不足，通常在开发公司的实验环境或常规环境下进行。在某些情况下，也可以在受控环境中邀请领先客户进行测试。参见"贝塔测试"和"伽马测试"。

B

巴斯模型 Bass Model：用于预测创新产品、新技术或耐用品的销售预测工具。

把关者 Gatekeepers：是门径流程中的管理者，对项目的建议、决策和投资负责。该多职能小组运用既定的业务标准，评审新产品机会和项目进度并在每个关口相应地分配资源。该小组通常也称"产品批准委员会"或"项目组合管理团队"。

版权 Copyright：创作者在一定年限内享有的印刷、出版、表演、拍摄或记录文学、艺术或音乐素材，并具有排他性和可转让的合法权利。

贝塔测试 Beta Test：在产品开始生产前，对样品进行的外部测试。在产品推向市场前，在实践环境下测试产品的全部功能，以发现在内部控制测试中未被识别的系统性错误。参见"现场测试"。

标准 Criteria：决策者在决策关口使用的条件，是确保项目继续进行而必须达到或超过的绩效指标。总体来说，这些标准反映了业务部门的新产品战略。参见《PDMA 新产品开发手册》第 2 版第 21 章和第 29 章。

标准成本 Standard Cost：参见"制造成本"。

并行工程 Concurrent Engineering（CE）：在产品设计和制造流程中，采用跨职能团队同时协同展开而不是按单个职能顺序展开的方式进行开发。旨在使开发团队从项目一开始就考虑从概念到退市整个产品生命周期的所有要素，包括质量、成本和维护。也称"同步工程"。参考《PDMA 新产品开发手册》第 1 版第 30 章。

C

财务成功 Financial Success：新产品达到其利润、毛利率和投资回报率目标的程度。

试销与市场测试 Test Marketing and Market Testing：广义上的市场测试涵盖了对所有产品进行调研的方法，无论针对新产品还是现有产品，都是在市场条件下进行的测试，目的是降低上市或拓展失败的风险，其包括试销方法。如果试销的重点是降低新产品发布的风险，那么市场测试可以狭义地定义为对现有产品推向新市场进行测试，以降低拓展战略失败的风险。

差距分析 Gap Analysis：期望结果和预计结果之间的差距。在产品开发中，差距为期望的新产品收入或利润与当前预计的收入或利润之间的差额。如果存在差距，则进一步分析差距的原因，并制订解决方案（如改变目标或策略等），以减少或消除差距。

产品 Product：用来销售的所有商品、服务或知识。产品是属性（特性、功能、收益和用途）的集合体。产品可以是有形的实物，可以是无形的服务和收益，也可以是两者的结合。

《产品创新管理》杂志 Journal of Product Innovation Management：创新、产品创新和技术管理领域的顶级学术期刊。该杂志由 PDMA 所有，致力于推进产品创新全过程中涉及的所有领域的管理实践。其目的是为产品创新管理者和学生提供理论架构和实践技术，帮助他们有效运用到管理实践中。

产品创新章程 Product Innovation Charter（PIC）：一份关键的战略文件，是组织对新产品进行商业化的核心。它涵盖了项目的立项原因、总体目标、具体目标、准则和范围。它回答了产品开发项目中"谁、什么、哪里、何时、为什么"这五个问题。在发现阶段包括对市场偏好、客户需求、销售潜力和利润潜力做出的假设。进入开发阶段，经过原型开发和市场测试，以上假设可能遇到挑战。随着项目的进展，业务需求和市场条件会产生变化，项目开发者必须确保项目不偏离既定轨道。在开发阶段必须不断对照章程，以确保它仍然有效，项目仍然在定义的范围内，以及发现阶段所假设的机会仍然存在。

产品待办列表 Product Backlog：敏捷产品创新方法的基本概念之一。对一个系统提出的需求可以用产品待办事项的优先级列表来呈现。这些需求包括功能性和非功能性的客户需求及技术团队提出的需求。

产品定位 Product Positioning：如何将产品销售给客户，是指相对竞争产品而言，目标客户所重视（并由此定义）的一系列特性和价值。

产品定义 Product Definition：定义产品，包括目标市场、产品概念、交付的收益、市场定位战略、价格、产品需求和设计规格。

产品废止 Product Discontinuation：将产品或服务从市场上撤回或退出，因其不再为公司的产品组合带来经济、战略或竞争优势。参见《PDMA 新产品开发手册》第 1 版第 28 章。

产品负责人 Product Owner：常见于敏捷产品创新项目中，是代表客户利益并在产品待办列表优先级和需求问题上拥有最终权力的个人。

产品复兴 Product Rejuvenation：对成熟产品或处于衰退期的产品进行调整、更新、重新包装或重新设计，以增加销量，进而延长产品生命周期的过程。

产品管理 Product Management：通过不断监控和调整营销组合要素，如产品及其特性、沟通策略、销售渠道和价格，确保产品或服务随着时间的推移能够一直满足客户需求并盈利。

产品和流程绩效成功 Product and Process Performance Success：新产品达到了技术绩效指标和产品创新流程绩效指标。

产品架构 Product Architecture：将功能要素分配到产品的物理模块中，然后通过这些物理模块间的交互作用，使得产品产生整体功能。参见《PDMA 新产品开发手册》第 1 版第 16 章。

产品经理 Product Manager：负责监督与产品有关所有活动的个人。在消费品公司，有时也称"品牌经理"。

产品经理认证 New Product Development Professional（NPDP）：经产品开发和管理协会认证的产品管理专业人士，需掌握《产品经理认证知识体系》并通过认证考试。为保证 NPDP 认证考试的权威性，报考者必须拥有公认机构颁发的学士学位或者更高学历（或同等学力），并至少有两年从业经验。

产品开发 Product Development：新产品的战略、组织、概念产生、产品与营销计划的制订和评估及商业化的整个流程。参见《PDMA 新产品开发手册》第 1 版第 19 章至第 22 章。

产品开发流程 Product Development Process：为了不断将最初的创意转化为可销售的产品或服务，由公司制定的、必须得到遵守的一系列任务和步骤。参见《PDMA 新产品开发手册》第 2 版第 4 章和第 5 章。

产品开发团队 Product Development Team：参与产品开发项目的团队，每位团队成员通常代表某个职能、部门或专长。整合之后，团队拥有完成项目所需的全部能力。参见《PDMA 新产品开发手册》第 2 版第 9 章以及《PDMA 新产品开发工具手册 1》第 6 章。

产品开发组合 Product Development Portfolio：在公司开发能力范围内，对客户最具有吸引力、有助于风险分散化和投资多样化、最终实现公司短长期目标均衡的新产品概念和项目。参见《PDMA 新产品开发工具手册 1》第 13 章及《PDMA 新产品开发手册》第 2 版第 21 章和第 22 章。

产品平台 Product Platforms：一组产品所共有的底层结构或基础架构，或将成为未来一系列商业化产品的基础。

产品设计规格 Product Design Specifications：包括所有必要的图纸、环境因素、人机工程学因素、美学因素、成本、维护、质量、安全、文件和说明，还包括如何执行项目设计的具体示例，以协助其他人更好地开展工作。

产品生命周期 Product Life Cycle：新产品从出生到死亡经历的四个阶段：引入期、成长期、成熟期和衰退期。围绕是否有方法来预测产品生命周期这一主题一直存在争议。

产品生命周期管理 Product Life-Cycle Management：随着时间推移改变产品特性和收益、营销组合要素和制造过程，以最大限度地增加产品在其生命周期内可获得的利润。

参见《PDMA 新产品开发手册》第 2 版第 33 章。

产品失败 Product Failure：没有实现公司和市场目标的产品开发项目。

产品外优势 Non-Product Advantage：除产品本身之外，带来竞争优势的营销组合要素，包括营销传播、分销、公司声誉、技术支持和相关服务。

产品线 Product Line：组织投放到大众市场上的一组产品。这些产品具备许多共同特征，拥有相同的客户及用途，也可共享技术、销售渠道、价格、服务和营销组合中的其他要素。

产品线延伸型新产品 Line Extension：延伸产品的一种形式，只增加或改变产品特性，不明显改变产品功能。

产品需求文件 Product Requirements Document：至少是营销与开发双方之间的协议。它完整、明确地描述了待开发产品的必要属性（功能和性能要求），以及验证属性是否达到要求的信息（通过测试）。

产品优势 Product Superiority：公司产品相对于竞争对手的优势，可通过为客户提供更多的利益和价值来获得，是新产品商业化的关键成功因素之一。

产品族 Product Family：在共用产品平台上开发出来的一系列产品。通常，产品族中的产品共用许多零件和组件。

产品组合 Product Portfolio：公司已投放市场的一系列产品和产品线。参见《PDMA 新产品开发工具手册 1》第 13 章。

常规型创新 Routine Innovation：以组织现有技术能力为基础，并与其现有商业模式相匹配的创新，聚焦于改进特性，推出新版本或新型号。

倡导者 Champion：热切期望全面开发产品或流程并将其投放到市场中的人。该非正式角色会根据不同情况采取相应行动，小到鼓励人们把握机遇，大到推动那些受公司政策限制和/或遭到反对的项目。参见《PDMA 新产品开发工具手册 1》第 5 章。

成熟阶段　Maturity　Stage：产品生命周期的第三阶段。由于市场饱和，该阶段的销售开始趋于平稳。此时，激烈的竞争、产品多样化选择及潜在的消费者偏好改变都会使得企业难以盈利。

成熟阶段　Performing：团队建设的第四个阶段。该阶段团队成员工作努力，没有冲突，不断实现团队目标。此外，由领导者构建的团队结构和流程运行顺畅。

成长阶段　Growth Stage：产品生命周期的第二阶段。在该阶段，产品或服务的销售额和市场接受度快速增长。到达成长阶段的产品成功地"跨越鸿沟"。

持续创新　Continuous Innovation：在不改变消费模式或行为的情况下，改善产品的性能和收益，而产品的整体外观和基本性能没有根本变化。例如含氟牙膏和高速运算计算机。

持续改善　Continuous Improvement：旨在逐步改进实践和流程的回顾、分析和返工。也称"改善"（Kaizen）。

冲刺　Sprint：敏捷产品创新方法中的一个术语，指完成特定工作并进入评审的一个时间段。

初步筛选　Initial Screening：对项目进行投资（时间或金钱）的第一次决策。此时诞生项目。也称"创意筛选"。

创新　Innovation：一种新创意、新方法或新设计，创造新产品或新流程的行动，包括将概念或创意开发成最终商品所做的工作。

创新战略　Innovation Strategy：为整个组织的创新提供目标、方向和框架。各个业务部门和职能部门可以有自己的战略来实现创新目标，但这些战略必须与整个组织的创新战略保持一致。

创新指导委员会　Innovation Steering Committee：高级管理团队或子团队，负责协调产品创新的战略和财务目标，并为项目组合和开发团队设定期望值。

创意 Idea：新产品或新服务的雏形状态。通常由个人、团队或公司的高层级观点和解决方案设想构成。

创意生成 Idea Generation：为了解决消费者问题从而寻找更多解决方案的所有活动和流程。应用该方法可以在产品开发早期阶段生成产品概念，在中期阶段解决问题，在后期阶段规划上市，以及在退市阶段更好地总结产品在市场中的成败。参见《PDMA 新产品开发手册》第 2 版第 17 章。

创造力 Creativity：创造力是产生既新颖又合适的成果的能力。乔治·M.普林斯在《创造力实践》（1970 年）一书中对创造力的定义是："一种随意的和谐，一种预期的惊奇，一种习惯的启示，一种熟悉的惊喜，一种慷慨的自私，一种意外的肯定，一种可成形的固执，一种重要的琐碎，一种节制的自由，一种醉人的稳定，一种反复的开始，一种困难的喜悦，一种可预见的赌博，一种短暂的稳固，一种统一的差异，一种更高的满足，一种奇迹的期望和习惯的惊奇。"

D

大数据 Big Data：超大数据集，通过计算分析这些数据可以发现某种模式、趋势和关联性，尤其在与人类行为及其交互相关的方面。

德尔菲技术 Delphi Technique：在一组专家（专家通常是匿名的）中进行反复协商最终达成共识，据此得出对未来情况的最可靠预测的一种技术。

颠覆型创新 Disruptive Innovation：需要新的商业模式，但不一定需要新的技术。比如，谷歌的安卓操作系统就可能颠覆苹果的操作系统。

定量市场调研 Quantitative Market Research：一种消费者调研方法，通常使用调查问卷，通过对足够大的消费者样本进行调查，得出可靠的统计结果。可用于对一般消费者群体进行结果预测，也用于明确客户不同需求的重要度、当前产品的性能等级和满意度、试用率、复购率和产品偏好。这些技术可用于减少与产品创新相关诸多方面的不确定性。（参见《PDMA 新产品开发手册》2004 年第 2 版第 18 章）

定性市场调研 Qualitative Marketing Research：对少数受访者（个人或小组）进行调研，获得他们的信念、动机、看法和观点。通过收集消费者的初步需求，获得其对创意和概念的初步反馈。调研结果不能代表整体市场，也无法对结果进行预测。定性市场调研用于了解消费者购买产品的原因，而定量市场调研则用于了解购买产品的人数。（参见《PDMA 新产品开发手册》2004 年第 2 版第 14 章至第 16 章）

度量指标 Metrics：一组用于跟踪产品开发的指标，公司用其评估流程改进的影响。通常，这些指标因公司而异，但都包含流程两个方面的指标，如上市时间、流程中具体阶段的持续时间和产品开发结果（如每年商业化产品数量和新产品收入占比）。

对标 Benchmarking：收集一些优秀组织的过程绩效数据，将其与自身组织对照，从而单独或整体地评估自身组织绩效。收集信息的方式通常是保密和双盲的。

多变量分析 Multivariate Analysis：探索一个结果变量（也称"因变量"）与一个或多个预测变量（也称"自变量"）之间的关联。

多维尺度分析 Multidimensional Scaling（MDS）：在一个数据集（如产品或市场）中，将数个个案相似性进行可视化的方法。

多职能团队 Multifunctional Team：由来自不同职能领域的个体组成，大家共同致力于解决问题或者执行流程。需要将知识、培训和能力进行跨领域整合才能成功完成工作。参见"跨职能团队"。参见《PDMA 新产品开发手册》第 2 版第 9 章和第 10 章及《PDMA 新产品开发工具手册 1》第 6 章。

E

二级市场调研 Secondary Market Research：基于最初由他人收集而来的数据进行的调研，也称"次级市场调研"、"二手资料市场调研"或"间接市场调研"。

F

发明问题解决理论 TRIZ：由俄罗斯学者提出的解决问题和建立多种可行方案的系统方法。它基于对数百万项专利技术解决方案的分析和归纳。这种方法帮助个人在思考时突破自身经验，并通过使用其他学科和领域的解决方案进行跨学科解决问题，从而提高创造力。

发起人 Sponsor：产品创新项目中的非正式角色。通常由公司高级管理者担任，并不直接参与项目，只是在关键时候伸出援手或扫清障碍。

发散思维 Divergent Thinking：不加判断、不加分析、不加讨论地提出创意和新可能性的过程，是允许自由联想和"打破边界"的一种思维方式，也是解决没有单一、正确或已知答案的重大问题的一种新方法。

防御者 Defenders：不一定通过开发新产品，而是采用各种可能手段保护自身产品的市场地位的公司。

非连续性创新 Discontinuous Innovation：带来全新消费模式和行为变化的产品，如微波炉和移动电话。

分层抽样 Stratified Sampling：根据某些变量将总体分成若干层，从每一层中抽取一个样本的抽样方法。这些变量与要调研的目标变量相关。

分散式团队 Dispersed Teams：成员在不同地点、时区，甚至不同国家工作的产品开发团队。

分析者 Analyzer：采用模仿策略进行创新的公司。其做法是不先推出新产品或新技术，而是待对手一旦打开市场，就迅速向市场投放类似或更好的产品。也称"模仿者"或"跟随者"。

分销（传统式和渠道式） Distribution（Physical and Channels）：在将产品（或服务）从生产地运至最终用户购买地时所选择的方法和合作方。

风险 Risk：可能发生也可能不发生的事件或情况。一旦真的发生就会影响实现项目目标的能力。在新产品开发中，风险可以是市场、技术或组织等方面。参见《PDMA 新产品开发工具手册 1》第 8 章和第 15 章以及《PDMA 新产品开发手册》第 2 版第 28 章。

风险管理 Risk Management：在产品开发项目中识别、测量和减轻经营风险的过程。

风险规避 Risk Avoidance：改变项目计划以消除风险或确保项目不受任何风险影响。

风险减轻 Risk Mitigation：将风险概率和/或影响降低到临界值以下的措施。

风险接受 Risk Acceptance：项目团队不因风险而改变项目计划。当团队无法对风险采取适当的应对措施时，就会被迫接受已识别的风险。

风险容限 Risk Tolerance：项目相关方可以接受的风险水平。通常会视情况而定容限级别。也就是说，相关方可能愿意为不同类型的风险接受不同等级的风险，如项目延误风险、定价风险和潜在的技术风险等。

风险转移 Risk Transference：将风险的影响和风险应对措施的责任转移给第三方的行为。

服务 Services：无形的或至少实质上无形的产品，如航空公司的航班或保险单。如果完全无形的话，服务提供者和消费者则会直接交易，不能运输或储存，而且会很快过期。提供服务时，通常会使用某种重要的方式邀请客户参与。服务不能以所有权转让的方式出售，也不具有所有权。

付费意愿 Willingness to Pay：客户购买你的产品或服务时愿意支付的最高价格。

G

伽马测试 Gamma Test：一种产品使用测试。开发者测量产品满足目标客户需求的程度，解决开发过程中的问题并使客户满意。

改善 Kaizen：日语，意思是"改得更好"或"持续改进"。强调全过程、全员参与持续改进的日式商业哲学。

概念 Concept：新产品创意的清晰文字描述或可视化说明，包括主要特性、消费者收益，并对所需技术有广泛的了解。

概念测试 Concept Testing：向消费者提供概念说明以记录其反馈的过程。这些反馈可以用来帮助开发者评估概念的销售价值，也可以用来对概念进行修改从而提高其潜在的销售价值。参见《PDMA 新产品开发手册》第 2 版第 6 章。

概念工程 Concept Engineering：以客户为中心的过程，对产品创新流程中的"模糊前端"进行说明，目的是开发出产品概念。该方法明确客户的关键需求，在设计中得以体现，并提出了若干个满足这些需求的产品概念。

概念筛选 Concept Screening：在产品开发项目的发现阶段对潜在的新产品概念进行评估。评估潜在概念是否与经营战略、技术可行性、可制造性和财务成功潜力相匹配。

概念生成 Concept Generation：产生新概念或新产品创意的过程。有时也叫作创意生成或创意构思。参见《PDMA 新产品开发手册》第 2 版第 15 章和第 17 章。

概念说明 Concept Statement：为获得消费者对新概念的反馈，在产品开发之前提供的文字或图形说明。

甘特图 Gantt Chart：应用于项目进度规划和管理中的水平条形图，其中包括任务开始日期、完成日期和持续时间。

感官检验 Sensory Testing：一种定量调研方法，根据人类对被测产品的感官反应（视觉、味觉、嗅觉、触觉、听觉）来评估产品。

感性工学 Kansei Engineering：将构成产品的相关设计要素（颜色、尺寸和形状）作为用户偏好的决定性因素。

感知图 Perceptual Mapping：一种定量市场调研工具，用来了解客户对当前和未来产品的看法，也是产品在消费者心目中所处位置的视觉呈现。

高级管理层 Senior Management：级别高于产品开发团队的执行或运营管理层，具有批准权限或控制了开发工作所需的重要资源。

工作计划 Work-plan：用来执行项目的详细计划，定义项目各个阶段、详细步骤、具体任务和里程碑。在最佳实践中，工作计划包含完成任务所需的资源、任务计划持续时间和任务之间的依赖关系。参见"甘特图"。

公司内部创业者 Intrapreneur：在大公司内部开办新事业的创业者，相当于企业家。

公司文化 Corporate Culture：对一个组织的"感觉"。文化源于组织赖以运行的信仰体系。对公司文化有不同的描述，比如尊崇权威的文化、等级森严的文化或创业开拓的文化。公司文化常常影响组织行事效果。

公司战略 Corporate Strategy：多元化组织的总体战略。它回答了"我们应该在哪些行业竞争"以及"引入哪些业务可以创造协同效应和/或增加整个组织的竞争优势？"等问题。

功能或职能 Function：①在产品中，功能是为满足顾客需求而必须完成的工作的抽象描述，是产品或服务所必须具备的。②在组织中，职能是描述内部组别的术语，包括基本的业务能力，如工程、销售等。

故事板 Storyboarding：聚焦并开发消费者如何使用产品这样的故事，以便更好地理解可能带来产品设计属性的问题。

关键成功因素 Critical Success Factors：商业成功的必要因素，仅有这些因素未必能保证商业成功。参见《PDMA 新产品开发手册》第 2 版第 1 章。

关键路径 Critical Path：列出为成功完成项目所需进行的一系列相关活动，以及活动完成时间和活动逻辑关系，并绘制成一个网络图。关键路径是其中最长的路径，它决定了完成项目所需时间。

关键路径进度计划 Critical Path Scheduling：一种项目管理技术，经常被集成到各种软件中。基于任务间的逻辑关系，将新产品项目中的所有重要步骤放入一个按活动顺序展开的网络中。

关口 Gate：决策点。在此点，产品开发项目应决策是进入下一阶段，停留在现阶段以完善各项任务，还是中止。不同公司的关口数量有所不同。参见《PDMA 新产品开发手册》第 2 版第 21 章。

管道（产品管道） Pipeline（Product Pipeline）：准备投放市场的一系列开发中的产品。

管道管理 Pipeline Management：将产品战略、项目管理和职能管理进行整合的过程，目的是持续优化所有相关开发活动的跨项目管理。参见《PDMA 新产品开发手册》第 1 版第 5 章和《PDMA 新产品开发手册》第 2 版第 3 章。

规范阶段 Norming：团队建设的第三个阶段。团队成员开始解决彼此之间的分歧，欣赏对方的优点并尊重领导者的权威。

规格 Specification：对产品特性和性能的详细描述。例如，一台笔记本电脑的规格为：1.8GHz 英特尔酷睿 i7 处理器、16GB 内存、1TB 硬盘、NVIDIA Geforce MX250 显卡芯片、3000×2000 超高清屏、电池续航 12 小时和重量 1.33 千克。

H

合作（团队合作）Cooperation（Team Cooperation）：团队成员为实现团队目标而进行积极合作。

核对单 Checklist：提醒分析者考虑所有相关方面的一个清单。核对单通常在概念生成阶段作为创意工具运用，或在概念筛选阶段作为考虑因素清单运用，或在产品开发任何阶段用来确保所有任务得到完成。

核心竞争力 Core Competence：公司优于竞争对手的能力。它为公司提供了独特的竞争优势，有助于获取和留住客户。在最完整的定义中还包括"最低成本供应商"。

核心利益主张 Core Benefit Proposition（CBP）：消费者购买产品的核心利益或目的。核心利益主张可能来自实物或服务，也可能来自产品的其他方面。另见"价值主张"。参见《PDMA 新产品开发工具手册 1》第 3 章。

鸿沟 Chasm：产品生命周期中的一个关键部分，位于产品引入阶段和成长阶段之间。

回收期 Payback：产品或服务商业化后所获收益与开发及营销成本正好相抵消时所经历的时间段，通常以年为单位。有些公司将新产品全面上市日作为起算点，而有些公司以投入开发费用开始日作为起算点。

回应者 Reactors：没有任何新战略的公司。它们只有在面对竞争压力的时候，才被迫开发新的产品。

活力指数 Vitality Index：在企业中，新产品销售额除以指定时期内某一产品线或部门所有产品的销售额的所得值。

获客投入 Acquisition Effort：你的产品或服务可触达客户的程度。

J

机会 Opportunity：公司或个人通过策划或偶然的方式，识别现在和未来之间的商业或技术差距，以获取竞争优势、应对威胁、解决问题或改变困境。

基于创新的文化 Innovation-Based Culture：一种企业文化。在该文化下，高级管理团队和员工不断进行创新最佳实践，并系统地、持续地为客户提供有价值的新产品。

激进型创新 Radical Innovation：一种包含新技术并能极大改变市场行为和消费方式的新产品。

集成产品开发 Integrated Product Development（IPD）：系统地运用由多功能学科集成而得的团队成果，有效果、有效率地开发新产品，以满足客户需求的一种理念。

集中办公 Co-location：将项目人员集中在同一地理区域，促成快速、密切的沟通和决策。

计划评审技术 Program Evaluation and Review Technique（PERT）：一种以事件为导向的网络分析技术，用于在单个活动持续时间估计存在高度不确定性时估算整个项目的持续时间。

技术 S 曲线 Technology S-Curve：适用于大多数技术的生命周期，其中包括引入期、成长期和成熟期。

技术路线图 Technology Road Map：技术或技术计划沿着时间轴的进化图。用于指导新技术开发或在新产品开发中做出技术决策。

技术驱动 Technology-Driven：基于技术能力的新产品或新产品战略，也可以说是通过寻找问题来提供解决方案。

技术预测 Technology Foresighting：通过展望未来的方法来预测技术趋势及其对组织潜在影响的一种流程。

技术战略 Technology Strategy：一个关于技术维护和技术开发的计划，这些技术能够支持组织的未来发展并有助于组织战略目标的实现。

技术转移 Technology Transfer：经由商业化部门将实验室中的科学发现转变成有价值产品的过程，也可以是合作联盟之间的技术转移过程。

绩效度量指标 Performance Metrics：一套跟踪产品开发的测量指标，允许公司在时间维度上衡量流程改进的影响。度量方法因组织而异。度量通常包含两类，一类是度量新产品开发过程的，如上市时间、某一阶段的持续时间；另一类是度量新产品开发结果的，如每年商业化的产品数量和新产品销售额占比，等等。

绩效评估系统 Performance Measurement System：在一定的时间段内用来监控新产品相关绩效指标的体系。

价值观 Value：个人或组织在情感上坚持的原则。它是战略制定中的一个要素。

价值主张 Value Proposition：产品能从哪些方面给潜在客户带来价值的说明，该说明应是精炼、清晰和简洁的。"价值"的本质是客户从新产品中获得的收益与所支付的价格之比（见《PDMA 新产品开发工具手册 1》第 3 章）。

架构 Architecture：参见"产品架构"。

架构型创新 Architectural Innovation：激进型技术创新和颠覆型商业模式创新的结合。一个典型例子是数字摄影技术颠覆了柯达和宝丽莱等公司。

渐进式改进 Incremental Improvement：对现有产品所做的较小改变，以保持产品在客户眼中的新鲜感。

焦点小组 Focus Groups：一种定性市场调研方法，在经过培训的主持人的领导下，8 ~ 12 名市场参与者聚集在一个房间里进行讨论。讨论的重点是消费者问题、产品或问题的潜在解决方案。这些讨论的结果不一定适用于总体市场。

阶段 Stage：构成整个产品创新流程的一部分。完成任务并交付独特结果和可交付成果。

阶段评审流程 Phase Review Process：一种阶段式产品创新流程。首先由一个职能团队完成一组任务，然后将完成后的成果交给另一个职能团队，接棒的团队完成下一组任务后再将成果交给下一个职能团队，依次类推。此种产品创新流程缺乏多职能团队的协同，因此也称"接力棒传递流程"。大多数公司已经不采用这种流程，转而采用多职能团队协作的门径流程。

阶段式产品开发活动 Staged Product Development Activity：在没有重大未知信息的情况下，着手完成一系列产品开发任务。分阶段完成任务，直到生产出可销售的产品。

杰出创新企业奖 Outstanding Corporate Innovator Award ：由产品开发和管理协会（PDMA）颁发的年度大奖，经过正式评审流程，评出杰出创新企业。获得该奖的基本条件是：

精益产品开发 Lean Product Development（LPD）：以精益方法来应对产品开发中的挑战。精益产品开发是建立在丰田首创的精益方法，即丰田生产系统（Toyota Production System，TPS）基础上的。

精益创业 Lean Startup：一种创建新企业的方法。创业者在开发产品时必须进行调查、试验、测试和迭代的一种理念。

净推荐值 Net Promoter Score：有人将你的产品或服务向他的朋友推荐的可能性。

净现值 Net Present Value（NPV）：流入的现金现值与流出的现金现值之间的差值。在资本预算过程中，该值用来预计和分析投资或项目的盈利能力。

竞争情报 Competitive Intelligence：运用一些方法并采取行动将零散的竞争者信息整合成有关竞争者的定位、规模、能力和趋势的战略性知识，包括广泛收集、分析和交流有关公司外部竞争趋势的最佳可用信息。

决策树 Decision Tree：在商业或计算机程序设计中用来做决策的图形。树形图中的"分支"表示具有相关风险、成本、成果和结果概率的选择。通过计算每个分支的结果（利润），可以确定企业的最佳决策。

K

卡诺模型 Kano Method：用于识别客户需求和潜在需求，明确功能需求，开发概念作为进一步产品定义的备选方案，分析和同类产品有竞争的产品或服务。

开发 Development：组织中负责把产品需求转变为实际产品的职能。也是将整体概念首次转化成市场上的新产品或服务。

开发团队 Development Teams：从概念、开发、测试到上市的一个或多个新产品团队。

开放式创新 Open Innovation（OI）：组织的一种战略，通过联盟、合作和签署协议等方式，积极地从外部寻求知识，补充和提升其内部能力，以产出更好的创新成果。可通过组织内部、开办新的商业实体或外部许可等方式将这些创新成果进行商业化。

可持续创新 Sustainable Innovation：在开发新产品或服务并将其商业化的过程中，可持续发展特征在经济、环境和社会等方面得到体现，并在产品生命周期的采购、生产、使用和服务结束阶段得到落实。

可持续发展 Sustainable Development：一种既满足当代人发展需要，又不损害后代满足自身需要能力的发展模式。

可行性分析 Feasibility Analysis：对新产品或新项目的成功可能性进行分析的过程。

可交付成果 Deliverable：项目已取得的成果输出（如测试报告、监管部门的批准、可工作的原型或市场调研报告）。在产品上市或开发阶段结束时都要用到或产生可交付成果。

可维护性设计 Design for Maintainability（DFMt）：在设计与开发流程中，对产品生命周期中的可维护性进行系统考虑的设计方式。

可制造性 Manufacturability：以最低的成本和最高的可靠性顺利、有效地制造新产品的程度。

可制造性设计 Design for Manufacturability（DFM）：在设计与开发流程中，对可制造性进行系统考虑，有助于产品组件的制造及装配工艺的开发。

客户 Customer：购买或使用公司产品或服务的人。

客户现场访问 Customer Site Visits：一种发现客户需求的定性市场调研技术，包括到客户工作现场，观察客户如何利用产品功能来满足需求或解决问题，并记录下客户做了什么、为什么这么做、客户使用该产品时遇到了什么问题、解决效果如何，等等。参见《PDMA 新产品开发手册》第 2 版第 15 章和第 16 章。

客户之声 Voice of the Customer（VOC）：为了找出问题的解决方法，引导客户经历一系列情境并通过结构化深度访谈提炼出客户需求。通过间接调查了解客户如何满足自身需求及他们选中某解决方案的原因，进而最终明确客户需求。它是一个启发客户需求的过程。

跨越鸿沟 Crossing the Chasm：从早期由少数有远见的客户（也称"创新者"或"早期采用者"）主导的市场过渡到主流市场。通常适用于新颖的、开创市场的科技产品和服务。

跨职能团队 Cross-Functional Team：由参与产品开发的各个职能部门的代表组成的团队，通常包括交付成功产品所需的所有关键职能部门的成员，例如营销、工程、制造/运营、财务、采购、客户支持和质量。各职能部门授权其在开发过程中参与团队工作。参见《PDMA 新产品开发手册》第 2 版第 9 章、第 10 章和《PDMA 新产品开发工具手册 1》第 6 章。

L

浪费 Waste：任何超额使用设备、材料、零件、场地、员工时间或公司其他资源的活动都是浪费。这些活动包括等待、半成品零件积压、重复装运、材料搬运和其他非生产流程。企业应努力消除七种基本浪费：生产过剩、等待机器、运输时间、加工时间、库存过剩、运转过剩和缺陷。

累计不重复触达率与频度分析 TURF Analysis：源于传媒行业常用的排期方法，也用于产品创新和产品管理，特别是在产品生命周期涉及多个选择和重复购买时，用其来了解和最大限度地发挥产品线和产品平台的市场潜力。

联合分析 Conjoint Analysis：一种市场调研方法。首先，系统性地向反馈者提供一组产品描述，每个产品描述包括一系列产品属性和属性的实现程度。随后，要求反馈者选出他们的偏好产品并明确他们的偏好程度。经联合分析之后可判断出每个产品变量在多大程度上对产品整体做出了贡献。与其他方法相比，联合分析的两大优点是：①变量和程度可以是连续的（如权重）或是间断的（如颜色）；②它是评价价格作用的唯一有效的市场调研方法，如调查人们愿意为产品的某一特性支付多少价钱。参见《PDMA 新产品开发手册》第 2 版第 18 章。

联盟 Alliance：与其他公司达成正式协议进行共同开发，包括信息、硬件、知识产权或技术赋能的交流，共担风险并共享收益（如共同开发的项目）。参见《PDMA 新产品开发手册》第 2 版第 11 章。

领先用户 Lead Users：为满足某种消费需求而全力寻求解决方案的用户群。当这些用户发现供应商尚未满足他们的需求时，往往会自行修改现有产品或发明新产品。当这些用户的需求成为未来市场的需求趋势时，他们的解决方案就是开发新产品的机会。

流程倡导者 Process Champion：负责在组织中日常推广和鼓励使用正式业务流程的人，还负责持续培训、创新投入和流程的持续改进。

流程负责人 Process Owner：负责产品创新流程战略结果的执行经理，包括流程产出量、输出质量和组织内的参与度。参见《PDMA 新产品开发工具手册 1》第 3 章与流程负责人有关的四种工具，以及《PDMA 新产品开发手册》第 1 版第 5 章。

流程经理 Process Managers：负责确保流程中的要求和项目按时有序进行的管理者。

六顶思考帽 Six Thinking Hats：由爱德华·德·波诺开发的思维工具，鼓励团队成员将思维模式分成六种明确的职能和角色，每种角色都有一顶颜色不同的"思考帽"。

六西格玛 Six Sigma：每 100 万次运行中只有 3.4 次错误的流程绩效水平。

六西格玛设计 Design for Six Sigma（DFSS）：目标是做出资源利用率高、产出量高且不受流程变动影响的设计。

路线图制定 Roadmapping：一种图形化的多步骤流程。用于预测未来的市场和/或技术变化，然后规划产品来响应这些变化。

M

买方 Buyer：产品的买主，无论他是否为最终用户。尤其是在企业对企业模式的市场中，采购代理可以是签订合同实际购买产品或服务者，但不会从所购买的功能或服务中受益。

美国产品开发与管理协会 Product Development & Management Association（PDMA）：探求、发展、组织和传播产品开发领域前沿理论与实践知识的非营利性专业组织。在实现其目标的过程中，该协会召开地方性、国家级和国际性会议，举办教育研讨会，创办季刊杂志《展望》和双月刊学术期刊《产品创新管理》，评估研究论文与提案，出版《PDMA 新产品开发手册》第 1、2 版和《PDMA 新产品开发工具手册 1》第 1、2 版。PDMA 同时还负责新产品经理 NPDP 的认证工作。

门径流程 Stage-Gate Process：一种得到广泛采用的产品创新流程。按时间维度将工作划分为不同的阶段，阶段之间有管理决策关口。多职能团队在获得管理层批准进入下一个产品开发阶段之前，必须在前一个阶段成功完成所有要求的任务。门径流程框架中包括工作流程和决策流程，并定义了确保流程持续平稳运行所需的支持系统和实践。

面向环境的设计 Design for the Environment（DFE）：在设计与开发流程中，对产品生命周期内的环境安全和健康问题进行系统考虑的设计方式。

面向卓越的设计 Design for Excellence（DFX）：在设计与开发流程中，对所有和产品生命周期相关的因素，如可制造性、可靠性、可维护性、可承受性、可测试性等进行系统考虑的设计方式。

敏感性分析 Sensitivity Analysis：计算不确定性对新产品商业论证的影响。分析步骤包括设置相关假设的上下限并计算预期结果。参见《PDMA 新产品开发工具手册 1》第16 章。

敏捷产品创新 Agile Product Development：在合作环境下，由自组织团队进行产品迭代开发的方法。

敏捷教练 Scrum Master：Scrum 敏捷产品创新方法中的一个角色。其工作是给团队和产品负责人提供帮助，而非直接管理团队。

敏捷团队 Scrum Team：Scrum 敏捷产品创新方法中的一个角色。团队通常有 5～9 名成员，具备成功完成冲刺目标所需的功能或学科背景（跨职能团队）。

明星产品 Star Products：在高增长市场中占有高市场份额的产品。

模糊前端 Fuzzy Front End：产品开发中混乱"起始"阶段，此时产品概念还很模糊。在更正式的产品创新流程之前，它通常包括三个任务：战略规划、概念生成和前期技术评估。这些活动通常是混乱的、不可预测的和非结构化的。相比之下，随后的产品创新流程通常是正式的、可预测的和结构化的，包括规定的一系列活动、要回答的问题和要做出的决策。参见《PDMA 新产品开发手册》第 2 版第 6 章。

模拟测试市场 Simulated Test Market：一种定量市场调研，用来对营销进行前期测试。消费者在广告和购物环境中接触到他们的需求和新产品。获得相应的数据后，将其输入用于预测的数学模型，并考虑一些假设，然后输出销售额或市场份额的早期预测值。

目标市场 Target Market：在营销过程中挑选出的消费者群体或潜在客户。该细分市场最有可能购买指定类型的产品，也称"首要关注对象"。

N

内部收益率 Internal Rate of Return（IRR）：投资的未来现金流折现值等同于投资成本时的折现率，即净现值为零时的折现率。

逆向工程 Reverse Engineering：对产品进行拆解，对价值进行分析的过程，为产品改进提供思路。

P

漂绿 Greenwashing：一个公司或组织只是投入时间和金钱通过广告和营销宣称公司采取的是"绿色"经营方式，而不是在其实际业务中最大限度地减少对环境的影响。

品牌 Brand：生产商或服务商有别于他人的名称、称号、设计、符号或其他任何特征。品牌的法律名是"商标"。品牌可以代表一种产品、一系列产品或一个生产商的所有产品。

品牌发展指数 Brand Development Index：某品牌销售额和市场所有品牌平均销售额的比值。

平衡计分卡 Balanced Scorecard：用来识别和改善内部经营职能从而交付外部成果的一

整套战略管理绩效指标。

平衡组合 Balanced Portfolio：根据战略优先级来确定类别和比例的一组项目。

平台型产品 Platform Product：产品族中一系列产品共用的设计和组件。通过共用平台可以设计出许多衍生产品。参见"产品平台"。

瀑布模型 Waterfall Model：软件开发中使用的一种按阶段顺序展开的流程。开发流程历经概念、启动、分析、设计、构建、测试、生产/实施和维护阶段，就像逐级向下流动的瀑布模型。

Q

企业对企业 Business-to-Business（B2B）：企业与非消费类购买者之间的交易，如制造商、销售商（如分销商、批发商、中间商和零售商）、机构、专业组织和政府组织。过去常被称为工业企业。

企业家 Entrepreneur：发起、组织、经营、承担风险并从新的商业投资中获得潜在回报的人。

气泡图 Bubble Diagram：可视化的产品组合图。通常，气泡图中将项目置于标有 X-Y 坐标的二维图中。X 和 Y 维度为收益相关的标准，如风险和回报。

侵蚀效应 Cannibalization：对新产品的需求会导致对现有产品需求的减少，新产品需求即侵蚀效应的体现。参见《PDMA 新产品开发手册》第 2 版第 34 章。

轻量型团队 Lightweight Team：负责开发新产品并将之推向市场的项目团队。在大多数情况下，资源不是专职的，只能依靠资源的技术功能完成项目任务。

情景分析 Scenario Analysis：预想未来情景以制定策略来应对未来机会和挑战的一种工具。参见《PDMA 新产品开发工具手册 1》第 16 章。

情商 Emotional Intelligence：由自我管理和管理人际关系两部分组成。

全面质量管理 Total Quality Management（TQM）：在组织的所有职能领域中，实行全面持续改进的商业思想。

R

人口统计学 Demographic：对人口的统计描述，描述的特征包括性别、年龄、受教育程度、婚姻状况及不同的行为或心理特征。

人种学方法 Ethnography：调研客户及其所处环境的一种定性市场调研方法。调研者在现场观察客户和所处环境，以获得对他们的生活方式或文化环境的深刻理解，从而获得客户需求和问题的基本信息。参见"客户现场访问"以及《PDMA 新产品开发手册》第 2 版第 15 章。

认证 Certification：正式确认某人已经掌握了某种知识体系。在产品创新领域中， 产品开发与管理协会建立并管理产品经理认证流程。

任务 Task：完成可交付成果的可描述的最小单位。

容量规划 Capacity Planning：监督组织的技术行为组合和有效资源量的前瞻性活动。在新产品开发中，进行能力规划，为的是确保产品创新流程中的每项职能（技能）都不会成为项目顺利按时完成的瓶颈。这对于优化项目组合是必要的。

S

三重底线 Triple Bottom Line：体现组织绩效的三个方面：经济、社会和环境。

三重约束 Triple Constraint：由项目中最重要的三个约束，即范围、进度和成本组合而成，也称"项目管理三角"或"铁三角"。

筛选 Screening：评估和选择新创意或概念并将其纳入项目组合中的流程。大多数公司使用一个正式的筛选流程，评估标准涵盖客户、战略、市场、盈利能力和可行性等方面。

商标 Trademark：通过合法注册或使用而建立的代表一个组织或产品的符号、字或词。

商业分析 Business Analysis：对某个拟定项目的商业环境进行分析，通常包括一些财务预测，如折现现金流、净现值或内部收益率。

商业化 Commercialization：新产品从开发到市场的过程。通常包括产品上市和量产、营销材料和项目开发、销售渠道开发、供应链开发、培训、服务和支持开发。参见《PDMA 新产品开发手册》第 2 版第 30 章。

商业论证 Business Case：市场、技术、财务分析结果或是一些前期工作。在"进入开发"决策之前开展此项工作最为理想。通过论证定义产品和项目，包括项目的理由、行动或商业计划。参见《PDMA 新产品开发手册》第 2 版第 21 章。

商业秘密 Trade Secrets：在一个组织内被秘密保存并与知识产权有关的信息。

商业模式画布 Business Model Canvas（BMC）：一种战略管理和精益创业的模板，用于创建新的商业模式或记录现有商业模式；是一种可视化图表，包含公司或产品价值主张、基础设施、客户和财务状况等要素。

上市 Launch：新产品引入市场进行初始销售的过程，也称"发布"。参见《PDMA 新产品开发手册》第 2 版第 30 章。

上市时间 Time to Market：从新产品最初创意到新产品上市开始销售所需的时间。对起点和终点的准确定义因公司而异，在公司内也因项目而异。也称"上市速度"（Speed to Market）。

设计规格 Design Specifications：概念说明定性描述了产品概念的收益和特性，而产品设计规格则为进一步的设计和制造提供了定量依据。

设计确认 Design Validation：进行产品测试以确保产品或服务符合规定的消费者需求。可以利用可工作的产品原型或通过计算机模拟成品的方法加以实现。

设计思维 Design Thinking：一种创造性的问题解决方法，或者更全面地说，是一种系统和协作的方法，用于发现问题并创造性地解决问题。

设计质量 Quality-by-Design：在产品开发开始阶段，就在产品、服务或者流程中考虑设计质量的流程。

社交媒体 Social Media：计算机媒体工具，允许个人、公司和组织在虚拟社区和网络中创建、共享或交换信息、创意、图片或视频。

审计 Audit：在产品创新流程中，针对新产品开发和产品上市流程有效性的评价。参见《PDMA 新产品开发工具手册 1》第 14 章。

生命周期评估 Life Cycle Assessment：分析环境影响，如二氧化碳足迹、水足迹等的一种科学方法。

失败率 Failure Rate：公司将新产品进行全面商业化，其中未能达到预定目标的新产品的比例。

实施团队 Implementation Team：将"想要"这一过程的概念构思和良好创意变为现实的团队。

实体化设计 Embodiment Design：设计流程中的一个阶段。从概念定义开始，按照技术和经济指标要求进一步设计，直至完成详细设计并达到可制造性要求。

使命 Mission：关于组织纲领、哲学、宗旨、经营原则和公司信念的说明，它确保组织的精力和资源得以聚焦。

使用和购买意图 Usage and Purchase Intent：某人想使用或购买产品或服务的程度。

世界级新产品 New-to-the-World Product：以前从未向全球范围内的消费者或生产者提供过的产品或服务。例如，汽车、微波炉和宠物石在当初上市时都是世界级新产品。

市场测试 Market Testing：在产品开发阶段，评估新产品及其营销计划。在市场测试中，采用不同形式模拟最终的营销组合，从中选出一种形式。

市场份额 Market Share：公司销售额在整体市场销售额中所占的百分比。

市场调研 Market Research：公司客户、竞争对手或市场的信息可以来源于二手资料（已出版并公开的），也可以来源于一手资料（客户自身）。市场调研可以是定性的，也可以是定量的。参见"定性市场调研"和"定量市场调研"。

市场细分 Market Segmentation：一种分析方法，将一个大型异质市场细分为许多较小的同质性市场。有多种划分方式：按人口统计学划分（男或女，老或少，贫或富），按行为划分（电话订购、网购、零售、现金支付或信用卡支付），按态度划分（认为小品牌可媲美全国品牌或不那么认为）。同时，有诸多识别细分市场的分析工具，如整群分析法、因子分析法和差异分析法。最通用的方法相对简单：首先定义一个可能的细分市场，然后测试经由该定义得到的差异是否具有统计学上的意义。参见《PDMA 新产品开发手册》第 2 版第 13 章。

市场先行者 First-to-Market：第一个创造新产品类别或实质性细分类别的产品。

收敛思维 Convergent Thinking：需要进行分析、判断和决策。对大量创意进行分类、评估、分析利弊并做出决策的过程。也称"聚合思维"。

收益 Benefit：不是通过产品的物理特征或特性，而是通过产品的使用价值所体现出来的产品属性。收益通常与产品特性关联，但并不一定要关联。

属性测试 Attribute Testing：一种定量市场调研方法。受访者针对一系列产品属性进行打分排序，如相对重要性、当前性能、对某产品或服务的满意度等，其目的是明确客户对产品属性的偏好，从而指导设计与开发流程。在设计产品属性问卷时要格外仔细，设定受访者回答问卷的时间不宜太长或太短。时间太长会导致被访者厌倦，时间太短则会导致回答过于笼统。

数据 Data：来源于在商业流程中进行的度量。

数据库 Database：对信息进行电子化收集和整理，便于对数据进行查找、发现、分析和应用。

衰退阶段 Decline Stage：产品生命周期中的第四个也是最后一个阶段。进入该阶段通常是由技术进步、消费者或用户偏好变化、全球竞争、环境或监管变化引起的。参见《PDMA 新产品开发手册》第 2 版第 34 章。

思维导图 Mind-mapping：在各种信息或创意之间建立联系的图形技术。首先从页面中间的一个关键字或短语开始，然后从该中心点出发，将其与不同方向的新创意进行连接，从而建立起网络关系。

随机样本 Random Sample：统计总体的一个子集，其中每个子集中的个体被选中的概率相等。

T

探索者 Prospectors：在技术、产品、市场开发及商业化方面领先的公司，即使个别产品可能不会带来利润。他们的总目标是率先在市场上进行各种创新。

碳信用额 Carbon Credits：在对外部性（一项产品或服务对非生产者和非使用者的影响）的商品成本计算中，无法体现出的间接成本，包括二氧化碳排放和其他对社会的影响。"真实价格"是所有外部性与"影子价格"之和。

特性 Feature：满足消费者的需求或解决其问题。特性为消费者提供了收益。手柄（特性）使笔记本电脑易于携带（收益）。通常会选择几个不同特性中的任何一个来满足客户的需求。例如，一个可以双肩背的笔记本电脑包让笔记本电脑更为便携。

特性路线图 Feature Roadmap：产品性能属性沿着时间轴的进化图。将产品在其生命周期中的每次迭代或新一代特性组合起来进行统一发布，是一组可商业化的特性集合。参见"产品生命周期管理"。

特性蔓延 Feature Creep：在开发流程中，设计者和工程师在原有设计之上增添产品功能和特性的倾向，这么做往往会导致进度延误、开发成本和产品成本攀升。

头脑风暴法 Brainstorming：在新产品概念生成阶段中常用的创造性解决问题的一种群体方法。形式上会有所不同，名称也各异。所有这些方法的共同点是：在对某个议题进行重大评估前，团队要提出尽可能多的创意。参见《PDMA 新产品开发手册》第 2 版第 16 章和第 17 章。

投资回报率 Return on Investment（ROI）：衡量项目盈利能力的一个标准指标，是项目在整个生命周期中的折现利润与初始投资的百分比值。

突破型项目 Breakthrough Projects：此类项目力求用新技术将新产品推向市场，与现有的组织实践大不相同，风险很高。

团队 Team：能力互补、目的相同、目标清晰、方法明确并互相负责的少数几个人。

团队领导者 Team Leader：领导新产品开发团队的人。负责确保实现里程碑和可交付成果，但可能没有比项目参与者更高的正式权力。参见《PDMA 新产品开发工具手册 1》第 1 部分和第 2 部分与团队领导有关的 8 种产品开发工具。

W

外包 Outsourcing：公司不自制而是从外部获得产品或服务的过程。

完整产品 Whole Product：一种产品概念，强调向客户交付产品的所有方面和全部价值。包含所有确保客户成功体验及从产品中得到基本价值所需的基本要素，例如培训材料、支持系统、连接线缆、使用方法、附加的软硬件、标准和程序、实施、应用咨询服务等。

网络图 Network Diagram：将方框用线条连接的一种图形。用于展示开发活动的顺序和任务之间的相互关系。常与"甘特图"一起使用。

文化 Culture：组织中人们共同拥有的信念、核心价值观、假设和期望。

物联网 Internet of Things（IoT）：在日常物体中安装计算装置，使其具备能够发送和接收数据的功能，再将这些物体联网，从而实现物体间的互联互通。

X

细分 Segmentation：将一个庞大的异质性市场细分为许多具有同质性的子市场的过程。每个子市场或细分市场对产品、价值、购买和产品使用都持有相似的方式。参见《PDMA 新产品开发手册》第 1 版第 3 章和第 4 章。

现场测试 Field Testing：在产品使用的实际环境中，由目标市场的用户进行产品使用测试。

现金流折现分析 Discounted Cash-Flow（DCF）Analysis：一种提供对项目未来收入和支出的现值估算的方法。对项目未来几年的现金流进行估算，然后使用预测利率折现回当前值。

现金牛 Cash Cows：在低增长市场中占有高市场份额的产品。

项目 Project：为创造独特的产品、服务或成果而进行的临时性工作。（项目管理协会《项目管理知识体系指南》）

项目发起人 Project Sponsor：项目的授权者、资金提供者和项目目标的制定者，同时也需要向其展示最终结果。通常为资深的管理者。

项目负责人 Project Leader：自始至终负责管理单个产品创新项目的人，负责确保里程碑和可交付成果的实现以及资源的有效利用。另见"团队负责人"。参见《PDMA新产品开发工具手册1》第1部分和第2部分与项目负责人有关的8种产品开发工具。

项目管道管理 Project Pipeline Management：在项目增加、减少和中间调整期间，对资源进行平稳调配。

项目管理 Project Management：是一整套人员、工具、技术和流程的集合。通过制定项目目标、计划并实现项目目标所需的所有工作，领导项目，支持团队，监控进度，确保项目圆满完成。

项目集经理 Program Manager：组织中负责领导和实施产品创新项目组合的管理者。参见《PDMA新产品开发工具手册1》第4部分与项目集经理有关的4种产品开发工具。

项目计划 Project Plan：指导项目执行和监控的正式获批文件。该批文详细地说明了对计划的设想和决策，促进了相关方之间的沟通，同时也点明了项目计划的范围、成本和时间期限。一份正式的、经批准的文件，用于指导项目执行和监控。记录假设和决策，促进相关方之间的沟通，记录批准的范围、成本和进度截止日期。

项目决策与评审 Project Decision Making & Reviews：针对项目可行性的一系列通过或不通过决策，以确保产品满足公司的销售目标和财务目标。例如，在开发流程中各阶段的关口处，针对项目可行性进行系统评审。通过阶段性的评审确保项目与原计划基本一致。参见《PDMA新产品开发手册》第2版第21章和第22章。

项目团队 Project Team：负责规划和执行产品创新项目的多职能小组。

项目战略 Project Strategy：单个产品开发项目的目标和方向，包括项目是如何融入公司产品组合的，目标市场在哪里，以及产品能为客户解决哪些问题。参见《PDMA 新产品开发手册》第 2 版第 2 章。

项目资源估算 Project Resource Estimation：该活动为计算项目成本提供了主要贡献。将功能需求转换为现实的成本估算是按照商业计划成功交付产品的关键要素。

项目组合 Project Portfolio：一组新颖和创新程度各异的开发项目。参见《PDMA 新产品开发工具手册 1》第 13 章以及《PDMA 新产品开发手册》第 2 版第 3 章。

消费心理学 Psychographics：消费者的态度、兴趣、观点和生活方式等特征，而不是单纯的人口统计学特征。

消费者 Consumer：对公司服务目标的最通用、最全面的术语。既可用于 B2B（非家庭消费者）又可用于 B2C（家庭消费者）。可指公司当前的客户、竞争对手的客户，也可指具有类似需求或人口统计特征的当前非购买者。该术语并不区分此人是买家还是目标用户。只有一小部分消费者会成为客户。

消费者测评组 Consumer Panels：市场调查公司或代理机构招募一群特殊的消费者，由该群消费者回答与产品测试、味道测试相关问题或其他具体问题。参与者通常参与过许多项目，代表的是专业消费者而不是普通消费者。该方法特别适用于短而快的调查。

消费者市场 Consumer Market：个人购买商品和服务，只提供给家庭使用（不用于商业目的）。消费者通常为自己或家庭成员的需要做出个人购买决策。

消费者需求 Consumer Need：消费者希望通过产品来解决其问题，体现消费者购买产品的意图。

销售波调研 Sales Wave Research：针对曾经免费用过某产品的客户群，将该产品或竞争对手的产品稍作降价处理后重新提供给他们，记录仍然选择该产品的客户数量及其满意度。该过程最多可重复 5 次。

销售预测 Sales Forecasting：运用一些技术，如 ATAR（知晓—试用—购买—复购）模型，对新产品销售潜力进行预测。

协同产品开发 Collaborative Product Development：两个公司合作开发某一产品并将其商业化。

新产品 New Product：一个涵盖许多观点与实践的术语。通常被定义为市场上首次出现的产品（商品或服务），但不包括只在促销中做了改动的产品。

新产品导入 New Product Introduction（NPI）：在产品开发项目成功结束后，将新产品投放到市场或将其商业化。参见《PDMA 新产品开发手册》第 2 版第 30 章。

新产品开发 New Product Development（NPD）：包括新产品战略、组织、概念生成、产品和营销策划、评估及商业化在内的整个过程。通常简称为"产品开发"。

新产品开发流程 New Product Development Process（NPD Process）：为了不断将最初的创意转化为可销售的产品或服务，由公司制定的、必须得到遵守的一系列任务和步骤。参见《PDMA 新产品开发手册》第 2 版第 4 章和第 5 章。

信息 Information：知识和见解，通常来自对数据的检查和分析。

形成阶段 Forming：团队建设的第一个阶段。大部分团队成员在该阶段表现得乐观、积极、得体。有些人会焦虑，因为还不完全了解团队将要做什么。

虚拟团队 Virtual Team：主要以电子方式进行沟通和工作的分散式团队。

虚拟现实（VR）测试 Virtual Reality（VR）Testing：市场调研的一个新兴领域。通过专用设备进行测试，包括佩戴装有跟踪传感器的耳机和/或手套，可以创建三维（3D）模拟，并使参与者能够在真实的环境中进行交互。

需求说明 Needs Statement：站在客户的角度，对新产品所应满足的需求和期望进行总结。参见《PDMA 新产品开发手册》第 2 版第 14 章。

许可 In-Licensed：从外部来源获得新产品概念或技术，将其整合到产品开发组合中。

学习型组织 Learning Organization：组织在内部不断测试并更新经验，并将这些经验用于改进与核心目标相关的工作流程和知识体系，使其为整个组织所采用。

循环经济 Circular Economy：设计时考虑可恢复和可再生的经济模式，目标是确保产品、部件和材料每时每刻都具有最佳效用和价值，有别于技术周期和生物周期。

Y

延续式创新 Sustaining Innovation：不创造新市场或新价值网络，只在现有基础上开发出价值更高的产品或服务，在与竞争对手的持续改进中确保公司占据优势。

衍生型项目 Derivative Projects：由现有产品或平台衍生出来的项目。它们可以填补现有产品线的空白；提供更具成本竞争力的制造能力；或者提供基于组织核心技术的增强功能和特性。通常风险较低。

眼动追踪 Eye Tracking：一种特殊形式的感官检验。使用连线耳机或眼镜等专用工具，测量人们观看的位置和持续时间。设备跟踪和报告参与者第一次、第二次、第三次观看的位置，并提供参与者眼睛停留在被测图像上的可视化扫描，从而回答消费者在观看线上产品和服务、网站、应用程序、产品图像、包装和消息传递时对各种试听刺激的反应。广泛应用于软件、零售产品包装、营销和广告中。

一级市场调研 Primary Market Research：是指由你（或你雇用的人）开展的原始调研，专门为当前的目标收集数据，也称"一手资料市场调研"或"直接市场调研"。

仪表板 Dashboard：与汽车仪表板类似，用一个典型的彩色图形显示项目或项目组合的状态。通常，红色表示亟待解决的问题，黄色表示即将发生的问题，绿色表示正在进行的项目。

移情分析 Empathy Analysis：包括与客户建立联系，深入理解客户及与客户建立直接情感联系的方法。

因子分析 Factor Analysis：将观测结果表示为众多可能因子的函数，以便找出关键因子的过程。

引入阶段 Introduction Stage：产品上市和产品生命周期的第一个阶段，通常视为市场进入、用户试用和产品接纳。

隐性产品需求 Implicit Product Requirement：指客户对产品的期望，但难以言传或被清晰表达。

隐性客户需求 Unarticulated Customer Needs：客户不愿意说或无法说明的需求。

盈亏平衡点 Break-Even Point：在产品生命周期中，来自销售的利润刚好达到累积开发成本时的那个点。

营销战略 Marketing Strategy：一种过程或模式，将组织中有限的资源集中在增加销售的最佳机会上，从而获得独特的竞争优势。

营销组合 Marketing Mix：可用于营销产品的基本工具。营销组合通常指 4P，即产品（Product）、定价（Price）、促销（Promotion）和地点（Place）。

应急计划 Contingency Plan：用于应对无法预测其发生、时间和严重程度的事件的计划。

应用开发 Applications Development：为满足用户需求，不断对设计、编程进行迭代，抑或改进和开发新产品的过程。

用户 User：使用产品或服务来解决问题或获得收益的人，但未必是产品或服务的购买者。用户可能消费一种产品，比如用洗发露洗发，或在两餐之间吃薯片充饥。用户也可能不直接消费某个产品，但会在相当长的一段时间内和它打交道。就像一个拥有汽车的家庭一样，家庭中不同成员会在数年内将其用于多种用途。产品也会用于生产其他产品或服务，这时用户就有可能是操作设备的生产人员。

用户画像 Personas：基于对用户群体的客观和直接观察而构建的虚构角色。这些角色成为"典型"的用户或原型，使开发者能够预见其对产品特性的特定态度和行为。

用户体验 User Experience（UX）：在当前的术语中，UX 通常与界面设计、人为因素设计等联系在一起，虽然这些肯定是用户体验的一部分，但 UX 最终归结为理解客户。

用户体验地图 Journey Maps：一种流程图。描述消费者与产品或服务交互时所采取的所有行动和行为。

预测 Forecast：在给定的时间期内，通过现有战略预判商业计划决策是成功还是失败。参见《PDMA 新产品开发手册》第 2 版第 23 章。

原型 Prototype：新产品概念的物理模型。根据目的不同，产品原型可分为非实用型、功能实用型或者实用美观型。

愿景 Vision：运用远见与洞察力进行想象的一种做法。它既考虑了未来的可能性，又考虑了现实的制约因素，是组织最期望的未来状态。

运营 Operations：广义上的运营包括制造、采购、物流、行政和其他服务类工作。

Z

早期采用者 Early Adopters：对新产品而言，这些客户依靠自己的直觉和远见，在生命周期的早期就购买新产品。对新流程而言，这些组织愿意尝试新流程，而不仅仅是维护旧流程。

增强现实 Augmented Reality（AR）：和虚拟现实类似，虚拟现实用一个完全独立的现实取代了参与者的真实世界，而增强现实则将新的现实要素嵌入参与者的当前环境中。

增强型产品 Augmented Product：核心产品加上所有其他收益，如服务、保修和品牌形象。

增强型新产品 Enhanced New Product：衍生产品的一种形式。增加了基础平台上没有的附加功能，这些功能为消费者提供了更高的价值。

增值 Value-Added：将有形的产品特性或无形的服务属性与其他特性和属性进行捆绑、组合或包装起来，以创造竞争优势、重新定位产品或增加销售额的行为或过程。

《展望》期刊 Visions：产品开发与管理协会主办的期刊，读者主要为新产品开发从业者。

战略 Strategy：公司的愿景、使命和价值观。创新战略是公司战略的一个组成部分。

战略伙伴 Strategic Partnering：两个公司（通常是一个大型公司和一个小型创业公司）之间的联盟或伙伴关系。在共同开发一款专门的新产品时，大公司提供资金以及承担必要的产品开发、营销、制造和分销责任，而小公司则提供专有技术或创新专业知识。

战略匹配 Strategic Fit：确保项目与战略一致。例如，如果某些技术或市场被指定为战略重点领域，那么这些项目是否与该领域吻合？

战略平衡 Strategic Balance：通过一个或多个维度上对开发项目组合进行平衡，维度包括聚焦与多元化、短期与长期、高风险与低风险、扩展平台与开发新平台。

战略优先级 Strategic Priorities：确保整个项目组合的投资能够反映公司的战略优先级。例如，如果组织的目标是实现技术领先，那么组合中的项目布局应该能够反映该目标。

章程 Charter：用来定义项目背景、具体细节和计划的项目团队文件，包括商业论证、问题与目标说明书、制约因素和假设及初步计划和范围。主办者定期复查评审可确保开发活动与经营战略相吻合。参见"产品创新章程"。

震荡阶段 Storming：团队建设的第二个阶段，此时团队成员开始产生摩擦。这是很多团队遭遇失败的时期。当团队成员的工作方式相互冲突时，就会引起震荡。

整群抽样 Cluster Sampling：将整体分为多个群，再从群中抽样的方法。

支持型项目 Support Projects：对现有产品的增量改进，抑或提升现有产品的制造效率。通常风险很低。

知识产权 Intellectual Property（IP）：能为组织带来商业竞争利益的信息，包括专有知识、技术能力和设计方式。

知晓 Awareness：目标客户群中了解某新产品的客户比例。知晓的定义很广泛，包括品牌印象、品牌认知、对产品关键特征或定位的印象。

职能型团队 Functional Team：项目被分为多个职能模块，每个模块由相应的职能经理负责，并由职能经理或高级管理者进行协调。

植物品种权 Plant Variety Rights：生产、销售植物品种的繁殖材料的专有权。

制造测试规格与程序 Manufacturing Test Specification and Procedure：由开发和制造人员编制的文件，描述在制造流程中将要满足的零部件、组件或系统的性能规格，以及对规格进行评估的程序。

制造成本 Factory Cost：在生产地生产产品的成本，包括所需的材料成本、人力成本和间接费用等。

制造设计 Manufacturing Design：确定将用于新产品制造流程的过程。参见《PDMA 新产品开发手册》第 1 版第 23 章。

质量 Quality：产品属性的集合，当它在产品中得到体现时，就意味着产品已达到或超过了客户的期望。

质量保证/合规性 Quality Assurance/Compliance：负责监督和评估产品开发政策和实践，以确保产品达到公司的标准和法规的要求。

质量功能展开 Quality Function Deployment（QFD）：一种采用矩阵分析的结构化方法。该方法将市场需求与完成开发工作联系起来。在开发阶段，当多职能团队希望将客户需求与产品规格和特性相关联并达成一致时，就可采用该方法。通过明确地将产品设计的方方面面联系起来，避免了在特性设计过程中删除重要特性或忽略特性之间关联的问题。QFD 也是促进多职能团队合作的一种重要机制。由于得到日本汽车制造商的发展和推广，QFD 在汽车行业中得到了广泛应用。

质量控制规格与程序 Quality Control Specification and Procedure：描述规格和程序的文件。在组件完成品或系统完成品出货前，依据该文件对其进行测量以确定是否满足相关要求。

众包 Crowd Sourcing：通过大量征集他人的解决方案，从而获取信息并将其用于特定任务或项目的一系列工具。该服务可以有偿也可以无偿，主要通过互联网来实现。

重量型团队 Heavyweight Team：一个拥有足够资源来完成项目并获得授权的项目团队。团队成员向团队领导汇报工作。实践中通常采取集中办公的方式。

重新定位 Reposition：为弥补最初定位失误或应对市场变化，而改变产品在客户心目中的位置。最常用的方法是改变营销组合而不是重新开发产品。

周期时间 Cycle Time：某一活动从开始到完成的时长。对产品创新而言，是指从新产品最初创意到新产品上市开始销售所需的时间。对起点和终点的准确定义因公司而异，在公司内也因项目而异。参见《PDMA 新产品开发手册》第 2 版第 12 章。

卓越中心 Centers of Excellence：具有公认的技术、商业或竞争优势的地域群体或组织。

资源规划 Resource Plan：完成产品开发项目所需要各种资源的详细汇总，包括人员、设备、时间和资金。

资源矩阵 Resource Matrix：用公司组合中每位非管理员工投入在当前项目上的时间百分比来表示的一个阵列。

自上向下式组合选择 Top-down Portfolio Selection：以战略为出发点，强调按照该战略进行项目选择，也称"战略桶方法"。

自下而上式组合选择 Bottom-up Portfolio Selection：经过严格的项目评估和筛选过程，从一系列单个项目中选出与战略相匹配的项目，最后组成项目组合。

自治型团队 Autonomous Team：完全自主自立的项目团队，很少与投资方联系。为了给市场带来突破性创新，通常采用这种组织模式。有时也称"老虎团队"。

组合 Portfolio：通常指公司正在投资的一系列项目或者产品，并通过战略对其进行权衡。参见"项目组合"和"产品组合"。

组合标准 Portfolio Criteria：用来评价计划中和正在进展中的产品开发项目的一组标准，确保组织投放的资源既均衡又有多样性。

组合管理 Portfolio Management：一种经营流程，公司业务部门通过该流程对当前进展中的项目组合、人员和预算安排进行决策。参见"管道管理"。参见《PDMA 新产品开发工具手册1》第13章和《PDMA 新产品开发手册》第2版第3章。

组合推演 Portfolio Rollout Scenarios：为达到预期财务目标，对某一时间段内推出新产品的数量和规模进行推演。将公司与行业标杆对标，并对成功率或失败率做出说明。

组织身份 Organizational Identity：对组织定位和存在意义的清晰定义和理解，是组织实现长期成功的根基。

最低收益率 Hurdle Rate：新产品在开发过程中必须达到或超过的最低投资回报率或内